ŒUVRES COMPLÈTES
DE MOLIÈRE

III

*Du même auteur
dans la même collection :*

MOLIÈRE

ŒUVRES COMPLÈTES
III

LE MISANTHROPE
LE MÉDECIN MALGRÉ LUI
MÉLICERTE
PASTORALE COMIQUE
LE SICILIEN OU L'AMOUR PEINTRE
AMPHITRYON
GEORGE DANDIN OU LE MARI CONFONDU
L'AVARE
MONSIEUR DE POURCEAUGNAC

Chronologie, introduction et notices
par
Georges Mongrédien

GF-Flammarion

© 1965 by GARNIER-FLAMMARION, Paris.
ISBN 2-08-070054-5

CHRONOLOGIE SOMMAIRE
DE LA VIE ET DE L'ŒUVRE
DE MOLIÈRE

1622 (15 janvier) : Baptême, à Saint-Eustache, de Jean-Baptiste Poquelin, fils du tapissier Jean Poquelin.

1631-1639 : Études au collège de Clermont (actuel lycée Louis-le-Grand).

1637 : J.-B. Poquelin prête serment comme survivancier de la charge de tapissier du roi.

1640 : Études de droit.

1643 (6 janvier) : J.-B. Poquelin renonce à la charge de tapissier du roi.
(30 juin) : Avec Madeleine Béjart et quelques amis, J.-B. Poquelin constitue la troupe de *l'Illustre Théâtre*.
(octobre) : *L'Illustre Théâtre* joue à Rouen.

1644 (janvier) : Ouverture de *l'Illustre Théâtre*, à Paris, rue Mazarine. Échec.

1645 : *L'Illustre Théâtre* s'installe au Port Saint-Paul (au n° 32 actuel du quai des Célestins). Nouvel échec de la troupe, emprunts divers.
(août) : Molière est mis en prison pour dettes au Châtelet. Il engage sa garde-robe. Avec les débris de sa troupe, il part pour la province; il est recueilli par la troupe du duc d'Épernon.

1645-1658 : Molière prend la tête de la troupe, qui remporte de vifs succès dans l'Ouest, le Sud-Ouest et dans la vallée du Rhône.

1655 : Création de *l'Étourdi* à Lyon.

1656 (décembre) : Création du *Dépit amoureux* à Béziers.

1658 (24 octobre) : Molière et sa troupe débutent au Louvre devant le roi.
(2 novembre) : La troupe, protégée par Monsieur,

frère du roi, débute au théâtre du Petit-Bourbon. Vif succès.

1659 (18 novembre) : Première représentation des *Précieuses ridicules*. Gros succès.

1660 (28 mai) : Première de *Sganarelle ou le Cocu imaginaire*. Succès.
(11 octobre) : La troupe de Monsieur s'installe au théâtre du Palais-Royal, construit par le cardinal de Richelieu.

1661 (4 février) : Première de *Dom Garcie de Navarre*. Échec.
(24 juin) : Première de *l'École des maris*. Succès.
(17 août) : Première des *Fâcheux*, pour Foucquet, au château de Vaux-le-Vicomte.

1662 (20 février) : Mariage à Saint-Germain-l'Auxerrois de Molière avec Armande Béjart, fille ou sœur (?) de Madeleine.
(26 décembre) : Première de *l'École des femmes*. Succès et scandale. Premières attaques des dévots.

1663 (17 mars) : Pension de 1 000 livres accordée par Louis XIV à Molière.
(1er juin) : Première de *la Critique de l'École des femmes*.

1664 (19 janvier) : Naissance du premier fils de Molière, Louis, mort le 10 novembre 1664. Parrain et marraine : Louis XIV et Madame.
(29 janvier) : Première du *Mariage forcé* au Louvre.
(8 mai) : Première de *la Princesse d'Élide*, à Versailles.
(12 mai) : Première des trois premiers actes de *Tartuffe* à Versailles. La pièce est interdite.

1665 (15 février) : Première de *Dom Juan*. La pièce est retirée à Pâques.
(3 août) : Naissance d'Esprit-Madeleine, fille de Molière. Morte en 1733.
(14 août) : La Troupe de Monsieur devient Troupe du Roi. Pension annuelle de 6.000 livres.
(14 septembre) : Première de *l'Amour médecin* à Versailles.

1666 (janvier-février) : Grave maladie de Molière.
(4 juin) : Première du *Misanthrope*. Demi-succès.
(6 août) : Première du *Médecin malgré lui*.

1667 (14 février) : Première du *Sicilien ou l'Amour peintre*, à Saint-Germain.
(5 août) : Représentation de *Tartuffe* en cinq actes au Palais-Royal. Nouvelle interdiction de la pièce.

1668 (13 février) : Première d'*Amphitryon.*
(18 juillet) : Première de *George Dandin,* à Versailles.
(9 septembre) : Première de *l'Avare.*

1669 (5 février) : Première représentation publique autorisée de *Tartuffe.* Immense succès.
(25 février) : Mort du père de Molière.
(7 octobre) : Première de *Monsieur de Pourceaugnac,* à Chambord.

1670 (4 février) : Première des *Amants magnifiques,* à Saint-Germain.
(14 octobre) : Première du *Bourgeois gentilhomme,* à Chambord.

1671 (17 janvier) : Première de *Psyché,* aux Tuileries.
(14 mai) : Première des *Fourberies de Scapin.*
(2 août) : Première de *la Comtesse d'Escarbagnas,* à Saint-Germain.

1672 (17 février) : Mort de Madeleine Béjart.
(11 mars) : Première des *Femmes savantes.*
(15 septembre) : Naissance de Pierre-Jean-Baptiste-Armand, fils de Molière, mort le 10 octobre 1672.

1673 (10 février) : Première du *Malade imaginaire.*
(17 février) : Mort de Molière, rue de Richelieu, à 10 heures du soir.
(21 février) : Obsèques nocturnes de Molière au cimetière Saint-Joseph.
(mai-juin) : Fusion de la troupe de Molière et de celle du Marais.
De cette fusion naît la troupe de l'Hôtel Guénégaud.

1680 (18 août) : Fusion des troupes de l'Hôtel de Bourgogne et de l'Hôtel Guénégaud, par ordre du roi. Fondation de la Comédie-Française.

INTRODUCTION

Le théâtre comique de Molière est, en qualité, sans commune mesure avec celui de ses prédécesseurs, de ses contemporains et de ses successeurs immédiats. C'est le privilège du génie. Mais il n'est pas sans intérêt de préciser en quoi il en diffère, pour le mettre à sa vraie place dans la littérature dramatique du Grand Siècle.

La comédie française du XVIIe siècle, qui va chercher ses sources d'inspiration dans la comédie italienne et peut-être encore davantage dans la comédie espagnole, est essentiellement une comédie romanesque, aux péripéties multiples et inattendues, dont l'intrigue souvent compliquée est le seul ressort comique. Le public ne lui demande qu'un divertissement, qu'une série de surprises et de retournements de situation propres à déchaîner le rire. C'est d'ailleurs ce que Molière a commencé par faire lui-même dans ses farces et dans ses deux premières comédies jouées en province, *l'Étourdi* et *le Dépit amoureux*. Ce jeu comique entraîne dans son tourbillon des personnages encore stéréotypés, les couples d'amoureux, les valets, les servantes, le vieillard, le pédant, le matamore, etc.

Or, à la même époque, la tragédie, au contraire, repose sur un jeu complexe de sentiments humains, plus ou moins subtilement analysés, dont le heurt crée la crise dramatique et amène le dénouement : amour, haine, jalousie, amour maternel, sentiment de l'honneur, passion de la gloire, désir de vengeance, patriotisme, volonté de puissance. Dans son cadre historique ou légendaire, la tragédie est à base de psychologie et repose sur l'étude de l'homme.

Ce souci de vérité psychologique, ce ressort tout humain de la tragédie sont alors étrangers à la comédie, qui se contente de personnages simples placés dans une situation comique. Sans doute, quelques auteurs insèreront dans leurs comédies des types de personnages nouveaux, empruntés à la société contemporaine. Le premier, Cyrano de Bergerac mettra en scène un paysan patoisant dans *le Pédant joué*; Chappuzeau prendra pour cadre de son *Cercle des femmes* un salon féminin à la mode; à différentes reprises on verra apparaître le type du gentilhomme campagnard, petit hobereau sans fortune et ignorant des usages du beau monde, dont la Cour et la Ville se moquent volontiers; mais cela ne fera que quelques types de personnages supplémentaires mêlés à une intrigue, qui reste l'objet même du divertissement.

Il faut avoir lu un certain nombre de ces comédies contemporaines de Molière pour comprendre et apprécier tout ce qu'il apporte de nouveau. Celui que ses contemporains appelaient « le Contemplateur » est un merveilleux observateur de la nature humaine. Un de ses ennemis, qui deviendra un ami quand Molière aura joué ses pièces, Donneau de Visé, écrit de lui : « C'est un dangereux personnage; il y en a qui ne vont point sans leurs mains; mais on peut dire de lui qu'il ne va point sans ses yeux ni sans ses oreilles. »

De la même manière que l'auteur tragique, mais avec des fins différentes, il étudiera la psychologie de ses personnages, et le jeu de leurs sentiments deviendra à son tour le ressort de la comédie et de ses péripéties. Attentif aux problèmes sociaux de son époque, notamment ceux que pose la société bourgeoise, il placera ceux dont il veut peindre les travers, les ridicules ou les vices au milieu de parents et d'amis, eux-mêmes fortement caractérisés, vivants et vrais, et dont l'ensemble, autour du héros principal, constituera un milieu social naturel aux aspects divers, où les personnages s'opposeront les uns aux autres et réagiront les uns sur les autres. C'est ainsi que, par son observation pénétrante de l'homme et de la société, Molière innovera en créant une grande comédie, à la fois étude de caractères et étude de mœurs, à base de psychologie humaine et qu'il élèvera au niveau moral de la tragédie. L'intrigue, au lieu de lui fournir un point de départ conventionnel, sera au contraire l'aboutissement et le développement naturel d'une situation créée par la psychologie des personnages; son but sera atteint lorsqu'il les aura peints, souvent d'après nature, avec vérité; et souvent les dénouements — ces dénouements qui lui furent reprochés — ne seront à leur tour qu'un procédé conventionnel et facile pour dénouer une situation dramatique

Voilà, nous semble-t-il, ce que Molière a apporté de plus important et de plus original dans ses comédies, et qui aboutit à une véritable transformation d'un genre littéraire, dont le mécanisme, immuable avant lui, se sclérosait avec le temps. Certains contemporains furent d'ailleurs conscients de cette transformation profonde du genre comique, tels Boileau ou La Fontaine qui écrivait, après la représentation des *Fâcheux* à Vaux :

> *Et maintenant il ne faut pas*
> *Quitter la nature d'un pas.*

Dans cette comédie nouvelle qu'il a créée, comme Corneille a créé la grande tragédie classique, Molière a mis une diversité qui atteste l'ampleur de son génie. Il avait commencé par pratiquer la farce, qui lui assura ses premiers succès en province, puis à Paris. Il continua à lui rester fidèle, même dans ses grandes comédies, où il ne rougit pas de la mêler à l'étude de mœurs. Il en fait aussi un élément important de ses comédies-ballets où il la mêle cette fois au prestige de la musique et de la danse. La comédie-ballet est d'ailleurs une création originale de Molière, née du succès des *Fâcheux*. Avec *Amphitryon*, où il se montre le seul rival à opposer dans le maniement du vers libre à La Fontaine, il offre encore une formule nouvelle et originale, celle de la comédie précieuse et poétique. Enfin, avec ses grandes comédies, il nous offre une admirable galerie de personnages toujours vivants, Tartuffe, Alceste, Harpagon, Dom Juan, Philaminte, en même temps qu'une évocation du milieu dans lequel ils évoluent. En substituant la vérité au romanesque de la comédie traditionnelle, il nous apporte un témoignage irremplaçable sur la société de son temps.

Ce théâtre comique, à base d'observation, reste imprégné de l'actualité de son temps. Dès ses débuts à Paris, Molière s'attaque à un problème littéraire et social fort à la mode, la préciosité ; puis, avec *l'École des maris* et *l'École des femmes*, au problème de l'éducation des filles ; avec *Tartuffe* et *Dom Juan*, c'est le problème religieux. Parfois Molière met en scène des personnages contemporains, à peine transposés ; tout le monde a reconnu Daquin et les médecins de la cour dans les caricatures bouffonnes des docteurs de *l'Amour médecin*, de même que Ménage et l'abbé Cotin dans les personnages de Vadius et de Trissotin. Les témoignages des contemporains prouvent qu'ils cherchaient

toujours à découvrir le personnage original qui lui avait
servi de modèle pour ses grandes créations ; ils ont désigné,
à tort ou à raison, les « originaux » des Précieuses, de Tartuffe, de Dom Juan, d'Alceste, de M. Jourdain, de
M. de Pourceaugnac, des Femmes savantes. Les spectateurs du XVIIe siècle voyaient dans les comédies de Molière
des pièces à « clef ». Mais ce ne sont pourtant pas de simples
copies que Molière nous offre ; sans doute s'est-il inspiré
de différents modèles, mais ses observations, passées par
le creuset de son génie, ont abouti à des créations originales
et d'une éternelle vérité.

Comme il arrive toujours en pareil cas, les créatures nées
du génie d'un auteur finissent par lui échapper, et conser-
vent, après lui, leur vie propre. C'est pourquoi, depuis
trois cents ans, chaque génération s'est forgé son Tartuffe,
son Alceste, son Dom Juan, selon ses propres conceptions
de la vie et des problèmes qu'elle pose. On a pu jouer *le
Misanthrope* en costumes modernes ; nos spectateurs,
sous ce nouveau déguisement, ont parfaitement reconnu
Alceste pour un des leurs, parce qu'il reste toujours vrai
et humain.

De cette large peinture de la société contemporaine que
Molière a brossée en y insérant un certain nombre de
personnages hors série, peut-on tirer une morale, la morale
de Molière ? Cela ne paraît pas impossible. D'une lecture
complète de son œuvre et d'une méditation sérieuse sur
ses intentions, on peut, nous semble-t-il, tirer cette conclusion que la morale de Molière est fondée sur une confiance
totale en la nature humaine. Cette nature humaine dont
tous nos grands classiques, dramaturges, moralistes,
essayistes, romanciers et philosophes ont fait leur principal
sujet d'étude, certains ont voulu la rabaisser et parfois
même la condamner. On ne trouve aucune trace de cette
sévérité dans l'œuvre de Molière. Pour lui, la nature
humaine est bonne ; il croit à la liberté et à la vertu de
l'homme ; il croit aux forces vives de l'Amour, qu'il a tra-
duites si heureusement dans tant de couples d'amoureux,
sincères, passionnés, appelés au bonheur terrestre. Et si
l'homme est naturellement bon, la société, qui est sa création et le reflète, ne peut qu'être bonne aussi. A condition
de rester soumis à la règle de la juste mesure, aux lois du
bon sens, d'échapper à l'empire des passions pernicieuses,
l'homme peut et doit faire son bonheur sur la terre. Cette
conception du juste milieu, du bon sens inné chez la plupart des hommes, idée cartésienne, imprègne tout l'idéal

classique, fait de mesure et d'équilibre. C'est elle que l'on retrouve dans l'œuvre de Molière, parfois diffuse, parfois formellement exprimée par ses « raisonneurs », Ariste, Cléante ou Philinte. Pour eux, comme pour Molière, il faut se soumettre aux mœurs du temps, aux coutumes, adopter les costumes et les habitudes de nos contemporains.

Conception morale toute faite de sagesse, de modération, rejetant tous les excès, même ceux de la vertu, pour ne pas déséquilibrer un milieu social favorable, normalement, au développement et à l'épanouissement de la personnalité humaine. Morale optimiste donc en définitive, mais non morale « petit bourgeois » de je ne sais quelle médiocrité acceptée par faiblesse ou routine, qu'on lui a parfois prêtée à tort.

Lorsqu'on a pris conscience des conceptions morales de Molière et de leurs fondements, on comprend que, pour lui, les êtres qui, dominés par leurs ridicules, leurs travers ou leurs vices, s'opposent à cette société harmonieuse, la troublent par leurs extravagances, doivent être cloués au pilori. D'abord parce qu'ils apparaissent ridicules aux yeux du spectateur moyen, doué de bon sens (on sait quelle confiance aussi Molière accordait aux jugements du parterre), en rompant un équilibre social favorable, en rendant malheureux leurs parents et leurs amis, et qu'ainsi ils fournissent de bons sujets de comédie; mais Molière pense aussi qu'il faut dénoncer et corriger ces extravagants, conformément à la mission de la comédie — *castigat riden-do mores* — pour que la société retrouve son équilibre et son bon fonctionnement.

Tous les grands personnages de Molière, qu'ils agissent sous l'effet d'une noble indignation, comme Alceste, de préjugés bourgeois comme Orgon, de vices honteux comme Harpagon et Tartuffe, ou d'un simple dérèglement d'esprit comme M. Jourdain ou Philaminte, apparaissent comme des asociaux, des hommes qui, sous l'influence de leurs passions, s'écartent du bon sens général, de la voie commune, s'opposent à une société bien équilibrée et doivent donc être corrigés ou éliminés.

Telle est, nous semble-t-il, la morale sociale qui se dégage de l'œuvre de Molière. Son génie, à base d'observation humaine, a fait que ses personnages ne se limitent pas à figurer des symboles; Harpagon et Tartuffe ne sont pas des images conventionnelles de l'Avarice ou de l'Hypocrisie; l'un est un avare, l'autre un hypocrite, parfaitement personnalisé, caractérisé, présenté dans un milieu social déterminé, auquel il s'oppose. Et c'est parce que ces personnages sont profondément vrais, d'une vérité humaine, parce que leurs passions sont décrites et analysées dans leurs effets, dans les réactions des autres personnages, qu'il leur arrive souvent, et peut-être à l'insu de leur créateur, de rester comiques et de côtoyer la tragédie.

Par-delà cette morale de Molière, que nous venons d'esquisser, peut-on discerner, dans son œuvre, une philosophie de la vie, qui serait la sienne ? L'entreprise, déclarée chimérique par les uns, a été tentée par d'autres, plus hardis. Mais Molière n'est pas un philosophe, ni la comédie un traité dogmatique ou didactique. Il nous semble sage de nous en tenir plus modestement à ce que cet auteur-acteur, accablé de travail quotidien, nous a livré de ses idées sur quelques problèmes de son temps.

Car il apparaît à l'évidence que son théâtre, dont nous avons déjà dit combien il était enraciné dans l'actualité de son temps, soulève des problèmes littéraires, sociaux et même religieux, ce qui était à l'époque, pour un auteur comique, une grande audace.

Sur son art même d'auteur comique, Molière donne une nouvelle preuve de sa soumission au sens commun en déclarant que les fameuses règles formulées par les théoriciens depuis Aristote jusqu'à ses contemporains se réduisent en définitive à des conseils de bons sens et que la grande règle, formulée aussi par Racine et par La Fontaine, est tout simplement de plaire aux honnêtes gens sans s'embarrasser de la fausse science de l'École, qu'il a moquée à travers ses philosophes, ses médecins, ses pédants. Contre l'enseignement sclérosé de l'École, il est pour la science des « gens de maintenant » et défendra leurs découvertes, telle la circulation du sang, contre l'ignorance et l'obstination de l'enseignement officiel. Sa position intellectuelle apparaît donc comme celle d'un humaniste éclairé, qui n'ignore rien des enseignements du passé, mais qui, opposé de toutes ses forces à l'obscurantisme, garde son regard lucide fixé sur l'avenir, sur un avenir dans lequel il a foi et qu'il croit sincèrement devoir être meilleur que le passé.

Du point de vue social, nous l'avons déjà dit, il se soumet encore au bon sens général, attaque les préjugés bourgeois, fondés sur la vanité et l'intérêt, défend la liberté de l'amour, se faisant ainsi, sur ce point, l'allié des précieuses et prenant une position audacieuse pour son époque conformiste.

Reste enfin le problème religieux, le plus difficile et le

plus délicat; on sait quels scandales Molière a causés en le portant à la scène dans *Tartuffe* et dans *Dom Juan*, et quelles persécutions il s'est attirées pour l'avoir évoqué. Sur ses sentiments personnels à cet égard, nous ne sommes pas renseignés; nous savons seulement qu'il vivait en bon chrétien et qu'il faisait régulièrement ses pâques. Encore faut-il signaler que ses principaux amis, Chapelle, Bernier, Mignard ou La Mothe Le Vayer entre autres, appartenaient au milieu « libertin », où il paraît se sentir lui-même très à l'aise; mais dans ce XVIIᵉ siècle tout chrétien, c'est sûrement commettre un anachronisme que d'imaginer un Molière penseur matérialiste, antireligieux ou athée.

Cependant c'est un fait qu'il a attaqué l'hypocrisie, les faux dévots, et qu'il a été dénoncé publiquement comme impie et athée. Les contemporains ont naturellement, comme pour ses autres personnages, cherché les originaux du *Tartuffe ;* plusieurs noms, bien oubliés aujourd'hui, ont été prononcés. Depuis lors les historiens se sont acharnés sur ce problème, cherchant ses victimes réelles parmi les membres de la Compagnie du Saint-Sacrement, parmi les jésuites ou parmi les jansénistes. Il est probable que Molière a rencontré des hypocrites dans divers groupements religieux, parmi tous ceux qui prêchaient un rigorisme excessif et, couverts par le manteau de la religion, servaient surtout leurs propres intérêts.

C'est contre ces abus, ces excès de la religion tels que certains la pratiquaient, ou voulaient l'imposer aux autres, qu'il lutte, pour le maintien d'une religion modérée, humaine, adaptée aux conventions mondaines et respectueuse de la liberté humaine. Là encore, on retrouve son double souci de sauvegarder la valeur humaine et de maintenir la religion dans des limites sociales acceptables. C'est parce que le rigorisme et l'hypocrisie sont des éléments de déséquilibre de la société, d'étouffement et d'oppression de l'homme, qu'il les condamne. Ce faisant, il reste, sur ce plan-là, comme sur les autres, fidèle à ses conceptions morales. Il entend laisser sa place légitime à la religion, mais refuse de lui sacrifier la vie.

Ainsi ses conceptions morales et ses idées nous semblent-elles se rejoindre et relever, les unes comme les autres, de cet esprit de modération qui doit rester celui de l'honnête homme et que Molière a répandu dans une œuvre aussi riche que diverse, et qui continue, pour l'enseignement des générations, à être jouée sans cesse dans le monde entier.

Le Misanthrope est, au gré des connaisseurs, le plus beau chef-d'œuvre de Molière et marque le sommet de son œuvre. Jamais il n'a porté à un si haut degré de perfection la beauté de l'expression formelle, la puissance de l'analyse psychologique, l'acuité du regard jeté sur la nature humaine. Pour la postérité, comme pour Boileau, Molière reste « l'auteur du *Misanthrope* ».

La pièce, nous le savons, était sur le chantier depuis 1664. Le soin apporté au style et à la versification porte le témoignage du travail de l'auteur, travail en profondeur, uniquement fondé sur l'observation; il est remarquable qu'à part un passage traduit de Lucrèce et quelques vers repris de *Dom Garcie de Navarre* on ne trouve au *Misanthrope* aucune source livresque, aucune inspiration puisée chez ses devanciers.

Molière a mûri et achevé cette comédie à une des époques les plus pénibles de sa vie, où la cabale des dévots triomphe contre lui en empêchant la représentation du *Tartuffe*, où sa santé est sérieusement atteinte par la tuberculose qui l'emportera, où, dans sa vie privée, les coquetteries d'Armande Béjart le torturent de jalousie au point qu'une séparation intervient bientôt entre les époux. On a pensé, non sans quelque apparence de raison, que tant de chagrins et d'épreuves personnelles trouvent leur écho dans *le Misanthrope*, et que Molière, en butte à un monde hostile, a traduit ses propres réactions dans les boutades et les colères d'Alceste.

Privé des bénéfices espérés de son *Tartuffe*, Molière comptait certainement sur un grand succès de son *Misanthrope*. Le deuil de la cour, en raison du décès de la Reine-Mère, ne lui permit pas de le présenter à Versailles devant le Roi, et de bénéficier ainsi de la publicité que les cour-

tisans ne manquaient pas de faire, autour d'eux, en semblable cas. La pièce fut donc créée au Palais-Royal le
4 juin 1666; Molière tenait le rôle d'Alceste et sa femme
celui de Célimène. On a dit et répété que *le Misanthrope*
avait échoué; ce n'est pas exact, puisque la pièce, dans
sa nouveauté, eut 34 représentations, chiffre très hono-
rable pour l'époque. Mais il est vrai aussi que les recettes
baissèrent rapidement; deux mois après sa création,
le Misanthrope cédait la place au *Médecin malgré lui;* du
vivant de Molière même, les reprises furent peu nom-
breuses.

Le public fut manifestement désemparé par ce comique
sérieux, âpre, qui ne déchaînait pas les rires et les applau-
dissements, comme ses précédentes comédies, se conten-
tant de faire « continuellement rire dans l'âme »[1], selon
le dire d'un contemporain. Les spectateurs n'avaient pas
retrouvé dans *le Misanthrope* ce comique puissant, franc
et direct qui émanait de ses autres pièces. Ils ne surent
pas déguster ce mets trop délicat pour paraître succulent.
Il est certain que Molière fut profondément déçu de
cette incompréhension du public devant une pièce dont il
a dit lui-même qu' « il ne ferait jamais mieux ».

La comédie parut en librairie au début de l'année 1667,
précédée d'une *Lettre écrite sur la comédie du Misanthrope.*
Elle était de Donneau de Visé, qui avait déjà, nous l'avons
vu, défendu *le Tartuffe* et *Dom Juan.* L'auteur, après une
analyse serrée de la pièce, soulignait, d'une manière un
peu didactique et froide, ses mérites.

Cependant, comme d'habitude, on chercha le modèle
que Molière avait pu imiter. Plusieurs contemporains
nomment le duc de Montausier, dont l'humeur était en
effet un peu sombre; l'un d'eux affirme qu'il fut un des
premiers à féliciter Molière. Mlle de Scudéry, dans
le Grand Cyrus, avait fait de lui, sous le nom de Méga-
bate, un portrait qui l'apparente d'une manière évidente à
Alceste.

Mais il est bien certain qu'Alceste a une personnalité
qui laisse loin derrière elle celle du duc, car Molière l'a
enrichi, non seulement de ses observations, de ses souf-
frances, mais de ses longues réflexions sur la nature
humaine. Aucun personnage de son théâtre n'a été peint
avec autant de minutie, ne présente un caractère aussi

---

1. Donneau de Visé, dans la *Lettre écrite sur la Comédie du Misanthrope.*

profondément humain qu'Alceste. Comme tous les grands
héros de théâtre, il a continué, après Molière, à vivre de
sa vie propre, offrant à chacune des générations suivantes,
selon ses goûts et ses tendances, un des aspects particuliers de sa nature.

Aussi, l'interprétation diverse des comédiens aidant, en
est-on arrivé à connaître des images différentes, et même
opposées, de l'homme aux rubans verts.

Il est incontestable que Molière concevait et jouait le
rôle d'Alceste en personnage comique; il se réservait toujours ces rôles-là, même quand ce n'étaient pas les premiers (comme Orgon dans *Tartuffe*); d'ailleurs il avait
donné primitivement à sa comédie le titre du *Misanthrope, ou l'atrabilaire amoureux*, qui souligne le ridicule
du personnage. Pour Molière, quiconque ne se soumet-
tait pas aux règles du bon sens, de la mesure, du respect
des bienséances et des conventions mondaines, était un
élément perturbateur de l'ordre social, et, à ce titre, un
personnage ridicule par ses préjugés, son entêtement, ses
partis pris. Tel apparaissait bien Alceste, « ennemi du
genre humain ».

Mais les raisons profondes qui poussent Alceste à se
dresser contre la société soulèvent des problèmes d'ordre
moral et social si graves que, vu sous cet angle, le personnage apparaît vite dramatique, car s'il a tort dans la
forme, il apparaît sincère et fonde sa position sur des argu-
ments sensibles au moraliste.

Si Rousseau a vu en Alceste « un véritable homme de
bien » ridiculisé par Molière, les romantiques, particulièrement, ont été sensibles à la rigueur morale, à la vertu,
à l'intransigeance même par lesquelles Alceste justifie son
attitude hostile à la société; avec Musset, ils ont admiré
cette

> *... mâle gaieté, si triste et si profonde*
> *Que, lorsqu'on vient d'en rire, on devrait en pleurer.*

Molière a nourri Alceste de son expérience personnelle, de ses propres colères, de ses propres rancunes
et c'est pourquoi il est si douloureux. Du personnage
comique qu'il avait conçu, il a fait, peut-être à son
insu, le héros le plus original et le plus humain de la
comédie classique.

Mais il a su englober cette géniale étude de caractère
dans une véritable comédie de mœurs où l'on retrouve

avec Oronte les éternels marquis ridicules, avec Célimène le type même de la coquette, rouée et sans cœur,
dont le jeu cruel justifie les plaintes et les colères d'Alceste,
avec Arsinoé celui de la prude aux appétits insatisfaits,
aussi étrangère à l'amour vrai que la coquette.

Ainsi se présente cette admirable comédie qui a suscité
tant de commentaires par sa richesse exceptionnelle.

LE MISANTHROPE

COMÉDIE

REPRÉSENTÉE POUR LA PREMIÈRE FOIS A PARIS
SUR LE THÉATRE DU PALAIS-ROYAL
LE 4ᵉ DU MOIS DE JUIN 1666

PAR LA
TROUPE DU ROI

PERSONNAGES

ALCESTE, amant de Célimène.
PHILINTE, ami d'Alceste.
ORONTE, amant de Célimène.
CÉLIMÈNE, amante d'Alceste.
ÉLIANTE : cousine de Célimène.
ARSINOÉ, amie de Célimène.
ACASTE
CLITANDRE } marquis.
BASQUE, valet de Célimène.
UN GARDE de la maréchaussée de France.
DU BOIS, valet d'Alceste.

La scène est à Paris.

ACTE PREMIER

SCÈNE I
PHILINTE, ALCESTE

PHILINTE
Qu'est-ce donc ? Qu'avez-vous ?

ALCESTE
                    Laissez-moi, je vous prie

PHILINTE
Mais encor dites-moi quelle bizarrerie...

ALCESTE
Laissez-moi là, vous dis-je, et courez vous cacher.

PHILINTE
Mais on entend les gens, au moins, sans se fâcher.

ALCESTE
Moi, je veux me fâcher, et ne veux point entendre.   5

PHILINTE
Dans vos brusques chagrins je ne puis vous comprendre,
Et quoique amis enfin, je suis tout des premiers...

ALCESTE
Moi, votre ami ? Rayez cela de vos papiers.
J'ai fait jusques ici profession de l'être :
Mais après ce qu'en vous je viens de voir paraître,   10
Je vous déclare net que je ne le suis plus,
Et ne veux nulle place en des cœurs corrompus.

PHILINTE

Je suis donc bien coupable, Alceste, à votre compte ?

ALCESTE

Allez, vous devriez mourir de pure honte ;
Une telle action ne saurait s'excuser,   15
Et tout homme d'honneur s'en doit scandaliser.
Je vous vois accabler un homme de caresses,
Et témoigner pour lui les dernières tendresses ;
De protestations, d'offres et de serments,
Vous chargez la fureur de vos embrassements ;   20
Et quand je vous demande après quel est cet homme,
A peine pouvez-vous dire comme il se nomme ;
Votre chaleur pour lui tombe en vous séparant,
Et vous me le traitez, à moi, d'indifférent.
Morbleu ! c'est une chose indigne, lâche, infâme,   25
De s'abaisser ainsi jusqu'à trahir son âme ;
Et si, par un malheur, j'en avais fait autant,
Je m'irais, de regret, pendre tout à l'instant.

PHILINTE

Je ne vois pas, pour moi, que le cas soit pendable,
Et je vous supplierai d'avoir pour agréable   30
Que je me fasse un peu grâce sur votre arrêt,
Et ne me pende pas pour cela, s'il vous plaît.

ALCESTE

Que la plaisanterie est de mauvaise grâce !

PHILINTE

Mais, sérieusement, que voulez-vous qu'on fasse ?

ALCESTE

Je veux qu'on soit sincère, et qu'en homme d'honneur, 35
On ne lâche aucun mot qui ne parte du cœur.

PHILINTE

Lorsqu'un homme vous vient embrasser avec joie,
Il faut bien le payer de la même monnoie,
Répondre, comme on peut, à ses empressements,
Et rendre offre pour offre, et serments pour serments. 40

ALCESTE

Non, je ne puis souffrir cette lâche méthode
Qu'affectent la plupart de vos gens à la mode ;

Et je ne hais rien tant que les contorsions
De tous ces grands faiseurs de protestations,
Ces affables donneurs d'embrassades frivoles,   45
Ces obligeants diseurs d'inutiles paroles,
Qui de civilités avec tous font combat,
Et traitent du même air l'honnête homme et le fat.
Quel avantage a-t-on qu'un homme vous caresse,
Vous jure amitié, foi, zèle, estime, tendresse,   50
Et vous fasse de vous un éloge éclatant,
Lorsque au premier faquin il court en faire autant ?
Non, non, il n'est point d'âme un peu bien située
Qui veuille d'une estime ainsi prostituée;
Et la plus glorieuse a des régals peu chers,   55
Dès qu'on voit qu'on nous mêle avec tout l'univers :
Sur quelque préférence une estime se fonde,
Et c'est n'estimer rien qu'estimer tout le monde.
Puisque vous y donnez, dans ces vices du temps,
Morbleu! vous n'êtes pas pour être de mes gens;   60
Je refuse d'un cœur la vaste complaisance
Qui ne fait de mérite aucune différence;
Je veux qu'on me distingue; et pour le trancher net,
L'ami du genre humain n'est point du tout mon fait.

PHILINTE

Mais quand on est du monde, il faut bien que l'on rende 65
Quelques dehors civils que l'usage demande.

ALCESTE

Non, vous dis-je, on devrait châtier, sans pitié,
Ce commerce honteux de semblants d'amitié.
Je veux que l'on soit homme, et qu'en toute rencontre
Le fond de notre cœur dans nos discours se montre,   70
Que ce soit lui qui parle, et que nos sentiments
Ne se masquent jamais sous de vains compliments.

PHILINTE

Il est bien des endroits où la pleine franchise
Deviendrait ridicule et serait peu permise;
Et parfois, n'en déplaise à votre austère honneur,   75
Il est bon de cacher ce qu'on a dans le cœur.
Serait-il à propos et de la bienséance
De dire à mille gens tout ce que d'eux on pense ?
Et quand on a quelqu'un qu'on hait ou qui déplaît,
Lui doit-on déclarer la chose comme elle est ?   80

ALCESTE

Oui.

PHILINTE

Quoi ? vous iriez dire à la vieille Émilie
Qu'à son âge il sied mal de faire la jolie,
Et que le blanc qu'elle a scandalise chacun ?

ALCESTE

Sans doute.

PHILINTE

A Dorilas, qu'il est trop importun,
Et qu'il n'est, à la cour, oreille qu'il ne lasse   85
A conter sa bravoure et l'éclat de sa race ?

ALCESTE

Fort bien.

PHILINTE

Vous vous moquez.

ALCESTE

Je ne me moque point,
Et je vais n'épargner personne sur ce point.
Mes yeux sont trop blessés, et la cour et la ville
Ne m'offrent rien qu'objets à m'échauffer la bile :   90
J'entre en une humeur noire, et un chagrin profond,
Quand je vois vivre entre eux les hommes comme ils font ;
Je ne trouve partout que lâche flatterie,
Qu'injustice, intérêt, trahison, fourberie ;
Je n'y puis plus tenir, j'enrage, et mon dessein   95
Est de rompre en visière à tout le genre humain.

PHILINTE

Ce chagrin philosophe est un peu trop sauvage,
Je ris des noirs accès où je vous envisage,
Et crois voir en nous deux, sous mêmes soins nourris,
Ces deux frères que peint l'École des maris,   100
Dont...

ALCESTE

Mon Dieu ! laissons là vos comparaisons fades.

PHILINTE

Non : tout de bon, quittez toutes ces incartades.
Le monde par vos soins ne se changera pas ;
Et puisque la franchise a pour vous tant d'appas,
Je vous dirai tout franc que cette maladie,   105
Partout où vous allez, donne la comédie,
Et qu'un si grand courroux contre les mœurs du temps
Vous tourne en ridicule auprès de bien des gens.

ALCESTE

Tant mieux, morbleu! tant mieux, c'est ce que je demande.
Ce m'est un fort bon signe, et ma joie en est grande : 110
Tous les hommes me sont à tel point odieux
Que je serais fâché d'être sage à leurs yeux.

PHILINTE

Vous voulez un grand mal à la nature humaine!

ALCESTE

Oui, j'ai conçu pour elle une effroyable haine.

PHILINTE

Tous les pauvres mortels, sans nulle exception,   115
Seront enveloppés dans cette aversion ?
Encore en est-il bien, dans le siècle où nous sommes...

ALCESTE

Non : elle est générale, et je hais tous les hommes :
Les uns, parce qu'ils sont méchants et malfaisants,
Et les autres, pour être aux méchants complaisants,   120
Et n'avoir pas pour eux ces haines vigoureuses
Que doit donner le vice aux âmes vertueuses.
De cette complaisance on voit l'injuste excès
Pour le franc scélérat avec qui j'ai procès :
Au travers de son masque on voit à plein le traître; 125
Partout il est connu pour tout ce qu'il peut être;
Et ses roulements d'yeux et son ton radouci
N'imposent qu'à des gens qui ne sont point d'ici.
On sait que ce pied-plat, digne qu'on le confonde,
Par de sales emplois s'est poussé dans le monde,   130
Et que par eux son sort de splendeur revêtu
Fait gronder le mérite et rougir la vertu.
Quelques titres honteux qu'en tous lieux on lui donne,
Son misérable honneur ne voit pour lui personne;
Nommez-le fourbe, infâme, et scélérat maudit,   135
Tout le monde en convient, et nul n'y contredit.
Cependant sa grimace est partout bienvenue :
On l'accueille, on lui rit, partout il s'insinue;
Et s'il est, par la brigue, un rang à disputer,
Sur le plus honnête homme on le voit l'emporter.   140
Têtebleu! ce me sont de mortelles blessures,
De voir qu'avec le vice on garde des mesures;
Et parfois il me prend des mouvements soudains
De fuir dans un désert l'approche des humains.

PHILINTE

Mon Dieu, des mœurs du temps mettons-nous moins en
Et faisons un peu grâce à la nature humaine;   [peine, 145
Ne l'examinons point dans la grande rigueur,
Et voyons ses défauts avec quelque douceur.
Il faut, parmi le monde, une vertu traitable;
A force de sagesse, on peut être blâmable;   150
La parfaite raison fuit toute extrémité,
Et veut que l'on soit sage avec sobriété.
Cette grande roideur des vertus des vieux âges
Heurte trop notre siècle et les communs usages;
Elle veut aux mortels trop de perfection :   155
Il faut fléchir au temps sans obstination;
Et c'est une folie à nulle autre seconde
De vouloir se mêler de corriger le monde.
J'observe, comme vous, cent choses tous les jours,
Qui pourraient mieux aller, prenant un autre cours;   160
Mais quoi qu'à chaque pas je puisse voir paraître,
En courroux, comme vous, on ne me voit point être;
Je prends tout doucement les hommes comme ils sont,
J'accoutume mon âme à souffrir ce qu'ils font;
Et je crois qu'à la cour, de même qu'à la ville,   165
Mon flegme est philosophe autant que votre bile.

ALCESTE

Mais ce flegme, Monsieur, qui raisonne si bien,
Ce flegme pourra-t-il ne s'échauffer de rien ?
Et s'il faut, par hasard, qu'un ami vous trahisse,
Que, pour avoir vos biens, on dresse un artifice,   170
Ou qu'on tâche à semer de méchants bruits de vous,
Verrez-vous tout cela sans vous mettre en courroux ?

PHILINTE

Oui, je vois ces défauts dont votre âme murmure
Comme vices unis à l'humaine nature;
Et mon esprit enfin n'est pas plus offensé   175
De voir un homme fourbe, injuste, intéressé,
Que de voir des vautours affamés de carnage,
Des singes malfaisants, et des loups pleins de rage.

ALCESTE

Je me verrai trahir, mettre en pièces, voler,
Sans que je sois... Morbleu! je ne veux point parler, 180
Tant ce raisonnement est plein d'impertinence.

PHILINTE

Ma foi! vous ferez bien de garder le silence.
Contre votre partie éclatez un peu moins,
Et donnez au procès une part de vos soins.

ALCESTE

Je n'en donnerai point, c'est une chose dite.   185

PHILINTE

Mais qui voulez-vous donc qui pour vous sollicite ?

ALCESTE

Qui je veux ? La raison, mon bon droit, l'équité.

PHILINTE

Aucun juge par vous ne sera visité ?

ALCESTE

Non. Est-ce que ma cause est injuste ou douteuse ?

PHILINTE

J'en demeure d'accord ; mais la brigue est fâcheuse,   190
Et...

ALCESTE

      Non ; j'ai résolu de n'en pas faire un pas.
J'ai tort, ou j'ai raison.

PHILINTE

                  Ne vous y fiez pas.

ALCESTE

Je ne remuerai point.

PHILINTE

                  Votre partie est forte,
Et peut, par sa cabale, entraîner...

ALCESTE

                        Il n'importe.

PHILINTE

Vous vous tromperez.

ALCESTE

                  Soit. J'en veux voir le succès.   195

PHILINTE

Mais...

ALCESTE

J'aurai le plaisir de perdre mon procès.

PHILINTE

Mais enfin...

ALCESTE

Je verrai, dans cette plaiderie,
Si les hommes auront assez d'effronterie,
Seront assez méchants, scélérats et pervers,
Pour me faire injustice aux yeux de l'univers.   200

PHILINTE

Quel homme!

ALCESTE

Je voudrais, m'en coûtât-il grand-chose,
Pour la beauté du fait avoir perdu ma cause.

PHILINTE

On se rirait de vous, Alceste, tout de bon,
Si l'on vous entendait parler de la façon.

ALCESTE

Tant pis pour qui rirait.

PHILINTE

Mais cette rectitude   205
Que vous voulez en tout avec exactitude,
Cette pleine droiture où vous vous renfermez,
La trouvez-vous ici dans ce que vous aimez?
Je m'étonne, pour moi, qu'étant, comme il le semble,
Vous et le genre humain si fort brouillés ensemble,   210
Malgré tout ce qui peut vous le rendre odieux,
Vous ayez pris chez lui ce qui charme vos yeux;
Et ce qui me surprend encore davantage,
C'est cet étrange choix où votre cœur s'engage.
La sincère Éliante a du penchant pour vous,   215
La prude Arsinoé vous voit d'un œil fort doux:
Cependant à leurs vœux votre âme se refuse,
Tandis qu'en ses liens Célimène l'amuse,
De qui l'humeur coquette et l'esprit médisant
Semble si fort donner dans les mœurs d'à présent.   220
D'où vient que, leur portant une haine mortelle,
Vous pouvez bien souffrir ce qu'en tient cette belle?
Ne sont-ce plus défauts dans un objet si doux?
Ne les voyez-vous pas? ou les excusez-vous?

ALCESTE

Non, l'amour que je sens pour cette jeune veuve 225
Ne ferme point mes yeux aux défauts qu'on lui trouve,
Et je suis, quelque ardeur qu'elle m'ait pu donner,
Le premier à les voir, comme à les condamner.
Mais, avec tout cela, quoi que je puisse faire,
Je confesse mon faible, elle a l'art de me plaire : 230
J'ai beau voir ses défauts, et j'ai beau l'en blâmer,
En dépit qu'on en ait, elle se fait aimer;
Sa grâce est la plus forte; et sans doute ma flamme
De ces vices du temps pourra purger son âme.

PHILINTE

Si vous faites cela, vous ne ferez pas peu. 235
Vous croyez être donc aimé d'elle ?

ALCESTE

                    Oui, parbleu!
Je ne l'aimerais pas, si je ne croyais l'être.

PHILINTE

Mais si son amitié pour vous se fait paraître,
D'où vient que vos rivaux vous causent de l'ennui ?

ALCESTE

C'est qu'un cœur bien atteint veut qu'on soit tout à lui, 240
Et je ne viens ici qu'à dessein de lui dire
Tout ce que là-dessus ma passion m'inspire.

PHILINTE

Pour moi, si je n'avais qu'à former des désirs,
La cousine Éliante aurait tous mes soupirs;
Son cœur, qui vous estime, est solide et sincère, 245
Et ce choix plus conforme était mieux votre affaire.

ALCESTE

Il est vrai : ma raison me le dit chaque jour;
Mais la raison n'est pas ce qui règle l'amour.

PHILINTE

Je crains fort pour vos feux; et l'espoir où vous êtes
Pourrait...

SCÈNE II

ORONTE, ALCESTE, PHILINTE

ORONTE

    J'ai su là-bas que, pour quelques emplettes, 250
Éliante est sortie, et Célimène aussi;
Mais comme l'on m'a dit que vous étiez ici,
J'ai monté pour vous dire, et d'un cœur véritable,
Que j'ai conçu pour vous une estime incroyable,
Et que, depuis longtemps, cette estime m'a mis   255
Dans un ardent désir d'être de vos amis.
Oui, mon cœur au mérite aime à rendre justice,
Et je brûle qu'un nœud d'amitié nous unisse :
Je crois qu'un ami chaud, et de ma qualité,
N'est pas assurément pour être rejeté.   260

    En cet endroit Alceste paraît tout rêveur, et
    semble n'entendre pas qu'Oronte lui parle.

C'est à vous, s'il vous plaît, que ce discours s'adresse.

ALCESTE

A moi, Monsieur ?

ORONTE

    A vous. Trouvez-vous qu'il vous blesse ?

ALCESTE

Non pas; mais la surprise est fort grande pour moi,
Et je n'attendais pas l'honneur que je reçois.

ORONTE

L'estime où je vous tiens ne doit point vous surprendre, 265
Et de tout l'univers vous la pouvez prétendre.

ALCESTE

Monsieur...

ORONTE

    L'État n'a rien qui ne soit au-dessous
Du mérite éclatant que l'on découvre en vous.

ALCESTE

Monsieur...

ORONTE

Oui, de ma part, je vous tiens préférable
A tout ce que j'y vois de plus considérable.   270

ALCESTE

Monsieur...

ORONTE

Sois-je du ciel écrasé, si je mens!
Et pour vous confirmer ici mes sentiments,
Souffrez qu'à cœur ouvert, Monsieur, je vous embrasse,
Et qu'en votre amitié je vous demande place.
Touchez là, s'il vous plaît. Vous me la promettez,   275
Votre amitié ?

ALCESTE

Monsieur...

ORONTE

Quoi ? vous y résistez ?

ALCESTE

Monsieur, c'est trop d'honneur que vous me voulez faire;
Mais l'amitié demande un peu plus de mystère,
Et c'est assurément en profaner le nom
Que de vouloir le mettre à toute occasion.   280
Avec lumière et choix cette union veut naître;
Avant que nous lier, il faut nous mieux connaître;
Et nous pourrions avoir telles complexions
Que tous deux du marché nous nous repentirions.

ORONTE

Parbleu ! c'est là-dessus parler en homme sage,   285
Et je vous en estime encore davantage :
Souffrons donc que le temps forme des nœuds si doux;
Mais, cependant, je m'offre entièrement à vous;
S'il faut faire à la cour pour vous quelque ouverture,
On sait qu'auprès du Roi je fais quelque figure;   290
Il m'écoute; et dans tout, il en use, ma foi!
Le plus honnêtement du monde avecque moi.
Enfin je suis à vous de toutes les manières;
Et comme votre esprit a de grandes lumières,
Je viens, pour commencer entre nous ce beau nœud,   295
Vous montrer un sonnet que j'ai fait depuis peu,
Et savoir s'il est bon qu'au public je l'expose.

ALCESTE

Monsieur, je suis mal propre à décider la chose;
Veuillez m'en dispenser.

ORONTE

Pourquoi ?

ALCESTE

J'ai le défaut
D'être un peu plus sincère en cela qu'il ne faut.   300

ORONTE

C'est ce que je demande, et j'aurais lieu de plainte,
Si, m'exposant à vous pour me parler sans feinte,
Vous alliez me trahir, et me déguiser rien.

ALCESTE

Puisqu'il vous plaît ainsi, Monsieur, je le veux bien.

ORONTE

Sonnet... C'est un sonnet. *L'espoir...* C'est une dame   305
Qui de quelque espérance avait flatté ma flamme.
L'espoir... Ce ne sont point de ces grands vers pompeux,
Mais de petits vers doux, tendres et langoureux.

A toutes ces interruptions il regarde Alceste.

ALCESTE

Nous verrons bien.

ORONTE

L'espoir... Je ne sais si le style
Pourra vous en paraître assez net et facile,   310
Et si du choix des mots vous vous contenterez.

ALCESTE

Nous allons voir, Monsieur.

ORONTE

Au reste, vous saurez
Que je n'ai demeuré qu'un quart d'heure à le faire.

ALCESTE

Voyons, Monsieur ; le temps ne fait rien à l'affaire.

ORONTE

L'espoir, il est vrai, nous soulage,   315
Et nous berce un temps notre ennui ;
Mais, Philis, le triste avantage,
Lorsque rien ne marche après lui !

PHILINTE

Je suis déjà charmé de ce petit morceau.

ALCESTE

Quoi ? vous avez le front de trouver cela beau ?   320

ORONTE

Vous eûtes de la complaisance ;
Mais vous en deviez moins avoir,
Et ne vous pas mettre en dépense
Pour ne me donner que l'espoir.

PHILINTE

Ah ! qu'en termes galants ces choses-là sont mises !   325

ALCESTE, *bas.*

Morbleu ! vil complaisant, vous louez des sottises ?

ORONTE

S'il faut qu'une attente éternelle
Pousse à bout l'ardeur de mon zèle,
Le trépas sera mon recours.

Vos soins ne m'en peuvent distraire :   330
Belle Philis, on désespère,
Alors qu'on espère toujours.

PHILINTE

La chute en est jolie, amoureuse, admirable.

ALCESTE, *bas.*

La peste de ta chute ! Empoisonneur au diable,
En eusses-tu fait une à te casser le nez !   335

PHILINTE

Je n'ai jamais ouï de vers si bien tournés.

ALCESTE

Morbleu !...

ORONTE

Vous me flattez, et vous croyez peut-être...

PHILINTE

Non, je ne flatte point.

ALCESTE, *bas.*

Et que fais-tu donc, traître ?

ORONTE

Mais, pour vous, vous savez quel est notre traité :
Parlez-moi, je vous prie, avec sincérité.   340

ALCESTE

Monsieur, cette matière est toujours délicate,
Et sur le bel esprit nous aimons qu'on nous flatte.
Mais un jour, à quelqu'un, dont je tairai le nom,
Je disais, en voyant des vers de sa façon,
Qu'il faut qu'un galant homme ait toujours grand empire
Sur les démangeaisons qui nous prennent d'écrire ;   [345
Qu'il doit tenir la bride aux grands empressements
Qu'on a de faire éclat de tels amusements ;
Et que, par la chaleur de montrer ses ouvrages,
On s'expose à jouer de mauvais personnages.   350

ORONTE

Est-ce que vous voulez me déclarer par là
Que j'ai tort de vouloir... ?

ALCESTE

                      Je ne dis pas cela.
Mais je lui disais, moi, qu'un froid écrit assomme,
Qu'il ne faut que ce faible à décrier un homme,
Et qu'eût-on, d'autre part, cent belles qualités,   355
On regarde les gens par leurs méchants côtés.

ORONTE

Est-ce qu'à mon sonnet vous trouvez à redire ?

ALCESTE

Je ne dis pas cela ; mais, pour ne point écrire,
Je lui mettais aux yeux comme, dans notre temps,
Cette soif a gâté de fort honnêtes gens.   360

ORONTE

Est-ce que j'écris mal ? et leur ressemblerais-je ?

ALCESTE

Je ne dis pas cela ; mais enfin, lui disais-je,
Quel besoin si pressant avez-vous de rimer ?
Et qui diantre vous pousse à vous faire imprimer ?
Si l'on peut pardonner l'essor d'un mauvais livre,   365
Ce n'est qu'aux malheureux qui composent pour vivre.
Croyez-moi, résistez à vos tentations,
Dérobez au public ces occupations ;
Et n'allez point quitter, de quoi que l'on vous somme,
Le nom que dans la cour vous avez d'honnête homme, 370
Pour prendre, de la main d'un avide imprimeur,

Celui de ridicule et misérable auteur.
C'est ce que je tâchai de lui faire comprendre.

ORONTE

Voilà qui va fort bien, et je crois vous entendre.
Mais ne puis-je savoir ce que dans mon sonnet... ?   375

ALCESTE

Franchement, il est bon à mettre au cabinet.
Vous vous êtes réglé sur de méchants modèles,
Et vos expressions ne sont point naturelles.
    Qu'est-ce que *Nous berce un temps notre ennui ?*
    Et que *Rien ne marche après lui ?*   380
    Que *Ne vous pas mettre en dépense,*
    Pour ne me donner que l'espoir ?
    Et que *Philis, on désespère,*
    Alors qu'on espère toujours ?
Ce style figuré, dont on fait vanité,   385
Sort du bon caractère et de la vérité :
Ce n'est que jeu de mots, qu'affectation pure,
Et ce n'est point ainsi que parle la nature.
Le méchant goût du siècle, en cela, me fait peur.
Nos pères, tout grossiers, l'avaient beaucoup meilleur, 390
Et je prise bien moins tout ce que l'on admire
Qu'une vieille chanson que je m'en vais vous dire :

    Si le Roi m'avait donné
    Paris, sa grand-ville,
    Et qu'il me fallût quitter   395
    L'amour de ma mie,
    Je dirais au roi Henri :
    « *Reprenez votre Paris :*
    J'aime mieux ma mie, au gué!
    J'aime mieux ma mie. »   400

La rime n'est pas riche, et le style en est vieux :
Mais ne voyez-vous pas que cela vaut bien mieux
Que ces colifichets dont le bon sens murmure,
Et que la passion parle là toute pure ?

    Si le Roi m'avait donné   405
    Paris, sa grand-ville,
    Et qu'il me fallût quitter
    L'amour de ma mie,
    Je dirais au roi Henri :
    « *Reprenez votre Paris :*   410

J'aime mieux ma mie, au gué!
J'aime mieux ma mie. »

Voilà ce que peut dire un cœur vraiment épris.

A Philinte.

Oui, Monsieur le rieur, malgré vos beaux esprits,
J'estime plus cela que la pompe fleurie   415
De tous ces faux brillants, où chacun se récrie.

ORONTE.

Et moi, je vous soutiens que mes vers sont fort bons.

ALCESTE

Pour les trouver ainsi vous avez vos raisons;
Mais vous trouverez bon que j'en puisse avoir d'autres,
Qui se dispenseront de se soumettre aux vôtres.   420

ORONTE

Il me suffit de voir que d'autres en font cas.

ALCESTE

C'est qu'ils ont l'art de feindre; et moi, je ne l'ai pas.

ORONTE

Croyez-vous donc avoir tant d'esprit en partage?

ALCESTE

Si je louais vos vers, j'en aurais davantage.

ORONTE

Je me passerai bien que vous les approuviez.   425

ALCESTE

Il faut bien, s'il vous plaît, que vous vous en passiez.

ORONTE

Je voudrais bien, pour voir, que, de votre manière,
Vous en composassiez sur la même matière.

ALCESTE

J'en pourrais, par malheur, faire d'aussi méchants;
Mais je me garderais de les montrer aux gens.   430

ORONTE

Vous me parlez bien ferme, et cette suffisance...

ALCESTE

Autre part que chez moi cherchez qui vous encense.

ORONTE

Mais, mon petit Monsieur, prenez-le un peu moins haut.

ALCESTE

Ma foi! mon grand Monsieur, je le prends comme il faut.

PHILINTE, *se mettant entre deux.*

Eh! Messieurs, c'en est trop; laissez cela, de grâce.   435

ORONTE

Ah! j'ai tort, je l'avoue, et je quitte la place.
Je suis votre valet, Monsieur, de tout mon cœur.

ALCESTE

Et moi, je suis, Monsieur, votre humble serviteur.

SCÈNE III

PHILINTE, ALCESTE

PHILINTE

Hé bien! vous le voyez : pour être trop sincère,
Vous voilà sur les bras une fâcheuse affaire;   440
Et j'ai bien vu qu'Oronte, afin d'être flatté...

ALCESTE

Ne me parlez pas.

PHILINTE

Mais...

ALCESTE

Plus de société.

PHILINTE

C'est trop...

ALCESTE

Laissez-moi là.

PHILINTE

Si je:..

ALCESTE

Point de langage.

PHILINTE

Mais quoi ?...

ALCESTE

Je n'entends rien.

PHILINTE

                    Mais...

ALCESTE

                              Encore ?

PHILINTE

                                        On outrage...

ALCESTE

Ah! parbleu! c'en est trop; ne suivez point mes pas. 445

PHILINTE

Vous vous moquez de moi, je ne vous quitte pas.

ACTE II

SCÈNE I

ALCESTE, CÉLIMÈNE

ALCESTE

Madame, voulez-vous que je vous parle net ?
De vos façons d'agir je suis mal satisfait;
Contre elles dans mon cœur trop de bile s'assemble,
Et je sens qu'il faudra que nous rompions ensemble.   450
Oui, je vous tromperais de parler autrement;
Tôt ou tard nous romprons indubitablement;
Et je vous promettrais mille fois le contraire
Que je ne serais pas en pouvoir de le faire.

CÉLIMÈNE

C'est pour me quereller donc, à ce que je vois,   455
Que vous avez voulu me ramener chez moi ?

ALCESTE

Je ne querelle point; mais votre humeur, Madame,
Ouvre au premier venu trop d'accès dans votre âme :
Vous avez trop d'amants qu'on voit vous obséder,
Et mon cœur de cela ne peut s'accommoder.   460

CÉLIMÈNE

Des amants que je fais me rendez-vous coupable ?
Puis-je empêcher les gens de me trouver aimable ?
Et lorsque pour me voir ils font de doux efforts,
Dois-je prendre un bâton pour les mettre dehors ?

ALCESTE

Non, ce n'est pas, Madame, un bâton qu'il faut prendre,   465
Mais un cœur à leurs vœux moins facile et moins tendre.
Je sais que vos appas vous suivent en tous lieux;
Mais votre accueil retient ceux qu'attirent vos yeux;
Et sa douceur offerte à qui vous rend les armes
Achève sur les cœurs l'ouvrage de vos charmes.   470
Le trop riant espoir que vous leur présentez
Attache autour de vous leurs assiduités;
Et votre complaisance un peu moins étendue
De tant de soupirants chasserait la cohue.
Mais au moins dites-moi, Madame, par quel sort   475
Votre Clitandre a l'heur de vous plaire si fort ?
Sur quels fonds de mérite et de vertu sublime
Appuyez-vous en lui l'honneur de votre estime ?
Est-ce par l'ongle long qu'il porte au petit doigt
Qu'il s'est acquis chez vous l'estime où l'on le voit ? 480
Vous êtes-vous rendue, avec tout le beau monde,
Au mérite éclatant de sa perruque blonde ?
Sont-ce ses grands canons qui vous le font aimer ?
L'amas de ses rubans a-t-il su vous charmer ?
Est-ce par les appas de sa vaste rhingrave   485
Qu'il a gagné votre âme en faisant votre esclave ?
Ou sa façon de rire et son ton de fausset
Ont-ils de vous toucher su trouver le secret ?

CÉLIMÈNE

Qu'injustement de lui vous prenez de l'ombrage !
Ne savez-vous pas bien pourquoi je le ménage,   490
Et que dans mon procès, ainsi qu'il m'a promis,
Il peut intéresser tout ce qu'il a d'amis ?

ALCESTE

Perdez votre procès, Madame, avec constance,
Et ne ménagez point un rival qui m'offense.

CÉLIMÈNE

Mais de tout l'univers vous devenez jaloux.   495

ALCESTE

C'est que tout l'univers est bien reçu de vous.

CÉLIMÈNE

C'est ce qui doit rasseoir votre âme effarouchée,
Puisque ma complaisance est sur tous épanchée;
Et vous auriez plus lieu de vous en offenser,
Si vous me la voyiez sur un seul ramasser.   500

ALCESTE

Mais moi, que vous blâmez de trop de jalousie,
Qu'ai-je de plus qu'eux tous, Madame, je vous prie ?

CÉLIMÈNE

Le bonheur de savoir que vous êtes aimé.

ALCESTE

Et quel lieu de le croire a mon cœur enflammé ?

CÉLIMÈNE

Je pense qu'ayant pris le soin de vous le dire,   505
Un aveu de la sorte a de quoi vous suffire.

ALCESTE

Mais qui m'assurera que, dans le même instant,
Vous n'en disiez peut-être aux autres tout autant ?

CÉLIMÈNE

Certes, pour un amant, la fleurette est mignonne,
Et vous me traitez là de gentille personne.   510
Hé bien! pour vous ôter d'un semblable souci,
De tout ce que j'ai dit je me dédis ici,
Et rien ne saurait plus vous tromper que vous-même :
Soyez content.

ALCESTE

               Morbleu! faut-il que je vous aime!
Ah! que si de vos mains je rattrape mon cœur,   515
Je bénirai le Ciel de ce rare bonheur!
Je ne le cèle pas, je fais tout mon possible
A rompre de ce cœur l'attachement terrible;
Mais mes plus grands efforts n'ont rien fait jusqu'ici,
Et c'est pour mes péchés que je vous aime ainsi.   520

CÉLIMÈNE

Il est vrai, votre ardeur est pour moi sans seconde.

ALCESTE

Oui, je puis là-dessus défier tout le monde.
Mon amour ne se peut concevoir, et jamais
Personne n'a, Madame, aimé comme je fais.

CÉLIMÈNE

En effet, la méthode en est toute nouvelle,   525
Car vous aimez les gens pour leur faire querelle;
Ce n'est qu'en mots fâcheux qu'éclate votre ardeur,
Et l'on n'a vu jamais un amour si grondeur.

ALCESTE

Mais il ne tient qu'à vous que son chagrin ne passe.
A tous nos démêlés coupons chemin, de grâce,   530
Parlons à cœur ouvert, et voyons d'arrêter...

SCÈNE II

CÉLIMÈNE, ALCESTE, BASQUE

CÉLIMÈNE

Qu'est-ce ?

BASQUE

Acaste est là-bas.

CÉLIMÈNE

Hé bien! faites monter.

ALCESTE

Quoi ? l'on ne peut jamais vous parler tête à tête ?
A recevoir le monde on vous voit toujours prête ?
Et vous ne pouvez pas, un seul moment de tous,   535
Vous résoudre à souffrir de n'être pas chez vous ?

CÉLIMÈNE

Voulez-vous qu'avec lui je me fasse une affaire ?

ALCESTE

Vous avez des regards qui ne sauraient me plaire.

CÉLIMÈNE

C'est un homme à jamais ne me le pardonner,
S'il savait que sa vue eût pu m'importuner.   540

ALCESTE

Et que vous fait cela, pour vous gêner de sorte... ?

CÉLIMÈNE

Mon Dieu! de ses pareils la bienveillance importe;
Et ce sont de ces gens qui, je ne sais comment,
Ont gagné dans la cour de parler hautement.

Dans tous les entretiens on les voit s'introduire;   545
Ils ne sauraient servir, mais ils peuvent vous nuire;
Et jamais, quelque appui qu'on puisse avoir d'ailleurs,
On ne doit se brouiller avec ces grands brailleurs.

ALCESTE

Enfin, quoi qu'il en soit, et sur quoi qu'on se fonde,
Vous trouvez des raisons pour souffrir tout le monde; 550
Et les précautions de votre jugement...

SCÈNE III

BASQUE, ALCESTE, CÉLIMÈNE

BASQUE

Voici Clitandre encor, Madame.

ALCESTE. *Il témoigne s'en vouloir aller.*
                              Justement.

CÉLIMÈNE

Où courez-vous ?

ALCESTE

                    Je sors.

CÉLIMÈNE

                        Demeurez.

ALCESTE

                                    Pour quoi faire ?

CÉLIMÈNE

Demeurez.

ALCESTE

                    Je ne puis.

CÉLIMÈNE

                        Je le veux.

ALCESTE

                                    Point d'affaire.
Ces conversations ne font que m'ennuyer,   555
Et c'est trop que vouloir me les faire essuyer.

CÉLIMÈNE

Je le veux, je le veux.

ALCESTE

Non, il m'est impossible.

CÉLIMÈNE

Hé bien! allez, sortez, il vous est tout loisible.

SCÈNE IV

ÉLIANTE, PHILINTE, ACASTE,
CLITANDRE, ALCESTE, CÉLIMÈNE, BASQUE

ÉLIANTE

Voici les deux marquis qui montent avec nous :
Vous l'est-on venu dire ?

CÉLIMÈNE

Oui. Des sièges pour tous. 560

A Alceste.

Vous n'êtes pas sorti ?

ALCESTE

Non; mais je veux, Madame,
Ou pour eux, ou pour moi, faire expliquer votre âme.

CÉLIMÈNE

Taisez-vous.

ALCESTE

Aujourd'hui vous vous expliquerez.

CÉLIMÈNE

Vous perdez le sens.

ALCESTE

Point. Vous vous déclarerez.

CÉLIMÈNE

Ah!

ALCESTE

Vous prendrez parti.

CÉLIMÈNE

Vous vous moquez, je pense. 565

ALCESTE

Non; mais vous choisirez; c'est trop de patience.

CLITANDRE

Parbleu! je viens du Louvre, où Cléonte, au levé
Madame, a bien paru ridicule achevé.
N'a-t-il point quelque ami qui pût, sur ses manières,
D'un charitable avis lui prêter les lumières ?   570

CÉLIMÈNE

Dans le monde, à vrai dire, il se barbouille fort,
Partout il porte un air qui saute aux yeux d'abord;
Et lorsqu'on le revoit après un peu d'absence,
On le retrouve encor plus plein d'extravagance.

ACASTE

Parbleu! s'il faut parler de gens extravagants,   575
Je viens d'en essuyer un des plus fatigants :
Damon, le raisonneur, qui m'a, ne vous déplaise,
Une heure, au grand soleil, tenu hors de ma chaise.

CÉLIMÈNE

C'est un parleur étrange, et qui trouve toujours
L'art de ne vous rien dire avec de grands discours;   580
Dans les propos qu'il tient, on ne voit jamais goutte,
Et ce n'est que du bruit que tout ce qu'on écoute.

ÉLIANTE, à *Philinte*.

Ce début n'est pas mal, et contre le prochain
La conversation prend un assez bon train.

CLITANDRE

Timante encor, Madame, est un bon caractère.   585

CÉLIMÈNE

C'est de la tête aux pieds un homme tout mystère,
Qui vous jette en passant un coup d'œil égaré,
Et, sans aucune affaire, est toujours affairé.
Tout ce qu'il vous débite en grimaces abonde;
A force de façons, il assomme le monde;   590
Sans cesse, il a, tout bas, pour rompre l'entretien
Un secret à vous dire, et ce secret n'est rien;
De la moindre vétille il fait une merveille,
Et, jusques au bonjour, il dit tout à l'oreille.

ACASTE

Et Géralde, Madame ?

CÉLIMÈNE

                O l'ennuyeux conteur!   595
Jamais on ne le voit sortir du grand seigneur;

Dans le brillant commerce il se mêle sans cesse,
Et ne cite jamais que duc, prince ou princesse :
La qualité l'entête; et tous ses entretiens
Ne sont que de chevaux, d'équipage et de chiens;   600
Il tutaye en parlant ceux du plus haut étage,
Et le nom de Monsieur est chez lui hors d'usage.

CLITANDRE

On dit qu'avec Bélise il est du dernier bien.

CÉLIMÈNE

Le pauvre esprit de femme, et le sec entretien !
Lorsqu'elle vient me voir, je souffre le martyre :   605
Il faut suer sans cesse à chercher que lui dire,
Et la stérilité de son expression
Fait mourir à tous coups la conversation.
En vain, pour attaquer son stupide silence,
De tous les lieux communs vous prenez l'assistance :   610
Le beau temps et la pluie, et le froid et le chaud
Sont des fonds qu'avec elle on épuise bientôt.
Cependant sa visite, assez insupportable,
Traîne en une longueur encore épouvantable;
Et l'on demande l'heure, et l'on bâille vingt fois,   615
Qu'elle grouille aussi peu qu'une pièce de bois.

ACASTE

Que vous semble d'Adraste ?

CÉLIMÈNE

              Ah! quel orgueil extrême!
C'est un homme gonflé de l'amour de soi-même.
Son mérite jamais n'est content de la cour :
Contre elle il fait métier de pester chaque jour,   620
Et l'on ne donne emploi, charge ni bénéfice,
Qu'à tout ce qu'il se croit on ne fasse injustice.

CLITANDRE

Mais le jeune Cléon, chez qui vont aujourd'hui
Nos plus honnêtes gens, que dites-vous de lui ?

CÉLIMÈNE

Que de son cuisinier il s'est fait un mérite,   625
Et que c'est à sa table à qui l'on rend visite.

ÉLIANTE

Il prend soin d'y servir des mets fort délicats.

CÉLIMÈNE

Oui; mais je voudrais bien qu'il ne s'y servît pas :
C'est un fort méchant plat que sa sotte personne,
Et qui gâte, à mon goût, tous les repas qu'il donne.   630

PHILINTE

On fait assez de cas de son oncle Damis :
Qu'en dites-vous, Madame ?

CÉLIMÈNE

                Il est de mes amis.

PHILINTE

Je le trouve honnête homme, et d'un air assez sage.

CÉLIMÈNE

Oui; mais il veut avoir trop d'esprit, dont j'enrage;
Il est guindé sans cesse; et dans tous ses propos,   635
On voit qu'il se travaille à dire de bons mots.
Depuis que dans la tête il s'est mis d'être habile,
Rien ne touche son goût, tant il est difficile;
Il veut voir des défauts à tout ce qu'on écrit,
Et pense que louer n'est pas d'un bel esprit,   640
Que c'est être savant que trouver à redire,
Qu'il n'appartient qu'aux sots d'admirer et de rire,
Et qu'en n'approuvant rien des ouvrages du temps,
Il se met au-dessus de tous les autres gens;
Aux conversations même il trouve à reprendre :   645
Ce sont propos trop bas pour y daigner descendre;
Et les deux bras croisés, du haut de son esprit
Il regarde en pitié tout ce que chacun dit.

ACASTE

Dieu me damne, voilà son portrait véritable.

CLITANDRE

Pour bien peindre les gens vous êtes admirable.   650

ALCESTE

Allons, ferme, poussez, mes bons amis de cour;
Vous n'en épargnez point, et chacun a son tour;
Cependant aucun d'eux à vos yeux ne se montre
Qu'on ne vous voie, en hâte, aller à sa rencontre,
Lui présenter la main, et d'un baiser flatteur   655
Appuyer les serments d'être son serviteur.

CLITANDRE

Pourquoi s'en prendre à nous ? Si ce qu'on dit vous blesse,
Il faut que le reproche à Madame s'adresse.

ALCESTE

Non, morbleu! c'est à vous; et vos ris complaisants
Tirent de son esprit tous ces traits médisants.   660
Son humeur satirique est sans cesse nourrie
Par le coupable encens de votre flatterie;
Et son cœur à railler trouverait moins d'appas
S'il avait observé qu'on ne l'applaudît pas.
C'est ainsi qu'aux flatteurs on doit partout se prendre 665
Des vices où l'on voit les humains se répandre.

PHILINTE

Mais pourquoi pour ces gens un intérêt si grand,
Vous qui condamneriez ce qu'en eux on reprend ?

CÉLIMÈNE

Et ne faut-il pas bien que Monsieur contredise ?
À la commune voix veut-on qu'il se réduise,   670
Et qu'il ne fasse pas éclater en tous lieux
L'esprit contrariant qu'il a reçu des cieux ?
Le sentiment d'autrui n'est jamais pour lui plaire;
Il prend toujours en main l'opinion contraire,
Et penserait paraître un homme du commun,   675
Si l'on voyait qu'il fût de l'avis de quelqu'un.
L'honneur de contredire a pour lui tant de charmes,
Qu'il prend contre lui-même assez souvent les armes;
Et ses vrais sentiments sont combattus par lui,
Aussitôt qu'il les voit dans la bouche d'autrui.   680

ALCESTE

Les rieurs sont pour vous, Madame, c'est tout dire,
Et vous pouvez pousser contre moi la satire.

PHILINTE

Mais il est véritable aussi que votre esprit
Se gendarme toujours contre tout ce qu'on dit,
Et que, par un chagrin que lui-même il avoue,   685
Il ne saurait souffrir qu'on blâme, ni qu'on loue

ALCESTE

C'est que jamais, morbleu! les hommes n'ont raison,
Que le chagrin contre eux est toujours de saison,

Et que je vois qu'ils sont, sur toutes les affaires,
Loueurs impertinents, ou censeurs téméraires.   690

CÉLIMÈNE

Mais...

ALCESTE

    Non, Madame, non : quand j'en devrais mourir,
Vous avez des plaisirs que je ne puis souffrir;
Et l'on a tort ici de nourrir dans votre âme
Ce grand attachement aux défauts qu'on y blâme.

CLITANDRE

Pour moi, je ne sais pas, mais j'avouerai tout haut   695
Que j'ai cru jusqu'ici Madame sans défaut.

ACASTE

De grâces et d'attraits je vois qu'elle est pourvue;
Mais les défauts qu'elle a ne frappent point ma vue.

ALCESTE

Ils frappent tous la mienne; et loin de m'en cacher,
Elle sait que j'ai soin de les lui reprocher.   700
Plus on aime quelqu'un, moins il faut qu'on le flatte;
A ne rien pardonner le pur amour éclate;
Et je bannirais, moi, tous ces lâches amants
Que je verrais soumis à tous mes sentiments,
Et dont, à tous propos, les molles complaisances   705
Donneraient de l'encens à mes extravagances.

CÉLIMÈNE

Enfin, s'il faut qu'à vous s'en rapportent les cœurs,
On doit, pour bien aimer, renoncer aux douceurs,
Et du parfait amour mettre l'honneur suprême
A bien injurier les personnes qu'on aime.   710

ÉLIANTE

L'amour, pour l'ordinaire, est peu fait à ces lois,
Et l'on voit les amants vanter toujours leur choix;
Jamais leur passion n'y voit rien de blâmable,
Et dans l'objet aimé tout leur devient aimable :
Ils comptent les défauts pour des perfections,   715
Et savent y donner de favorables noms.
La pâle est aux jasmins en blancheur comparable;
La noire à faire peur, une brune adorable;
La maigre a de la taille et de la liberté;
La grasse est dans son port pleine de majesté;   720
La malpropre sur soi, de peu d'attraits chargée,
Est mise sous le nom de beauté négligée;

La géante paraît une déesse aux yeux;
La naine, un abrégé des merveilles des cieux;
L'orgueilleuse a le cœur digne d'une couronne;   725
La fourbe a de l'esprit; la sotte est toute bonne;
La trop grande parleuse est d'agréable humeur;
Et la muette garde une honnête pudeur.
C'est ainsi qu'un amant dont l'ardeur est extrême
Aime jusqu'aux défauts des personnes qu'il aime.   730

ALCESTE

Et moi, je soutiens, moi...

CÉLIMÈNE

Brisons là ce discours,
Et dans la galerie allons faire deux tours.
Quoi ? vous vous en allez, Messieurs ?

CLITANDRE et ACASTE

Non pas, Madame.

ALCESTE

La peur de leur départ occupe fort votre âme.
Sortez quand vous voudrez, Messieurs; mais j'avertis 735
Que je ne sors qu'après que vous serez sortis.

ACASTE

A moins de voir Madame en être importunée,
Rien ne m'appelle ailleurs de toute la journée.

CLITANDRE

Moi, pourvu que je puisse être au petit couché,
Je n'ai point d'autre affaire où je sois attaché.   740

CÉLIMÈNE

C'est pour rire, je crois.

ALCESTE

Non, en aucune sorte :
Nous verrons si c'est moi que vous voudrez qui sorte.

SCÈNE V

BASQUE, ALCESTE, CÉLIMÈNE, ÉLIANTE, ACASTE, PHILINTE, CLITANDRE

BASQUE

Monsieur, un homme est là qui voudrait vous parler,
Pour affaire, dit-il, qu'on ne peut reculer.

ALCESTE

Dis-lui que je n'ai point d'affaires si pressées.   745

BASQUE

Il porte une jaquette à grands-basques plissées,
Avec du dor dessus.

CÉLIMÈNE

Allez voir ce que c'est,
Ou bien faites-le entrer.

ALCESTE

Qu'est-ce donc qu'il vous plaît ?
Venez, Monsieur.

SCÈNE VI

GARDE, ALCESTE, CÉLIMÈNE,
ÉLIANTE, ACASTE, PHILINTE, CLITANDRE

GARDE

Monsieur, j'ai deux mots à vous dire.

ALCESTE

Vous pouvez parler haut, Monsieur, pour m'en instruire.

GARDE   750

Messieurs les Maréchaux, dont j'ai commandement,
Vous mandent de venir les trouver promptement,
Monsieur.

ALCESTE

Qui ? moi, Monsieur ?

GARDE

Vous-même.

ALCESTE

Et pour quoi faire ?

PHILINTE

C'est d'Oronte et de vous la ridicule affaire.

CÉLIMÈNE

Comment ?

PHILINTE

Oronte et lui se sont tantôt bravés   755

Sur certains petits vers, qu'il n'a pas approuvés ;
Et l'on veut assoupir la chose en sa naissance.

ALCESTE

Moi, je n'aurai jamais de lâche complaisance.

PHILINTE

Mais il faut suivre l'ordre : allons, disposez-vous...

ALCESTE

Quel accommodement veut-on faire entre nous ?   760
La voix de ces Messieurs me condamnera-t-elle
A trouver bons les vers qui font notre querelle ?
Je ne me dédis point de ce que j'en ai dit,
Je les trouve méchants.

PHILINTE

                    Mais, d'un plus doux esprit...

ALCESTE

Je n'en démordrai point : les vers sont exécrables.   765

PHILINTE

Vous devez faire voir des sentiments traitables.
Allons, venez.

ALCESTE

            J'irai ; mais rien n'aura pouvoir
De me faire dédire.

PHILINTE

                Allons vous faire voir.

ALCESTE

Hors qu'un commandement exprès du Roi me vienne
De trouver bons les vers dont on se met en peine,   770
Je soutiendrai toujours, morbleu ! qu'ils sont mauvais,
Et qu'un homme est pendable après les avoir faits.

A Clitandre et Acaste, qui rient.

Par la sangbleu ! Messieurs, je ne croyais pas être
Si plaisant que je suis.

CÉLIMÈNE

                Allez vite paraître
Où vous devez.

ALCESTE

            J'y vais, Madame, et sur mes pas   775
Je reviens en ce lieu, pour vider nos débats.

ACTE III

SCÈNE I

CLITANDRE, ACASTE

CLITANDRE

Cher Marquis, je te vois l'âme bien satisfaite :
Toute chose t'égaye, et rien ne t'inquiète.
En bonne foi, crois-tu, sans t'éblouir les yeux,
Avoir de grands sujets de paraître joyeux ?   780

ACASTE

Parbleu! je ne vois pas, lorsque je m'examine,
Où prendre aucun sujet d'avoir l'âme chagrine.
J'ai du bien, je suis jeune, et sors d'une maison
Qui se peut dire noble avec quelque raison;
Et je crois, par le rang que me donne ma race,   785
Qu'il est fort peu d'emplois dont je ne sois en passe.
Pour le cœur, dont sur tout nous devons faire cas,
On sait, sans vanité, que je n'en manque pas,
Et l'on m'a vu pousser, dans le monde, une affaire
D'une assez vigoureuse et gaillarde manière.   790
Pour de l'esprit, j'en ai sans doute, et du bon goût
A juger sans étude et raisonner de tout,
A faire aux nouveautés, dont je suis idolâtre,
Figure de savant sur les bancs du théâtre,
Y décider en chef, et faire du fracas   795
A tous les beaux endroits qui méritent des Ah!
Je suis assez adroit; j'ai bon air, bonne mine,
Les dents belles surtout, et la taille fort fine.
Quant à se mettre bien, je crois, sans me flatter,
Qu'on serait mal venu de me le disputer.   800
Je me vois dans l'estime autant qu'on y puisse être,
Fort aimé du beau sexe, et bien auprès du maître.
Je crois qu'avec cela, mon cher Marquis, je crois
Qu'on peut, par tout pays, être content de soi.

CLITANDRE

Oui; mais, trouvant ailleurs des conquêtes faciles,   805
Pourquoi pousser ici des soupirs inutiles ?

ACASTE

Moi ? Parbleu! je ne suis de taille ni d'humeur
A pouvoir d'une belle essuyer la froideur.
C'est aux gens mal tournés, aux mérites vulgaires,
A brûler constamment pour des beautés sévères,   810
A languir à leurs pieds et souffrir leurs rigueurs,
A chercher le secours des soupirs et des pleurs,
Et tâcher, par des soins d'une très longue suite,
D'obtenir ce qu'on nie à leur peu de mérite.
Mais les gens de mon air, Marquis, ne sont pas faits   815
Pour aimer à crédit, et faire tous les frais.
Quelque rare que soit le mérite des belles,
Je pense, Dieu merci! qu'on vaut son prix comme elles,
Que pour se faire honneur d'un cœur comme le mien,
Ce n'est pas la raison qu'il ne leur coûte rien.   820
Et qu'au moins, à tout mettre en de justes balances,
Il faut qu'à frais communs se fassent les avances.

CLITANDRE

Tu penses donc, Marquis, être fort bien ici ?

ACASTE

J'ai quelque lieu, Marquis, de le penser ainsi.

CLITANDRE

Crois-moi, détache-toi de cette erreur extrême;   825
Tu te flattes, mon cher, et t'aveugles toi-même.

ACASTE

Il est vrai, je me flatte et m'aveugle en effet.

CLITANDRE

Mais qui te fait juger ton bonheur si parfait ?

ACASTE

Je me flatte.

CLITANDRE

Sur quoi fonder tes conjectures ?

ACASTE

Je m'aveugle.

CLITANDRE

En as-tu des preuves qui soient sûres ? 830

ACASTE

Je m'abuse, te dis-je.

CLITANDRE

Est-ce que de ses vœux
Célimène t'a fait quelques secrets aveux ?

ACASTE

Non, je suis maltraité.

CLITANDRE

Réponds-moi, je te prie.

ACASTE

Je n'ai que des rebuts.

CLITANDRE

Laissons la raillerie,
Et me dis quel espoir on peut t'avoir donné.   835

ACASTE

Je suis le misérable, et toi le fortuné :
On a pour ma personne une aversion grande,
Et quelqu'un de ces jours il faut que je me pende.

CLITANDRE

O çà, veux-tu, Marquis, pour ajuster nos vœux,
Que nous tombions d'accord d'une chose tous deux ?   840
Que qui pourra montrer une marque certaine
D'avoir meilleure part au cœur de Célimène,
L'autre ici fera place au vainqueur prétendu,
Et le délivrera d'un rival assidu ?

ACASTE

Ah ! parbleu ! tu me plais avec un tel langage,   845
Et du bon de mon cœur à cela je m'engage.
Mais, chut !

SCÈNE II

CÉLIMÈNE, ACASTE, CLITANDRE

CÉLIMÈNE

Encore ici ?

CLITANDRE

L'amour retient nos pas.

CÉLIMÈNE

Je viens d'ouïr entrer un carrosse là-bas :
Savez-vous qui c'est ?

CLITANDRE

Non.

SCÈNE III

BASQUE, CÉLIMÈNE, ACASTE,
CLITANDRE

BASQUE

Arsinoé, Madame,
Monte ici pour vous voir.

CÉLIMÈNE

Que me veut cette femme ? 850

BASQUE

Éliante là-bas est à l'entretenir.

CÉLIMÈNE

De quoi s'avise-t-elle et qui la fait venir ?

ACASTE

Pour prude consommée en tous lieux elle passe,
Et l'ardeur de son zèle...

CÉLIMÈNE

Oui, oui, franche grimace :
Dans l'âme elle est du monde, et ses soins tentent tout 855
Pour accrocher quelqu'un, sans en venir à bout.
Elle ne saurait voir qu'avec un œil d'envie
Les amants déclarés dont une autre est suivie;
Et son triste mérite, abandonné de tous,
Contre le siècle aveugle est toujours en courroux.   860
Elle tâche à couvrir d'un faux voile de prude
Ce que chez elle on voit d'affreuse solitude;
Et pour sauver l'honneur de ses faibles appas,
Elle attache du crime au pouvoir qu'ils n'ont pas.
Cependant un amant plairait fort à la dame,   865
Et même pour Alceste elle a tendresse d'âme.
Ce qu'il me rend de soins outrage ses attraits,
Elle veut que ce soit un vol que je lui fais;

Et son jaloux dépit, qu'avec peine elle cache,
En tous endroits, sous main, contre moi se détache.   870
Enfin je n'ai rien vu de si sot à mon gré,
Elle est impertinente au suprême degré,
Et...

SCÈNE IV

ARSINOÉ, CÉLIMÈNE

CÉLIMÈNE

Ah! quel heureux sort en ce lieu vous amène ?
Madame, sans mentir, j'étais de vous en peine.

ARSINOÉ

Je viens pour quelque avis que j'ai cru vous devoir.   875

CÉLIMÈNE

Ah! mon Dieu! que je suis contente de vous voir!

ARSINOÉ

Leur départ ne pouvait plus à propos se faire.

CÉLIMÈNE

Voulons-nous nous asseoir ?

ARSINOÉ

                              Il n'est pas nécessaire,
Madame. L'amitié doit surtout éclater
Aux choses qui le plus nous peuvent importer;   880
Et comme il n'en est point de plus grande importance
Que celles de l'honneur et de la bienséance,
Je viens, par un avis qui touche votre honneur,
Témoigner l'amitié que pour vous a mon cœur.
Hier j'étais chez des gens de vertu singulière,   885
Où sur vous du discours on tourna la matière;
Et là, votre conduite, avec ses grands éclats,
Madame, eut le malheur qu'on ne la loua pas.
Cette foule de gens dont vous souffrez visite,
Votre galanterie, et les bruits qu'elle excite   890
Trouvèrent des censeurs plus qu'il n'aurait fallu,
Et bien plus rigoureux que je n'eusse voulu.
Vous pouvez bien penser quel parti je sus prendre :
Je fis ce que je pus pour vous pouvoir défendre,
Je vous excusai fort sur votre intention,   895

Et voulus de votre âme être la caution.
Mais vous savez qu'il est des choses dans la vie
Qu'on ne peut excuser, quoiqu'on en ait envie ;
Et je me vis contrainte à demeurer d'accord
Que l'air dont vous viviez vous faisait un peu tort,   900
Qu'il prenait dans le monde une méchante face,
Qu'il n'est conte fâcheux que partout on n'en fasse,
Et que, si vous vouliez, tous vos déportements
Pourraient moins donner prise aux mauvais jugements.
Non que j'y croie, au fond, l'honnêteté blessée :   905
Me préserve le Ciel d'en avoir la pensée !
Mais aux ombres du crime on prête aisément foi,
Et ce n'est pas assez de bien vivre pour soi.
Madame, je vous crois l'âme trop raisonnable,
Pour ne pas prendre bien cet avis profitable,   910
Et pour l'attribuer qu'aux mouvements secrets
D'un zèle qui m'attache à tous vos intérêts.

CÉLIMÈNE

Madame, j'ai beaucoup de grâces à vous rendre :
Un tel avis m'oblige, et loin de le mal prendre,
J'en prétends reconnaître, à l'instant, la faveur,   915
Pour un avis aussi qui touche votre honneur ;
Et comme je vous vois vous montrer mon amie
En m'apprenant les bruits que de moi l'on publie,
Je veux suivre, à mon tour, un exemple si doux,
En vous avertissant de ce qu'on dit de vous.   920
En un lieu, l'autre jour, où je faisais visite,
Je trouvai quelques gens d'un très rare mérite,
Qui, parlant des vrais soins d'une âme qui vit bien,
Firent tomber sur vous, Madame, l'entretien.
Là, votre pruderie et vos éclats de zèle   925
Ne furent pas cités comme un fort bon modèle :
Cette affectation d'un grave extérieur,
Vos discours éternels de sagesse et d'honneur,
Vos mines et vos cris aux ombres d'indécence
Que d'un mot ambigu peut avoir l'innocence,   930
Cette hauteur d'estime où vous êtes de vous,
Et ces yeux de pitié que vous jetez sur tous,
Vos fréquentes leçons, et vos aigres censures
Sur des choses qui sont innocentes et pures,
Tout cela, si je puis vous parler franchement,   935
Madame, fut blâmé d'un commun sentiment.
A quoi bon, disaient-ils, cette mine modeste,
Et ce sage dehors que dément tout le reste ?

Elle est à bien prier exacte au dernier point;
Mais elle bat ses gens, et ne les paye point.   940
Dans tous les lieux dévots elle étale un grand zèle :
Mais elle met du blanc et veut paraître belle.
Elle fait des tableaux couvrir les nudités;
Mais elle a de l'amour pour les réalités.
Pour moi, contre chacun je pris votre défense,   945
Et leur assurai fort que c'était médisance;
Mais tous les sentiments combattirent le mien;
Et leur conclusion fut que vous feriez bien
De prendre moins de soin des actions des autres,
Et de vous mettre un peu plus en peine des vôtres;   950
Qu'on doit se regarder soi-même un fort long temps,
Avant que de songer à condamner les gens;
Qu'il faut mettre le poids d'une vie exemplaire
Dans les corrections qu'aux autres on veut faire;
Et qu'encor vaut-il mieux s'en remettre, au besoin,   955
A ceux à qui le Ciel en a commis le soin.
Madame, je vous crois aussi trop raisonnable,
Pour ne pas prendre bien cet avis profitable,
Et pour l'attribuer qu'aux mouvements secrets
D'un zèle qui m'attache à tous vos intérêts.   960

ARSINOÉ

A quoi qu'en reprenant on soit assujettie,
Je ne m'attendais pas à cette repartie,
Madame, et je vois bien, par ce qu'elle a d'aigreur,
Que mon sincère avis vous a blessée au cœur.

CÉLIMÈNE

Au contraire, Madame; et si l'on était sage,   965
Ces avis mutuels seraient mis en usage :
On détruirait par là, traitant de bonne foi,
Ce grand aveuglement où chacun est pour soi.
Il ne tiendra qu'à vous qu'avec le même zèle
Nous ne continuions cet office fidèle,   970
Et ne prenions grand soin de nous dire, entre nous,
Ce que nous entendrons, vous de moi, moi de vous.

ARSINOÉ

Ah! Madame, de vous je ne puis rien entendre :
C'est en moi que l'on peut trouver fort à reprendre.

CÉLIMÈNE

Madame, on peut, je crois, louer et blâmer tout,   975
Et chacun a raison suivant l'âge et le goût.

Il est une saison pour la galanterie ;
Il en est une aussi propre à la pruderie.
On peut, par politique, en prendre le parti,
Quand de nos jeunes ans l'éclat est amorti :   980
Cela sert à couvrir de fâcheuses disgrâces.
Je ne dis pas qu'un jour je ne suive vos traces :
L'âge amènera tout, et ce n'est pas le temps,
Madame, comme on sait, d'être prude à vingt ans.

ARSINOÉ

Certes, vous vous targuez d'un bien faible avantage,   985
Et vous faites sonner terriblement votre âge.
Ce que de plus que vous on en pourrait avoir
N'est pas un si grand cas pour s'en tant prévaloir ;
Et je ne sais pourquoi votre âme ainsi s'emporte,
Madame, à me pousser de cette étrange sorte.   990

CÉLIMÈNE

Et moi, je ne sais pas, Madame, aussi pourquoi
On vous voit, en tous lieux, vous déchaîner sur moi.
Faut-il de vos chagrins, sans cesse, à moi vous prendre ?
Et puis-je mais des soins qu'on ne va pas vous rendre ?
Si ma personne aux gens inspire de l'amour,   995
Et si l'on continue à m'offrir chaque jour
Des vœux que votre cœur peut souhaiter qu'on m'ôte,
Je n'y saurais que faire, et ce n'est pas ma faute :
Vous avez le champ libre, et je n'empêche pas
Que pour les attirer vous n'ayez des appas.   1000

ARSINOÉ

Hélas ! et croyez-vous que l'on se mette en peine
De ce nombre d'amants dont vous faites la vaine,
Et qu'il ne nous soit pas fort aisé de juger
A quel prix aujourd'hui l'on peut les engager ?
Pensez-vous faire croire, à voir comme tout roule,   1005
Que votre seul mérite attire cette foule ?
Qu'ils ne brûlent pour vous que d'un honnête amour,
Et que pour vos vertus ils vous font tous la cour ?
On ne s'aveugle point par de vaines défaites,
Le monde n'est point dupe ; et j'en vois qui sont faites 1010
A pouvoir inspirer de tendres sentiments,
Qui chez elles pourtant ne fixent point d'amants ;
Et de là nous pouvons tirer des conséquences,
Qu'on n'acquiert point les cœurs sans de grandes avances,
Qu'aucun pour nos beaux yeux n'est notre soupirant, 1015

Et qu'il faut acheter tous les soins qu'on nous rend.
Ne vous enflez donc point d'une si grande gloire
Pour les petits brillants d'une faible victoire;
Et corrigez un peu l'orgueil de vos appas,
De traiter pour cela les gens de haut en bas.   1020
Si nos yeux enviaient les conquêtes des vôtres,
Je pense qu'on pourrait faire comme les autres,
Ne se point ménager, et vous faire bien voir
Que l'on a des amants quand on en veut avoir.

CÉLIMÈNE

Ayez-en donc, Madame, et voyons cette affaire :   1025
Par ce rare secret efforcez-vous de plaire;
Et sans...

ARSINOÉ

Brisons, Madame, un pareil entretien :
Il pousserait trop loin votre esprit et le mien;
Et j'aurais pris déjà le congé qu'il faut prendre,
Si mon carrosse encor ne m'obligeait d'attendre.   1030

CÉLIMÈNE

Autant qu'il vous plaira vous pouvez arrêter,
Madame, et là-dessus rien ne doit vous hâter;
Mais, sans vous fatiguer de ma cérémonie,
Je m'en vais vous vous donner meilleure compagnie;
Et Monsieur, qu'à propos le hasard fait venir,   1035
Remplira mieux ma place à vous entretenir.
Alceste, il faut que j'aille écrire un mot de lettre,
Que, sans me faire tort, je ne saurais remettre.
Soyez avec Madame : elle aura la bonté
D'excuser aisément mon incivilité.   1040

SCÈNE V

ALCESTE, ARSINOÉ

ARSINOÉ

Vous voyez, elle veut que je vous entretienne,
Attendant un moment que mon carrosse vienne;
Et jamais tous ses soins ne pouvaient m'offrir rien
Qui me fût plus charmant qu'un pareil entretien.
En vérité, les gens d'un mérite sublime   1045
Entraînent de chacun et l'amour et l'estime;

Et le vôtre, sans doute, a des charmes secrets
Qui font entrer mon cœur dans tous vos intérêts.
Je voudrais que la cour, par un regard propice,
A ce que vous valez rendît plus de justice :   1050
Vous avez à vous plaindre, et je suis en courroux,
Quand je vois chaque jour qu'on ne fait rien pour vous.

ALCESTE

Moi, Madame! Et sur quoi pourrais-je en rien prétendre ?
Quel service à l'État est-ce qu'on m'a vu rendre ?
Qu'ai-je fait, s'il vous plaît, de si brillant de soi,   1055
Pour me plaindre à la cour qu'on ne fait rien pour moi ?

ARSINOÉ

Tous ceux sur qui la cour jette des yeux propices
N'ont pas toujours rendu de ces fameux services.
Il faut l'occasion, ainsi que le pouvoir;
Et le mérite enfin que vous nous faites voir   1060
Devrait...

ALCESTE

　　　Mon Dieu! laissons mon mérite, de grâce;
De quoi voulez-vous là que la cour s'embarrasse ?
Elle aurait fort à faire, et ses soins seraient grands
D'avoir à déterrer le mérite des gens.

ARSINOÉ

Un mérite éclatant se déterre lui-même;   1065
Du vôtre, en bien des lieux, on fait un cas extrême;
Et vous saurez de moi qu'en deux fort bons endroits
Vous fûtes hier loué par des gens d'un grand poids.

ALCESTE

Eh! Madame, l'on loue aujourd'hui tout le monde,
Et le siècle par là n'a rien qu'on ne confonde :   1070
Tout est d'un grand mérite également doué,
Ce n'est plus un honneur que de se voir loué;
D'éloges on regorge, à la tête on les jette,
Et mon valet de chambre est mis dans la Gazette.

ARSINOÉ

Pour moi, je voudrais bien que, pour vous montrer mieux,
Une charge à la cour vous pût frapper les yeux.   [1075
Pour peu que d'y songer vous nous fassiez les mines,
On peut pour vous servir remuer des machines,
Et j'ai des gens en main que j'emploierai pour vous,
Qui vous feront à tout un chemin assez doux.   1080

ALCESTE

Et que voudriez-vous, Madame, que j'y fisse ?
L'humeur dont je me sens veut que je m'en bannisse.
Le Ciel ne m'a point fait, en me donnant le jour,
Une âme compatible avec l'air de la cour;
Je ne me trouve point les vertus nécessaires   1085
Pour y bien réussir et faire mes affaires.
Être franc et sincère est mon plus grand talent;
Je ne sais point jouer les hommes en parlant;
Et qui n'a pas le don de cacher ce qu'il pense
Doit faire en ce pays fort peu de résidence.   1090
Hors de la cour, sans doute, on n'a pas cet appui,
Et ces titres d'honneur qu'elle donne aujourd'hui;
Mais on n'a pas aussi, perdant ces avantages,
Le chagrin de jouer de fort sots personnages :
On n'a point à souffrir mille rebuts cruels,   1095
On n'a point à louer les vers de Messieurs tels,
A donner de l'encens à Madame une telle,
Et de nos francs marquis essuyer la cervelle.

ARSINOÉ

Laissons, puisqu'il vous plaît, ce chapitre de cour;
Mais il faut que mon cœur vous plaigne en votre amour,
Et pour vous découvrir là-dessus mes pensées,   [1100
Je souhaiterais fort vos ardeurs mieux placées.
Vous méritez, sans doute, un sort beaucoup plus doux,
Et celle qui vous charme est indigne de vous.

ALCESTE

Mais, en disant cela, songez-vous, je vous prie,   1105
Que cette personne est, Madame, votre amie ?

ARSINOÉ

Oui; mais ma conscience est blessée en effet
De souffrir plus longtemps le tort que l'on vous fait;
L'état où je vous vois afflige trop mon âme,
Et je vous donne avis qu'on trahit votre flamme.   1110

ALCESTE

C'est me montrer, Madame, un tendre mouvement,
Et de pareils avis obligent un amant !

ARSINOÉ

Oui, toute mon amie, elle est et je la nomme
Indigne d'asservir le cœur d'un galant homme;
Et le sien n'a pour vous que de feintes douceurs.   1115

ALCESTE

Cela se peut, Madame : on ne voit pas les cœurs ;
Mais votre charité se serait bien passée
De jeter dans le mien une telle pensée.

ARSINOÉ

Si vous ne voulez pas être désabusé,
Il faut ne vous rien dire, il est assez aisé.   1120

ALCESTE

Non ; mais sur ce sujet quoi que l'on nous expose,
Les doutes sont fâcheux plus que toute autre chose ;
Et je voudrais, pour moi, qu'on ne me fît savoir
Que ce qu'avec clarté l'on peut me faire voir.

ARSINOÉ

Hé bien ! c'est assez dit ; et sur cette matière   1125
Vous allez recevoir une pleine lumière.
Oui, je veux que de tout vos yeux vous fassent foi :
Donnez-moi seulement la main jusque chez moi ;
Là je vous ferai voir une preuve fidèle
De l'infidélité du cœur de votre belle ;   1130
Et si pour d'autres yeux le vôtre peut brûler,
On pourra vous offrir de quoi vous consoler.

ACTE IV

SCÈNE I

ÉLIANTE, PHILINTE

PHILINTE

Non, l'on n'a point vu d'âme à manier si dure,
Ni d'accommodement plus pénible à conclure :
En vain de tous côtés on l'a voulu tourner,   1135
Hors de son sentiment on n'a pu l'entraîner ;
Et jamais différend si bizarre, je pense,
N'avait de ces Messieurs occupé la prudence.
« Non, Messieurs, disait-il, je ne me dédis point,
Et tomberai d'accord de tout, hors de ce point.   1140

De quoi s'offense-t-il ? et que veut-il me dire ?
Y va-t-il de sa gloire à ne pas bien écrire ?
Que lui fait mon avis, qu'il a pris de travers ?
On peut être honnête homme et faire mal des vers :
Ce n'est point à l'honneur que touchent ces matières; 1145
Je le tiens galant homme en toutes les manières,
Homme de qualité, de mérite et de cœur,
Tout ce qu'il vous plaira, mais fort méchant auteur.
Je louerai, si l'on veut, son train et sa dépense,
Son adresse à cheval, aux armes, à la danse;   1150
Mais pour louer ses vers, je suis son serviteur;
Et lorsque d'en mieux faire on n'a pas le bonheur,
On ne doit de rimer avoir aucune envie,
Qu'on n'y soit condamné sur peine de la vie. »
Enfin toute la grâce et l'accommodement   1155
Où s'est, avec effort, plié son sentiment,
C'est de dire, croyant adoucir bien son style :
« Monsieur, je suis fâché d'être si difficile,
Et pour l'amour de vous, je voudrais, de bon cœur,
Avoir trouvé tantôt votre sonnet meilleur. »   1160
Et dans une embrassade, on leur a, pour conclure,
Fait vite envelopper toute la procédure.

ÉLIANTE

Dans ses façons d'agir, il est fort singulier;
Mais j'en fais, je l'avoue, un cas particulier,
Et la sincérité dont son âme se pique   1165
A quelque chose, en soi, de noble et d'héroïque.
C'est une vertu rare au siècle d'aujourd'hui,
Et je la voudrais voir partout comme chez lui.

PHILINTE

Pour moi, plus je le vois, plus surtout je m'étonne
De cette passion où son cœur s'abandonne :   1170
De l'humeur dont le Ciel a voulu le former,
Je ne sais pas comment il s'avise d'aimer;
Et je sais moins encor comment votre cousine
Peut être la personne où son penchant l'incline.

ÉLIANTE

Cela fait assez voir que l'amour, dans les cœurs,   1175
N'est pas toujours produit par un rapport d'humeurs :
Et toutes ces raisons de douces sympathies
Dans cet exemple-ci se trouvent démenties.

PHILINTE

Mais croyez-vous qu'on l'aime, aux choses qu'on peut voir ?

ÉLIANTE

C'est un point qu'il n'est pas fort aisé de savoir.   1180
Comment pouvoir juger s'il est vrai qu'elle l'aime ?
Son cœur de ce qu'il sent n'est pas bien sûr lui-même;
Il aime quelquefois sans qu'il le sache bien,
Et croit aimer aussi parfois qu'il n'en est rien.

PHILINTE

Je crois que notre ami, près de cette cousine,   1185
Trouvera des chagrins plus qu'il ne s'imagine;
Et s'il avait mon cœur, à dire vérité,
Il tournerait ses vœux tout d'un autre côté,
Et par un choix plus juste, on le verrait, Madame,
Profiter des bontés que lui montre votre âme.   1190

ÉLIANTE

Pour moi, je n'en fais point de façons, et je crois
Qu'on doit, sur de tels points, être de bonne foi :
Je ne m'oppose point à toute sa tendresse;
Au contraire, mon cœur pour elle s'intéresse;
Et si c'était qu'à moi la chose pût tenir,   1195
Moi-même à ce qu'il aime on me verrait l'unir.
Mais si dans un tel choix, comme tout se peut faire,
Son amour éprouvait quelque destin contraire,
S'il fallait que d'un autre on couronnât les feux,
Je pourrais me résoudre à recevoir ses vœux;   1200
Et le refus souffert, en pareille occurrence,
Ne m'y ferait trouver aucune répugnance.

PHILINTE

Et moi, de mon côté, je ne m'oppose pas,
Madame, à ces bontés qu'ont pour lui vos appas;
Et lui-même, s'il veut, il peut bien vous instruire   1205
De ce que là-dessus j'ai pris soin de lui dire.
Mais si, par un hymen qui les joindrait eux deux,
Vous étiez hors d'état de recevoir ses vœux,
Tous les miens tenteraient la faveur éclatante
Qu'avec tant de bonté votre âme lui présente :   1210
Heureux si, quand son cœur s'y pourra dérober,
Elle pouvait sur moi, Madame, retomber.

ÉLIANTE

Vous vous divertissez, Philinte.

PHILINTE

                    Non, Madame,

Et je vous parle ici du meilleur de mon âme,
J'attends l'occasion de m'offrir hautement,   1215
Et de tous mes souhaits j'en presse le moment.

SCÈNE II

ALCESTE, ÉLIANTE, PHILINTE

ALCESTE

Ah! faites-moi raison, Madame, d'une offense
Qui vient de triompher de toute ma constance.

ÉLIANTE

Qu'est-ce donc ? Qu'avez-vous qui vous puisse émouvoir ?

ALCESTE

J'ai ce que sans mourir je ne puis concevoir;   1220
Et le déchaînement de toute la nature
Ne m'accablerait pas comme cette aventure.
C'en est fait... Mon amour... Je ne saurais parler.

ÉLIANTE

Que votre esprit un peu tâche à se rappeler.

ALCESTE

O juste Ciel! faut-il qu'on joigne à tant de grâces   1225
Les vices odieux des âmes les plus basses ?

ÉLIANTE

Mais encor qui vous peut... ?

ALCESTE

                          Ah! tout est ruiné;
Je suis, je suis trahi, je suis assassiné :
Célimène... Eût-on pu croire cette nouvelle ?
Célimène me trompe et n'est qu'une infidèle.   1230

ÉLIANTE

Avez-vous, pour le croire, un juste fondement ?

PHILINTE

Peut-être est-ce un soupçon conçu légèrement,
Et votre esprit jaloux prend parfois des chimères.

ALCESTE

Ah, morbleu! mêlez-vous, Monsieur, de vos affaires.
C'est de sa trahison n'être que trop certain,   1235
Que l'avoir, dans ma poche, écrite de sa main.
Oui, Madame, une lettre écrite pour Oronte
A produit à mes yeux ma disgrâce et sa honte :
Oronte, dont j'ai cru qu'elle fuyait les soins,
Et que de mes rivaux je redoutais le moins.   1240

PHILINTE

Une lettre peut bien tromper par l'apparence,
Et n'est pas quelquefois si coupable qu'on pense.

ALCESTE

Monsieur, encore un coup, laissez-moi, s'il vous plaît,
Et ne prenez souci que de votre intérêt.

ÉLIANTE

Vous devez modérer vos transports, et l'outrage...   1245

ALCESTE

Madame, c'est à vous qu'appartient cet ouvrage;
C'est à vous que mon cœur a recours aujourd'hui
Pour pouvoir s'affranchir de son cuisant ennui.
Vengez-moi d'une ingrate et perfide parente,
Qui trahit lâchement une ardeur si constante;   1250
Vengez-moi de ce trait qui doit vous faire horreur.

ÉLIANTE

Moi, vous venger! Comment ?

ALCESTE

                              En recevant mon cœur.
Acceptez-le, Madame, au lieu de l'infidèle :
C'est par là que je puis prendre vengeance d'elle;
Et je la veux punir par les sincères vœux,   1255
Par le profond amour, les soins respectueux,
Les devoirs empressés et l'assidu service
Dont ce cœur va vous faire un ardent sacrifice.

ÉLIANTE

Je compatis, sans doute, à ce que vous souffrez,
Et ne méprise point le cœur que vous m'offrez;   1260
Mais peut-être le mal n'est pas si grand qu'on pense,
Et vous pourrez quitter ce désir de vengeance.
Lorsque l'injure part d'un objet plein d'appas,
On fait force desseins qu'on n'exécute pas :

On a beau voir, pour rompre, une raison puissante,   1265
Une coupable aimée est bientôt innocente;
Tout le mal qu'on lui veut se dissipe aisément,
Et l'on sait ce que c'est qu'un courroux d'un amant.

ALCESTE

Non, non, Madame, non : l'offense est trop mortelle,
Il n'est point de retour, et je romps avec elle;   1270
Rien ne saurait changer le dessein que j'en fais,
Et je me punirais de l'estimer jamais.
La voici. Mon courroux redouble à cette approche;
Je vais de sa noirceur lui faire un vif reproche,
Pleinement la confondre, et vous porter après   1275
Un cœur tout dégagé de ses trompeurs attraits.

SCÈNE III

CÉLIMÈNE, ALCESTE

ALCESTE

O Ciel! de mes transports puis-je être ici le maître ?

CÉLIMÈNE

Ouais! Quel est donc le trouble où je vous vois paraître ?
Et que me veulent dire et ces soupirs poussés,
Et ces sombres regards que sur moi vous lancez ?   1280

ALCESTE

Que toutes les horreurs dont une âme est capable
A vos déloyautés n'ont rien de comparable;
Que le sort, les démons, et le Ciel en courroux
N'ont jamais rien produit de si méchant que vous.

CÉLIMÈNE

Voilà certainement des douceurs que j'admire.   1285

ALCESTE

Ah! ne plaisantez point, il n'est pas temps de rire :
Rougissez bien plutôt, vous en avez raison;
Et j'ai de sûrs témoins de votre trahison.
Voilà ce que marquaient les troubles de mon âme :
Ce n'était pas en vain que s'alarmait ma flamme;   1290
Par ces fréquents soupçons, qu'on trouvait odieux,
Je cherchais le malheur qu'ont rencontré mes yeux;

Et malgré tous vos soins et votre adresse à feindre,
Mon astre me disait ce que j'avais à craindre.
Mais ne présumez pas que, sans être vengé,   1295
Je souffre le dépit de me voir outragé.
Je sais que sur les vœux on n'a point de puissance,
Que l'amour veut partout naître sans dépendance,
Que jamais par la force on n'entra dans un cœur,
Et que toute âme est libre à nommer son vainqueur. 1300
Aussi ne trouverais-je aucun sujet de plainte,
Si pour moi votre bouche avait parlé sans feinte;
Et, rejetant mes vœux dès le premier abord,
Mon cœur n'aurait eu droit de s'en prendre qu'au sort.
Mais d'un aveu trompeur voir ma flamme applaudie, 1305
C'est une trahison, c'est une perfidie,
Qui ne saurait trouver de trop grands châtiments,
Et je puis tout permettre à mes ressentiments.
Oui, oui, redoutez tout après un tel outrage;
Je ne suis plus à moi, je suis tout à la rage :   1310
Percé du coup mortel dont vous m'assassinez,
Mes sens par la raison ne sont plus gouvernés,
Je cède aux mouvements d'une juste colère,
Et je ne réponds pas de ce que je puis faire.

CÉLIMÈNE

D'où vient donc, je vous prie, un tel emportement ? 1315
Avez-vous, dites-moi, perdu le jugement ?

ALCESTE

Oui, oui, je l'ai perdu, lorsque dans votre vue
J'ai pris, pour mon malheur, le poison qui me tue,
Et que j'ai cru trouver quelque sincérité
Dans les traîtres appas dont je fus enchanté.   1320

CÉLIMÈNE

De quelle trahison pouvez-vous donc vous plaindre ?

ALCESTE

Ah! que ce cœur est double et sait bien l'art de feindre!
Mais pour le mettre à bout, j'ai des moyens tout prêts;
Jetez ici les yeux, et connaissez vos traits;
Ce billet découvert suffit pour vous confondre,   1325
Et contre ce témoin on n'a rien à répondre.

CÉLIMÈNE

Voilà donc le sujet qui vous trouble l'esprit ?

ALCESTE

Vous ne rougissez pas en voyant cet écrit ?

CÉLIMÈNE

Et par quelle raison faut-il que j'en rougisse ?

ALCESTE

Quoi ? vous joignez ici l'audace à l'artifice ?   1330
Le désavouerez-vous, pour n'avoir point de seing ?

CÉLIMÈNE

Pourquoi désavouer un billet de ma main ?

ALCESTE

Et vous pouvez le voir sans demeurer confuse
Du crime dont vers moi son style vous accuse ?

CÉLIMÈNE

Vous êtes, sans mentir, un grand extravagant.   1335

ALCESTE

Quoi ? vous bravez ainsi ce témoin convaincant ?
Et ce qu'il m'a fait voir de douceur pour Oronte
N'a donc rien qui m'outrage, et qui vous fasse honte ?

CÉLIMÈNE

Oronte ! Qui vous dit que la lettre est pour lui ?

ALCESTE

Les gens qui dans mes mains l'ont remise aujourd'hui. 1340
Mais je veux consentir qu'elle soit pour un autre :
Mon cœur en a-t-il moins à se plaindre du vôtre ?
En serez-vous vers moi moins coupable en effet ?

CÉLIMÈNE

Mais si c'est une femme à qui va ce billet,
En quoi vous blesse-t-il ? et qu'a-t-il de coupable ?   1345

ALCESTE

Ah ! le détour est bon, et l'excuse admirable.
Je ne m'attendais pas, je l'avoue, à ce trait,
Et me voilà, par là, convaincu tout à fait.
Osez-vous recourir à ces ruses grossières ?
Et croyez-vous les gens si privés de lumières ?   1350
Voyons, voyons un peu par quel biais, de quel air,
Vous voulez soutenir un mensonge si clair,

Et comment vous pourrez tourner pour une femme
Tous les mots d'un billet qui montre tant de flamme ?
Ajustez, pour couvrir un manquement de foi,   1355
Ce que je m'en vais lire...

CÉLIMÈNE

Il ne me plaît pas, moi.
Je vous trouve plaisant d'user d'un tel empire,
Et de me dire au nez ce que vous m'osez dire.

ALCESTE

Non; non : sans s'emporter, prenez un peu souci
De me justifier les termes que voici.   1360

CÉLIMÈNE

Non, je n'en veux rien faire; et dans cette occurrence,
Tout ce que vous croirez m'est de peu d'importance.

ALCESTE

De grâce, montrez-moi, je serai satisfait,
Qu'on peut pour une femme expliquer ce billet.

CÉLIMÈNE

Non, il est pour Oronte, et je veux qu'on le croie; 1365
Je reçois tous ses soins avec beaucoup de joie;
J'admire ce qu'il dit, j'estime ce qu'il est,
Et je tombe d'accord de tout ce qu'il vous plaît.
Faites, prenez parti, que rien ne vous arrête,
Et ne me rompez pas davantage la tête.   1370

ALCESTE

Ciel! rien de plus cruel peut-il être inventé ?
Et jamais cœur fut-il de la sorte traité ?
Quoi ? d'un juste courroux je suis ému contre elle,
C'est moi qui me viens plaindre, et c'est moi qu'on querelle !
On pousse ma douleur et mes soupçons à bout,   1375
On me laisse tout croire, on fait gloire de tout;
Et cependant mon cœur est encore assez lâche
Pour ne pouvoir briser la chaîne qui l'attache,
Et pour ne pas s'armer d'un généreux mépris
Contre l'ingrat objet dont il est trop épris !   1380
Ah! que vous savez bien ici, contre moi-même,
Perfide, vous servir de ma faiblesse extrême,
Et ménager pour vous l'excès prodigieux
De ce fatal amour né de vos traîtres yeux !

Défendez-vous au moins d'un crime qui m'accable,   1385
Et cessez d'affecter d'être envers moi coupable;
Rendez-moi, s'il se peut, ce billet innocent :
A vous prêter les mains ma tendresse consent;
Efforcez-vous ici de paraître fidèle,
Et je m'efforcerai, moi, de vous croire telle.   1390

CÉLIMÈNE

Allez, vous êtes fou, dans vos transports jaloux,
Et ne méritez pas l'amour qu'on a pour vous.
Je voudrais bien savoir qui pourrait me contraindre
A descendre pour vous aux bassesses de feindre,
Et pourquoi, si mon cœur penchait d'autre côté,   1395
Je ne le dirais pas avec sincérité.
Quoi ? de mes sentiments l'obligeante assurance
Contre tous vos soupçons ne prend pas ma défense ?
Auprès d'un tel garant, sont-ils de quelque poids ?
N'est-ce pas m'outrager que d'écouter leur voix ?   1400
Et puisque notre cœur fait un effort extrême
Lorsqu'il peut se résoudre à confesser qu'il aime,
Puisque l'honneur du sexe, ennemi de nos feux,
S'oppose fortement à de pareils aveux,
L'amant qui voit pour lui franchir un tel obstacle   1405
Doit-il impunément douter de cet oracle ?
Et n'est-il pas coupable en ne s'assurant pas
A ce qu'on ne dît point qu'après de grands combats ?
Allez, de tels soupçons méritent ma colère,
Et vous ne valez pas que l'on vous considère;   1410
Je suis sotte, et veux mal à ma simplicité
De conserver encor pour vous quelque bonté;
Je devrais autre part attacher mon estime,
Et vous faire un sujet de plainte légitime.

ALCESTE

Ah! traîtresse, mon faible est étrange pour vous!   1415
Vous me trompez sans doute avec des mots si doux;
Mais il n'importe, il faut suivre ma destinée :
A votre foi mon âme est tout abandonnée;
Je veux voir, jusqu'au bout, quel sera votre cœur,
Et si de me trahir il aura la noirceur.   1420

CÉLIMÈNE

Non, vous ne m'aimez point comme il faut que l'on aime.

ALCESTE

Ah! rien n'est comparable à mon amour extrême;

Et dans l'ardeur qu'il a de se montrer à tous,
Il va jusqu'à former des souhaits contre vous.
Oui, je voudrais qu'aucun ne vous trouvât aimable,   1425
Que vous fussiez réduite en un sort misérable,
Que le Ciel, en naissant, ne vous eût donné rien,
Que vous n'eussiez ni rang, ni naissance, ni bien,
Afin que de mon cœur l'éclatant sacrifice
Vous pût d'un pareil sort réparer l'injustice,   1430
Et que j'eusse la joie et la gloire, en ce jour,
De vous voir tenir tout des mains de mon amour.

CÉLIMÈNE

C'est me vouloir du bien d'une étrange manière !
Me préserve le Ciel que vous ayez matière... !
Voici Monsieur Du Bois, plaisamment figuré.   1435

SCÈNE IV

DU BOIS, CÉLIMÈNE, ALCESTE,

ALCESTE

Que veut cet équipage, et cet air effaré ?
Qu'as-tu ?

DU BOIS

        Monsieur...

ALCESTE

                Hé bien !

DU BOIS

                        Voici bien des mystères.

ALCESTE

Qu'est-ce ?

DU BOIS

Nous sommes mal, Monsieur, dans nos affaires.

ALCESTE

Quoi ?

DU BOIS

        Parlerai-je haut ?

ALCESTE

                Oui, parle, et promptement.

DU BOIS

N'est-il point là quelqu'un... ?

ALCESTE

Ah! que d'amusement! 1440

Veux-tu parler ?

DU BOIS

Monsieur, il faut faire retraite.

ALCESTE

Comment ?

DU BOIS

Il faut d'ici déloger sans trompette.

ALCESTE

Et pourquoi ?

DU BOIS

Je vous dis qu'il faut quitter ce lieu.

ALCESTE

La cause ?

DU BOIS

Il faut partir, Monsieur, sans dire adieu.

ALCESTE

Mais par quelle raison me tiens-tu ce langage ?   1445

DU BOIS

Par la raison, Monsieur, qu'il faut plier bagage.

ALCESTE

Ah! je te casserai la tête assurément,
Si tu ne veux, maraud, t'expliquer autrement.

DU BOIS

Monsieur, un homme noir et d'habit et de mine
Est venu nous laisser, jusque dans la cuisine,   1450
Un papier griffonné d'une telle façon,
Qu'il faudrait, pour le lire, être pis que démon.
C'est de votre procès, je n'en fais aucun doute;
Mais le diable d'enfer, je crois, n'y verrait goutte.

ALCESTE

Hé bien ? quoi ? ce papier, qu'a-t-il à démêler,   1455
Traître, avec le départ dont tu viens me parler ?

DU BOIS

C'est pour vous dire ici, Monsieur, qu'une heure ensuite,
Un homme qui souvent vous vient rendre visite

Est venu vous chercher avec empressement,
Et ne vous trouvant pas, m'a chargé doucement,   1460
Sachant que je vous sers avec beaucoup de zèle,
De vous dire... Attendez, comme est-ce qu'il s'appelle ?

ALCESTE

Laisse là son nom, traître, et dis ce qu'il t'a dit.

DU BOIS

C'est un de vos amis enfin, cela suffit.
Il m'a dit que d'ici votre péril vous chasse,   1465
Et que d'être arrêté le sort vous y menace.

ALCESTE

Mais quoi ? n'a-t-il voulu te rien spécifier ?

DU BOIS

Non : il m'a demandé de l'encre et du papier,
Et vous a fait un mot, où vous pourrez, je pense,
Du fond de ce mystère avoir la connaissance.   1470

ALCESTE

Donne-le donc.

CÉLIMÈNE

              Que peut envelopper ceci ?

ALCESTE

Je ne sais ; mais j'aspire à m'en voir éclairci.
Auras-tu bientôt fait, impertinent au diable ?

DU BOIS, *après l'avoir longtemps cherché.*

Ma foi ! je l'ai, Monsieur, laissé sur votre table.

ALCESTE

Je ne sais qui me tient...

CÉLIMÈNE

                        Ne vous emportez pas,   1475
Et courez démêler un pareil embarras.

ALCESTE

Il semble que le sort, quelque soin que je prenne,
Ait juré d'empêcher que je vous entretienne ;
Mais pour en triompher, souffrez à mon amour
De vous revoir, Madame, avant la fin du jour.   1480

ACTE V

SCÈNE I
ALCESTE, PHILINTE

ALCESTE
La résolution en est prise, vous dis-je.

PHILINTE
Mais, quel que soit ce coup, faut-il qu'il vous oblige... ?

ALCESTE
Non : vous avez beau faire et beau me raisonner,
Rien de ce que je dis ne me peut détourner :
Trop de perversité règne au siècle où nous sommes,   1485
Et je veux me tirer du commerce des hommes.
Quoi ? contre ma partie on voit tout à la fois
L'honneur, la probité, la pudeur, et les lois ;
On publie en tous lieux l'équité de ma cause ;
Sur la foi de mon droit mon âme se repose :   1490
Cependant je me vois trompé par le succès ;
J'ai pour moi la justice, et je perds mon procès !
Un traître, dont on sait la scandaleuse histoire,
Est sorti triomphant d'une fausseté noire !
Toute la bonne foi cède à sa trahison !   1495
Il trouve, en m'égorgeant, moyen d'avoir raison !
Le poids de sa grimace, où brille l'artifice,
Renverse le bon droit, et tourne la justice !
Il fait par un arrêt couronner son forfait !
Et non content encor du tort que l'on me fait,   1500
Il court parmi le monde un livre abominable,
Et de qui la lecture est même condamnable,
Un livre à mériter la dernière rigueur,
Dont le fourbe a le front de me faire l'auteur !
Et là-dessus, on voit Oronte qui murmure,   1505
Et tâche méchamment d'appuyer l'imposture !
Lui, qui d'un honnête homme à la cour tient le rang,
A qui je n'ai rien fait qu'être sincère et franc,

Qui me vient, malgré moi, d'une ardeur empressée,
Sur des vers qu'il a faits demander ma pensée;   1510
Et parce que j'en use avec honnêteté,
Et ne le veux trahir, lui ni la vérité,
Il aide à m'accabler d'un crime imaginaire!
Le voilà devenu mon plus grand adversaire!
Et jamais de son cœur je n'aurai de pardon,   1515
Pour n'avoir pas trouvé que son sonnet fût bon!
Et les hommes, morbleu! sont faits de cette sorte!
C'est à ces actions que la gloire les porte!
Voilà la bonne foi, le zèle vertueux,
La justice et l'honneur que l'on trouve chez eux!   1520
Allons, c'est trop souffrir les chagrins qu'on nous forge :
Tirons-nous de ce bois et de ce coupe-gorge.
Puisque entre humains ainsi vous vivez en vrais loups,
Traîtres, vous ne m'aurez de ma vie avec vous.

PHILINTE

Je trouve un peu bien prompt le dessein où vous êtes, 1525
Et tout le mal n'est pas si grand que vous le faites :
Ce que votre partie ose vous imputer,
N'a point eu le crédit de vous faire arrêter;
On voit son faux rapport lui-même se détruire,
Et c'est une action qui pourrait bien lui nuire.   1530

ALCESTE

Lui ? De semblables tours il ne craint point l'éclat,
Il a permission d'être franc scélérat;
Et loin qu'à son crédit nuise cette aventure,
On l'en verra demain en meilleure posture.

PHILINTE

Enfin il est constant qu'on n'a point trop donné   1535
Au bruit que contre vous sa malice a tourné;
De ce côté déjà vous n'avez rien à craindre;
Et pour votre procès, dont vous pouvez vous plaindre,
Il vous est en justice aisé d'y revenir,
Et contre cet arrêt...

ALCESTE

                    Non : je veux m'y tenir.   1540
Quelque sensible tort qu'un tel arrêt me fasse,
Je me garderai bien de vouloir qu'on le casse :
On y voit trop à plein le bon droit maltraité,
Et je veux qu'il demeure à la postérité

Comme une marque insigne, un fameux témoignage 1545
De la méchanceté des hommes de notre âge.
Ce sont vingt mille francs qu'il m'en pourra coûter;
Mais, pour vingt mille francs, j'aurai droit de pester
Contre l'iniquité de la nature humaine,
Et de nourrir pour elle une immortelle haine.   1550

PHILINTE

Mais enfin...

ALCESTE

                    Mais enfin, vos soins sont superflus :
Que pouvez-vous, Monsieur, me dire là-dessus ?
Aurez-vous bien le front de me vouloir en face
Excuser les horreurs de tout ce qui se passe ?

PHILINTE

Non, je tombe d'accord de tout ce qu'il vous plaît :   1555
Tout marche par cabale et par pur intérêt;
Ce n'est plus que la ruse aujourd'hui qui l'emporte,
Et les hommes devraient être faits d'autre sorte.
Mais est-ce une raison que leur peu d'équité
Pour vouloir se tirer de leur société ?   1560
Tous ces défauts humains nous donnent dans la vie
Des moyens d'exercer notre philosophie :
C'est le plus bel emploi que trouve la vertu;
Et si de probité tout était revêtu,
Si tous les cœurs étaient francs, justes et dociles,   1565
La plupart des vertus nous seraient inutiles,
Puisqu'on en met l'usage à pouvoir sans ennui
Supporter, dans nos droits, l'injustice d'autrui;
Et de même qu'un cœur d'une vertu profonde...

ALCESTE

Je sais que vous parlez, Monsieur, le mieux du monde;1570
En beaux raisonnements vous abondez toujours;
Mais vous perdez le temps et tous vos beaux discours.
La raison, pour mon bien, veut que je me retire :
Je n'ai point sur ma langue un assez grand empire;
De ce que je dirais je ne répondrais pas,   1575
Et je me jetterais cent choses sur les bras.
Laissez-moi, sans dispute, attendre Célimène :
Il faut qu'elle consente au dessein qui m'amène;
Je vais voir si son cœur a de l'amour pour moi,
Et c'est ce moment-ci qui doit m'en faire foi.   1580

PHILINTE

Montons chez Éliante, attendant sa venue.

ALCESTE

Non : de trop de souci je me sens l'âme émue.
Allez-vous-en la voir, et me laissez enfin
Dans ce petit coin sombre, avec mon noir chagrin.

PHILINTE

C'est une compagnie étrange pour attendre,   1585
Et je vais obliger Éliante à descendre.

SCÈNE II

ORONTE, CÉLIMÈNE, ALCESTE

Oronte

Oui, c'est à vous de voir si par des nœuds si doux,
Madame, vous voulez m'attacher tout à vous.
Il me faut de votre âme une pleine assurance :
Un amant là-dessus n'aime point qu'on balance.   1590
Si l'ardeur de mes feux a pu vous émouvoir,
Vous ne devez point feindre à me le faire voir ;
Et la preuve, après tout, que je vous en demande,
C'est de ne plus souffrir qu'Alceste vous prétende,
De le sacrifier, Madame, à mon amour,   1595
Et de chez vous enfin le bannir dès ce jour.

CÉLIMÈNE

Mais quel sujet si grand contre lui vous irrite,
Vous à qui j'ai tant vu parler de son mérite ?

ORONTE

Madame, il ne faut point ces éclaircissements ;
Il s'agit de savoir quels sont vos sentiments.   1600
Choisissez, s'il vous plaît, de garder l'un ou l'autre :
Ma résolution n'attend rien que la vôtre.

ALCESTE, *sortant du coin où il s'était retiré.*

Oui, Monsieur a raison : Madame, il faut choisir,
Et sa demande ici s'accorde à mon désir.
Pareille ardeur me presse, et même soin m'amène ;   1605
Mon amour veut du vôtre une marque certaine,
Les choses ne sont plus pour traîner en longueur,
Et voici le moment d'expliquer votre cœur.

ORONTE

Je ne veux point, Monsieur, d'une flamme importune
Troubler aucunement votre bonne fortune.   1610

ALCESTE

Je ne veux point, Monsieur, jaloux ou non jaloux,
Partager de son cœur rien du tout avec vous.

ORONTE

Si votre amour au mien lui semble préférable...

ALCESTE

Si du moindre penchant elle est pour vous capable...

ORONTE

Je jure de n'y rien prétendre désormais.   1615

ALCESTE

Je jure hautement de ne la voir jamais.

ORONTE

Madame, c'est à vous de parler sans contrainte.

ALCESTE

Madame, vous pouvez vous expliquer sans crainte.

ORONTE

Vous n'avez qu'à nous dire où s'attachent vos vœux.

ALCESTE

Vous n'avez qu'à trancher, et choisir de nous deux.   1620

ORONTE

Quoi ? sur un pareil choix vous semblez être en peine!

ALCESTE

Quoi ? votre âme balance et paraît incertaine!

CÉLIMÈNE

Mon Dieu! que cette instance est là hors de saison,
Et que vous témoignez, tous deux, peu de raison!
Je sais prendre parti sur cette préférence,   1625
Et ce n'est pas mon cœur maintenant qui balance :
Il n'est point suspendu, sans doute, entre vous deux,
Et rien n'est si tôt fait que le choix de nos vœux.
Mais je souffre, à vrai dire, une gêne trop forte
A prononcer en face un aveu de la sorte :   1630

Je trouve que ces mots qui sont désobligeants
Ne se doivent point dire en présence des gens;
Qu'un cœur de son penchant donne assez de lumière,
Sans qu'on nous fasse aller jusqu'à rompre en visière;
Et qu'il suffit enfin que de plus doux témoins   1635
Instruisent un amant du malheur de ses soins.

ORONTE

Non, non, un franc aveu n'a rien que j'appréhende :
J'y consens pour ma part.

ALCESTE

      Et moi, je le demande :
C'est son éclat surtout qu'ici j'ose exiger,
Et je ne prétends point vous voir rien ménager.   1640
Conserver tout le monde est votre grande étude;
Mais plus d'amusement, et plus d'incertitude :
Il faut vous expliquer nettement là-dessus,
Ou bien pour un arrêt je prends votre refus;
Je saurai, de ma part, expliquer ce silence,   1645
Et me tiendrai pour dit tout le mal que j'en pense.

ORONTE

Je vous sais fort bon gré, Monsieur, de ce courroux,
Et je lui dis ici même chose que vous.

CÉLIMÈNE

Que vous me fatiguez avec un tel caprice!
Ce que vous demandez a-t-il de la justice ?   1650
Et ne vous dis-je pas quel motif me retient ?
J'en vais prendre pour juge Éliante qui vient.

SCÈNE III

ÉLIANTE, PHILINTE, CÉLIMÈNE
ORONTE, ALCESTE

CÉLIMÈNE

Je me vois, ma cousine, ici persécutée
Par des gens dont l'humeur y paraît concertée.
Ils veulent l'un et l'autre, avec même chaleur,   1655
Que je prononce entre eux le choix que fait mon cœur,
Et que, par un arrêt qu'en face il me faut rendre,
Je défende à l'un d'eux tous les soins qu'il peut prendre.
Dites-moi si jamais cela se fait ainsi.

ÉLIANTE

N'allez point là-dessus me consulter ici :   1660
Peut-être y pourriez-vous être mal adressée,
Et je suis pour les gens qui disent leur pensée.

ORONTE

Madame, c'est en vain que vous vous défendez.

ALCESTE

Tous vos détours ici seront mal secondés.

ORONTE

Il faut, il faut parler, et lâcher la balance.   1665

ALCESTE

Il ne faut que poursuivre à garder le silence.

ORONTE

Je ne veux qu'un seul mot pour finir nos débats.

ALCESTE

Et moi, je vous entends si vous ne parlez pas.

SCÈNE DERNIÈRE

ACASTE, CLITANDRE, ARSINOÉ,
PHILINTE, ÉLIANTE, ORONTE,
CÉLIMÈNE, ALCESTE

ACASTE

Madame, nous venons tous deux, sans vous déplaire,
Éclaircir avec vous une petite affaire.   1670

CLITANDRE

Fort à propos, Messieurs, vous vous trouvez ici,
Et vous êtes mêlés dans cette affaire aussi.

ARSINOÉ

Madame, vous serez surprise de ma vue;
Mais ce sont ces Messieurs qui causent ma venue :
Tous deux ils m'ont trouvée, et se sont plaints à moi 1675
D'un trait à qui mon cœur ne saurait prêter foi.
J'ai du fond de votre âme une trop haute estime,
Pour vous croire jamais capable d'un tel crime :

Mes yeux ont démenti leurs témoins les plus forts;
Et l'amitié passant sur de petits discords,   1680
J'ai bien voulu chez vous leur faire compagnie,
Pour vous voir vous laver de cette calomnie.

ACASTE

Oui, Madame, voyons, d'un esprit adouci,
Comment vous vous prendrez à soutenir ceci.
Cette lettre par vous est écrite à Clitandre ?   1685

CLITANDRE

Vous avez pour Acaste écrit ce billet tendre ?

ACASTE

Messieurs, ces traits pour vous n'ont point d'obscurité,
Et je ne doute pas que sa civilité
A connaître sa main n'ait trop su vous instruire;
Mais ceci vaut assez la peine de le lire.   1690

*Vous êtes un étrange homme de condamner mon enjouement,
et de me reprocher que je n'ai jamais tant de joie que lorsque
je ne suis pas avec vous. Il n'y a rien de plus injuste; et si
vous ne venez bien vite me demander pardon de cette offense,
je ne vous la pardonnerai de ma vie. Notre grand flandrin de
Vicomte...*

Il devrait être ici.

*Notre grand flandrin de Vicomte, par qui vous commencez
vos plaintes, est un homme qui ne saurait me revenir; et
depuis que je l'ai vu, trois quarts d'heure durant, cracher
dans un puits pour faire des ronds, je n'ai pu jamais prendre
bonne opinion de lui. Pour le petit Marquis...*

C'est moi-même, Messieurs, sans nulle vanité.

*Pour le petit Marquis, qui me tint hier longtemps la main, je
trouve qu'il n'y a rien de si mince que toute sa personne; et ce
sont de ces mérites qui n'ont que la cape et l'épée. Pour
l'homme aux rubans verts...*

A vous le dé, Monsieur.

*Pour l'homme aux rubans verts, il me divertit quelquefois avec
ses brusqueries et son chagrin bourru; mais il est cent moments
où je le trouve le plus fâcheux du monde. Et pour l'homme à
la veste...*

Voici votre paquet.

*Et pour l'homme à la veste, qui s'est jeté dans le bel esprit et
veut être auteur malgré tout le monde, je ne puis me donner
la peine d'écouter ce qu'il dit ; et sa prose me fatigue autant
que ses vers. Mettez-vous donc en tête que je ne me divertis
pas toujours si bien que vous pensez ; que je vous trouve à dire
plus que je ne voudrais, dans toutes les parties où l'on m'entraîne ; et que c'est un merveilleux assaisonnement aux plaisirs
qu'on goûte que la présence des gens qu'on aime.*

CLITANDRE

Me voici maintenant moi.

*Votre Clitandre dont vous me parlez, et qui fait tant le
doucereux, est le dernier des hommes pour qui j'aurais de
l'amitié. Il est extravagant de se persuader qu'on l'aime ; et
vous l'êtes de croire qu'on ne vous aime pas. Changez, pour
être raisonnable, vos sentiments contre les siens ; et voyez-moi
le plus que vous pourrez pour m'aider à porter le chagrin d'en
être obsédée.*

D'un fort beau caractère on voit là le modèle,
Madame, et vous savez comment cela s'appelle ?
Il suffit : nous allons l'un et l'autre en tous lieux
Montrer de votre cœur le portrait glorieux.

ACASTE

J'aurais de quoi vous dire, et belle est la matière ;   1695
Mais je ne vous tiens pas digne de ma colère ;
Et je vous ferai voir que les petits marquis
Ont, pour se consoler, des cœurs du plus haut prix.

ORONTE

Quoi ? de cette façon je vois qu'on me déchire,
Après tout ce qu'à moi je vous ai vu m'écrire !   1700
Et votre cœur, paré de beaux semblants d'amour,
A tout le genre humain se promet tour à tour !
Allez, j'étais trop dupe, et je vais ne plus l'être.
Vous me faites un bien, me faisant vous connaître :
J'y profite d'un cœur qu'ainsi vous me rendez,   1705
Et trouve ma vengeance en ce que vous perdez.

                                                        A Alceste.

Monsieur, je ne fais plus d'obstacle à votre flamme,
Et vous pouvez conclure affaire avec Madame.

ARSINOÉ

Certes, voilà le trait du monde le plus noir ;
Je ne m'en saurais taire, et me sens émouvoir.   1710
Voit-on des procédés qui soient pareils aux vôtres ?
Je ne prends point de part aux intérêts des autres ;
Mais Monsieur, que chez vous fixait votre bonheur,
Un homme comme lui, de mérite et d'honneur,
Et qui vous chérissait avec idolâtrie,
Devait-il... ?   1715

ALCESTE

          Laissez-moi, Madame, je vous prie,
Vider mes intérêts moi-même là-dessus,
Et ne vous chargez point de ces soins superflus.
Mon cœur a beau vous voir prendre ici sa querelle,
Il n'est point en état de payer ce grand zèle :   1720
Et ce n'est pas à vous que je pourrai songer,
Si par un autre choix je cherche à me venger,

ARSINOÉ

Hé ! croyez-vous, Monsieur, qu'on ait cette pensée,
Et que de vous avoir on soit tant empressée ?
Je vous trouve un esprit bien plein de vanité,   1725
Si de cette créance il peut s'être flatté.
Le rebut de Madame est une marchandise
Dont on aurait grand tort d'être si fort éprise.
Détrompez-vous, de grâce, et portez-le moins haut :
Ce ne sont pas des gens comme moi qu'il vous faut ; 1730
Vous ferez bien encor de soupirer pour elle,
Et je brûle de voir une union si belle.

Elle se retire.

ALCESTE

Hé bien ! je me suis tu, malgré ce que je vois.
Et j'ai laissé parler tout le monde avant moi :
Ai-je pris sur moi-même un assez long empire,   1735
Et puis-je maintenant... ?

CÉLIMÈNE

          Oui, vous pouvez tout dire :
Vous en êtes en droit, lorsque vous vous plaindrez,
Et de me reprocher tout ce que vous voudrez,
J'ai tort, je le confesse, et mon âme confuse
Ne cherche à vous payer d'aucune vaine excuse.   1740
J'ai des autres ici méprisé le courroux,
Mais je tombe d'accord de mon crime envers vous.

Votre ressentiment, sans doute, est raisonnable :
Je sais combien je dois vous paraître coupable,
Que toute chose dit que j'ai pu vous trahir,   1745
Et qu'enfin vous avez sujet de me haïr.
Faites-le, j'y consens.

ALCESTE

                    Hé! le puis-je, traîtresse ?
Puis-je ainsi triompher de toute ma tendresse ?
Et quoique avec ardeur je veuille vous haïr,
Trouvé-je un cœur en moi tout prêt à m'obéir ?   1750

A Éliante et Philinte.

Vous voyez ce que peut une indigne tendresse,
Et je vous fais tous deux témoins de ma faiblesse.
Mais, à vous dire vrai, ce n'est pas encor tout,
Et vous allez me voir la pousser jusqu'au bout,
Montrer que c'est à tort que sages on nous nomme,   1755
Et que dans tous les cœurs il est toujours de l'homme.
Oui, je veux bien, perfide, oublier vos forfaits;
J'en saurai, dans mon âme, excuser tous les traits,
Et me les couvrirai du nom d'une faiblesse
Où le vice du temps porte votre jeunesse,   1760
Pourvu que votre cœur veuille donner les mains
Au dessein que j'ai fait de fuir tous les humains,
Et que dans mon désert, où j'ai fait vœu de vivre,
Vous soyez, sans tarder, résolue à me suivre :
C'est par là seulement que, dans tous les esprits,   1765
Vous pouvez réparer le mal de vos écrits,
Et qu'après cet éclat, qu'un noble cœur abhorre,
Il peut m'être permis de vous aimer encore.

CÉLIMÈNE

Moi, renoncer au monde avant que de vieillir,
Et dans votre désert aller m'ensevelir !   1770

ALCESTE

Et s'il faut qu'à mes feux votre flamme réponde,
Que vous doit importer tout le reste du monde ?
Vos désirs avec moi ne sont-ils pas contents ?

CÉLIMÈNE

La solitude effraye une âme de vingt ans :
Je ne sens point la mienne assez grande, assez forte,   1775
Pour me résoudre à prendre un dessein de la sorte.

Si le don de ma main peut contenter vos vœux,
Je pourrai me résoudre à serrer de tels nœuds :
Et l'hymen...

ALCESTE

      Non : mon cœur à présent vous déteste,
Et ce refus lui seul fait plus que tout le reste.   1780
Puisque vous n'êtes point, en des liens si doux,
Pour trouver tout en moi, comme moi tout en vous,
Allez, je vous refuse, et ce sensible outrage
De vos indignes fers pour jamais me dégage.

Célimène se retire, et Alceste parle à Éliante.

Madame, cent vertus ornent votre beauté,   1785
Et je n'ai vu qu'en vous de la sincérité;
De vous, depuis longtemps, je fais un cas extrême;
Mais laissez-moi toujours vous estimer de même;
Et souffrez que mon cœur, dans ses troubles divers,
Ne se présente point à l'honneur de vos fers :   1790
Je m'en sens trop indigne, et commence à connaître
Que le Ciel pour ce nœud ne m'avait point fait naître;
Que ce serait pour vous un hommage trop bas
Que le rebut d'un cœur qui ne vous valait pas;
Et qu'enfin...

ÉLIANTE

      Vous pouvez suivre cette pensée :   1795
Ma main de se donner n'est pas embarrassée;
Et voilà votre ami, sans trop m'inquiéter,
Qui, si je l'en priais, la pourrait accepter.

PHILINTE

Ah! cet honneur, Madame, est toute mon envie.
Et j'y sacrifierais et mon sang et ma vie.   1800

ALCESTE

Puissiez-vous, pour goûter de vrais contentements,
L'un pour l'autre à jamais garder ces sentiments!
Trahi de toutes parts, accablé d'injustices,
Je vais sortir d'un gouffre où triomphent les vices,
Et chercher sur la terre un endroit écarté   1805
Où d'être homme d'honneur on ait la liberté.

PHILINTE

Allons, Madame, allons employer toute chose,
Pour rompre le dessein que son cœur se propose.

Une vieille tradition veut que Molière ait écrit en hâte
le Médecin malgré lui pour soutenir *le Misanthrope* que
le public boudait quelque peu. Sous cette forme, le fait
est inexact, car la nouvelle farce de Molière fut jouée le
6 août 1666, deux mois après *le Misanthrope*, et accom-
pagna sur l'affiche des comédies de Donneau de Visé et
de Mlle des Jardins. Ce n'est qu'au mois de septembre,
à la reprise du *Misanthrope*, qu'il fut accompagné du
Médecin malgré lui. Et, de fait, les recettes, qui avaient
fléchi, remontèrent.

Sans aller jusqu'à prétendre que Molière fit suivre sa
plus belle comédie d'une farce pour se venger de l'incompréhension de son public, on peut penser qu'il voulait,
tout de suite, lui fournir la preuve qu'il restait le far-
ceur que le parterre avait coutume d'applaudir.

Voilà donc Molière revenu à la farce et à la moquerie
des médecins qui lui avaient si bien réussi avec *l'Amour
médecin*. Des sources aux railleries contre les docteurs, on
en trouve dans toute la tradition comique. Le sujet lui-
même vient d'un vieux conte du Moyen Âge intitulé *le
Vilain Mire* (Le Paysan médecin) et l'histoire de la femme
muette du *Pantagruel* de Rabelais [1]. Molière releva ces
sources traditionnelles d'un piment d'actualité en s'inspirant des querelles de ménage d'un perruquier à la mode,
L'Amour, et de sa femme. Ces querelles lui avaient été,
paraît-il, racontées par Boileau.

Mais Molière, pour brocher sa farce, n'eut pas à aller
chercher ailleurs que dans son propre répertoire; *le
Médecin volant* lui fournit quelques bonnes plaisanteries,
et *l'Amour médecin* un dénouement tout prêt. D'ailleurs

---

1. *Le Tiers Livre des faicts et dicts héroïques du bon Pantagruel.*
chap. XXXIV.

il n'eut vraisemblablement qu'à récrire une de ses premières farces de province qu'il avait reprise à Paris sous des titres divers, *le Fagotier* (1661), *le Fagoteux* (1663) ou *le Médecin par force* (1664). *Le Médecin malgré lui* remporta un succès certain et durable, car c'est, avec *le Tartuffe*, la pièce de Molière qui fut le plus souvent représentée. Il a donc dans la farce moliéresque la même position éminente que *le Tartuffe* dans ses comédies.

Il le mérite d'ailleurs largement. Il surclasse de loin les farces rudimentaires du début. Certes, nous restons dans le domaine de l'arbitraire et de la bouffonnerie. Mais on y trouve déjà les qualités qui éclateront plus tard dans *les Fourberies de Scapin* : une pièce bien charpentée, une intrigue à rebondissements, qui offre un minimum de vraisemblance, un comique verbal étincelant où la finesse s'allie au gros rire, un mouvement vif, l'indication de jeux de scène multiples, dans lesquels l'excellent comédien qu'était Molière devait faire merveille, et enfin des personnages qui dépassent largement le stade de la marionnette. Les paysans du *Médecin malgré lui* sont les frères de ceux de *Dom Juan* et parlent le même savoureux patois ; la nourrice Jacqueline, forte en chair et libre dans ses propos, est de la famille des Dorine et des Martine. Quant à Sganarelle, c'est un nouvel avatar du personnage ; bourgeois berné ou valet couard tel il était apparu ; le voilà devenu tout ensemble fagotier et médecin, volontiers paillard et buveur, une fois encore victime d'une femme rusée, mais s'installant avec aisance et même aplomb dans le nouveau rôle qu'elle lui fait jouer, citant à contretemps Aristote, égrenant avec maladresse le peu de latin dont il est frotté. En dépit de l'invraisemblance de la situation, ce bonhomme a une existence bien réelle, une présence que le jeu scénique rend plus sensible au spectateur qu'au lecteur.

Ce nouveau Sganarelle ne vient plus de la tradition théâtrale italienne ou espagnole. C'est un paysan de France, comme Molière en a beaucoup rencontré dans ses pérégrinations provinciales, où il a minutieusement observé, en même temps que le menu peuple, les représentants de la noblesse campagnarde qui animeront ses prochaines comédies.

LE MÉDECIN MALGRÉ LUI

COMÉDIE

REPRÉSENTÉE POUR LA PREMIÈRE FOIS
A PARIS SUR LE THÉATRE DU PALAIS-ROYAL
LE VENDREDI 6ᵉ DU MOIS D'AOUT 1666

PAR LA
TROUPE DU ROI

PERSONNAGES

SGANARELLE, mari de Martine.
MARTINE, femme de Sganarelle.
M. ROBERT, voisin de Sganarelle.
VALÈRE, domestique de Géronte.
LUCAS, mari de Jacqueline.
GÉRONTE, père de Lucinde.
JACQUELINE, nourrice chez Géronte, et femme de Lucas.
LUCINDE, fille de Géronte.
LÉANDRE, amant de Lucinde.
THIBAUT, père de Perrin.
PERRIN, fils de Thibaut, paysan.

ACTE PREMIER

SCÈNE I

SGANARELLE, MARTINE,
paraissant sur le théâtre en se querellant.

SGANARELLE. — Non, je te dis que je n'en veux rien faire, et que c'est à moi de parler et d'être le maître.

MARTINE. — Et je te dis, moi, que je veux que tu vives à ma fantaisie, et que je ne me suis point mariée avec toi pour souffrir tes fredaines.

SGANARELLE. — O la grande fatigue que d'avoir une femme! et qu'Aristote a bien raison, quand il dit qu'une femme est pire qu'un démon!

MARTINE. — Voyez un peu l'habile homme, avec son benêt d'Aristote!

SGANARELLE. — Oui, habile homme : trouve-moi un faiseur de fagots qui sache, comme moi, raisonner des choses, qui ait servi six ans un fameux médecin, et qui ait su, dans son jeune âge, son rudiment par cœur.

MARTINE. — Peste du fou fieffé!

SGANARELLE. — Peste de la carogne!

MARTINE. — Que maudit soit l'heure et le jour où je m'avisai d'aller dire oui!

SGANARELLE. — Que maudit soit le bec cornu de notaire qui me fit signer ma ruine!

MARTINE. — C'est bien à toi, vraiment, à te plaindre de cette affaire. Devrais-tu être un seul moment sans rendre grâce au Ciel de m'avoir pour ta femme? et méritais-tu d'épouser une personne comme moi?

SGANARELLE. — Il est vrai que tu me fis trop d'honneur, et que j'eus lieu de me louer la première nuit de nos noces! Hé! morbleu! ne me fais point parler là-dessus : je dirais de certaines choses...

MARTINE. — Quoi ? que dirais-tu ?

SGANARELLE. — Baste, laissons là ce chapitre. Il suffit que nous savons ce que nous savons, et que tu fus bien heureuse de me trouver.

MARTINE. — Qu'appelles-tu bien heureuse de te trouver ? Un homme qui me réduit à l'hôpital, un débauché, un traître, qui me mange tout ce que j'ai ?

SGANARELLE. — Tu as menti : j'en bois une partie.

MARTINE. — Qui me vend, pièce à pièce, tout ce qui est dans le logis.

SGANARELLE. — C'est vivre de ménage.

MARTINE. — Qui m'a ôté jusqu'au lit que j'avais.

SGANARELLE. — Tu t'en lèveras plus matin.

MARTINE. — Enfin qui ne laisse aucun meuble dans toute la maison.

SGANARELLE. — On en déménage plus aisément.

MARTINE. — Et qui, du matin jusqu'au soir, ne fait que jouer et que boire.

SGANARELLE. — C'est pour ne me point ennuyer.

MARTINE. — Et que veux-tu, pendant ce temps, que je fasse avec ma famille ?

SGANARELLE. — Tout ce qu'il te plaira.

MARTINE. — J'ai quatre pauvres petits enfants sur les bras.

SGANARELLE. — Mets-les à terre.

MARTINE. — Qui me demandent à toute heure du pain.

SGANARELLE. — Donne-leur le fouet : quand j'ai bien bu et bien mangé, je veux que tout le monde soit saoul dans ma maison.

MARTINE. — Et tu prétends, ivrogne, que les choses aillent toujours de même ?

SGANARELLE. — Ma femme, allons tout doucement, s'il vous plaît.

MARTINE. — Que j'endure éternellement tes insolences et tes débauches ?

SGANARELLE. — Ne nous emportons point, ma femme.

MARTINE. — Et que je ne sache pas trouver le moyen de te ranger à ton devoir ?

SGANARELLE. — Ma femme, vous savez que je n'ai pas l'âme endurante, et que j'ai le bras assez bon.

MARTINE. — Je me moque de tes menaces.

SGANARELLE. — Ma petite femme, ma mie, votre peau vous démange, à votre ordinaire.

MARTINE. — Je te montrerai bien que je ne te crains nullement.

SGANARELLE. — Ma chère moitié, vous avez envie de me dérober quelque chose.

MARTINE. — Crois-tu que je m'épouvante de tes paroles ?

SGANARELLE. — Doux objet de mes vœux, je vous frotterai les oreilles.

MARTINE. — Ivrogne que tu es!

SGANARELLE. — Je vous battrai.

MARTINE. — Sac à vin!

SGANARELLE. — Je vous rosserai.

MARTINE. — Infâme!

SGANARELLE. — Je vous étrillerai.

MARTINE. — Traître, insolent, trompeur, lâche, coquin, pendard, gueux, bélître, fripon, maraud, voleur...!

SGANARELLE *(Il prend un bâton et lui en donne.)*. — Ah! vous en voulez donc ?

MARTINE. — Ah! ah, ah, ah!

SGANARELLE. — Voilà le vrai moyen de vous apaiser.

SCÈNE II

M. ROBERT, SGANARELLE, MARTINE

M. ROBERT. — Holà, holà, holà! Fi! Qu'est-ce ci ? Quelle infamie! Peste soit le coquin, de battre ainsi sa femme!

MARTINE, *les mains sur les côtés, lui parle en le faisant reculer, et à la fin lui donne un soufflet*. — Et je veux qu'il me batte, moi.

M. ROBERT. — Ah! j'y consens de tout mon cœur.

MARTINE. — De quoi vous mêlez-vous ?

M. ROBERT. — J'ai tort.

MARTINE. — Est-ce là votre affaire ?

M. ROBERT. — Vous avez raison.

MARTINE. — Voyez un peu cet impertinent, qui veut empêcher les maris de battre leurs femmes.

M. ROBERT. — Je me rétracte.

MARTINE. — Qu'avez-vous à voir là-dessus ?

M. ROBERT. — Rien.

MARTINE. — Est-ce à vous d'y mettre le nez ?

M. ROBERT. — Non.

MARTINE. — Mêlez-vous de vos affaires.

M. ROBERT. — Je ne dis plus mot.

MARTINE. — Il me plaît d'être battue.

M. ROBERT. — D'accord.

MARTINE. — Ce n'est pas à vos dépens.

M. ROBERT. — Il est vrai.

MARTINE. — Et vous êtes un sot de venir vous fourrer où vous n'avez que faire

M. ROBERT. *(Il passe ensuite vers le mari, qui pareillement lui parle toujours en le faisant reculer, le frappe avec le même bâton et le met en fuite; il dit à la fin :).* — Compère, je vous demande pardon de tout mon cœur. Faites, rossez, battez, comme il faut, votre femme; je vous aiderai si vous le voulez.

SGANARELLE. — Il ne me plaît pas, moi.

M. ROBERT. — Ah! c'est une autre chose.

SGANARELLE. — Je la veux battre, si je le veux; et ne la veux pas battre, si je ne le veux pas.

M. ROBERT. — Fort bien.

SGANARELLE. — C'est ma femme, et non pas la vôtre.

M. ROBERT. — Sans doute.

SGANARELLE. — Vous n'avez rien à me commander.

M. ROBERT. — D'accord.

SGANARELLE. — Je n'ai que faire de votre aide.

M. ROBERT. — Très volontiers.

SGANARELLE. — Et vous êtes un impertinent, de vous ingérer des affaires d'autrui. Apprenez que Cicéron dit qu'entre l'arbre et le doigt il ne faut point mettre l'écorce.

Ensuite il revient vers sa femme, et lui dit, en lui pressant la main :

O çà, faisons la paix nous deux. Touche là.

MARTINE. — Oui! après m'avoir ainsi battue!

SGANARELLE. — Cela n'est rien, touche.

MARTINE. — Je ne veux pas.

SGANARELLE. — Eh!

MARTINE. — Non.

SGANARELLE. — Ma petite femme!

MARTINE. — Point.

SGANARELLE. — Allons, te dis-je.

MARTINE. — Je n'en ferai rien.

SGANARELLE. — Viens, viens, viens.

MARTINE. — Non : je veux être en colère.

SGANARELLE. — Fi! c'est une bagatelle. Allons, allons.

MARTINE. — Laisse-moi là.

SGANARELLE. — Touche, te dis-je.

MARTINE. — Tu m'as trop maltraitée.

SGANARELLE. — Eh bien va, je te demande pardon; mets là ta main.

MARTINE. — Je te pardonne; *(elle dit le reste bas)* mais tu le payeras.

SGANARELLE. — Tu es une folle de prendre garde à cela : ce sont petites choses qui sont de temps en temps nécessaires dans l'amitié; et cinq ou six coups de bâton, entre gens qui s'aiment, ne font que ragaillardir l'affection. Va, je m'en vais au bois, et je te promets aujourd'hui plus d'un cent de fagots.

SCÈNE III

MARTINE, *seule*. — Va, quelque mine que je fasse, je n'oublie pas mon ressentiment; et je brûle en moi-même de trouver les moyens de te punir des coups que tu me donnes. Je sais bien qu'une femme a toujours dans les mains de quoi se venger d'un mari; mais c'est une punition trop délicate pour mon pendard : je veux une vengeance qui se fasse un peu mieux sentir; et ce n'est pas contentement pour l'injure que j'ai reçue.

SCÈNE IV

VALÈRE, LUCAS, MARTINE

LUCAS. — Parguenne! j'avons pris là tous deux une guèble de commission; et je ne sais pas, moi, ce que je pensons attraper.

VALÈRE. — Que veux-tu, mon pauvre nourricier ? il faut bien obéir à notre maître; et puis nous avons intérêt, l'un et l'autre, à la santé de sa fille, notre maîtresse; et sans doute son mariage, différé par sa maladie, nous vaudrait quelque récompense. Horace, qui est libéral, a bonne part aux prétentions qu'on peut avoir sur sa personne; et quoiqu'elle ait fait voir de l'amitié pour un certain Léandre, tu sais bien que son père n'a jamais voulu consentir à le recevoir pour son gendre.

MARTINE, *rêvant à part elle*. — Ne puis-je point trouver quelque invention pour me venger ?

LUCAS. — Mais quelle fantaisie s'est-il boutée là dans la tête, puisque les médecins y avont tous pardu leur latin ?

VALÈRE. — On trouve quelquefois, à force de chercher, ce qu'on ne trouve pas d'abord; et souvent, en de simples lieux...

MARTINE. — Oui, il faut que je m'en venge à quelque prix que ce soit : ces coups de bâton me reviennent au cœur, je ne les saurais digérer, et... *(Elle dit tout ceci en rêvant, de sorte que, ne prenant pas garde à ces deux hommes, elle les heurte en se retournant, et leur dit :)* Ah! Messieurs, je vous demande pardon; je ne vous voyais pas, et cherchais dans ma tête quelque chose qui m'embarrasse.

VALÈRE. — Chacun a ses soins dans le monde, et nous cherchons aussi ce que nous voudrions bien trouver.

MARTINE. — Serait-ce quelque chose où je vous puisse aider ?

VALÈRE. — Cela se pourrait faire; et nous tâchons de rencontrer quelque habile homme, quelque médecin particulier, qui pût donner quelque soulagement à la fille de notre maître, attaquée d'une maladie qui lui a ôté tout d'un coup l'usage de la langue. Plusieurs médecins ont déjà épuisé toute leur science après elle : mais on trouve parfois des gens avec des secrets admirables, de certains remèdes particuliers, qui font le plus souvent ce que les autres n'ont su faire; et c'est là ce que nous cherchons.

MARTINE *(Elle dit ces premières lignes bas.).* — Ah! que le Ciel m'inspire une admirable invention pour me venger de mon pendard! *(Haut.)* Vous ne pouviez jamais vous mieux adresser pour rencontrer ce que vous cherchez; et nous avons ici un homme, le plus merveilleux homme du monde, pour les maladies désespérées.

VALÈRE. — Et de grâce, où pouvons-nous le rencontrer ?

MARTINE. — Vous le trouverez maintenant vers ce petit lieu que voilà, qui s'amuse à couper du bois.

LUCAS. — Un médecin qui coupe du bois!

VALÈRE. — Qui s'amuse à cueillir des simples, voulez-vous dire ?

MARTINE. — Non : c'est un homme extraordinaire qui se plaît à cela, fantasque, bizarre, quinteux, et que vous ne prendriez jamais pour ce qu'il est. Il va vêtu d'une façon extravagante, affecte quelquefois de paraître ignorant, tient sa science renfermée, et ne fuit rien tant tous les jours que d'exercer les merveilleux talents qu'il a eus du Ciel pour la médecine.

VALÈRE. — C'est une chose admirable, que tous les grands hommes ont toujours du caprice, quelque petit grain de folie mêlé à leur science.

MARTINE. — La folie de celui-ci est plus grande qu'on ne peut croire, car elle va parfois jusqu'à vouloir être battu pour demeurer d'accord de sa capacité; et je vous donne avis que vous n'en viendrez point à bout, qu'il n'avouera jamais qu'il est médecin, s'il se le met en fantaisie, que vous ne preniez chacun un bâton, et ne le réduisiez, à force de coups, à vous confesser à la fin ce qu'il vous cachera d'abord. C'est ainsi que nous en usons quand nous avons besoin de lui.

VALÈRE. — Voilà une étrange folie!

MARTINE. — Il est vrai; mais, après cela, vous verrez qu'il fait des merveilles.

VALÈRE. — Comment s'appelle-t-il?

MARTINE. — Il s'appelle Sganarelle; mais il est aisé à connaître: c'est un homme qui a une large barbe noire, et qui porte une fraise, avec un habit jaune et vert.

LUCAS. — Un habit jaune et vart! C'est donc le médecin des paroquets?

VALÈRE. — Mais est-il bien vrai qu'il soit si habile que vous le dites?

MARTINE. — Comment? C'est un homme qui fait des miracles. Il y a six mois qu'une femme fut abandonnée de tous les autres médecins: on la tenait morte il y avait déjà six heures, et l'on se disposait à l'ensevelir, lorsqu'on y fit venir de force l'homme dont nous parlons. Il lui mit, l'ayant vue, une petite goutte de je ne sais quoi dans la bouche, et, dans le même instant, elle se leva de son lit, et se mit aussitôt à se promener dàns sa chambre, comme si de rien n'eût été.

LUCAS. — Ah!

VALÈRE. — Il fallait que ce fût quelque goutte d'or potable.

MARTINE. — Cela pourrait bien être. Il n'y a pas trois semaines encore qu'un jeune enfant de douze ans tomba du haut du clocher en bas, et se brisa, sur le pavé, la tête, les bras et les jambes. On n'y eut pas plus tôt amené notre homme, qu'il le frotta par tout le corps d'un certain onguent qu'il sait faire; et l'enfant aussitôt se leva sur ses pieds, et courut jouer à la fossette.

LUCAS. — Ah!

VALÈRE. — Il faut que cet homme-là ait la médecine universelle.

MARTINE. — Qui en doute ?

LUCAS. — Testigué! velà justement l'homme qu'il nous faut. Allons vite le chercher.

VALÈRE. — Nous vous remercions du plaisir que vous nous faites.

MARTINE. — Mais souvenez-vous bien au moins de l'avertissement que je vous ai donné.

LUCAS. — Eh! morguenne! laissez-nous faire : s'il ne tient qu'à battre, la vache est à nous.

VALÈRE. — Nous sommes bien heureux d'avoir fait cette rencontre; et j'en conçois, pour moi, la meilleure espérance du monde.

SCÈNE V

SGANARELLE, VALÈRE, LUCAS

SGANARELLE *entre sur le théâtre en chantant et tenant une bouteille.* — La, la, la.

VALÈRE. — J'entends quelqu'un qui chante, et qui coupe du bois.

SGANARELLE. — La, la, la... Ma foi, c'est assez travaillé pour un coup. Prenons un peu d'haleine. *(Il boit, et dit après avoir bu :)* Voilà du bois qui est salé comme tous les diables.

> *Qu'ils sont doux,*
> *Bouteille jolie,*
> *Qu'ils sont doux,*
> *Vos petits glouglous!*
> *Mais mon sort ferait bien des jaloux,*
> *Si vous étiez toujours remplie.*
> *Ah! bouteille, ma mie,*
> *Pourquoi vous videz-vous ?*

Allons, morbleu! il ne faut point engendrer de mélancolie.

VALÈRE. — Le voilà lui-même.

LUCAS. — Je pense que vous dites vrai, et que j'avons bouté le nez dessus.

VALÈRE. — Voyons de près.

SGANARELLE, *les apercevant, les regarde, en se tournant vers l'un et puis vers l'autre, et, abaissant la voix, dit :* Ah! ma petite friponne! que je t'aime, mon petit bouchon!

> ... *Mon sort... ferait... bien des... jaloux,*
>   *Si...*

Que diable! à qui en veulent ces gens-là ?

VALÈRE. — C'est lui assurément.

LUCAS. — Le velà tout craché comme on nous l'a défiguré.

SGANARELLE, *à part.*

> *Ici il pose sa bouteille à terre, et Valère se baissant pour le saluer, comme il croit que c'est à dessein de la prendre, il la met de l'autre côté; ensuite de quoi, Lucas faisant la même chose, il la reprend et la tient contre son estomac, avec divers gestes qui font un grand jeu de théâtre.*

Ils consultent en me regardant. Quel dessein auraient-ils ?

VALÈRE. — Monsieur, n'est-ce pas vous qui vous appelez Sganarelle ?

SGANARELLE. — Eh quoi ?

VALÈRE. — Je vous demande si ce n'est pas vous qui se nomme Sganarelle.

SGANARELLE, *se tournant vers Valère, puis vers Lucas.* — Oui et non, selon ce que vous lui voulez.

VALÈRE. — Nous ne voulons que lui faire toutes les civilités que nous pourrons.

SGANARELLE. — En ce cas, c'est moi qui se nomme Sganarelle.

VALÈRE. — Monsieur, nous sommes ravis de vous voir. On nous a adressés à vous pour ce que nous cherchons; et nous venons implorer votre aide, dont nous avons besoin.

SGANARELLE. — Si c'est quelque chose, Messieurs, qui dépende de mon petit négoce, je suis tout prêt à vous rendre service.

VALÈRE. — Monsieur, c'est trop de grâce que vous nous faites. Mais, Monsieur, couvrez-vous, s'il vous plaît; le soleil pourrait vous incommoder.

LUCAS. — Monsieur, boutez dessus.

SGANARELLE, *bas.* — Voici des gens bien pleins de cérémonie.

VALÈRE. — Monsieur, il ne faut pas trouver étrange que nous venions à vous : les habiles gens sont toujours recherchés, et nous sommes instruits de votre capacité.

SGANARELLE. — Il est vrai, Messieurs, que je suis le premier homme du monde pour faire des fagots.

VALÈRE. — Ah! Monsieur...

SGANARELLE. — Je n'y épargne aucune chose, et les fais d'une façon qu'il n'y a rien à dire.

VALÈRE. — Monsieur, ce n'est pas cela dont il est question.

SGANARELLE. — Mais aussi je les vends cent dix sols le cent.

VALÈRE. — Ne parlons point de cela, s'il vous plaît.

SGANARELLE. — Je vous promets que je ne saurais les donner à moins.

VALÈRE. — Monsieur, nous savons les choses.

SGANARELLE. — Si vous savez les choses, vous savez que je les vends cela.

VALÈRE. — Monsieur, c'est se moquer que...

SGANARELLE. — Je ne me moque point, je n'en puis rien rabattre.

VALÈRE. — Parlons d'autre façon, de grâce.

SGANARELLE. — Vous en pourrez trouver autre part à moins : il y a fagots et fagots; mais pour ceux que je fais...

VALÈRE. — Eh! Monsieur, laissons là ce discours.

SGANARELLE. — Je vous jure que vous ne les auriez pas, s'il s'en fallait un double.

VALÈRE. — Eh fi!

SGANARELLE. — Non, en conscience, vous en payerez cela. Je vous parle sincèrement, et ne suis pas homme à surfaire.

VALÈRE. — Faut-il, Monsieur, qu'une personne comme vous s'amuse à ces grossières feintes ? s'abaisse à parler de la sorte ? qu'un homme si savant, un fameux médecin, comme vous êtes, veuille se déguiser aux yeux du monde, et tenir enterrés les beaux talents qu'il a ?

SGANARELLE, *à part*. — Il est fou.

VALÈRE. — De grâce, Monsieur, ne dissimulez point avec nous.

SGANARELLE. — Comment ?

LUCAS. — Tout ce tripotage ne sart de rian; je savons çenque je savons.

SGANARELLE. — Quoi donc ? que me voulez-vous dire ? Pour qui me prenez-vous ?

VALÈRE. — Pour ce que vous êtes, pour un grand médecin.

SGANARELLE. — Médecin vous-même : je ne le suis point, et ne l'ai jamais été.

VALÈRE, *bas*. — Voilà sa folie qui le tient. (*Haut*). Monsieur, ne veuillez point nier les choses davantage; et

n'en venons point, s'il vous plaît, à de fâcheuses extrémités.

SGANARELLE. — A quoi donc ?

VALÈRE. — A de certaines choses dont nous serions
marris.

SGANARELLE. — Parbleu! venez-en à tout ce qu'il vous
plaira : je ne suis point médecin, et ne sais ce que vous
me voulez dire.

VALÈRE, *bas*. — Je vois bien qu'il faut se servir du
remède. *(Haut.)* Monsieur, encore un coup, je vous
prie d'avouer ce que vous êtes.

LUCAS. — Et testigué! ne lantiponez point davantage,
et confessez à la franquette que v'êtes médecin.

SGANARELLE. — J'enrage.

VALÈRE. — A quoi bon nier ce qu'on sait ?

LUCAS. — Pourquoi toutes ces fraimes-là ? et à quoi
est-ce que ça vous sart ?

SGANARELLE. — Messieurs, en un mot autant qu'en
deux mille, je vous dis que je ne suis point médecin.

VALÈRE. — Vous n'êtes point médecin ?

SGANARELLE. — Non.

LUCAS. — V'n'êtes pas médecin ?

SGANARELLE. — Non, vous dis-je.

VALÈRE. — Puisque vous le voulez, il faut s'y résoudre.

Ils prennent un bâton et le frappent.

SGANARELLE. — Ah! ah! ah! Messieurs, je suis tout ce
qu'il vous plaira.

VALÈRE. — Pourquoi, Monsieur, nous obligez-vous à
cette violence ?

LUCAS. — A quoi bon nous bailler la peine de vous
battre ?

VALÈRE. — Je vous assure que j'en ai tous les regrets
du monde.

LUCAS. — Par ma figué! j'en sis fâché, franchement.

SGANARELLE. — Que diable est-ce ci, Messieurs ? De
grâce, est-ce pour rire, ou si tous deux vous extravaguez,
de vouloir que je sois médecin ?

VALÈRE. — Quoi ? vous ne vous rendez pas encore, et
vous vous défendez d'être médecin ?

SGANARELLE. — Diable emporte si je le suis!

LUCAS. — Il n'est pas vrai qu'ous sayez médecin ?

SGANARELLE. — Non, la peste m'étouffe! *(Là ils recommencent de le battre.)* Ah! Ah! Eh bien, Messieurs, oui,
puisque vous le voulez, je suis médecin, je suis médecin;

apothicaire encore, si vous le trouvez bon. J'aime mieux consentir à tout que de me faire assommer.

VALÈRE. — Ah! voilà qui va bien, Monsieur : je suis ravi de vous voir raisonnable.

LUCAS. — Vous me boutez la joie au cœur, quand je vous vois parler comme ça.

VALÈRE. — Je vous demande pardon de toute mon âme.

LUCAS. — Je vous demandons excuse de la libarté que j'avons prise.

SGANARELLE, *à part*. — Ouais! serait-ce bien moi qui me tromperais, et serais-je devenu médecin sans m'en être aperçu ?

VALÈRE. — Monsieur, vous ne vous repentirez pas de nous montrer ce que vous êtes; et vous verrez assurément que vous en serez satisfait.

SGANARELLE. — Mais, Messieurs, dites-moi, ne vous trompez-vous point vous-mêmes ? Est-il bien assuré que je sois médecin ?

LUCAS. — Oui, par ma figué!

SGANARELLE. — Tout de bon ?

VALÈRE. — Sans doute.

SGANARELLE. — Diable emporte si je le savais!

VALÈRE. — Comment ? vous êtes le plus habile médecin du monde.

SGANARELLE. — Ah! ah!

LUCAS. — Un médecin qui a guari je ne sais combien de maladies.

SGANARELLE. — Tudieu!

VALÈRE. — Une femme était tenue pour morte il y avait six heures; elle était prête à ensevelir, lorsque, avec une goutte de quelque chose, vous la fîtes revenir et marcher d'abord par la chambre.

SGANARELLE. — Peste!

LUCAS. — Un petit enfant de douze ans se laissit choir du haut d'un clocher, de quoi il eut la tête, les jambes et les bras cassés; et vous, avec je ne sais quel onguent, vous fîtes qu'aussitôt il se relevit sur ses pieds, et s'en fut jouer à la fossette.

SGANARELLE. — Diantre!

VALÈRE. — Enfin, Monsieur, vous aurez contentement avec nous; et vous gagnerez ce que vous voudrez, en vous laissant conduire où nous prétendons vous mener.

SGANARELLE. — Je gagnerai ce que je voudrai ?

VALÈRE. — Oui.

SGANARELLE.— Ah! je suis médecin, sans contredit : je l'avais oublié : mais je m'en ressouviens. De quoi est-il question ? Où faut-il se transporter ?

VALÈRE. — Nous vous conduirons. Il est question d'aller voir une fille qui a perdu la parole.

SGANARELLE. — Ma foi! je ne l'ai pas trouvée.

VALÈRE. — Il aime à rire. Allons, Monsieur.

SGANARELLE. — Sans une robe de médecin ?

VALÈRE. — Nous en prendrons une.

SGANARELLE, *présentant sa bouteille à Valère.* — Tenez cela, vous : voilà où je mets mes juleps.

Puis se tournant vers Lucas en crachant.

Vous, marchez là-dessus, par ordonnance du médecin.

LUCAS. — Palsanguenne! velà un médecin qui me plaît : je pense qu'il réussira, car il est bouffon.

ACTE II

SCÈNE I

GÉRONTE, VALÈRE, LUCAS, JACQUELINE

VALÈRE. — Oui, Monsieur, je crois que vous serez satisfait; et nous vous avons amené le plus grand médecin du monde.

LUCAS. — Oh! morguenne! il faut tirer l'échelle après ceti-là, et tous les autres ne sont pas daignes de li déchausser ses souillez.

VALÈRE. — C'est un homme qui a fait des cures merveilleuses.

LUCAS. — Qui a guari des gens qui êtiant morts.

VALÈRE. — Il est un peu capricieux, comme je vous ai dit; et parfois il a des moments où son esprit s'échappe et ne paraît pas ce qu'il est.

LUCAS. — Oui, il aime à bouffonner; et l'an dirait par fois, ne v's en déplaise, qu'il a quelque petit coup de hache à la tête.

VALÈRE. — Mais, dans le fond, il est toute science, et bien souvent il dit des choses tout à fait relevées.

LUCAS. — Quand il s'y boute, il parle tout fin drait comme s'il lisait dans un livre.

VALÈRE. — Sa réputation s'est déjà répandue ici, et tout le monde vient à lui.

GÉRONTE. — Je meurs d'envie de le voir; faites-le-moi vite venir.

VALÈRE. — Je le vais quérir.

JACQUELINE. — Par ma fi! Monsieur, ceti-ci fera justement ce qu'ant fait les autres. Je pense que ce sera queussi queumi; et la meilleure médeçaine que l'an pourrait bailler à votre fille, ce serait, selon moi, un biau et bon mari, pour qui elle eût de l'amiquié.

GÉRONTE. — Ouais! Nourrice, ma mie, vous vous mêlez de bien des choses.

LUCAS. — Taisez-vous, notre ménagère Jacquelaine : ce n'est pas à vous à bouter là votre nez.

JACQUELINE. — Je vous dis et vous douze que tous ces médecins n'y feront rian que de l'iau claire; que votre fille a besoin d'autre chose que de ribarbe et de séné, et qu'un mari est une emplâtre qui guarit tous les maux des filles.

GÉRONTE. — Est-elle en l'état maintenant qu'on s'en voulût charger, avec l'infirmité qu'elle a ? Et lorsque j'ai été dans le dessein de la marier, ne s'est-elle pas opposée à mes volontés ?

JACQUELINE. — Je le crois bian : vous li vouilliez bailler cun homme qu'alle n'aime point. Que ne preniez-vous ce Monsieu Liandre, qui li touchait au cœur ? Alle aurait été fort obéissante; et je m'en vas gager qu'il la prendrait, li, comme alle est, si vous la li vouillez donner.

GÉRONTE. — Ce Léandre n'est pas ce qu'il lui faut : il n'a pas du bien comme l'autre.

JACQUELINE. — Il a un oncle qui est si riche, dont il est hériquié.

GÉRONTE. — Tous ces biens à venir me semblent autant de chansons. Il n'est rien tel que ce qu'on tient; et l'on court grand risque de s'abuser, lorsque l'on compte sur le bien qu'un autre vous garde. La mort n'a pas toujours les oreilles ouvertes aux vœux et aux prières de Messieurs les héritiers; et l'on a le temps d'avoir les dents longues lorsqu'on attend, pour vivre, le trépas de quelqu'un.

JACQUELINE. — Enfin j'ai toujours ouï dire qu'en mariage, comme ailleurs, contentement passe richesse. Les bères et les mères ant cette maudite couteume de demander toujours : « Qu'a-t-il ? » et : « Qu'a-t-elle ? » et

le compère Biarre a marié sa fille Simonette au gros
Thomas pour un quarquié de vaigne qu'il avait davantage que le jeune Robin, où alle avait bouté son amiquié;
et velà que la pauvre créiature en est devenue jaune comme
un coing, et n'a point profité tout depuis ce temps-là.
C'est un bel exemple pour vous, Monsieur. On n'a que
son plaisir en ce monde; et j'aimerais mieux bailler à
ma fille un bon mari qui li fût agriable que toutes les
rentes de la Biauce.

GÉRONTE. — Peste! Madame la Nourrice, comme vous
dégoisez! Taisez-vous, je vous prie : vous prenez trop de
soin, et vous échauffez votre lait.

LUCAS. *(En disant ceci, il frappe sur la poitrine de
Géronte.).* — Morgué! tais-toi, t'es cune impartinante.
Monsieur n'a que faire de tes discours, et il sait ce qu'il a
à faire. Mêle-toi de donner à téter à ton enfant, sans tant
faire la raisonneuse. Monsieur est le père de sa fille, et il
est bon et sage pour voir ce qu'il li faut.

GÉRONTE. — Tout doux! oh! tout doux!

LUCAS. — Monsieur, je veux un peu la mortifier, et li
apprendre le respect qu'alle vous doit.

GÉRONTE. — Oui; mais ces gestes ne sont pas nécessaires.

SCÈNE II

VALÈRE, SGANARELLE, GÉRONTE,
LUCAS, JACQUELINE

VALÈRE. — Monsieur, préparez-vous. Voici notre
médecin qui entre.

GÉRONTE. — Monsieur, je suis ravi de vous voir chez
moi, et nous avons grand besoin de vous.

SGANARELLE, *en robe de médecin, avec un chapeau des
plus pointus.* — Hippocrate dit... que nous nous couvrions
tous deux.

GÉRONTE. — Hippocrate dit cela ?

SGANARELLE. — Oui.

GÉRONTE. — Dans quel chapitre, s'il vous plaît ?

SGANARELLE. — Dans son chapitre des chapeaux.

GÉRONTE. — Puisque Hippocrate le dit, il le faut faire.

SGANARELLE. — Monsieur le Médecin, ayant appris les
merveilleuses choses...

GÉRONTE. — A qui parlez-vous, de grâce ?

SGANARELLE. — A vous.

GÉRONTE. — Je ne suis pas médecin.

SGANARELLE. — Vous n'êtes pas médecin ?

GÉRONTE. — Non, vraiment.

SGANARELLE. *(Il prend ici un bâton, et le bat comme on l'a battu.).* — Tout de bon ?

GÉRONTE. — Tout de bon. Ah! ah! ah!

SGANARELLE. — Vous êtes médecin maintenant : je n'ai jamais eu d'autres licences.

GÉRONTE. — Quel diable d'homme m'avez-vous là amené ?

VALÈRE. — Je vous ai bien dit que c'était un médecin goguenard.

GÉRONTE. — Oui; mais je l'envoirais promener avec ses goguenarderies.

LUCAS. — Ne prenez pas garde à ça, Monsieur : ce n'est que pour rire.

GÉRONTE. — Cette raillerie ne me plaît pas.

SGANARELLE. — Monsieur, je vous demande pardon de la liberté que j'ai prise.

GÉRONTE. — Monsieur, je suis votre serviteur.

SGANARELLE. — Je suis fâché...

GÉRONTE. — Cela n'est rien.

SGANARELLE. — Des coups de bâton...

GÉRONTE. — Il n'y a pas de mal.

SGANARELLE. — Que j'ai eu l'honneur de vous donner.

GÉRONTE. — Ne parlons plus de cela. Monsieur, j'ai une fille qui est tombée dans une étrange maladie.

SGANARELLE. — Je suis ravi, Monsieur, que votre fille ait besoin de moi; et je souhaiterais de tout mon cœur que vous en eussiez besoin aussi, vous et toute votre famille, pour vous témoigner l'envie que j'ai de vous servir.

GÉRONTE. — Je vous suis obligé de ces sentiments.

SGANARELLE. — Je vous assure que c'est du meilleur de mon âme que je vous parle.

GÉRONTE. — C'est trop d'honneur que vous me faites.

SGANARELLE. — Comment s'appelle votre fille ?

GÉRONTE. — Lucinde.

SGANARELLE. — Lucinde! Ah! beau nom à médicamenter! Lucinde!

GÉRONTE. — Je m'en vais voir un peu ce qu'elle fait.

SGANARELLE. — Qui est cette grande femme-là ?

GÉRONTE. — C'est la nourrice d'un petit enfant que j'ai.

SGANARELLE. — Peste! le joli meuble que voilà! Ah!

Nourrice, charmante Nourrice, ma médecine est la très humble esclave de votre nourricerie, et je voudrais bien être le petit poupon fortuné qui tétât le lait *(il lui porte la main sur le sein)* de vos bonnes grâces. Tous mes remèdes, toute ma science, toute ma capacité est à votre service, et...

LUCAS. — Avec votre parmission, Monsieur le Médecin, laissez là ma femme, je vous prie.

SGANARELLE. — Quoi ? est-elle votre femme ?

LUCAS. — Oui.

SGANARELLE *(Il fait semblant d'embrasser Lucas, et se tournant du côté de la Nourrice, il l'embrasse.)*. — Ah! vraiment, je ne savais pas cela, et je m'en réjouis pour l'amour de l'un et de l'autre.

LUCAS, *en le tirant*. — Tout doucement, s'il vous plaît.

SGANARELLE. — Je vous assure que je suis ravi que vous soyez unis ensemble. Je la félicite d'avoir *(il fait encore semblant d'embrasser Lucas, et, passant dessous ses bras, se jette au col de sa femme)* un mari comme vous; et je vous félicite, vous, d'avoir une femme si belle, si sage, et si bien faite comme elle est.

LUCAS, *en le tirant encore*. — Eh! testigué! point tant de compliment, je vous supplie.

SGANARELLE. — Ne voulez-vous pas que je me réjouisse avec vous d'un si bel assemblage ? ·

LUCAS. — Avec moi, tant qu'il vous plaira; mais avec ma femme, trêve de sarimonie.

SGANARELLE. — Je prends part également au bonheur de tous deux; et *(il continue le même jeu)* si je vous embrasse pour vous en témoigner ma joie, je l'embrasse de même pour lui en témoigner aussi.

LUCAS, *en le tirant derechef*. — Ah! vartigué, Monsieur le Médecin, que de lantiponages.

SCÈNE III

SGANARELLE, GÉRONTE, LUCAS, JACQUELINE

GÉRONTE. — Monsieur, voici tout à l'heure ma fille qu'on va vous amener.

SGANARELLE. — Je l'attends, Monsieur, avec toute la médecine.

GÉRONTE. — Où est-elle ?

SGANARELLE, *se touchant le front*. — Là-dedans.

GÉRONTE. — Fort bien.

SGANARELLE, *en voulant toucher les tétons de la Nourrice.*
— Mais comme je m'intéresse à toute votre famille, il faut
que j'essaye un peu le lait de votre nourrice, et que je
visite son sein.

LUCAS, *le tirant, en lui faisant faire la pirouette.* —
Nanin, nanin; je n'avons que faire de ça.

SGANARELLE. — C'est l'office du médecin de voir les
tétons des nourrices.

LUCAS. — Il gnia office qui quienne, je sis votte sarvi-
teur.

SGANARELLE. — As-tu bien la hardiesse de t'opposer
au médecin ? Hors de là !

LUCAS. — Je me moque de ça.

SGANARELLE, *en le regardant de travers.* — Je te donnerai
la fièvre.

JACQUELINE, *prenant Lucas par le bras et lui faisant aussi
faire la pirouette.* — Ote-toi de là aussi; est-ce que je ne
sis pas assez grande pour me défendre moi-même, s'il
me fait quelque chose qui ne soit pas à faire ?

LUCAS. — Je ne veux pas qu'il te tâte, moi.

SGANARELLE. — Fi, le vilain, qui est jaloux de sa femme !

GÉRONTE. — Voici ma fille.

SCÈNE IV

LUCINDE, VALÈRE, GÉRONTE, LUCAS,
SGANARELLE, JACQUELINE

SGANARELLE. — Est-ce là la malade ?

GÉRONTE. — Oui, je n'ai qu'elle de fille; et j'aurais tous
les regrets du monde si elle venait à mourir.

SGANARELLE. — Qu'elle s'en garde bien! il ne faut pas
qu'elle meure sans l'ordonnance du médecin.

GÉRONTE. — Allons, un siège.

SGANARELLE. — Voilà une malade qui n'est pas tant
dégoûtante, et je tiens qu'un homme bien sain s'en accommoderait assez.

GÉRONTE. — Vous l'avez fait rire, Monsieur.

SGANARELLE. — Tant mieux : lorsque le médecin fait
rire le malade, c'est le meilleur signe du monde. Eh bien!
de quoi est-il question ? qu'avez-vous ? quel est le mal
que vous sentez ?

LUCINDE *répond par signes, en portant sa main à sa bouche,*
à sa tête et sous son menton. — Han, hi, hom, han.

SGANARELLE. — Eh! que dites-vous ?

LUCINDE *continue les mêmes gestes.* — Han, hi, hom,
han, han, hi, hom.

SGANARELLE. — Quoi ?

LUCINDE. — Han, hi, hom.

SGANARELLE, *la contrefaisant.* — Han, hi, hom, han, ha :
je ne vous entends point. Quel diable de langage est-ce là ?

GÉRONTE. — Monsieur, c'est là sa maladie. Elle est
devenue muette, sans que jusques ici on en ait pu savoir
la cause; et c'est un accident qui a fait reculer son mariage.

SGANARELLE. — Et pourquoi ?

GÉRONTE. — Celui qu'elle doit épouser veut attendre
sa guérison pour conclure les choses.

SGANARELLE. — Et qui est ce sot-là qui ne veut pas que
sa femme soit muette ? Plût à Dieu que la mienne eût cette
maladie! je me garderais bien de la vouloir guérir.

GÉRONTE. — Enfin, Monsieur, nous vous prions d'employer tous vos soins pour la soulager de son mal.

SGANARELLE. — Ah! ne vous mettez pas en peine. Dites-
moi un peu, ce mal l'oppresse-t-il beaucoup ?

GÉRONTE. — Oui, Monsieur.

SGANARELLE. — Tant mieux. Sent-elle de grandes
douleurs ?

GÉRONTE. — Fort grandes.

SGANARELLE. — C'est fort bien fait. Va-t-elle où vous
savez ?

GÉRONTE. — Oui.

SGANARELLE. — Copieusement ?

GÉRONTE. — Je n'entends rien à cela.

SGANARELLE. — La matière est-elle louable ?

GÉRONTE. — Je ne me connais pas à ces choses.

SGANARELLE, *se tournant vers la malade.* — Donnez-moi
votre bras. Voilà un pouls qui marque que votre fille est
muette.

GÉRONTE. — Eh oui, Monsieur, c'est là son mal; vous
l'avez trouvé tout du premier coup.

SGANARELLE. — Ah, ah!

JACQUELINE. — Voyez comme il a deviné sa maladie!

SGANARELLE. — Nous autres grands médecins, nous
connaissons d'abord les choses. Un ignorant aurait été
embarrassé, et vous eût été dire : « C'est ceci, c'est cela »;
mais moi, je touche au but du premier coup, et je vous
apprends que votre fille est muette.

GÉRONTE. — Oui; mais je voudrais bien que vous me pussiez dire d'où cela vient.

SGANARELLE. — Il n'est rien plus aisé : cela vient de ce qu'elle a perdu la parole.

GÉRONTE. — Fort bien; mais la cause, s'il vous plaît, qui fait qu'elle a perdu la parole ?

SGANARELLE. — Tous nos meilleurs auteurs vous diront que c'est l'empêchement de l'action de sa langue.

GÉRONTE. — Mais encore, vos sentiments sur cet empêchement de l'action de sa langue ?

SGANARELLE. — Aristote, là-dessus, dit... de fort belles choses.

GÉRONTE. — Je le crois.

SGANARELLE. — Ah! c'était un grand homme!

GÉRONTE. — Sans doute.

SGANARELLE, *levant son bras depuis le coude*. — Grand homme tout à fait : un homme qui était plus grand que moi de tout cela. Pour revenir donc à notre raisonnement, je tiens que cet empêchement de l'action de sa langue est causé par de certaines humeurs, qu'entre nous autres savants nous appelons humeurs peccantes; peccantes, c'est-à-dire... humeurs peccantes; d'autant que les vapeurs formées par les exhalaisons des influences qui s'élèvent dans la région des maladies, venant... pour ainsi dire... à... Entendez-vous le latin ?

GÉRONTE. — En aucune façon.

SGANARELLE, *se tenant avec étonnement*. — Vous n'entendez point le latin!

GÉRONTE. — Non.

SGANARELLE, *en faisant diverses plaisantes postures*. — *Cabricias arci thuram, catalamus, singulariter, nominativo haec Musa*, « la Muse », *bonus, bona, bonum, Deus sanctus, estne oratio latinas ? Etiam*, « oui ». *Quare*, « pourquoi » ? *Quia substantivo et adjectivum concordat in generi, numerum, et casus.*

GÉRONTE. — Ah! que n'ai-je étudié ?

JACQUELINE. — L'habile homme que velà!

LUCAS. — Oui, ça est si biau que je n'y entends goutte.

SGANARELLE. — Or ces vapeurs dont je vous parle venant à passer, du côté gauche, où est le foie, au côté droit, où est le cœur, il se trouve que le poumon, que nous appelons en latin *armyan*, ayant communication avec le cerveau, que nous nommons en grec *nasmus*, par le moyen de la veine cave, que nous appelons en hébreu *cubile*, rencontre en son chemin lesdites vapeurs, qui remplissent les ventricules de l'omoplate; et parce que les dites vapeurs... comprenez bien ce raisonnement, je vous prie; et parce que les dites vapeurs ont une certaine malignité... Écoutez bien ceci, je vous conjure.

GÉRONTE. — Oui.

SGANARELLE. — Ont une certaine malignité, qui est causée... Soyez attentif, s'il vous plaît.

GÉRONTE. — Je le suis.

SGANARELLE. — Qui est causée par l'âcreté des humeurs engendrées dans la concavité du diaphragme, il arrive que ces vapeurs... *Ossabandus, nequeis, nequer, potarinum, quipsa milus.* Voilà justement ce qui fait que votre fille est muette.

JACQUELINE. — Ah! que ça est bian dit, notte homme!

LUCAS. — Que n'ai-je la langue aussi bian pendue?

GÉRONTE. — On ne peut pas mieux raisonner, sans doute. Il n'y a qu'une seule chose qui m'a choqué : c'est l'endroit du foie et du cœur. Il me semble que vous les placez autrement qu'ils ne sont; que le cœur est du côté gauche, et le foie du côté droit.

SGANARELLE. — Oui, cela était autrefois ainsi; mais nous avons changé tout cela, et nous faisons maintenant la médecine d'une méthode toute nouvelle.

GÉRONTE. — C'est ce que je ne savais pas, et je vous demande pardon de mon ignorance.

SGANARELLE. — Il n'y a point de mal, et vous n'êtes pas obligé d'être aussi habile que nous.

GÉRONTE. — Assurément. Mais, Monsieur, que croyez-vous qu'il faille faire à cette maladie ?

SGANARELLE. — Ce que je crois qu'il faille faire ?

GÉRONTE. — Oui.

SGANARELLE. — Mon avis est qu'on la remette sur son lit, et qu'on lui fasse prendre pour remède quantité de pain trempé dans du vin.

GÉRONTE. — Pourquoi cela, Monsieur ?

SGANARELLE. — Parce qu'il y a dans le vin et le pain, mêlés ensemble, une vertu sympathique qui fait parler. Ne voyez-vous pas bien qu'on ne donne autre chose aux perroquets, et qu'ils apprennent à parler en mangeant de cela ?

GÉRONTE. — Cela est vrai. Ah! le grand homme! Vite, quantité de pain et de vin!

SGANARELLE. — Je reviendrai voir, sur le soir, en quel état elle sera. (*A la Nourrice.*) Doucement, vous. Monsieur, voilà une nourrice à laquelle il faut que je fasse quelques petits remèdes.

JACQUELINE. — Qui ? moi ? Je me porte le mieux du monde.

SGANARELLE. — Tant pis, Nourrice, tant pis. Cette grande santé est à craindre, et il ne sera mauvais de vous faire quelque petite saignée amiable, de vous donner quelque petit clystère dulcifiant.

GÉRONTE. — Mais, Monsieur, voilà une mode que je ne comprends point. Pourquoi s'aller faire saigner quand on n'a point de maladie ?

SGANARELLE. — Il n'importe, la mode en est salutaire; et comme on boit pour la soif à venir, il faut se faire aussi saigner pour la maladie à venir.

JACQUELINE, *en se retirant.* — Ma fi ! je me moque de ça, et je ne veux point faire de mon corps une boutique d'apothicaire.

SGANARELLE. — Vous êtes rétive aux remèdes; mais nous saurons vous soumettre à la raison. *(Parlant à Géronte.)* Je vous donne le bonjour.

GÉRONTE. — Attendez un peu, s'il vous plaît.

SGANARELLE. — Que voulez-vous faire ?

GÉRONTE. — Vous donner de l'argent, Monsieur.

SGANARELLE, *tendant sa main derrière, par-dessous sa robe, tandis que Géronte ouvre sa bourse.* — Je n'en prendrai pas, Monsieur.

GÉRONTE. — Monsieur...

SGANARELLE. — Point du tout.

GÉRONTE. — Un petit moment.

SGANARELLE. — En aucune façon.

GÉRONTE. — De grâce !

SGANARELLE. — Vous vous moquez.

GÉRONTE. — Voilà qui est fait.

SGANARELLE. — Je n'en ferai rien.

GÉRONTE. — Eh !

SGANARELLE. — Ce n'est pas l'argent qui me fait agir.

GÉRONTE. — Je le crois.

SGANARELLE, *après avoir pris l'argent.* — Cela est-il de poids ?

GÉRONTE. — Oui, Monsieur.

SGANARELLE. — Je ne suis pas un médecin mercenaire.

GÉRONTE. — Je le sais bien.

SGANARELLE. — L'intérêt ne me gouverne point.

GÉRONTE. — Je n'ai pas cette pensée.

SCÈNE V

SGANARELLE, LÉANDRE

SGANARELLE, *regardant son argent*. — Ma foi! cela ne va pas mal; et pourvu que...

LÉANDRE. — Monsieur, il y a longtemps que je vous attends, et je viens implorer votre assistance.

SGANARELLE, *lui prenant le poignet*. — Voilà un pouls qui est fort mauvais.

LÉANDRE. — Je ne suis point malade, Monsieur, et ce n'est pas pour cela que je viens à vous.

SGANARELLE. — Si vous n'êtes pas malade, que diable ne le dites-vous donc?

LÉANDRE. — Non : pour vous dire la chose en deux mots, je m'appelle Léandre, qui suis amoureux de Lucinde, que vous venez de visiter; et comme, par la mauvaise humeur de son père, toute sorte d'accès m'est fermé auprès d'elle, je me hasarde à vous prier de vouloir servir mon amour, et de me donner lieu d'exécuter un stratagème que j'ai trouvé, pour lui pouvoir dire deux mots, d'où dépendent absolument mon bonheur et ma vie.

SGANARELLE, *paraissant en colère*. — Pour qui me prenez-vous? Comment oser vous adresser à moi pour vous servir dans votre amour, et vouloir ravaler la dignité de médecin à des emplois de cette nature?

LÉANDRE. — Monsieur, ne faites point de bruit.

SGANARELLE, *en le faisant reculer*. — J'en veux faire, moi. Vous êtes un impertinent.

LÉANDRE. — Eh! Monsieur, doucement.

SGANARELLE. — Un malavisé.

LÉANDRE. — De grâce!

SGANARELLE. — Je vous apprendrai que je ne suis point homme à cela, et que c'est une insolence extrême...

LÉANDRE, *tirant une bourse qu'il lui donne*. — Monsieur...

SGANARELLE, *tenant la bourse*. — De vouloir m'employer... Je ne parle pas pour vous, car vous êtes honnête homme, et je serais ravi de vous rendre service; mais il y a de certains impertinents au monde qui viennent prendre les gens pour ce qu'ils ne sont pas; et je vous avoue que cela me met en colère.

LÉANDRE. — Je vous demande pardon, Monsieur, de la liberté que...

SGANARELLE. — Vous vous moquez. De quoi est-il
question ?

LÉANDRE. — Vous saurez donc, Monsieur, que cette
maladie que vous voulez guérir est une feinte maladie.
Les médecins ont raisonné là-dessus comme il faut; et ils
n'ont pas manqué de dire que cela procédait, qui du
cerveau, qui des entrailles, qui de la rate, qui du foie; mais
il est certain que l'amour en est la véritable cause, et que
Lucinde n'a trouvé cette maladie que pour se délivrer
d'un mariage dont elle était importunée. Mais, de crainte
qu'on ne nous voie ensemble, retirons-nous d'ici, et je
vous dirai en marchant ce que je souhaite de vous.

SGANARELLE. — Allons, Monsieur : vous m'avez donné
pour votre amour une tendresse qui n'est pas concevable;
et j'y perdrai toute ma médecine, ou la malade crèvera, ou
bien elle sera à vous.

ACTE III

SCÈNE I

SGANARELLE, LÉANDRE

LÉANDRE. — Il me semble que je ne suis pas mal ainsi
pour un apothicaire; et comme le père ne m'a guère vu,
ce changement d'habit et de perruque est assez capable,
je crois, de me déguiser à ses yeux.

SGANARELLE. — Sans doute.

LÉANDRE. — Tout ce que je souhaiterais serait de savoir
cinq ou six grands mots de médecine, pour parer mon
discours et me donner l'air d'habile homme.

SGANARELLE. — Allez, allez, tout cela n'est pas nécessaire : il suffit de l'habit, et je n'en sais pas plus que vous.

LÉANDRE. — Comment ?

SGANARELLE. — Diable emporte si j'entends rien en
médecine! Vous êtes honnête homme, et je veux bien me
confier à vous, comme vous vous confiez à moi.

LÉANDRE. — Quoi ? vous n'êtes pas effectivement...

SGANARELLE. — Non, vous dis-je : ils m'ont fait médecin malgré mes dents. Je ne m'étais jamais mêlé d'être si

savant que cela; et toutes mes études n'ont été que jusqu'en sixième. Je ne sais point sur quoi cette imagination leur est venue; mais quand j'ai vu qu'à toute force ils voulaient que je fusse médecin, je me suis résolu de l'être, aux dépens de qui il appartiendra. Cependant vous ne sauriez croire comment l'erreur s'est répandue, et de quelle façon chacun est endiablé à me croire habile homme. On me vient chercher de tous les côtés; et si les choses vont toujours de même, je suis d'avis de m'en tenir, toute ma vie, à la médecine. Je trouve que c'est le métier le meilleur de tous; car, soit qu'on fasse bien ou soit qu'on fasse mal, on est toujours payé de même sorte : la méchante besogne ne retombe jamais sur notre dos; et nous taillons, comme il nous plaît, sur l'étoffe où nous travaillons. Un cordonnier, en faisant des souliers, ne saurait gâter un morceau de cuir qu'il n'en paye les pots cassés; mais ici l'on peut gâter un homme sans qu'il en coûte rien. Les bévues ne sont point pour nous; et c'est toujours la faute de celui qui meurt. Enfin le bon de cette profession est qu'il y a parmi les morts une honnêteté, une discrétion la plus grande du monde; et jamais on n'en voit se plaindre du médecin qui l'a tué.

LÉANDRE. — Il est vrai que les morts sont fort honnêtes gens sur cette matière.

SGANARELLE, *voyant des hommes qui viennent vers lui*. — Voilà des gens qui ont la mine de me venir consulter. Allez toujours m'attendre auprès du logis de votre maîtresse.

SCÈNE II

THIBAUT, PERRIN, SGANARELLE

THIBAUT. — Monsieur, je venons vous charcher, mon fils Perrin et moi.

SGANARELLE. — Qu'y a-t-il ?

THIBAUT. — Sa pauvre mère, qui a nom Parette, est dans un lit, malade, il y a six mois.

SGANARELLE, *tendant la main, comme pour recevoir de l'argent*. — Que voulez-vous que j'y fasse ?

THIBAUT. — Je voudrions, Monsieur, que vous nous baillissiez quelque petite drôlerie pour la guarir.

SGANARELLE. — Il faut voir de quoi est-ce qu'elle est malade.

THIBAUT. — Alle est malade d'hypocrisie, Monsieur.

SGANARELLE. — D'hypocrisie ?

THIBAUT. — Oui, c'est-à-dire qu'alle est enflée partout; et l'an dit que c'est quantité de sériosités qu'alle a dans le corps, et que son foie, son ventre, ou sa rate, comme vous voudrais l'appeler, au glieu de faire du sang, ne fait plus que de l'iau. Alle a, de deux jours l'un, la fièvre quotiguenne, avec des lassitules et des douleurs dans les mufles des jambes. On entend dans sa gorge des fleumes qui sont tout prêts à l'étouffer; et par fois il lui prend des syncoles et des conversions, que je crayons qu'alle est passée. J'avons dans notte village un apothicaire, révérence parler, qui li a donné je ne sai combien d'histoires; et il m'en coûte plus d'eune douzaine de bons écus en lavements, ne v's en déplaise, en apostumes qu'on li a fait prendre, en infections de jacinthe, et en portions cordales. Mais tout ça, comme dit l'autre, n'a été que de l'onguent miton mitaine. Il velait li bailler d'eune certaine drogue que l'on appelle du vin amétile; mais j'ai-s-eu peur, franchement, que ça l'envoyît à *patres;* et l'an dit que ces gros médecins tuont je ne sais combien de monde avec cette invention-là.

SGANARELLE, *tendant toujours la main et la branlant, comme pour signe qu'il demande de l'argent.* — Venons au fait, mon ami, venons au fait.

THIBAUT. — Le fait est, Monsieur, que je venons vous prier de nous dire ce qu'il faut que je fassions.

SGANARELLE. — Je ne vous entends point du tout.

PERRIN. — Monsieur, ma mère est malade; et velà deux écus que je vous apportons pour nous bailler queuque remède.

SGANARELLE. — Ah! je vous entends, vous. Voilà un garçon qui parle clairement, qui s'explique comme il faut. Vous dites que votre mère est malade d'hydropisie, qu'elle est enflée par tout le corps, qu'elle a la fièvre, avec des douleurs dans les jambes, et qu'il lui prend parfois des syncopes et des convulsions, c'est-à-dire des évanouissements ?

PERRIN. — Eh! oui, Monsieur, c'est justement ça.

SGANARELLE. — J'ai compris d'abord vos paroles. Vous avez un père qui ne sait ce qu'il dit. Maintenant vous me demandez un remède ?

PERRIN. — Oui, Monsieur.

SGANARELLE. — Un remède pour la guérir ?

PERRIN. — C'est comme je l'entendons.

SGANARELLE. — Tenez, voilà un morceau de formage qu'il faut que vous lui fassiez prendre.

PERRIN. — Du fromage, Monsieur ?

SGANARELLE. — Oui, c'est un formage préparé, où il entre de l'or, du corail, et des perles, et quantité d'autres choses précieuses.

PERRIN. — Monsieur, je vous sommes bien obligés ; et j'allons li faire prendre ça tout à l'heure.

SGANARELLE. — Allez. Si elle meurt, ne manquez pas de la faire enterrer du mieux que vous pourrez.

SCÈNE III

JACQUELINE, SGANARELLE, LUCAS

SGANARELLE. — Voici la belle Nourrice. Ah ! Nourrice de mon cœur, je suis ravi de cette rencontre, et votre vue est la rhubarbe, la casse et le séné qui purgent toute la mélancolie de mon âme.

JACQUELINE. — Par ma figué ! Monsieur le Médecin, ça est trop bian dit pour moi, et je n'entends rien à tout votre latin.

SGANARELLE. — Devenez malade, Nourrice, je vous prie ; devenez malade, pour l'amour de moi : j'aurais toutes les joies du monde de vous guérir.

JACQUELINE. — Je sis votre sarvante : j'aime bian mieux qu'an ne me guérisse pas.

SGANARELLE. — Que je vous plains, belle Nourrice, d'avoir un mari jaloux et fâcheux comme celui que vous avez !

JACQUELINE. — Que velez-vous, Monsieur ? c'est pour la pénitence de mes fautes ; et là où la chèvre est liée, il faut bian qu'alle y broute.

SGANARELLE. — Comment ? un rustre comme cela ! un homme qui vous observe toujours, et ne veut pas que personne vous parle !

JACQUELINE. — Hélas ! vous n'avez rien vu encore, et ce n'est qu'un petit échantillon de sa mauvaise humeur.

SGANARELLE. — Est-il possible ? et qu'un homme ait l'âme assez basse pour maltraiter une personne comme vous ? Ah ! que j'en sais, belle Nourrice, et qui ne sont pas loin d'ici, qui se tiendraient heureux de baiser seulement les petits bouts de vos petons ! Pourquoi faut-il qu'une personne si bien faite soit tombée en de telles mains, et qu'un franc animal, un brutal, un stupide, un sot... ? Pardonnez-moi, Nourrice, si je parle ainsi de votre mari.

JACQUELINE. — Eh! Monsieur, je sais bien qu'il mérite tous ces noms-là.

SGANARELLE. — Oui, sans doute, Nourrice, il les mérite; et il mériterait encore que vous lui missiez quelque chose sur la tête, pour le punir des soupçons qu'il a.

JACQUELINE. — Il est bien vrai que si je n'avais devant les yeux que son intérêt, il pourrait m'obliger à queuque étrange chose.

SGANARELLE. — Ma foi! vous ne feriez pas mal de vous venger de lui avec quelqu'un. C'est un homme, je vous le dis, qui mérite bien cela; et si j'étais assez heureux, belle Nourrice, pour être choisi pour...

> *En cet endroit, tous deux apercevant Lucas qui était derrière eux et entendait leur dialogue, chacun se retire de son côté, mais le Médecin d'une manière fort plaisante.*

SCÈNE IV

GÉRONTE, LUCAS

GÉRONTE. — Holà! Lucas, n'as-tu point vu ici notre médecin?

LUCAS. — Et oui, de par tous les diantres, je l'ai vu, et ma femme aussi.

GÉRONTE. — Où est-ce donc qu'il peut être?

LUCAS. — Je ne sais; mais je voudrais qu'il fût à tous les guèbles.

GÉRONTE. — Va-t'en voir un peu ce que fait ma fille.

SCÈNE V

SGANARELLE, LÉANDRE, GÉRONTE

GÉRONTE. — Ah! Monsieur, je demandais où vous étiez.

SGANARELLE. — Je m'étais amusé dans votre cour à expulser le superflu de la boisson. Comment se porte la malade?

GÉRONTE. — Un peu plus mal depuis votre remède.

SGANARELLE. — Tant mieux : c'est signe qu'il opère.

GÉRONTE. — Oui; mais, en opérant, je crains qu'il ne l'étouffe.

SGANARELLE. — Ne vous mettez pas en peine; j'ai des remèdes qui se moquent de tout, et je l'attends à l'agonie.

GÉRONTE. — Qui est cet homme-là que vous amenez ?

SGANARELLE, *faisant des signes avec la main que c'est un apothicaire.* — C'est...

GÉRONTE. — Quoi ?

SGANARELLE. — Celui...

GÉRONTE. — Eh ?

SGANARELLE. — Qui...

GÉRONTE. — Je vous entends.

SGANARELLE. — Votre fille en aura besoin.

SCÈNE VI

JACQUELINE, LUCINDE, GÉRONTE, LÉANDRE, SGANARELLE

JACQUELINE. — Monsieur, velà votre fille qui veut un peu marcher.

SGANARELLE. — Cela lui fera du bien. Allez-vous-en, Monsieur l'Apothicaire, tâter un peu son pouls, afin que je raisonne tantôt avec vous de sa maladie.

> *En cet endroit, il tire Géronte à un bout du théâtre, et, lui passant un bras sur les épaules, lui rabat la main sous le menton, avec laquelle il le fait retourner vers lui, lorsqu'il veut regarder ce que sa fille et l'apothicaire font ensemble, lui tenant cependant le discours suivant pour l'amuser :*

Monsieur, c'est une grande et subtile question entre les doctes, de savoir si les femmes sont plus faciles à guérir que les hommes. Je vous prie d'écouter ceci, s'il vous plaît. Les uns disent que non, les autres disent que oui; et moi je dis que oui et non : d'autant que l'incongruité des humeurs opaques qui se rencontrent au tempérament naturel des femmes étant cause que la partie brutale veut toujours prendre empire sur la sensitive, on voit que l'inégalité de leurs opinions dépend du mouvement oblique du cercle de la lune; et comme le soleil, qui darde ses rayons sur la concavité de la terre, trouve...

LUCINDE. — Non, je ne suis point du tout capable de changer de sentiments.

GÉRONTE. — Voilà ma fille qui parle! O grande vertu du remède! O admirable médecin! Que je vous suis obligé, Monsieur, de cette guérison merveilleuse! et que puis-je faire pour vous après un tel service?

SGANARELLE, *se promenant sur le théâtre, et s'essuyant le front.* — Voilà une maladie qui m'a bien donné de la peine!

LUCINDE. — Oui, mon père, j'ai recouvré la parole; mais je l'ai recouvrée pour vous dire que je n'aurai jamais d'autre époux que Léandre, et que c'est inutilement que vous voulez me donner Horace.

GÉRONTE. — Mais...

LUCINDE. — Rien n'est capable d'ébranler la résolution que j'ai prise.

GÉRONTE. — Quoi...?

LUCINDE. — Vous m'opposerez en vain de belles raisons.

GÉRONTE. — Si...

LUCINDE. — Tous vos discours ne serviront de rien.

GÉRONTE. — Je...

LUCINDE. — C'est une chose où je suis déterminée.

GÉRONTE. — Mais...

LUCINDE. — Il n'est puissance paternelle qui me puisse obliger à me marier malgré moi.

GÉRONTE. — J'ai...

LUCINDE. — Vous avez beau faire tous vos efforts.

GÉRONTE. — Il...

LUCINDE. — Mon cœur ne saurait se soumettre à cette tyrannie.

GÉRONTE. — Là...

LUCINDE. — Et je me jetterai plutôt dans un couvent que d'épouser un homme que je n'aime point.

GÉRONTE. — Mais...

LUCINDE, *parlant d'un ton de voix à étourdir.* — Non. En aucune façon. Point d'affaire. Vous perdez le temps. Je n'en ferai rien. C'est résolu.

GÉRONTE. — Ah! quelle impétuosité de paroles! Il n'y a pas moyen d'y résister. Monsieur, je vous prie de la faire redevenir muette.

SGANARELLE. — C'est une chose qui m'est impossible. Tout ce que je puis faire pour votre service est de vous rendre sourd, si vous voulez.

GÉRONTE. — Je vous remercie. Penses-tu donc...

LUCINDE. — Non. Toutes vos raisons ne gagneront rien sur mon âme.

GÉRONTE. — Tu épouseras Horace, dès ce soir.

LUCINDE. — J'épouserai plutôt la mort.

SGANARELLE. — Mon Dieu! arrêtez-vous, laissez-moi médicamenter cette affaire. C'est une maladie qui la tient, et je sais le remède qu'il y faut apporter.

GÉRONTE. — Serait-il possible, Monsieur, que vous pussiez aussi guérir cette maladie d'esprit ?

SGANARELLE. — Oui : laissez-moi faire, j'ai des remèdes pour tout, et notre apothicaire nous servira pour cette cure. *(Il appelle l'Apothicaire et lui parle.)* Un mot. Vous voyez que l'ardeur qu'elle a pour ce Léandre est tout à fait contraire aux volontés du père, qu'il n'y a point de temps à perdre, que les humeurs sont fort aigries, et qu'il est nécessaire de trouver promptement un remède à ce mal, qui pourrait empirer par le retardement. Pour moi, je n'y en vois qu'un seul, qui est une prise de fuite purgative, que vous mêlerez comme il faut avec deux drachmes de matrimonium en pilules. Peut-être fera-t-elle quelque difficulté à prendre ce remède; mais, comme vous êtes habile homme dans votre métier, c'est à vous de l'y résoudre, et de lui faire avaler la chose du mieux que vous pourrez. Allez-vous-en lui faire faire un petit tour de jardin, afin de préparer les humeurs, tandis que j'entretiendrai ici son père; mais surtout ne perdez point de temps : au remède vite, au remède spécifique!

SCÈNE VII

GÉRONTE, SGANARELLE

GÉRONTE. — Quelles drogues, Monsieur, sont celles que vous venez de dire ? il me semble que je ne les ai jamais ouï nommer.

SGANARELLE. — Ce sont drogues dont on se sert dans les nécessités urgentes.

GÉRONTE. — Avez-vous jamais vu une insolence pareille à la sienne ?

SGANARELLE. — Les filles sont quelquefois un peu têtues.

GÉRONTE. — Vous ne sauriez croire comme elle est affolée de ce Léandre.

SGANARELLE. — La chaleur du sang fait cela dans les jeunes esprits.

GÉRONTE. — Pour moi, dès que j'ai eu découvert la violence de cet amour, j'ai su tenir toujours ma fille renfermée.

SGANARELLE. — Vous avez fait sagement.

GÉRONTE. — Et j'ai bien empêché qu'ils n'àient eu communication ensemble.

SGANARELLE. — Fort bien.

GÉRONTE. — Il serait arrivé quelque folie, si j'avais souffert qu'ils se fussent vus.

SGANARELLE. — Sans doute.

GÉRONTE. — Et je crois qu'elle aurait été fille à s'en aller avec lui.

SGANARELLE. — C'est prudemment raisonné.

GÉRONTE. — On m'avertit qu'il fait tous ses efforts pour lui parler.

SGANARELLE. — Quel drôle.

GÉRONTE. — Mais il perdra son temps.

SGANARELLE. — Ah! ah!

GÉRONTE. — Et j'empêcherai bien qu'il ne la voie.

SGANARELLE. — Il n'a pas affaire à un sot, et vous savez des rubriques qu'il ne sait pas. Plus fin que vous n'est pas bête..

SCÈNE VIII

LUCAS, GÉRONTE, SGANARELLE

LUCAS. — Ah! palsanguenne, Monsieur, vaici bian du tintamarre : votre fille s'en est enfuie avec son Liandre. C'était lui qui était l'Apothicaire; et velà Monsieur le Médecin qui a fait cette belle opération-là.

GÉRONTE. — Comment ? m'assassiner de la façon! Allons, un commissaire! et qu'on empêche qu'il ne sorte. Ah, traître! je vous ferai punir par la justice.

LUCAS. — Ah! par ma fi! Monsieur le Médecin, vous serez pendu : ne bougez de là seulement.

SCÈNE IX

MARTINE, SGANARELLE, LUCAS

Martine. — Ah! mon Dieu! que j'ai eu de peine à trouver ce logis! Dites-moi un peu des nouvelles du médecin que je vous ai donné.

Lucas. — Le velà, qui va être pendu.

Martine. — Quoi ? mon mari pendu! Hélas! et qu'a-t-il fait pour cela ?

Lucas. — Il a fait enlever la fille de notte maître.

Martine. — Hélas! mon cher mari, est-il bien vrai qu'on te va pendre ?

Sganarelle. — Tu vois. Ah!

Martine. — Faut-il que tu te laisses mourir en présence de tant de gens ?

Sganarelle. — Que veux-tu que j'y fasse ?

Martine. — Encore si tu avais achevé de couper notre bois, je prendrais quelque consolation.

Sganarelle. — Retire-toi de là, tu me fends le cœur.

Martine. — Non, je veux demeurer pour t'encourager à la mort, et je ne te quitterai point que je ne t'aie vu pendu.

Sganarelle. — Ah!

SCÈNE X

GÉRONTE, SGANARELLE, MARTINE, LUCAS

Géronte. — Le Commissaire viendra bientôt, et l'on s'en va vous mettre en lieu où l'on me répondra de vous.

Sganarelle, *le chapeau à la main.* — Hélas! cela ne se peut-il point changer en quelques coups de bâton ?

Géronte. — Non, non : la justice en ordonnera... Mais que vois-je ?

SCÈNE XI ET DERNIÈRE

LÉANDRE, LUCINDE, JACQUELINE, LUCAS,
GÉRONTE, SGANARELLE, MARTINE

LÉANDRE. — Monsieur, je viens faire paraître Léandre à vos yeux, et remettre Lucinde en votre pouvoir. Nous avons eu dessein de prendre la fuite nous deux, et de nous aller marier ensemble; mais cette entreprise a fait place à un procédé plus honnête. Je ne prétends point vous voler votre fille, et ce n'est que de votre main que je veux la recevoir. Ce que je vous dirai, Monsieur, c'est que je viens tout à l'heure de recevoir des lettres par où j'apprends que mon oncle est mort, et que je suis héritier de tous ses biens.

GÉRONTE. — Monsieur, votre vertu m'est tout à fait considérable, et je vous donne ma fille avec la plus grande joie du monde.

SGANARELLE. — La médecine l'a échappé belle!

MARTINE. — Puisque tu ne seras point pendu, rends-moi grâce d'être médecin; car c'est moi qui t'ai procuré cet honneur.

SGANARELLE. — Oui, c'est toi qui m'as procuré je ne sais combien de coups de bâton.

LÉANDRE. — L'effet en est trop beau pour en garder du ressentiment.

SGANARELLE. — Soit : je te pardonne ces coups de bâton en faveur de la dignité où tu m'as élevé; mais prépare-toi désormais à vivre dans un grand respect avec un homme de ma conséquence, et songe que la colère d'un médecin est plus à craindre qu'on ne peut croire.

NOTICE
MÉLICERTE ET PASTORALE COMIQUE

A l'heure où la triomphante Montespan allait rempla-
cer la douce La Vallière dans les bonnes grâces du roi,
Louis XIV, le deuil de la Reine Mère achevé, voulut
offrir à toute sa cour une nouvelle série de fêtes et de
divertissements en son château de Saint-Germain. Ces
réjouissances durèrent trois mois, de décembre 1666 à
février 1667. Elles sont connues sous le nom de *Ballet
des Muses*. L'argument en était de Benserade, l'amuseur
royal attitré : Mnémosyne, mère des Muses, menait ses
filles à la cour de Louis XIV où tous les Arts les accueil-
laient; au milieu de ballets, de mascarades et de divertissements auxquels toute la cour prenait part, chacune des
Muses était honorée tour à tour.

La troupe de Molière, l'Hôtel de Bourgogne, les Italiens et les Espagnols avaient été convoqués pour animer
les fêtes de leurs jeux. Tandis que Pyrame et Thisbé
apparaissaient à Melpomène, c'est une comédie de
Molière que le Roi-Soleil offrait à Thalie.

Une fois de plus, Molière, sur ordre du roi, avait dû
écrire une pièce de circonstance. Il n'était plus question
pour lui d'Alceste, ni de Sganarelle. S'inspirant de l'histoire galante de Timarète et de Sésostris contée dans
le Grand Cyrus de Mlle de Scudéry, il rima donc en hâte
une « comédie pastorale héroïque », qu'il joua avec sa
troupe le 2 décembre 1666. Il n'avait même pas eu le
temps de l'achever; seuls en avaient été écrits les deux premiers actes, qui en appelaient un troisième pour trans-
former, par une reconnaissance aussi prévue qu'indis-
pensable, le galant berger Myrtil en prince. Molière n'eut
ni le temps, ni peut-être le courage, de l'écrire et sa comédie resta incomplète et inédite. Bien longtemps après, en
1699, le fils du comédien Guérin d'Estriché, qui avait

épousé la veuve de Molière, entreprit de refaire et d'achever *Mélicerte*, sans parvenir à lui redonner une vie nouvelle.

Cette pastorale, aux grâces un peu molles, sœur de
la Princesse d'Élide, écrite pour le jeune Baron qui jouait
le rôle de Myrtil (il avait treize ans), est morte avec les
fêtes royales, qui lui donnèrent naissance. Mais on y
trouve avec intérêt, sous la plume de Molière, enveloppé
de musique, un nouvel hymne à l'amour, thème cher aux
précieuses et aux princesses qui s'inspiraient d'elles.
Mélicerte nous révèle le goût de la galanterie pastorale
répandu parmi la noblesse de cour, cependant peu habituée à « fouler les fougères », comme dit un gazetier.

Au cours de ces fêtes de Saint-Germain où le même
thème se développait en se renouvelant, jusqu'à l'apo-
théose du roi, qui en marquait le couronnement, *Mélicerte* fut remplacée à partir du 5 janvier 1667, par *Pastorale comique*, dont n'ont été conservés que les airs chantés,
et où dansaient des bergers, des magiciens et des Égyp-
tiens, c'est-à-dire des bohémiens.

MÉLICERTE

COMÉDIE PASTORALE HÉROÏQUE

REPRÉSENTÉE POUR LA PREMIÈRE FOIS A SAINT-GERMAIN-EN-LAYE
POUR LE ROI
AU BALLET DES MUSES
LE 2e DÉCEMBRE 1666

PAR LA
TROUPE DU ROI

PERSONNAGES

ACANTE, amant de Daphné.
TYRÈNE, amant d'Éroxène.
DAPHNÉ, bergère.
ÉROXÈNE, bergère.
LYCARSIS, pâtre, cru père de Myrtil.
MYRTIL, amant de Mélicerte.
MÉLICERTE, nymphe ou bergère, amante de Myrtil.
CORINNE, confidente de Mélicerte.
NICANDRE, berger.
MOPSE, berger, cru oncle de Mélicerte.

La scène est en Thessalie, dans la vallée de Tempé.

ACTE PREMIER

SCÈNE I

TYRÈNE, DAPHNÉ, ACANTE, ÉROXÈNE

ACANTE

Ah! charmante Daphné!

TYRÈNE

Trop aimable Éroxène.

DAPHNÉ

Acante, laisse-moi.

ÉROXÈNE

Ne me suis point, Tyrène.

ACANTE

Pourquoi me chasses-tu ?

TYRÈNE

Pourquoi fuis-tu mes pas ?

DAPHNÉ

Tu me plais loin de moi.

ÉROXÈNE

Je m'aime où tu n'es pas.

ACANTE

Ne cesseras-tu point cette rigueur mortelle ?   5

TYRÈNE

Ne cesseras-tu point de m'être si cruelle ?

DAPHNÉ

Ne cesseras-tu point tes inutiles vœux ?

ÉROXÈNE

Ne cesseras-tu point de m'être si fâcheux ?

ACANTE

Si tu n'en prends pitié, je succombe à ma peine.

TYRÈNE

Si tu ne me secours, ma mort est trop certaine.   10

DAPHNÉ

Si tu ne veux partir, je vais quitter ce lieu.

ÉROXÈNE

Si tu veux demeurer, je te vais dire adieu.

ACANTE

Hé bien! en m'éloignant je te vais satisfaire.

TYRÈNE

Mon départ va t'ôter ce qui peut te déplaire.

ACANTE

Généreuse Éroxène, en faveur de mes feux   15
Daigne au moins, par pitié, lui dire un mot ou deux.

TYRÈNE

Obligeante Daphné, parle à cette inhumaine,
Et sache d'où pour moi procède tant de haine.

SCÈNE II

DAPHNÉ, ÉROXÈNE

ÉROXÈNE

Acante a du mérite, et t'aime tendrement :
D'où vient que tu lui fais un si dur traitement ?   20

DAPHNÉ

Tyrène vaut beaucoup, et languit pour tes charmes :
D'où vient que sans pitié tu vois couler ses larmes ?

ÉROXÈNE

Puisque j'ai fait ici la demande avant toi,
La raison te condamne à répondre, avant moi.

DAPHNÉ

Pour tous les soins d'Acante on me voit inflexible,   25
Parce qu'à d'autres vœux je me trouve sensible.

ÉROXÈNE

Je ne fais pour Tyrène éclater que rigueur,
Parce qu'un autre choix est maître de mon cœur.

DAPHNÉ

Puis-je savoir de toi ce choix qu'on te voit taire ?

ÉROXÈNE

Oui, si tu veux du tien m'apprendre le mystère.   30

DAPHNÉ

Sans te nommer celui qu'Amour m'a fait choisir,
Je puis facilement contenter ton désir,
Et de la main d'Atis, ce peintre inimitable,
J'en garde dans ma poche un portrait admirable,
Qui jusqu'au moindre trait lui ressemble si fort   35
Qu'il est sûr que tes yeux le connaîtront d'abord.

ÉROXÈNE

Je puis te contenter par une même voie,
Et payer ton secret en pareille monnoie :
J'ai de la main aussi de ce peintre fameux,
Un aimable portrait de l'objet de mes vœux,   40
Si plein de tous ses traits et de sa grâce extrême
Que tu pourras d'abord te le nommer toi-même.

DAPHNÉ

La boîte que le peintre a fait faire pour moi
Est tout à fait semblable à celle que je vois.

ÉROXÈNE

Il est vrai, l'une à l'autre entièrement ressemble,   45
Et certes il faut qu'Atis les ait fait faire ensemble.

DAPHNÉ

Faisons en même temps, par un peu de couleurs,
Confidence à nos yeux du secret de nos cœurs.

ÉROXÈNE

Voyons à qui plus vite entendra ce langage,
Et qui parle le mieux, de l'un ou l'autre ouvrage.   50

DAPHNÉ

La méprise est plaisante, et tu te brouilles bien :
Au lieu de ton portrait, tu m'as rendu le mien.

ÉROXÈNE

Il est vrai, je ne sais comme j'ai fait la chose.

DAPHNÉ

Donne. De cette erreur ta rêverie est cause.

ÉROXÈNE

Que veut dire ceci ? Nous nous jouons, je crois :   55
Tu fais de ces portraits même chose que moi.

DAPHNÉ

Certes, c'est pour en rire, et tu peux me le rendre.

ÉROXÈNE

Voici le vrai moyen de ne se point méprendre.

DAPHNÉ

De mes sens prévenus est-ce une illusion ?

ÉROXÈNE

Mon âme sur mes yeux fait-elle impression ?   60

DAPHNÉ

Myrtil à mes regards s'offre dans cet ouvrage.

ÉROXÈNE

De Myrtil dans ces traits je rencontre l'image.

DAPHNÉ

C'est le jeune Myrtil qui fait naître mes feux.

ÉROXÈNE

C'est au jeune Myrtil que tendent tous mes vœux.

DAPHNÉ

Je venais aujourd'hui te prier de lui dire   65
Les soins que pour son sort son mérite m'inspire.

ÉROXÈNE

Je venais te chercher pour servir mon ardeur.
Dans le dessein que j'ai de m'assurer son cœur.

DAPHNÉ

Cette ardeur qu'il t'inspire est-elle si puissante ?

ÉROXÈNE

L'aimes-tu d'une amour qui soit si violente ?   70

DAPHNÉ

Il n'est point de froideur qu'il ne puisse enflammer,
Et sa grâce naissante a de quoi tout charmer.

ÉROXÈNE

Il n'est Nymphe en l'aimant qui ne se tînt heureuse,
Et Diane, sans honte, en serait amoureuse.

DAPHNÉ

Rien que son air charmant ne me touche aujourd'hui, 75
Et si j'avais cent cœurs, ils seraient tous pour lui.

ÉROXÈNE

Il efface à mes yeux tout ce qu'on voit paraître;
Et si j'avais un sceptre, il en serait le maître.

DAPHNÉ

Ce serait donc en vain qu'à chacune, en ce jour,
On nous voudrait du sein arracher cet amour :   80
Nos âmes dans leurs vœux sont trop bien affermies.
Ne tâchons, s'il se peut, qu'à demeurer amies;
Et puisque, en même temps, pour le même sujet,
Nous avons toutes deux formé même projet,
Mettons dans ce débat la franchise en usage,   85
Ne prenons l'une et l'autre aucun lâche avantage,
Et courons nous ouvrir ensemble à Lycarsis
Des tendres sentiments où nous jette son fils.

ÉROXÈNE

J'ai peine à concevoir, tant la surprise est forte,
Comme un tel fils est né d'un père de la sorte;   90
Et sa taille, son air, sa parole et ses yeux
Feraient croire qu'il est issu du sang des Dieux;
Mais enfin j'y souscris, courons trouver ce père,
Allons lui de nos cœurs découvrir le mystère,
Et consentons qu'après Myrtil entre nous deux   95
Décide par son choix ce combat de nos vœux.

DAPHNÉ

Soit. Je vois Lycarsis avec Mopse et Nicandre;
Ils pourrons le quitter : cachons-nous pour attendre.

SCÈNE III

LYCARSIS, MOPSE, NICANDRE

NICANDRE

Dis-nous donc ta nouvelle.

LYCARSIS

Ah! que vous me pressez!
Cela ne se dit pas comme vous le pensez.   100

MOPSE

Que de sottes façons, et que de badinage!
Ménalque pour chanter n'en fait pas davantage.

LYCARSIS

Parmi les curieux des affaires d'État,
Une nouvelle à dire est d'un puissant éclat.
Je me veux mettre un peu sur l'homme d'importance,   105
Et jouir quelque temps de votre impatience.

NICANDRE

Veux-tu par tes délais nous fatiguer tous deux ?

MOPSE

Prends-tu quelque plaisir à te rendre fâcheux ?

NICANDRE

De grâce, parle, et mets ces mines en arrière.

LYCARSIS

Priez-moi donc tous deux de la bonne manière,   110
Et me dites chacun quel don vous me ferez,
Pour obtenir de moi ce que vous désirez.

MOPSE

La peste soit du fat! Laissons-le là, Nicandre.
Il brûle de parler, bien plus que nous d'entendre;
Sa nouvelle lui pèse, il veut s'en décharger;   115
Et ne l'écouter pas est le faire enrager.

LYCARSIS

Eh!

NICANDRE

Te voilà puni de tes façons de faire.

LYCARSIS

Je m'en vais vous le dire, écoutez.

MOPSE

Point d'affaire.

LYCARSIS

Quoi ? vous ne voulez pas m'entendre ?

NICANDRE

Non.

LYCARSIS

Eh bien!

Je ne dirai donc mot, et vous ne saurez rien.   120

MOPSE

Soit.

LYCARSIS

Vous ne saurez pas qu'avec magnificence
Le Roi vient d'honorer Tempé de sa présence;
Qu'il entra dans Larisse hier sur le haut du jour;
Qu'à l'aise je l'y vis avec toute sa cour;
Que ces bois vont jouir aujourd'hui de sa vue,   125
Et qu'on raisonne fort touchant cette venue.

NICANDRE

Nous n'avons pas envie aussi de rien savoir.

LYCARSIS

Je vis cent choses là ravissantes à voir.
Ce ne sont que seigneurs, qui, des pieds à la tête,
Sont brillants et parés comme au jour d'une fête;   130
Ils surprennent la vue; et nos prés au printemps,
Avec toutes les fleurs, sont bien moins éclatants.
Pour le Prince, entre tous sans peine on le remarque;
Et d'une stade loin il sent son grand monarque :
Dans toute sa personne il a je ne sais quoi   135
Qui d'abord fait juger que c'est un maître roi;
Il le fait d'une grâce à nulle autre seconde,
Et cela, sans mentir, lui sied le mieux du monde.
On ne croirait jamais comme de toutes parts
Toute sa cour s'empresse à chercher ses regards :   140
Ce sont autour de lui confusions plaisantes;
Et l'on dirait d'un tas de mouches reluisantes
Qui suivent en tous lieux un doux rayon de miel.
Enfin l'on ne voit rien de si beau sous le ciel;

Et la fête de Pan, parmi nous si chérie,   145
Auprès de ce spectacle est une gueuserie.
Mais puisque sur le fier vous vous tenez si bien,
Je garde ma nouvelle, et ne veux dire rien.

MOPSE

Et nous ne te voulons aucunement entendre.

LYCARSIS

Allez vous promener.

MOPSE

                    Va-t'en te faire pendre.   150

SCÈNE IV

ÉROXÈNE, DAPHNÉ, LYCARSIS

LYCARSIS

C'est de cette façon que l'on punit les gens,
Quand ils font les benêts et les impertinents.

DAPHNÉ

Le Ciel tienne, pasteur, vos brebis toujours saines!

ÉROXÈNE

Cérès tienne de grains vos granges toujours pleines!

LYCARSIS

Et le grand Pan vous donne à chacune un époux   155
Qui vous aime beaucoup, et soit digne de vous!

DAPHNÉ

Ah! Lycarsis, nos vœux à même but aspirent.

ÉROXÈNE

C'est pour le même objet que nos deux cœurs soupirent.

DAPHNÉ

Et l'Amour, cet enfant qui cause nos langueurs,
A pris chez vous le trait dont il blesse nos cœurs.   160

ÉROXÈNE

Et nous venons ici chercher votre alliance,
Et voir qui de nous deux aura la préférence.

LYCARSIS

Nymphes...

DAPHNÉ

Pour ce bien seul nous poussons des soupirs.

LYCARSIS

Je suis...

ÉROXÈNE

A ce bonheur tendent tous nos désirs.

DAPHNÉ

C'est un peu librement expliquer sa pensée.   165

LYCARSIS

Pourquoi ?

ÉROXÈNE

La bienséance y semble un peu blessée.

LYCARSIS

Ah! point.

DAPHNÉ

Mais quand le cœur brûle d'un noble feu,
On peut sans nulle honte en faire un libre aveu.

LYCARSIS

Je...

ÉROXÈNE

Cette liberté nous peut être permise,
Et du choix de nos cœurs la beauté l'autorise.   170

LYCARSIS

C'est blesser ma pudeur que me flatter ainsi.

ÉROXÈNE

Non, non, n'affectez point de modestie ici.

DAPHNÉ

Enfin tout notre bien est en votre puissance.

ÉROXÈNE

C'est de vous que dépend notre unique espérance.

DAPHNÉ

Trouverons-nous en vous quelques difficultés ?   175

LYCARSIS

Ah!

ÉROXÈNE

Nos vœux, dites-moi, seront-ils rejetés ?

LYCARSIS

Non : j'ai reçu du Ciel une âme peu cruelle;
Je tiens de feu ma femme, et je me sens comme elle
Pour les désirs d'autrui beaucoup d'humanité,
Et je ne suis point homme à garder de fierté.   180

DAPHNÉ

Accordez donc Myrtil à notre amoureux zèle.

ÉROXÈNE

Et souffrez que son choix règle notre querelle.

LYCARSIS

Myrtil ?

DAPHNÉ

        Oui, c'est Myrtil que de vous nous voulons.

ÉROXÈNE

De qui pensez-vous donc qu'ici nous vous parlons ?

LYCARSIS

Je ne sais; mais Myrtil n'est guère dans un âge   185
Qui soit propre à ranger au joug du mariage.

DAPHNÉ

Son mérite naissant peut frapper d'autres yeux;
Et l'on veut s'engager un bien si précieux,
Prévenir d'autres cœurs, et braver la Fortune
Sous les fermes liens d'une chaîne commune.   190

ÉROXÈNE

Comme par son esprit et ses autres brillants
Il rompt l'ordre commun et devance le temps,
Notre flamme pour lui veut en faire de même,
Et régler tous ses vœux sur son mérite extrême.

LYCARSIS

Il est vrai qu'à son âge il surprend quelquefois;   195
Et cet Athénien qui fut chez moi vingt mois,
Qui, le trouvant joli, se mit en fantaisie
De lui remplir l'esprit de sa philosophie,
Sur de certains discours l'a rendu si profond
Que, tout grand que je suis, souvent il me confond.   200
Mais, avec tout cela, ce n'est encor qu'enfance,
Et son fait est mêlé de beaucoup d'innocence.

DAPHNÉ

Il n'est point tant enfant qu'à le voir chaque jour,
Je ne le croie atteint déjà d'un peu d'amour;
Et plus d'une aventure à mes yeux s'est offerte   205
Où j'ai connu qu'il suit la jeune Mélicerte.

ÉROXÈNE

Ils pourraient bien s'aimer; et je vois...

LYCARSIS

                              Franc abus.
Pour elle, passe encore : elle a deux ans de plus;
Et deux ans, dans son sexe, est une grande avance.
Mais pour lui, le jeu seul l'occupe tout, je pense,   210
Et les petits désirs de se voir ajusté
Ainsi que les bergers de haute qualité.

DAPHNÉ

Enfin nous désirons par le nœud d'hyménée
Attacher sa fortune à notre destinée.

ÉROXÈNE

Nous voulons, l'une et l'autre, avec pareille ardeur,   215
Nous assurer de loin l'empire de son cœur.

LYCARSIS

Je m'en tiens honoré autant qu'on saurait croire.
Je suis un pauvre pâtre; et ce m'est trop de gloire
Que deux Nymphes d'un rang le plus haut du pays
Disputent à se faire un époux de mon fils.   220
Puisqu'il vous plaît qu'ainsi la chose s'exécute,
Je consens que son choix règle votre dispute;
Et celle qu'à l'écart laissera cet arrêt
Pourra, pour son secours, m'épouser, s'il lui plaît,
C'est toujours même sang, et presque même chose.   225
Mais le voici. Souffrez qu'un peu je le dispose.
Il tient quelque moineau qu'il a pris fraîchement,
Et voilà ses amours et son attachement.

SCÈNE V

MYRTIL, LYCARSIS, ÉROXÈNE, DAPHNÉ

MYRTIL

Innocente petite bête,
Qui contre ce qui vous arrête   230
Vous débattez tant à mes yeux,
De votre liberté ne plaignez point la perte :
Votre destin est glorieux,
Je vous ai pris pour Mélicerte.
Elle vous baisera, vous prenant dans sa main,   235
Et de vous mettre en son sein
Elle vous fera la grâce.
Est-il un sort au monde et plus doux et plus beau ?
Et qui des rois, hélas ! heureux petit moineau,
Ne voudrait être en votre place ?   240

LYCARSIS

Myrtil, Myrtil, un mot. Laissons là ces joyaux :
Il s'agit d'autre chose ici que de moineaux.
Ces deux Nymphes, Myrtil, à la fois te prétendent,
Et, tout jeune, déjà, pour époux te demandent.
Je dois, pour un hymen, t'engager à leurs vœux,   245
Et c'est toi que l'on veut qui choisisse des deux.

MYRTIL

Ces Nymphes...

LYCARSIS

                Oui. Des deux tu peux en choisir une :
Vois quel est ton bonheur, et bénis la Fortune.

MYRTIL

Ce choix qui m'est offert peut-il m'être un bonheur,
S'il n'est aucunement souhaité de mon cœur ?   250

LYCARSIS

Enfin qu'on la reçoive, et que, sans le confondre,
A l'honneur qu'elles font on songe à bien répondre.

ÉROXÈNE

Malgré cette fierté qui règne parmi nous,
Deux Nymphes, ô Myrtil, viennent s'offrir à vous ;

Et de vos qualités les merveilles écloses   255
Font que nous renversons ici l'ordre des choses.

DAPHNÉ

Nous vous laissons, Myrtil, pour l'avis le meilleur,
Consulter sur ce choix vos yeux et votre cœur ;
Et nous n'en voulons point prévenir les suffrages
Par un récit paré de tous nos avantages.   260

MYRTIL

C'est me faire un honneur dont l'éclat me surprend ;
Mais cet honneur, pour moi, je l'avoue, est trop grand.
A vos rares bontés il faut que je m'oppose ;
Pour mériter ce sort je suis trop peu de chose ;
Et je serais fâché, quels qu'en soient les appas,   265
Qu'on vous blâmât pour moi de faire un choix trop bas.

ÉROXÈNE

Contentez nos désirs, quoi qu'on en puisse croire,
Et ne vous chargez point du soin de notre gloire.

DAPHNÉ

Non, ne descendez point dans ces humilités,
Et laissez-nous juger ce que vous méritez.   270

MYRTIL

Le choix qui m'est offert s'oppose à votre attente,
Et peut seul empêcher que mon cœur vous contente.
Le moyen de choisir de deux grandes beautés,
Égales en naissance et rares qualités ?
Rejeter l'une ou l'autre est un crime effroyable,   275
Et n'en choisir aucune est bien plus raisonnable.

ÉROXÈNE

Mais en faisant refus de répondre à nos vœux,
Au lieu d'une, Myrtil, vous en outragez deux.

DAPHNÉ

Puisque nous consentons à l'arrêt qu'on peut rendre,
Ces raisons ne font rien à vouloir s'en défendre.   280

MYRTIL

Eh bien ! si ces raisons ne vous satisfont pas,
Celle-ci le fera : j'aime d'autres appas ;
Et je sens bien qu'un cœur qu'un bel objet engage
Est insensible et sourd à tout autre avantage.

LYCARSIS

Comment donc ? Qu'est-ce ci ? Qui l'eût pu présumer ? 285
Et savez-vous, morveux, ce que c'est que d'aimer ?

MYRTIL

Sans savoir ce que c'est, mon cœur a su le faire.

LYCARSIS

Mais cet amour me choque, et n'est pas nécessaire.

MYRTIL

Vous ne deviez donc pas, si cela vous déplaît,
Me faire un cœur sensible et tendre comme il est.   290

LYCARSIS

Mais ce cœur que j'ai fait me doit obéissance.

MYRTIL

Oui, lorsque d'obéir il est en sa puissance.

LYCARSIS

Mais enfin, sans mon ordre il ne doit point aimer.

MYRTIL

Que n'empêchiez-vous donc que l'on pût le charmer ?

LYCARSIS

Eh bien! je vous défends que cela continue.   295

MYRTIL

La défense, j'ai peur, sera trop tard venue.

LYCARSIS

Quoi ? les pères n'ont pas des droits supérieurs ?

MYRTIL

Les Dieux, qui sont bien plus, ne forcent point les cœurs.

LYCARSIS

Les Dieux... Paix, petit sot! Cette philosophie
Me...

DAPHNÉ

          Ne vous mettez point en courroux, je vous prie.   300

LYCARSIS

Non : je veux qu'il se donne à l'une pour époux,
Ou je vais lui donner le fouet tout devant vous :
Ah! ah! je vous ferai sentir que je suis père.

DAPHNÉ

Traitons, de grâce, ici les choses sans colère.

ÉROXÈNE

Peut-on savoir de vous cet objet si charmant   305
Dont la beauté, Myrtil, vous a fait son amant ?

MYRTIL

Mélicerte, Madame. Elle en peut faire d'autres.

ÉROXÈNE

Vous comparez, Myrtil, ses qualités aux nôtres ?

DAPHNÉ

Le choix d'elle et de nous est assez inégal.

MYRTIL

Nymphes, au nom des Dieux, n'en dites point de mal : 310
Daignez considérer, de grâce, que je l'aime,
Et ne me jetez point dans un désordre extrême.
Si j'outrage en l'aimant vos célestes attraits,
Elle n'a point de part au crime que je fais :
C'est de moi, s'il vous plaît, que vient toute l'offense. 315
Il est vrai, d'elle à vous je sais la différence;
Mais par sa destinée on se trouve enchaîné :
Et je sens bien enfin que le Ciel m'a donné
Pour vous tout le respect, Nymphes, imaginable,
Pour elle tout l'amour dont une âme est capable.   320
Je vois, à la rougeur qui vient de vous saisir,
Que ce que je vous dis ne vous fait pas plaisir,
Si vous parlez, mon cœur appréhende d'entendre
Ce qui peut le blesser par l'endroit le plus tendre;
Et pour me dérober à de semblables coups,   325
Nymphes, j'aime bien mieux prendre congé de vous.

LYCARSIS

Myrtil, holà! Myrtil! Veux-tu revenir, traître ?
Il fuit; mais on verra qui de nous est le maître.
Ne vous effrayez point de tous ces vains transports :
Vous l'aurez pour époux; j'en réponds corps pour corps.
                                                                [330

ACTE II

SCÈNE I

MÉLICERTE, CORINNE

MÉLICERTE

Ah! Corinne, tu viens de l'apprendre de Stelle,
Et c'est de Lycarsis qu'elle tient la nouvelle.

CORINNE

Oui.

MÉLICERTE

Que les qualités dont Myrtil est orné
Ont su toucher d'amour Éroxène et Daphné?

CORINNE

Oui.

MÉLICERTE

Que pour l'obtenir leur ardeur est si grande   335
Qu'ensemble elles en ont déjà fait la demande?
Et que, dans ce débat, elles ont fait dessein
De passer, dès cette heure, à recevoir sa main?
Ah! que tes mots ont peine à sortir de ta bouche!
Et que c'est faiblement que mon souci te touche!   340

CORINNE

Mais quoi? que voulez-vous? C'est là la vérité,
Et vous redites tout comme je l'ai conté.

MÉLICERTE

Mais comment Lycarsis reçoit-il cette affaire?

CORINNE

Comme un honneur, je crois, qui doit beaucoup lui plaire.

MÉLICERTE

Et ne vois-tu pas bien, toi qui sais mon ardeur,   345
Qu'avec ce mot, hélas! tu me perces le cœur?

CORINNE

Comment?

MÉLICERTE

Me mettre aux yeux que le sort implacable
Auprès d'elles me rend trop peu considérable,
Et qu'à moi, par leur rang, on les va préférer,
N'est-ce pas une idée à me désespérer ?   350

CORINNE

Mais quoi ? je vous réponds, et dis ce que je pense.

MÉLICERTE

Ah! tu me fais mourir par ton indifférence.
Mais dis, quels sentiments Myrtil a-t-il fait voir ?

CORINNE

Je ne sais.

MÉLICERTE

Et c'est là ce qu'il fallait savoir,
Cruelle!

CORINNE

En vérité, je ne sais comment faire,   355
Et de tous les côtés je trouve à vous déplaire.

MÉLICERTE

C'est que tu n'entres point dans tous les mouvements
D'un cœur, hélas! rempli de tendres sentiments.
Va-t'en : laisse-moi seule en cette solitude
Passer quelques moments de mon inquiétude.   360

SCÈNE II

MÉLICERTE

Vous le voyez, mon cœur, ce que c'est que d'aimer,
Et Belise avait su trop bien m'en informer.
Cette charmante mère, avant sa destinée,
Me disait une fois, sur le bord du Pénée :
« Ma fille, songe à toi : l'amour aux jeunes cœurs   365
Se présente toujours entouré de douceurs;
D'abord il n'offre aux yeux que choses agréables;
Mais il traîne après lui des troubles effroyables;
Et si tu veux passer tes jours dans quelque paix,
Toujours, comme d'un mal, défends-toi de ses traits. » 370
De ces leçons, mon cœur, je m'étais souvenue;
Et quand Myrtil venait à s'offrir à ma vue,

Quand il jouait avec moi, qu'il me rendait des soins,
Je vous disais toujours de vous y plaire moins.
Vous ne me crûtes point; et votre complaisance   375
Se vit bientôt changée en trop de bienveillance;
Dans ce naissant amour qui flattait vos désirs,
Vous ne vous figuriez que joie et que plaisirs :
Cependant vous voyez la cruelle disgrâce
Dont, en ce triste jour, le destin vous menace,   380
Et la peine mortelle où vous voilà réduit!
Ah, mon cœur! ah, mon cœur! je vous l'avais bien dit.
Mais tenons, s'il se peut, notre douleur couverte :
Voici...

SCÈNE III

MYRTIL, MÉLICERTE

MYRTIL

J'ai fait tantôt, charmante Mélicerte,
Un petit prisonnier que je garde pour vous,   385
Et dont peut-être un jour je deviendrai jaloux :
C'est un jeune moineau, qu'avec un soin extrême
Je veux, pour vous l'offrir, apprivoiser moi-même.
Le présent n'est pas grand; mais les divinités
Ne jettent leurs regards que sur les volontés :   390
C'est le cœur qui fait tout; et jamais la richesse
Des présents que... Mais, Ciel! d'où vient cette tristesse ?
Qu'avez-vous, Mélicerte, et quel sombre chagrin
Serait dans vos beaux yeux répandu ce matin!
Vous ne répondez point ? et ce morne silence   395
Redouble encor ma peine et mon impatience.
Parlez : de quel ennui ressentez-vous les coups ?
Qu'est-ce donc ?

MÉLICERTE
Ce n'est rien.

MYRTIL
Ce n'est rien, dites-vous ?
Et je vois cependant vos yeux couverts de larmes :
Cela s'accorde-t-il, beauté pleine de charmes ?   400
Ah! ne me faites point un secret dont je meurs,
Et m'expliquez, hélas! ce que disent ces pleurs.

MÉLICERTE
Rien ne me servirait de vous le faire entendre.

MYRTIL

Devez-vous rien avoir que je ne doive apprendre ?
Et ne blessez-vous pas notre amour aujourd'hui,   405
De vouloir me voler ma part de votre ennui ?
Ah ! ne le cachez point à l'ardeur qui m'inspire.

MÉLICERTE

Hé bien, Myrtil, hé bien ! il faut donc vous le dire :
J'ai su que, par un choix plein de gloire pour vous,
Éroxène et Daphné vous veulent pour époux;   410
Et je vous avouerai que j'ai cette faiblesse
De n'avoir pu, Myrtil, le savoir sans tristesse,
Sans accuser du sort la rigoureuse loi,
Qui les rend dans leurs vœux préférables à moi.

MYRTIL

Et vous pouvez l'avoir, cette injuste tristesse !   415
Vous pouvez soupçonner mon amour de faiblesse,
Et croire qu'engagé par des charmes si doux,
Je puisse être jamais à quelque autre qu'à vous ?
Que je puisse accepter une autre main offerte ?
Hé ! que vous ai-je fait, cruelle Mélicerte,   420
Pour traiter ma tendresse avec tant de rigueur,
Et faire un jugement si mauvais de mon cœur ?
Quoi ? faut-il que de lui vous ayez quelque crainte ?
Je suis bien malheureux de souffrir cette atteinte;
Et que me sert d'aimer comme je fais, hélas !   425
Si vous êtes si prête à ne le croire pas ?

MÉLICERTE

Je pourrais moins, Myrtil, redouter ces rivales,
Si les choses étaient de part et d'autres égales,
Et dans un rang pareil j'oserais espérer
Que peut-être l'amour me ferait préférer;   430
Mais l'inégalité de bien et de naissance,
Qui peut d'elles à moi faire la différence...

MYRTIL

Ah ! leur rang de mon cœur ne viendra point à bout,
Et vos divins appas vous tiennent lieu de tout.
Je vous aime, il suffit; et dans votre personne   435
Je vois rang, biens, trésors, États, sceptres, couronne :
Et des rois les plus grands m'offrît-on le pouvoir,
Je n'y changerais pas le bien de vous avoir.
C'est une vérité toute sincère et pure,
Et pouvoir en douter est me faire une injure.   440

MÉLICERTE

Hé bien! je crois, Myrtil, puisque vous le voulez,
Que vos vœux par leur rang ne sont point ébranlés;
Et que, bien qu'elles soient nobles, riches et belles,
Votre cœur m'aime assez pour me mieux aimer qu'elles.
Mais ce n'est pas l'amour dont vous suivez la voix;   445
Votre père, Myrtil, réglera votre choix;
Et de même qu'à vous je ne lui suis pas chère,
Pour préférer à tout une simple bergère.

MYRTIL

Non, chère Mélicerte, il n'est père ni Dieux
Qui me puissent forcer à quitter vos beaux yeux;   450
Et toujours de mes vœux reine comme vous êtes...

MÉLICERTE

Ah! Myrtil, prenez garde à ce qu'ici vous faites :
N'allez point présenter un espoir à mon cœur,
Qu'il recevrait peut-être avec trop de douceur,
Et qui, tombant après comme un éclair qui passe,   455
Me rendrait plus cruel le coup de ma disgrâce.

MYRTIL

Quoi ? faut-il des serments appeler le secours,
Lorsque l'on vous promet de vous aimer toujours ?
Que vous vous faites tort par de telles alarmes,
Et connaissez bien peu le pouvoir de vos charmes!   460
Hé bien! puisqu'il le faut, je jure par les Dieux,
Et si ce n'est assez, je jure par vos yeux,
Qu'on me tuera plutôt que je vous abandonne.
Recevez-en ici la foi que je vous donne,
Et souffrez que ma bouche avec ravissement   465
Sur cette belle main en signe le serment.

MÉLICERTE

Ah! Myrtil, levez-vous, de peur qu'on ne vous voie.

MYRTIL

Est-il rien... ? Mais, ô Ciel! on vient troubler ma joie.

SCÈNE IV

LYCARSIS, MYRTIL, MÉLICERTE

LYCARSIS

Ne vous contraignez pas pour moi.

MÉLICERTE

                              Quel sort fâcheux!

LYCARSIS

Cela ne va pas mal : continuez tous deux.   470
Peste! mon petit fils, que vous avez l'air tendre,
Et qu'en maître déjà vous savez vous y prendre!
Vous a-t-il, ce savant qu'Athènes exila,
Dans sa philosophie appris ces choses-là ?
Et vous, qui lui donnez de si douce manière   475
Votre main à baiser, la gentille bergère,
L'honneur vous apprend-il ces mignardes douceurs,
Par qui vous débauchez ainsi les jeunes cœurs ?

MYRTIL

Ah! quittez de ces mots l'outrageante bassesse,
Et ne m'accablez point d'un discours qui la blesse.   480

LYCARSIS

Je veux lui parler, moi. Toutes ces amitiés...

MYRTIL

Je ne souffrirai point que vous la maltraitiez.
A du respect pour vous la naissance m'engage;
Mais je saurai sur moi vous punir de l'outrage.
Oui, j'atteste le Ciel que si, contre mes vœux,   485
Vous lui dites encor le moindre mot fâcheux,
Je vais avec ce fer, qui m'en fera justice,
Au milieu de mon sein vous chercher un supplice,
Et par mon sang versé lui marquer promptement
L'éclatant désaveu de votre emportement.   490

MÉLICERTE

Non, non, ne croyez pas qu'avec art je l'enflamme,
Et que mon dessein soit de séduire son âme.
S'il s'attache à me voir, et me veut quelque bien,
C'est de son mouvement : je ne l'y force en rien.
Ce n'est pas que mon cœur veuille ici se défendre   495
De répondre à ses vœux d'une ardeur assez tendre :
Je l'aime, je l'avoue, autant qu'on puisse aimer;
Mais cet amour n'a rien qui vous doive alarmer;
Et pour vous arracher toute injuste créance,
Je vous promets ici d'éviter sa présence,   500
De faire place au choix où vous vous résoudrez,
Et ne souffrir ses vœux que quand vous le voudrez.

SCÈNE V

LYCARSIS, MYRTIL

MYRTIL

Eh bien! vous triomphez avec cette retraite,
Et dans ces mots votre âme a ce qu'elle souhaite;
Mais apprenez qu'en vain vous vous réjouissez,   505
Que vous serez trompé dans ce que vous pensez,
Et qu'avec tous vos soins, toute votre puissance,
Vous ne gagnerez rien sur ma persévérance.

LYCARSIS

Comment? à quel orgueil, fripon, vous vois-je aller?
Est-ce de la façon que l'on me doit parler?   510

MYRTIL

Oui, j'ai tort, il est vrai, mon transport n'est pas sage:
Pour rentrer au devoir, je change de langage,
Et je vous prie ici, mon père, au nom des Dieux,
Et par tout ce qui peut vous être précieux,
De ne vous point servir, dans cette conjoncture,   515
Des fiers droits que sur moi vous donne la nature:
Ne m'empoisonnez point vos bienfaits les plus doux.
Le jour est un présent que j'ai reçu de vous;
Mais de quoi vous serai-je aujourd'hui redevable,
Si vous me l'allez rendre, hélas! insupportable?   520
Il est, sans Mélicerte, un supplice à mes yeux:
Sans ses divins appas rien ne m'est précieux;
Ils font tout mon bonheur et toute mon envie;
Et si vous me l'ôtez, vous m'arrachez la vie.

LYCARSIS

Aux douleurs de son âme il me fait prendre part.   525
Qui l'aurait jamais cru de ce petit pendard?
Quel amour! quels transports! quels discours pour son âge!
J'en suis confus, et sens que cet amour m'engage.

MYRTIL

Voyez, me voulez-vous ordonner de mourir?
Vous n'avez qu'à parler, je suis prêt d'obéir.   530

LYCARSIS

Je ne puis plus tenir: il m'arrache des larmes,
Et ces tendres propos me font rendre les armes.

MYRTIL

Que si dans votre cœur un reste d'amitié
Vous peut de mon destin donner quelque pitié,
Accordez Mélicerte à mon ardente envie,   535
Et vous ferez bien plus que me donner la vie.

LYCARSIS

Lève-toi.

MYRTIL

      Serez-vous sensible à mes soupirs ?

LYCARSIS

Oui.

MYRTIL

      J'obtiendrai de vous l'objet de mes désirs ?

LYCARSIS

Oui.

MYRTIL

      Vous ferez pour moi que son oncle l'oblige
A me donner sa main ?

LYCARSIS

      Oui. Lève-toi, te dis-je.   540

MYRTIL

O père, le meilleur qui jamais ait été,
Que je baise vos mains après tant de bonté!

LYCARSIS

Ah! que pour ses enfants un père a de faiblesse!
Peut-on rien refuser à leurs mots de tendresse ?
Et ne se sent-on pas certains mouvements doux,   545
Quand on vient à songer que cela sort de vous ?

MYRTIL

Me tiendrez-vous au moins la parole avancée ?
Ne changerez-vous point, dites-moi, de pensée ?

LYCARSIS

Non.

MYRTIL

      Me permettez-vous de vous désobéir,
Si de ces sentiments on vous fait revenir ?   550
Prononcez le mot.

LYCARSIS

Oui. Ha, nature, nature!
Je m'en vais trouver Mopse, et lui faire ouverture
De l'amour que sa nièce et toi vous vous portez.

MYRTIL

Ah! que ne dois-je point à vos rares bontés ?
Quelle heureuse nouvelle à dire à Mélicerte!   555
Je n'accepterais pas une couronne offerte,
Pour le plaisir que j'ai de courir lui porter
Ce merveilleux succès qui la doit contenter.

SCÈNE VI

ACANTE, TYRÈNE, MYRTIL

ACANTE

Ah! Myrtil, vous avez du Ciel reçu des charmes
Qui nous ont préparé des matières de larmes,   560
Et leur naissant éclat, fatal à nos ardeurs,
De ce que nous aimons nous enlève les cœurs.

TYRÈNE

Peut-on savoir, Myrtil, vers qui de ces deux belles
Vous tournerez ce choix dont courent les nouvelles,
Et sur qui doit de nous tomber ce coup affreux   565
Dont se voit foudroyé tout l'espoir de nos vœux ?

ACANTE

Ne faites point languir deux amants davantage,
Et nous dites quel sort votre cœur nous partage.

TYRÈNE

Il vaut mieux, quand on craint ces malheurs éclatants,
En mourir tout d'un coup, que traîner si longtemps.   570

MYRTIL

Rendez, nobles bergers, le calme à votre flamme :
La belle Mélicerte a captivé mon âme :
Auprès de cet objet mon sort est assez doux,
Pour ne pas consentir à rien prendre sur vous;
Et si vos vœux enfin n'ont que les miens à craindre,   575
Vous n'aurez, l'un ni l'autre, aucun lieu de vous plaindre.

ACANTE

Ah! Myrtil, se peut-il que deux tristes amants... ?

TYRÈNE

Est-il vrai que le Ciel, sensible à nos tourments... ?

MYRTIL

Oui, content de mes fers comme d'une victoire,
Je me suis excusé de ce choix plein de gloire;   580
J'ai de mon père encor changé les volontés,
Et l'ai fait consentir à mes félicités.

ACANTE

Ah! que cette aventure est un charmant miracle,
Et qu'à notre poursuite elle ôte un grand obstacle!

TYRÈNE

Elle peut renvoyer ces Nymphes à nos vœux,   585
Et nous donner moyen d'être contents tous deux.

SCÈNE VII

NICANDRE, MYRTIL, ACANTE, TYRÈNE

NICANDRE

Savez-vous en quel lieu Mélicerte est cachée ?

MYRTIL

Comment ?

NICANDRE

En diligence elle est partout cherchée.

MYRTIL

Et pourquoi ?

NICANDRE

Nous allons perdre cette beauté.
C'est pour elle qu'ici le Roi s'est transporté :
Avec un grand seigneur on dit qu'il la marie.   590

MYRTIL

O Ciel! Expliquez-moi ce discours, je vous prie.

NICANDRE

Ce sont des incidents grands et mystérieux.
Oui, le Roi vient chercher Mélicerte en ces lieux;

Et l'on dit qu'autrefois feu Belise, sa mère,
Dont tout Tempé croyait que Mopse était le frère...   595
Mais je me suis chargé de la chercher partout :
Vous saurez tout cela tantôt, de bout en bout.

MYRTIL

Ah, Dieux! quelle rigueur! Hé! Nicandre, Nicandre!

ACANTE

Suivons aussi ses pas, afin de tout apprendre.

PASTORALE COMIQUE

PERSONNAGES

IRIS, jeune bergère.
LYCAS, riche pasteur.
PHILÈNE, riche pasteur.
CORIDON, jeune berger.
BERGER ENJOUÉ.
UN PATRE.

La première scène est entre LYCAS, *riche pasteur, et* CORIDON, *son confident.*

La seconde scène est une cérémonie magique de chantres et danseurs.

LES DEUX MAGICIENS DANSANTS *sont : Les sieurs La Pierre et Favier.*

LES TROIS MAGICIENS ASSISTANTS ET CHANTANTS *sont : Messieurs Le Gros, Don et Gaye.*

Ils chantent.

> Déesse des appas,
>   Ne nous refuse pas
> La grâce qu'implorent nos bouches;
> Nous t'en prions par tes rubans,
> Par tes boucles de diamants,   5
> Ton rouge, ta poudre, tes mouches,
> Ton masque, ta coiffe et tes gants.

> O toi! qui peux rendre agréables
> Les visages les plus mal faits,
> Répands, Vénus, de tes attraits   10
> Deux ou trois doses charitables
> Sur ce museau tondu tout frais!

> Déesse des appas,
>   Ne nous refuse pas
> La grâce qu'implorent nos bouches;   15
> Nous t'en prions par tes rubans,
> Par tes boucles de diamants,
> Ton rouge, ta poudre, tes mouches,
> Ton masque, ta coiffe et tes gants.

>   Ah! qu'il est beau,   20
>   Le jouvenceau!

Ah! qu'il est beau! ah! qu'il est beau!
Qu'il va faire mourir de belles!
Auprès de lui les plus cruelles
Ne pourront tenir dans leur peau.   25
      Ah! qu'il est beau!
      Le jouvenceau!
Ah! qu'il est beau! ah! qu'il est beau!
   Ho, ho, ho, ho, ho, ho.
      Qu'il est joli,
      Gentil, poli!
Qu'il est joli! qu'il est joli!
Est-il des yeux qu'il ne ravisse ?
Il passe en beauté feu Narcisse,
Qui fut un blondin accompli.   35

      Qu'il est joli,
      Gentil, poli!
Qu'il est joli! qu'il est joli!
   Hi, hi, hi, hi, hi, hi.

LES SIX MAGICIENS ASSISTANTS ET DANSANTS *sont : Les
sieurs Chicaneau, Bonard, Noblet le cadet, Arnald, Mayeu et
Foignard.*
     *La troisième scène est entre Lycas et Philène,
     riches pasteurs.*

PHILÈNE *chante.*

Paissez, chères brebis, les herbettes naissantes;   40
Ces prés et ces ruisseaux ont de quoi vous charmer;
Mais si vous désirez vivre toujours contentes,
      Petites innocentes,
      Gardez-vous bien d'aimer.

     *Lycas, voulant faire des vers, nomme le nom
     d'Iris, sa maîtresse, en présence de Philène, son
     rival, dont Philène en colère chante.*

PHILÈNE

Est-ce toi que j'entends, téméraire, est-ce toi   45
Qui nommes la beauté qui me tient sous sa loi ?

LYCAS *répond.*

    Oui, c'est moi; oui, c'est moi.

PHILÈNE

Oses-tu bien en aucune façon
    Proférer ce beau nom ?

Lycas

Hé! pourquoi non ? hé! pourquoi non ?   50

Philène

Iris charme mon âme :
Et qui pour elle aura
Le moindre brin de flamme,
Il s'en repentira.

Lycas

Je me moque de cela,   55
Je me moque de cela.

Philène

Je t'étranglerai, mangerai,
Si tu nommes jamais ma belle :
Ce que je dis, je le ferai,
Je t'étranglerai, mangerai,   60
Il suffit que j'en ai juré :
Quand les dieux prendraient ta querelle,
Je t'étranglerai, mangerai,
Si tu nommes jamais ma belle.

Lycas

Bagatelle, bagatelle.   65

La quatrième scène est entre Lycas et Iris, jeune bergère dont Lycas est amoureux.
La cinquième scène est entre Lycas et un pâtre, qui apporte un cartel à Lycas de la part de Philène, son rival.
La sixième scène est entre Lycas et Coridon.
La septième scène est entre Lycas et Philène.

Philène, *venant pour se battre, chante.*

Arrête, malheureux,
Tourne, tourne visage,
Et voyons qui des deux
Obtiendra l'avantage.

Lycas parle, et Philène reprend.

C'est par trop discourir,   70
Allons, il faut mourir.

La huitième scène est de huit paysans, qui, venant pour séparer Philène et Lycas, prennent querelle et dansent en se battant.

LES HUIT PAYSANS *sont : Les sieurs Dolivet, Paysan, Desonets, Du Pron, La Pierre, Mercier, Pesan et Le Roy.*

> *La neuvième scène est entre Coridon, jeune berger, et les huit paysans, qui, par les persuasions de Coridon, se réconcilient, et, après s'être réconciliés, dansent.*
> *La dixième scène est entre Philène, Lycas et Coridon.*
> *La onzième scène est entre Iris, bergère, et Coridon, berger.*
> *La douzième scène est entre Iris, bergère, Philène, Lycas et Coridon.*

PHILÈNE *chante.*

N'attendez pas qu'ici je me vante moi-même :
    Pour le choix que vous balancez,
    Vous avez des yeux, je vous aime,
      C'est vous en dire assez.   75

> *La treizième scène est entre Philène et Lycas, qui, rebutés par la belle Iris, chantent ensemble leur désespoir.*

PHILÈNE

Hélas! peut-on sentir de plus vive douleur ?
    Nous préférer un servile pasteur!
      O ciel!

LYCAS

    O sort!

PHILÈNE
    Quelle rigueur!

LYCAS

Quel coup!

PHILÈNE
    Quoi! tant de pleurs,

LYCAS
        Tant de persévérance,

PHILÈNE
Tant de langueur,

LYCAS
        Tant de souffrance,   80

PHILÈNE

Tant de vœux,

LYCAS

Tant de soins,

PHILÈNE

Tant d'ardeur,

LYCAS

Tant d'amour,

PHILÈNE

Avec tant de mépris sont traités en ce jour!
Ah! cruelle!

LYCAS

Cœur dur!

PHILÈNE

Tigresse!

LYCAS

Inexorable!

PHILÈNE

Inhumaine!

LYCAS

Inflexible!

PHILÈNE

Ingrate!

LYCAS

Impitoyable!

PHILÈNE

Tu veux donc nous faire mourir?   85
Il te faut contenter.

LYCAS

Il te faut obéir.

PHILÈNE

Mourons, Lycas.

LYCAS

Mourons, Philène.

PHILÈNE

Avec ce fer finissons notre peine,

LYCAS

Pousse!

PHILÈNE

Ferme!

LYCAS

Courage!

PHILÈNE

Allons, va le premier.

LYCAS

Non, je veux marcher le dernier.   90

PHILÈNE

Puisqu'un même malheur aujourd'hui nous assemble,
   Allons, partons ensemble.

*La quatorzième scène est d'un jeune berger
enjoué, qui, venant consoler Philène et Lycas,
chante.*

Ah! quelle folie
De quitter la vie
Pour une beauté   95
Dont on est rebuté!
On peut pour un objet aimable,
Dont le cœur nous est favorable,
Vouloir perdre la clarté;
Mais quitter la vie   100
Pour une beauté
Dont on est rebuté,
Ah! quelle folie!

*La quinzième et dernière scène est d'une
Égyptienne, suivie d'une douzaine de gens, qui,
ne cherchant que la joie, dansent avec elle aux
chansons qu'elle chante agréablement. En voici
les paroles.*

PREMIER AIR

D'un pauvre cœur
Soulagez le martyre,   105
D'un pauvre cœur
Soulagez la douleur.
J'ai beau vous dire
Ma vive ardeur,
Je vous vois rire   110

De ma langueur.
Ah! cruelle, j'expire
Sous tant de rigueur.
D'un pauvre cœur
Soulagez le martyre,   115
D'un pauvre cœur
Soulagez la douleur.

SECOND AIR

Croyez-moi, hâtons-nous, ma Sylvie,
Usons bien des moments précieux;
Contentons ici notre envie,   120
De nos ans le feu nous y convie;
Nous ne saurions, vous et moi, faire mieux.

Quand l'hiver a glacé nos guérets,
Le printemps vient reprendre sa place,
Et ramène à nos champs leurs attraits;   125
Mais, hélas! quand l'âge nous glace,
Nos beaux jours ne reviennent jamais.

Ne cherchons tous les jours qu'à nous plaire,
Soyons-y l'un et l'autre empressés;
Du plaisir faisons notre affaire,   130
Des chagrins songeons à nous défaire :
Il vient un temps où l'on en prend assez.

Quand l'hiver a glacé nos guérets,
Le printemps vient reprendre sa place,
Et ramène à nos champs leurs attraits;   135
Mais, hélas! quand l'âge nous glace,
Nos beaux jours ne reviennent jamais.

L'ÉGYPTIÉNNE QUI DANSE ET CHANTE *est* : *Noblet l'aîné.*

LES DOUZE DANSANTS *sont* :
Quatre jouant de la guitare : *Monsieur de Lulli, Messieurs Beauchamp, Chicaneau et Vagnart.*
Quatre jouant des castagnettes : *Les sieurs Favier, Bonard, Saint-André et Arnald.*
Quatre jouant des gnacares : *Messieurs La Marre, Des-Airs second, Du Feu et Pesan.*

NOTICE
LE SICILIEN OU L'AMOUR PEINTRE

Au cours des mêmes fêtes du *Ballet des Muses* pour lesquelles il écrivit *Mélicerte* et *Pastorale comique*, Molière, au mois de février 1667, fit représenter une comédie en un acte, entrecoupée de couplets chantés et de danses, dont Lulli composa la musique. Il s'agissait simplement, au cours d'une nouvelle entrée de ballet, de trouver l'occasion, pour les Muses héroïnes de ces fêtes, de présenter à la cour réunie à Saint-Germain des Turcs et des Maures et de fournir de pittoresques costumes exotiques à Louis XIV, à Madame et à Mlle de La Vallière qui parurent dans ce divertissement. Celui-ci obtint un vif succès de curiosité, mais, transporté au Palais-Royal le 10 juin suivant, il trouva un public beaucoup plus réservé. Ces pièces de circonstance perdent souvent leur saveur hors du cadre pour lequel elles ont été écrites et de l'occasion qui les fit naître.

Pour cette œuvrette légère et brève, qu'il place dans une Sicile lointaine et approximative, Molière s'est souvenu de son *Étourdi* et des amants déguisés en peintres qu'avaient mis en scène Du Ryer dans *Argenis* et Rotrou dans *la Pèlerine amoureuse*. Un banal enlèvement, comme dans *l'Amour médecin* et *le Médecin malgré lui*, lui fournit un dénouement commode et sans imprévu.

Le seul intérêt du *Sicilien* est dans son style, d'un caractère nouveau; après le vers soutenu de la grande comédie, après la langue populaire et parfois crue des farces, Molière s'essaye à une nouvelle manière, nettement poétique. On a, dès son époque, remarqué que *le Sicilien*, écrit en prose — faute de temps, sans doute, comme toujours — contenait de nombreux vers blancs. On trouve,

dans cette prose au rythme poétique, une abondance
d'images souvent très heureuses :

> *Le Ciel s'est habillé ce soir en Scaramouche.*

Ce parfum de poésie répandu dans cette petite comédie sans prétention conserve encore son charme aujour-
d'hui et nous révèle un Molière encore inconnu qui va
affirmer prochainement ses dons poétiques dans *Amphitryon.*

LE SICILIEN

OU

L'AMOUR PEINTRE

COMÉDIE

REPRÉSENTÉE POUR LA PREMIÈRE FOIS A SAINT-GERMAIN-EN-LAYE
PAR ORDRE DE SA MAJESTÉ,
AU MOIS DE FÉVRIER 1667,
ET DONNÉE DEPUIS AU PUBLIC
SUR LE THÉATRE DU PALAIS-ROYAL
LE 10e DU MOIS DE JUIN DE LA MÊME ANNÉE 1667,

PAR LA
TROUPE DU ROI

PERSONNAGES

ADRASTE, gentilhomme français, amant d'Isidore.
DOM PÈDRE, Sicilien, amant d'Isidore.
ISIDORE, Grecque, esclave de Dom Pèdre.
CLIMÈNE, sœur d'Adraste.
HALI, valet d'Adraste.
LE SÉNATEUR.
LES MUSICIENS.
TROUPE D'ESCLAVES.
TROUPE DE MAURES.
DEUX LAQUAIS.

SCÈNE I

HALI, Musiciens

HALI, *aux Musiciens*. — Chut... N'avancez pas davantage, et demeurez dans cet endroit, jusqu'à ce que je vous appelle. Il fait noir comme dans un four : le ciel s'est habillé ce soir en Scaramouche, et je ne vois pas une étoile qui montre le bout de son nez. Sotte condition que celle d'un esclave! de ne vivre jamais pour soi, et d'être toujours tout entier aux passions d'un maître! de n'être réglé que par ses humeurs, et de se voir réduit à faire ses propres affaires de tous les soucis qu'il peut prendre! Le mien me fait ici épouser ses inquiétudes; et parce qu'il est amoureux, il faut que, nuit et jour, je n'aie aucun repos. Mais voici des flambeaux, et sans doute c'est lui.

SCÈNE II

ADRASTE et deux laquais, HALI

ADRASTE. — Est-ce toi, Hali ?

HALI. — Et qui pourrait-ce être que moi ? A ces heures de nuit, hors vous et moi, Monsieur, je ne crois pas que personne s'avise de courir maintenant les rues.

ADRASTE. — Aussi ne crois-je pas qu'on puisse voir personne qui sente dans son cœur la peine que je sens. Car, enfin, ce n'est rien d'avoir à combattre l'indifférence ou les rigueurs d'une beauté qu'on aime : on a toujours au moins le plaisir de la plainte et la liberté des soupirs; mais ne pouvoir trouver aucune occasion de parler à ce

qu'on adore, ne pouvoir savoir d'une belle si l'amour
qu'inspirent ses yeux est pour lui plaire ou lui déplaire,
c'est la plus fâcheuse, à mon gré, de toutes les inquiétudes ; et c'est où me réduit l'incommode jaloux qui veille,
avec tant de souci, sur ma charmante Grecque et ne fait
pas un pas sans la traîner à ses côtés.

Hali. — Mais il est en amour plusieurs façons de se
parler ; et il me semble, à moi, que vos yeux et les siens,
depuis près de deux mois, se sont dit bien des choses.

Adraste. — Il est vrai qu'elle et moi souvent nous nous
sommes parlé des yeux ; mais comment reconnaître que,
chacun de notre côté, nous ayons comme il faut expliqué
ce langage ? Et que sais-je, après tout, si elle entend bien
tout ce que mes regards lui disent ? et si les siens me disent
ce que je crois parfois entendre ?

Hali. — Il faut chercher quelque moyen de se parler
d'autre manière.

Adraste. — As-tu là tes musiciens ?

Hali. — Oui.

Adraste. — Fais-les approcher. Je veux, jusques au
jour, les faire ici chanter, et voir si leur musique n'obligera
point cette belle à paraître à quelque fenêtre.

Hali. — Les voici. Que chanteront-ils ?

Adraste. — Ce qu'ils jugeront de meilleur.

Hali. — Il faut qu'ils chantent un trio qu'ils me chan-
tèrent l'autre jour.

Adraste. — Non, ce n'est pas ce qu'il me faut.

Hali. — Ah ! Monsieur, c'est du beau bécarre.

Adraste. — Que diantre veux-tu dire avec ton beau
bécarre ?

Hali. — Monsieur, je tiens pour le bécarre : vous savez
que je m'y connais. Le bécarre me charme : hors du bécarre,
point de salut en harmonie. Écoutez un peu ce trio.

Adraste. — Non : je veux quelque chose de tendre et
de passionné, quelque chose qui m'entretienne dans une
douce rêverie.

Hali. — Je vois bien que vous êtes pour le bémol ; mais
il y a moyen de nous contenter l'un l'autre. Il faut qu'ils
vous chantent une certaine scène d'une petite comédie
que je leur ai vu essayer. Ce sont deux bergers amoureux,
tous remplis de langueur, qui, sur le bémol, viennent
séparément faire leurs plaintes dans un bois, puis se
découvrent l'un à l'autre la cruauté de leurs maîtresses ;
et là-dessus vient un berger joyeux, avec un bécarre
admirable, qui se moque de leur faiblesse.

ADRASTE. — J'y consens. Voyons ce que c'est.

HALI. — Voici, tout juste, un lieu propre à servir de
scène; et voilà deux flambeaux pour éclairer la comédie.

ADRASTE. — Place-toi contre ce logis, afin qu'au moindre
bruit que l'on fera dedans, je fasse cacher les lumières.

SCÈNE III

CHANTÉE PAR TROIS MUSICIENS

PREMIER MUSICIEN

Si du triste récit de mon inquiétude
Je trouble le repos de votre solitude,
Rochers, ne soyez point fâchés.
Quand vous saurez l'excès de mes peines secrètes,
Tout rochers que vous êtes,
Vous en serez touchés.

SECOND MUSICIEN

Les oiseaux réjouis, dès que le jour s'avance,
Recommencent leurs chants dans ces vastes forêts;
Et moi j'y recommence
Mes soupirs languissants et mes tristes regrets.
Ah! mon cher Philène.

PREMIER MUSICIEN

Ah! mon cher Tirsis.

SECOND MUSICIEN

Que je sens de peine!

PREMIER MUSICIEN

Que j'ai de soucis!

SECOND MUSICIEN

Toujours sourde à mes vœux est l'ingrate Climène.

PREMIER MUSICIEN

Cloris n'a point pour moi de regards adoucis.

TOUS DEUX

O loi trop inhumaine!
Amour, si tu ne peux les contraindre d'aimer,
Pourquoi leur laisses-tu le pouvoir de charmer ?

TROISIÈME MUSICIEN

Pauvres amants, quelle erreur
D'adorer des inhumaines!
Jamais les âmes bien saines
Ne se payent de rigueur;
Et les faveurs sont les chaînes
Qui doivent lier un cœur.

On voit cent belles ici
Auprès de qui je m'empresse :
A leur vouer ma tendresse
Je mets mon plus doux souci;
Mais, lors que l'on est tigresse,
Ma foi! je suis tigre aussi.

PREMIER ET SECOND MUSICIEN

Heureux, hélas! qui peut aimer ainsi!

HALI. — Monsieur, je viens d'ouïr quelque bruit au-dedans.

ADRASTE. — Qu'on se retire vite, et qu'on éteigne les flambeaux.

SCÈNE IV

DOM PÈDRE, ADRASTE, HALI

DOM PÈDRE, *sortant en bonnet de nuit et robe de chambre, avec une épée sous son bras.* — Il y a quelque temps que j'entends chanter à ma porte; et, sans doute, cela ne se fait pas pour rien. Il faut que, dans l'obscurité, je tâche à découvrir quelles gens ce peuvent être.

ADRASTE. — Hali!

HALI. — Quoi ?

ADRASTE. — N'entends-tu plus rien ?

HALI. — Non.

Dom Pèdre est derrière eux, qui les écoute.

ADRASTE. — Quoi ? tous nos efforts ne pourront obtenir que je parle un moment à cette aimable Grecque ? et ce jaloux maudit, ce traître de Sicilien, me fermera toujours tout accès auprès d'elle ?

HALI. — Je voudrais, de bon cœur, que le diable l'eût emporté, pour la fatigue qu'il nous donne, le fâcheux, le bourreau qu'il est. Ah! si nous le tenions ici, que je prendrais de joie à venger sur son dos tous les pas inutiles que sa jalousie nous fait faire!

ADRASTE. — Si faut-il bien pourtant trouver quelque moyen, quelque invention, quelque ruse, pour attraper notre brutal : j'y suis trop engagé pour en avoir le démenti; et quand j'y devrais employer...

HALI. — Monsieur, je ne sais pas ce que cela veut dire, mais la porte est ouverte; et si vous le voulez, j'entrerai doucement pour découvrir d'où cela vient.

Dom Pèdre se retire sur sa porte.

ADRASTE. — Oui, fais; mais sans faire de bruit; je ne m'éloigne pas de toi. Plût au Ciel que ce fût la charmante Isidore!

DOM PÈDRE, *lui donnant sur la joue.* — Qui va là ?

HALI, *lui faisant de même.* — Ami.

DOM PÈDRE. — Holà! Francisque, Dominique, Simon, Martin, Pierre, Thomas, Georges, Charles, Barthélemy : allons, promptement, mon épée, ma rondache, ma halle-barde, mes pistolets, mes mousquetons, mes fusils; vite dépêchez, allons, tue, point de quartier.

SCÈNE V

ADRASTE, HALI

ADRASTE. — Je n'entends remuer personne. Hali ? Hali ?

HALI, *caché dans un coin.* — Monsieur.

ADRASTE. — Où donc te caches-tu ?

HALI. — Ces gens sont-ils sortis ?

ADRASTE. — Non : personne ne bouge.

HALI, *en sortant d'où il était caché.* — S'ils viennent, ils seront frottés.

ADRASTE. — Quoi ? tous nos soins seront donc inutiles ? Et toujours ce fâcheux jaloux se moquera de nos desseins.

HALI. — Non : le courroux du point d'honneur me prend; il ne sera pas dit qu'on triomphe de mon adresse; ma qualité de fourbe s'indigne de tous ces obstacles, et je prétends faire éclater les talents que j'ai eus du Ciel.

ADRASTE. — Je voudrais seulement que, par quelque moyen, par un billet, par quelque bouche, elle fût avertie des sentiments qu'on a pour elle, et savoir les siens là-dessus. Après, on peut trouver facilement les moyens...

HALI. — Laissez-moi faire seulement : j'en essayerai tant, de toutes les manières, que quelque chose enfin

nous pourra réussir. Allons, le jour paraît; je vais chercher
mes gens, et venir attendre, en ce lieu, que notre jaloux
sorte.

SCÈNE VI

DOM PÈDRE, ISIDORE

ISIDORE. — Je ne sais pas quel plaisir vous prenez à me
réveiller si matin; cela s'ajuste assez mal, ce me semble,
au dessein que vous avez pris de me faire peindre aujour-
d'hui; et ce n'est guère pour avoir le teint frais et les yeux
brillants que se lever ainsi dès la pointe du jour.

DOM PÈDRE. — J'ai une affaire qui m'oblige à sortir à
l'heure qu'il est.

ISIDORE. — Mais l'affaire que vous avez eût bien pu se
passer, je crois, de ma présence; et vous pouviez, sans
vous incommoder, me laisser goûter les douceurs du sommeil du matin.

DOM PÈDRE. — Oui; mais je suis bien aise de vous voir
toujours avec moi. Il n'est pas mal de s'assurer un peu
contre les soins des surveillants; et cette nuit encore, on
est venu chanter sous nos fenêtres.

ISIDORE. — Il est vrai; la musique en était admirable.

DOM PÈDRE. — C'était pour vous que cela se faisait?

ISIDORE. — Je le veux croire ainsi, puisque vous me le
dites.

DOM PÈDRE. — Vous savez qui était celui qui donnait
cette sérénade?

ISIDORE. — Non pas; mais, qui que ce puisse être, je lui
suis obligée.

DOM PÈDRE. — Obligée!

ISIDORE. — Sans doute, puisqu'il cherche à me divertir.

DOM PÈDRE. — Vous trouvez donc bon qu'on vous
aime?

ISIDORE. — Fort bon. Cela n'est jamais qu'obligeant.

DOM PÈDRE. — Et vous voulez du bien à tous ceux qui
prennent ce soin?

ISIDORE. — Assurément.

DOM PÈDRE. — C'est dire fort net ses pensées.

ISIDORE. — A quoi bon dissimuler? Quelque mine qu'on
fasse, on est toujours bien aise d'être aimée : ces hommages
à nos appas ne sont jamais pour nous déplaire. Quoi qu'on
en puisse dire, la grande ambition des femmes est, croyez-

moi, d'inspirer de l'amour. Tous les soins qu'elles prennent ne sont que pour cela ; et l'on n'en voit point de si fière qui ne s'applaudisse en son cœur des conquêtes que font ses yeux.

Dom Pèdre. — Mais si vous prenez, vous, du plaisir à vous voir aimée, savez-vous bien, moi qui vous aime, que je n'y en prends nullement ?

Isidore. — Je ne sais pas pourquoi cela ; et si j'aimais quelqu'un, je n'aurais point de plus grand plaisir que de le voir aimé de tout le monde. Y a-t-il rien qui marque davantage la beauté du choix que l'on fait ? et n'est-ce pas pour s'applaudir que ce que nous aimons soit trouvé fort aimable ?

Dom Pèdre. — Chacun aime à sa guise, et ce n'est pas là ma méthode. Je serai fort ravi qu'on ne vous trouve point si belle, et vous m'obligerez de n'affecter point tant de la paraître à d'autres yeux.

Isidore. — Quoi ? jaloux de ces choses-là ?

Dom Pèdre. — Oui, jaloux de ces choses-là, mais jaloux comme un tigre, et, si voulez : comme un diable. Mon amour vous veut toute à moi ; sa délicatesse s'offense d'un souris, d'un regard qu'on vous peut arracher ; et tous les soins qu'on me voit prendre ne sont que pour fermer tout accès aux galants, et m'assurer la possession d'un cœur dont je ne puis souffrir qu'on me vole la moindre chose.

Isidore. — Certes, voulez-vous que je dise ? vous prenez un mauvais parti ; et la possession d'un cœur est fort mal assurée, lorsqu'on prétend le retenir par force. Pour moi, je vous l'avoue, si j'étais galant d'une femme qui fût au pouvoir de quelqu'un, je mettrais toute mon étude à rendre ce quelqu'un jaloux, et l'obliger à veiller nuit et jour celle que je voudrais gagner. C'est un admirable moyen d'avancer ses affaires, et l'on ne tarde guère à profiter du chagrin et de la colère que donne à l'esprit d'une femme la contrainte et la servitude.

Dom Pèdre. — Si bien donc que, si quelqu'un vous en contait, il vous trouverait disposée à recevoir ses vœux ?

Isidore. — Je ne vous dis rien là-dessus. Mais les femmes enfin n'aiment pas qu'on les gêne ; et c'est beaucoup risquer que de leur montrer des soupçons, et de les tenir renfermées.

Dom Pèdre. — Vous reconnaissez peu ce que vous me devez ; et il me semble qu'une esclave que l'on a affranchie, et dont on veut faire sa femme...

Isidore. — Quelle obligation vous ai-je, si vous changez

mon esclavage en un autre beaucoup plus rude ? si vous
ne me laissez jouir d'aucune liberté, et me fatiguez, comme
on voit, d'une garde continuelle ?

Dom Pèdre. — Mais tout cela ne part que d'un excès
d'amour.

Isidore. — Si c'est votre façon d'aimer, je vous prie
de me haïr.

Dom Pèdre. — Vous êtes aujourd'hui dans une humeur
désobligeante; et je pardonne ces paroles au chagrin où
vous pouvez être de vous être levée matin.

SCÈNE VII

DOM PÈDRE, HALI, ISIDORE

Hali faisant plusieurs révérences à Dom Pèdre.

Dom Pèdre. — Trêve aux cérémonies. Que voulez-vous ?

Hali *(Il se retourne devers Isidore, à chaque parole qu'il
dit à Dom Pèdre, et lui fait des signes pour lui faire connaître
le dessein de son maître.).* — Signor (avec la permission de
la Signore), je vous dirai (avec la permission de la Signore)
que je viens vous trouver (avec la permission de la Signore),
pour vous prier (avec la permission de la Signore) de vouloir bien (avec la permission de la Signore)...

Dom Pèdre. — Avec la permission de la Signore, passez
un peu de ce côté.

Hali. — Signor, je suis un virtuose.

Dom Pèdre. — Je n'ai rien à donner.

Hali. — Ce n'est pas ce que je demande. Mais comme
je me mêle un peu de musique et de danse, j'ai instruit
quelques esclaves qui voudraient bien trouver un maître
qui se plût à ces choses; et comme je sais que vous êtes
une personne considérable, je voudrais vous prier de les
voir et de les entendre, pour les acheter, s'ils vous plaisent,
ou pour leur enseigner quelqu'un de vos amis qui voulût
s'en accommoder.

Isidore. — C'est une chose à voir, et cela nous divertira.
Faites-les-nous venir.

Hali. — *Chala bala...* Voici une chanson nouvelle, qui
est du temps. Écoutez bien. *Chala bala.*

SCÈNE VIII

HALI ET QUATRE ESCLAVES,
ISIDORE, DOM PÈDRE

*Hali chante dans cette scène et les esclaves
dansent dans les intervalles de son chant.*

HALI *chante.*

D'un cœur ardent, en tous lieux
Un amant suit une belle;
Mais d'un jaloux odieux
La vigilance éternelle
Fait qu'il ne peut que des yeux
S'entretenir avec elle :
Est-il peine plus cruelle
Pour un cœur bien amoureux ?

Chiribirida ouch alla!
Star bon Turca,
Non aver danara.
Ti voler comprara ?
Mi servir a ti,
Se pagar per mi;
Far bona coucina,
Mi levar matina,
Far boller caldara.
Parlara, parlara :
Ti voler comprara ?

C'est un supplice, à tous coups,
Sous qui cet amant expire;
Mais si d'un œil un peu doux
La belle voit son martyre,
Et consent qu'aux yeux de tous
Pour ses attraits il soupire,
Il pourrait bientôt se rire
De tous les soins du jaloux.

Chiribirida ouch alla!
Star bon Turca,
Non aver danara.
Ti voler comprara ?

Mi servir a ti,
Se pagar per mi :
Far bona coucina,
Mi levar matina,
Far boller caldara.
Parlara, parlara;
Ti voler comprara ?

DOM PÈDRE

Savez-vous, mes drôles,
Que cette chanson
Sent pour vos épaules
Les coups de bâton ?

Chiribirida ouch alla!
Mi ti non comprara,
Ma ti bastonara,
Si ti non andara.
Andara, andara,
O ti bastonara.

Oh! oh! quels égrillards! Allons, rentrons ici : j'ai
changé de pensée; et puis le temps se couvre un peu.
(*A Hali, qui paraît encore là.*) Ah! fourbe, que je vous y
trouve!

HALI. — Hé bien! oui, mon maître l'adore; il n'a point
de plus grand désir que de lui montrer son amour; et si
elle y consent, il la prendra pour femme.

DOM PÈDRE. — Oui, oui, je la lui garde.

HALI. — Nous l'aurons malgré vous.

DOM PÈDRE. — Comment ? coquin...

HALI. — Nous l'aurons, dis-je, en dépit de vos dents.

DOM PÈDRE. — Si je prends...

HALI. — Vous avez beau faire la garde : j'en ai juré, elle
sera à nous.

DOM PÈDRE. — Laisse-moi faire, je t'attraperai sans
courir.

HALI. — C'est nous qui vous attraperons : elle sera notre
femme, la chose est résolue. Il faut que j'y périsse, ou que
j'en vienne à bout.

SCÈNE IX

ADRASTE, HALI

HALI. — Monsieur, j'ai déjà fait quelque petite tentative; mais je...

ADRASTE. — Ne te mets point en peine; j'ai trouvé par hasard tout ce que je voulais, et je vais jouir du bonheur de voir chez elle cette belle. Je me suis rencontré chez le peintre Damon, qui m'a dit qu'aujourd'hui il venait faire le portrait de cette adorable personne; et comme il est depuis longtemps de mes plus intimes amis, il a voulu servir mes feux, et m'envoie à sa place, avec un petit mot de lettre pour me faire accepter. Tu sais que de tout temps je me suis plu à la peinture, et que parfois je manie le pinceau, contre la coutume de France, qui ne veut pas qu'un gentilhomme sache rien faire : ainsi j'aurai la liberté de voir cette belle à mon aise. Mais je ne doute pas que mon jaloux fâcheux ne soit toujours présent, et n'empêche tous les propos que nous pourrions avoir ensemble; et pour te dire vrai, j'ai, par le moyen d'une jeune esclave, un stratagème pour tirer cette belle Grecque des mains de son jaloux, si je puis obtenir d'elle qu'elle y consente.

HALI. — Laissez-moi faire, je veux vous faire un peu de jour à la pouvoir entretenir. Il ne sera pas dit que je ne serve de rien dans cette affaire-là. Quand allez-vous ?

ADRASTE. — Tout de ce pas, et j'ai déjà préparé toutes choses.

HALI. — Je vais, de mon côté, me préparer aussi.

ADRASTE. — Je ne veux point perdre de temps. Holà! Il me tarde que je ne goûte le plaisir de la voir.

SCÈNE X

DOM PÈDRE, ADRASTE

DOM PÈDRE. — Que cherchez-vous, cavalier, dans cette maison ?

ADRASTE. — J'y cherche le seigneur Dom Pèdre.

DOM PÈDRE. — Vous l'avez devant vous.

ADRASTE. — Il prendra, s'il lui plaît, la peine de lire cette lettre.

Dom Pèdre lit. — *Je vous envoie, au lieu de moi, pour le portrait que vous savez, ce gentilhomme français, qui, comme curieux d'obliger les honnêtes gens, a bien voulu prendre ce soin, sur la proposition que je lui en ai faite. Il est, sans contredit, le premier homme du monde pour ces sortes d'ouvrages, et j'ai cru que je ne pouvais rendre un service plus agréable que de vous l'envoyer, dans le dessein que vous avez d'avoir un portrait achevé de la personne que vous aimez. Gardez-vous bien surtout de lui parler d'aucune récompense; car c'est un homme qui s'en offenserait, et qui ne fait les choses que pour la gloire et pour la réputation.*

Dom Pèdre, *parlant au Français.* — Seigneur français, c'est une grande grâce que vous me voulez faire; et je vous suis fort obligé.

Adraste. — Toute mon ambition est de rendre service aux gens de nom et de mérite.

Dom Pèdre. — Je vais faire venir la personne dont il s'agit.

SCÈNE XI

ISIDORE, DOM PÈDRE, ADRASTE
ET DEUX LAQUAIS

Dom Pèdre. — Voici un gentilhomme que Damon nous envoie, qui se veut bien donner la peine de vous peindre. (*Adraste baise Isidore en la saluant, et Dom Pèdre lui dit :*) Holà! Seigneur français, cette façon de saluer n'est point d'usage en ce pays.

Adraste. — C'est la manière de France.

Dom Pèdre. — La manière de France est bonne pour vos femmes; mais, pour les nôtres, elle est un peu trop familière.

Isidore. — Je reçois cet honneur avec beaucoup de joie. L'aventure me surprend fort, et pour dire le vrai, je ne m'attendais pas d'avoir un peintre si illustre.

Adraste. — Il n'y a personne sans doute qui ne tînt à beaucoup de gloire de toucher à un tel ouvrage. Je n'ai pas grande habileté; mais le sujet, ici, ne fournit que trop de lui-même, et il y a moyen de faire quelque chose de beau sur un original fait comme celui-là.

Isidore. — L'original est peu de chose : mais l'adresse du peintre en saura couvrir les défauts.

Adraste. — Le peintre n'y en voit aucun; et tout ce

qu'il souhaite est d'en pouvoir représenter les grâces, aux yeux de tout le monde, aussi grandes qu'il les peut voir.

ISIDORE. — Si votre pinceau flatte autant que votre langue, vous allez me faire un portrait qui ne me ressemblera pas.

ADRASTE. — Le Ciel, qui fit l'original, nous ôte le moyen d'en faire un portrait qui puisse flatter.

ISIDORE. — Le Ciel, quoi que vous en disiez, ne...

DOM PÈDRE. — Finissons cela, de grâce, laissons les compliments, et songeons au portrait.

ADRASTE. — Allons, apportez tout.

> *On apporte tout ce qu'il faut pour peindre Isidore.*

ISIDORE. — Où voulez-vous que je me place?

ADRASTE. — Ici. Voici le lieu le plus avantageux, et qui reçoit le mieux les vues favorables de la lumière que nous cherchons.

ISIDORE. — Suis-je bien ainsi ?

ADRASTE. — Oui. Levez-vous un peu, s'il vous plaît. Un peu plus de ce côté-là; le corps tourné ainsi; la tête un peu levée, afin que la beauté du cou paraisse. Ceci un peu plus découvert. (*Il parle de sa gorge.*) Bon. Là, un peu davantage. Encore tant soit peu.

DOM PÈDRE. — Il y a bien de la peine à vous mettre; ne sauriez-vous vous tenir comme il faut ?

ISIDORE. — Ce sont ici des choses toutes neuves pour moi; et c'est à Monsieur à me mettre de la façon qu'il veut.

ADRASTE. — Voilà qui va le mieux du monde, et vous vous tenez à merveille. (*La faisant tourner un peu devers lui.*) Comme cela, s'il vous plaît. Le tout dépend des attitudes qu'on donne aux personnes qu'on peint.

DOM PÈDRE. — Fort bien.

ADRASTE. — Un peu plus de ce côté; vos yeux toujours tournés vers moi, je vous en prie; vos regards attachés aux miens.

ISIDORE. — Je ne suis pas comme ces femmes qui veulent, en se faisant peindre, des portraits qui ne sont point elles, et ne sont point satisfaites du peintre s'il ne les fait toujours plus belles que le jour. Il faudrait, pour les contenter, ne faire qu'un portrait pour toutes; car toutes demandent les mêmes choses : un teint tout de lis et de roses, un nez bien fait, une petite bouche, et de grands yeux vifs, bien fendus, et surtout le visage pas plus gros que le poing, l'eussent-elles d'un pied de large. Pour moi, je vous

demande un portrait qui soit moi, et qui n'oblige point à
demander qui c'est.

ADRASTE. — Il serait malaisé qu'on demandât cela du
vôtre, et vous avez des traits à qui fort peu d'autres res-
semblent. Qu'ils ont de douceurs et de charmes, et qu'on
court de risque à les peindre!

DOM PÈDRE. — Le nez me semble un peu trop gros.

ADRASTE. — J'ai lu, je ne sais où, qu'Apelle peignit
autrefois une maîtresse d'Alexandre, et qu'il en devint, la
peignant, si éperdument amoureux qu'il fut près d'en
perdre la vie : de sorte qu'Alexandre, par générosité, lui
céda l'objet de ses vœux. (Il parle à Dom Pèdre.) Je pourrais faire ici ce qu'Apelle fit autrefois; mais vous ne feriez
pas peut-être ce que fit Alexandre.

ISIDORE. — Tout cela sent la nation; et toujours Messieurs les Français ont un fonds de galanterie qui se
répand partout.

ADRASTE. — On ne se trompe guère à ces sortes de
choses; et vous avez l'esprit trop éclairé pour ne pas voir
de quelle source partent les choses qu'on vous dit. Oui,
quand Alexandre serait ici, et que ce serait votre amant, je
ne pourrais m'empêcher de vous dire que je n'ai rien vu
de si beau que ce que je vois maintenant, et que...

DOM PÈDRE. — Seigneur français, vous ne devriez pas,
ce me semble, parler; cela vous détourne de votre ouvrage.

ADRASTE. — Ah! point du tout. J'ai toujours de coutume
de parler quand je peins; et il est besoin, dans ces choses,
d'un peu de conversation, pour réveiller l'esprit, et tenir
les visages dans la gaieté nécessaire aux personnes que
l'on veut peindre.

SCÈNE XII

HALI, vêtu en Espagnol, DOM PÈDRE,
ADRASTE, ISIDORE

DOM PÈDRE. — Que veut cet homme-là? et qui laisse
monter les gens sans nous en venir avertir?

HALI. — J'entre ici librement; mais, entre cavaliers,
telle liberté est permise. Seigneur, suis-je connu de vous?

DOM PÈDRE. — Non, seigneur.

HALI. — Je suis Dom Gilles d'Avalos, et l'histoire
d'Espagne vous doit avoir instruit de mon mérite.

DOM PÈDRE. — Souhaitez-vous quelque chose de moi ?

HALI. — Oui, un conseil sur un fait d'honneur. Je sais qu'en ces matières il est malaisé de trouver un cavalier plus consommé que vous; mais je vous demande pour grâce que nous nous tirions à l'écart.

DOM PÈDRE. — Nous voilà assez loin.

ADRASTE, *regardant Isidore.* — Elle a les yeux bleus.

HALI. — Seigneur, j'ai reçu un soufflet : vous savez ce qu'est un soufflet, lorsqu'il se donne à main ouverte, sur le beau milieu de la joue. J'ai ce soufflet fort sur le cœur : et je suis dans l'incertitude si, pour me venger de l'affront, je dois me battre avec mon homme, ou bien le faire assassiner.

DOM PÈDRE. — Assassiner, c'est le plus court chemin. Quel est votre ennemi ?

HALI. — Parlons bas, s'il vous plaît.

ADRASTE, *aux genoux d'Isidore, pendant que Dom Pèdre parle à Hali.* — Oui, charmante Isidore, mes regards vous le disent depuis plus de deux mois, et vous les avez entendus : je vous aime plus que tout ce que l'on peut aimer, et je n'ai point d'autre pensée, d'autre but, d'autre passion, que d'être à vous toute ma vie.

ISIDORE. — Je ne sais si vous dites vrai, mais vous persuadez.

ADRASTE. — Mais vous persuadé-je jusqu'à vous inspirer quelque peu de bonté pour moi ?

ISIDORE. — Je ne crains que d'en trop avoir.

ADRASTE. — En aurez-vous assez pour consentir, belle Isidore, au dessein que je vous ai dit ?

ISIDORE. — Je ne puis encore vous le dire.

ADRASTE. — Qu'attendez-vous pour cela ?

ISIDORE. — A me résoudre.

ADRASTE. — Ah! quand on aime, on se résout bientôt.

ISIDORE. — Hé bien! allez, oui, j'y consens.

ADRASTE. — Mais consentez-vous, dites-moi, que ce soit dès ce moment même ?

ISIDORE. — Lorsqu'on est une fois résolu sur la chose, s'arrête-t-on sur le temps ?

DOM PÈDRE, *à Hali.* — Voilà mon sentiment, et je vous baise les mains.

HALI. — Seigneur, quand vous aurez reçu quelque soufflet, je suis homme aussi de conseil, et je pourrai vous rendre la pareille.

DOM PÈDRE. — Je vous laisse aller sans vous reconduire; mais, entre cavaliers, cette liberté est permise.

ADRASTE. — Non, il n'est rien qui puisse effacer de mon cœur les tendres témoignages...

> *Dom Pèdre, apercevant Adraste qui parle de près à Isidore.*

Je regardais ce petit trou qu'elle a au côté du menton, et je croyais d'abord que ce fût une tache. Mais c'est assez pour aujourd'hui, nous finirons une autre fois. (*Parlant à Dom Pèdre.*) Non, ne regardez rien encore; faites serrer cela, je vous prie. (*A Isidore.*) Et vous, je vous conjure de ne vous relâcher point, et de garder un esprit gai, pour le dessein que j'ai d'achever notre ouvrage.

ISIDORE. — Je conserverai pour cela toute la gaieté qu'il faut.

SCÈNE XIII

DOM PÈDRE, ISIDORE

ISIDORE. — Qu'en dites-vous ? ce gentilhomme me paraît le plus civil du monde, et l'on doit demeurer d'accord que les Français ont quelque chose en eux de poli, de galant, que n'ont point les autres nations.

DOM PÈDRE. — Oui; mais ils ont cela de mauvais, qu'ils s'émancipent un peu trop, et s'attachent, en étourdis, à conter des fleurettes à tout ce qu'ils rencontrent.

ISIDORE. — C'est qu'ils savent qu'on plaît aux dames par ces choses.

DOM PÈDRE. — Oui; mais s'ils plaisent aux dames, ils déplaisent fort aux messieurs; et l'on n'est point bien aise de voir, sur sa moustache, cajoler hardiment sa femme ou sa maîtresse.

ISIDORE. — Ce qu'ils en font n'est que par jeu.

SCÈNE XIV

CLIMÈNE, DOM PÈDRE, ISIDORE

CLIMÈNE, *voilée.* — Ah! seigneur cavalier, sauvez-moi, s'il vous plaît, des mains d'un mari furieux dont je suis poursuivie. Sa jalousie est incroyable, et passe, dans ses mouvements, tout ce qu'on peut imaginer. Il va jusques à

vouloir que je sois toujours voilée; et pour m'avoir trouvée
le visage un peu découvert, il a mis l'épée à la main, et
m'a réduite à me jeter chez vous, pour vous demander
votre appui contre son injustice. Mais je le vois paraître.
De grâce, seigneur cavalier, sauvez-moi de sa fureur.

DOM PÈDRE. — Entrez là-dedans avec elle, et n'appré-
hendez rien.

SCÈNE XV

ADRASTE, DOM PÈDRE

DOM PÈDRE. — Hé quoi ? seigneur, c'est vous ? Tant
de jalousie pour un Français ? Je pensais qu'il n'y eût que
nous qui en fussions capables.

ADRASTE. — Les Français excellent toujours dans toutes
les choses qu'ils font; et quand nous nous mêlons d'être
jaloux, nous le sommes vingt fois plus qu'un Sicilien.
L'infâme croit avoir trouvé chez vous un assuré refuge;
mais vous êtes trop raisonnable pour blâmer mon ressentiment. Laissez-moi, je vous prie, la traiter comme elle
mérite.

DOM PÈDRE. — Ah! de grâce, arrêtez. L'offense est
trop petite pour un courroux si grand.

ADRASTE. — La grandeur d'une telle offense n'est pas
dans l'importance des choses que l'on fait : elle est à trans-
gresser les ordres qu'on nous donne; et sur de pareilles
matières, ce qui n'est qu'une bagatelle devient fort criminel
lorsqu'il est défendu.

DOM PÈDRE. — De la façon qu'elle a parlé, tout ce qu'elle
en a fait a été sans dessein; et je vous prie enfin de vous
remettre bien ensemble.

ADRASTE. — Hé quoi ? vous prenez son parti, vous qui
êtes si délicat sur ces sortes de choses ?

DOM PÈDRE. — Oui, je prends son parti; et si vous
voulez m'obliger, vous oublierez votre colère, et vous vous
réconcilierez tous deux. C'est une grâce que je vous
demande; et je la recevrai comme un essai de l'amitié que
je veux qui soit entre nous.

ADRASTE. — Il ne m'est pas permis, à ces conditions,
de vous rien refuser; je ferai ce que vous voudrez.

SCÈNE XVI

CLIMÈNE, ADRASTE, DOM PÈDRE

Dom Pèdre. — Holà! venez. Vous n'avez qu'à me suivre, et j'ai fait votre paix. Vous ne pouviez jamais mieux tomber que chez moi.

Climène. — Je vous suis obligée plus qu'on ne saurait croire; mais je m'en vais prendre mon voile; je n'ai garde, sans lui, de paraître à ses yeux.

Dom Pèdre. — La voici qui s'en va venir; et son âme, je vous assure, a paru toute réjouie lorsque je lui ait dit que j'avais raccommodé tout.

SCÈNE XVII

ISIDORE, *sous le voile de Climène*, ADRASTE, DOM PÈDRE

Dom Pèdre. — Puisque vous m'avez bien voulu donner votre ressentiment, trouvez bon qu'en ce lieu je vous fasse toucher dans la main l'un de l'autre, et que tous deux je vous conjure de vivre, pour l'amour de moi, dans une parfaite union.

Adraste. — Oui, je vous le promets, que, pour l'amour de vous, je m'en vais, avec elle, vivre le mieux du monde.

Dom Pèdre. — Vous m'obligez sensiblement, et j'en garderai la mémoire.

Adraste. — Je vous donne ma parole, seigneur Dom Pèdre, qu'à votre considération, je m'en vais la traiter du mieux qu'il me sera possible.

Dom Pèdre. — C'est trop de grâce que vous me faites. Il est bon de pacifier et d'adoucir toujours les choses. Holà! Isidore, venez.

SCÈNE XVIII

CLIMÈNE, DOM PÈDRE

Dom Pèdre. — Comment ? que veut dire cela ?

Climène, *sans voile.* — Ce que cela veut dire ? Qu'un jaloux est un monstre haï de tout le monde, et qu'il n'y a personne qui ne soit ravi de lui nuire, n'y eût-il point d'autre intérêt; que toutes les serrures et les verrous du monde ne retiennent point les personnes, et que c'est le cœur qu'il faut arrêter par la douceur et par la complaisance; qu'Isidore est entre les mains du cavalier qu'elle aime, et que vous êtes pris pour dupe.

Dom Pèdre. — Dom Pèdre souffrira cette injure mortelle ! Non, non : j'ai trop de cœur, et je vais demander l'appui de la justice, pour pousser le perfide à bout. C'est ici le logis d'un sénateur. Holà !

SCÈNE XIX

LE SÉNATEUR, DOM PÈDRE

Le Sénateur. — Serviteur, seigneur Dom Pèdre. Que vous venez à propos !

Dom Pèdre. — Je viens me plaindre à vous d'un affront qu'on m'a fait.

Le Sénateur. — J'ai fait une mascarade la plus belle du monde.

Dom Pèdre. — Un traître de Français m'a joué une pièce.

Le Sénateur. — Vous n'avez, dans votre vie, jamais rien vu de si beau.

Dom Pèdre. — Il m'a enlevé une fille que j'avais affranchie.

Le Sénateur. — Ce sont gens vêtus en Maures, qui dansent admirablement.

Dom Pèdre. — Vous voyez si c'est une injure qui se doive souffrir.

Le Sénateur. — Les habits merveilleux, et qui sont faits exprès.

Dom Pèdre. — Je vous demande l'appui de la justice
contre cette action.

Le Sénateur. — Je veux que vous voyez cela. On la va
répéter, pour en donner divertissement au peuple.

Dom Pèdre. — Comment ? de quoi parlez-vous là ?

Le Sénateur. — Je parle de ma mascarade.

Dom Pèdre. — Je vous parle de mon affaire.

Le Sénateur. — Je ne veux point aujourd'hui d'autres
affaires que de plaisir. Allons, Messieurs, venez : voyons
si cela ira bien.

Dom Pèdre. — La peste soit du fou, avec sa mascarade!

Le Sénateur. — Diantre soit le fâcheux, avec son affaire!

SCÈNE DERNIÈRE

*Plusieurs Maures font une danse entre eux, par où finit la
comédie.*

NOTICE
AMPHITRYON

L'année 1667 fut une des plus dures que connut Molière et il ne créa aucune autre pièce que *Pastorale comique* et *le Sicilien*. D'abord, il fut gravement malade, au point que le bruit de sa mort courut dans Paris. Le 5 août, il fit jouer *l'Imposteur*, version adoucie du *Tartuffe*, qui fut, comme la pièce originale, interdit. Condamné au régime lacté, retiré dans sa maison de campagne d'Auteuil, il se mit à relire Plaute, qui allait lui fournir deux comédies de ton très différent, *Amphitryon* et *l'Avare*.

La première, jouée au Palais-Royal, le 13 janvier 1668, marque une rentrée triomphale de Molière au théâtre dans un genre tout nouveau. Pour la première fois, délaissant la comédie de mœurs et de caractères, il abordait un sujet mythologique, très familier au public. En effet, la comédie de Plaute avait connu une première adaptation, due à Rotrou, sous le titre *les Sosies*, qui fut créée au théâtre du Marais en 1636, reprise et transformée en pièce à machines en 1650, sous le titre de *la Naissance d'Hercule*. En 1653, au cours du *Grand Ballet royal de la Nuit*, avait été représentée une pantomime intitulée la *Comédie muette d'Amphitryon*. Le vieux mythe légendaire, que Giraudoux reprit de nos jours, n'avait cessé d'être en faveur auprès du public.

Molière suivit d'assez près ses deux modèles, Plaute et Rotrou. On peut penser qu'au cours de ses pérégrinations en province, il avait joué cette bonne comédie de Rotrou et qu'il la savait par cœur. Dès lors, il n'est pas étonnant que, reprenant le même sujet avec la liberté qui était de mise à l'époque, les vers de Rotrou lui soient revenus à la mémoire et qu'il les ait, plus d'une fois, transposés.

Mais les imitations de Molière ne sont jamais un escla-

vage, et il sut faire de son *Amphitryon* une œuvre originale
et personnelle. Il ramena sur le plan de la comédie galante
le vieux mythe de la comédie latine, en supprimant tout
ce qui concerne la naissance et les exploits d'Hercule,
ce merveilleux mythologique qui entraînait chez Plaute,
hors les scènes de comédie, un ton plus grave que jus-
tifiait le respect dû aux Dieux. L'action s'en trouvait res-
serrée dans les limites d'une aventure comique et assez
scabreuse comportant un dénouement tout terrestre, où la
majesté des Dieux de l'Olympe s'estompait pour laisser
place à un ton très humain. Jupiter, humanisé, amoureux
tendre et passionné, coloré de préciosité, ressemblait à un
courtisan de Versailles.

Molière a encore innové avec bonheur en créant le personnage de Cléanthis, inconnu de ses devanciers. En donnant une épouse à Sosie, il rétablissait le parallélisme tra-
ditionnel du couple de valets et du couple de maîtres.
Mais il apportait une innovation à cette tradition, qui faisait du premier couple un double exact du second. En
effet la manière cavalière dont Mercure, sous les traits
empruntés de Sosie, traite la prude Cléanthis s'oppose
savoureusement à l'amour galant de Jupiter pour Alcmène.
Cette dernière est d'ailleurs une des plus délicates créations féminines de Molière. Fidèle, tendre, pudique,
indulgente, Alcmène est bien dans la lignée d'Agnès et
d'Elmire. De notre temps, Mme Madeleine Renaud a
traduit avec beaucoup de charme les sentiments délicats
de la femme d'Amphitryon devenue, sans le savoir, la
maîtresse de Jupiter, et tout étonnée de se trouver entraînée dans une aventure mythologique qui la dépasse.

Enfin, Molière a encore innové en écrivant sa nouvelle
comédie en vers libres, aux rythmes irréguliers, dont il a
tiré les meilleurs effets poétiques et comiques. Il est
au XVIIe siècle le seul maître du vers libre qu'on puisse
opposer ou comparer à La Fontaine. Il a mis autant de
grâce et de charme dans les vers irréguliers d'*Amphitryon*
que de force dans les alexandrins de ses autres comédies.
Son adresse à manier des rythmes divers donne à cette
pièce, non exempte de marivaudage, une place tout à fait
à part dans son théâtre. Elle n'a jamais cessé d'être jouée
et continue de charmer les spectateurs.

La comédie d'*Amphitryon* pose un petit problème
historique : l'aventure de Jupiter et d'Alcmène est-elle
une allusion à la liaison de Louis XIV et de Mme de
Montespan ?

> *Un partage avec Jupiter*
> *N'a rien du tout qui déshonore,*

voilà une ironique consolation qui conviendrait parfaitement au marquis de Montespan, époux incommode et qui prit très mal sa malencontreuse aventure conjugale.

Certains historiens repoussent cette hypothèse sous le prétexte que, lorsque Molière écrit sa comédie, en 1667, la liaison du roi avec Mme de Montespan est encore secrète. Elle l'est en effet officiellement, car Mlle de La Vallière est toujours à la cour seule maîtresse déclarée. Mais dans l'entourage du roi, dans ce petit monde fermé que constituaient les courtisans, les nouvelles couraient vite sous le manteau. Ce secret n'était guère qu'un secret de Polichinelle. On trouve des allusions à cette liaison dès novembre 1666 sous la plume du duc d'Enghien, un peu plus tard dans les correspondances diplomatiques des ambassadeurs de Savoie et d'Angleterre, et nous savons aujourd'hui avec précision les circonstances dans lesquelles la radieuse marquise céda aux désirs du roi. C'était au printemps de 1667, huit ou neuf mois avant la représentation d'*Amphitryon*. Molière, qui fréquentait assidûment la cour, pouvait assurément être aussi bien renseigné que les ambassadeurs sur une nouvelle aventure galante du roi, qui, pour n'être pas encore connue du public, ne pouvait échapper à ceux dont la vie tout entière consistait à regarder vivre le Roi-Soleil. Sans qu'une preuve formelle puisse être fournie — aucun contemporain n'a signalé le rapprochement — il n'est pas interdit de penser que Molière a pu, dans son œuvre nouvelle, faire allusion à une passion qui allait bientôt s'étaler en plein jour.

AMPHITRYON

COMÉDIE

REPRÉSENTÉE POUR LA PREMIÈRE FOIS
A PARIS SUR LE THÉATRE DU PALAIS-ROYAL,
LE 13ᵉ JANVIER 1668
PAR LA
TROUPE DU ROI

A SON ALTESSE SÉRÉNISSIME
MONSEIGNEUR
LE PRINCE

MONSEIGNEUR,

N'en déplaise à nos beaux esprits, je ne vois rien de plus ennuyeux que les épîtres dédicatoires; et VOTRE ALTESSE SÉRÉNISSIME trouvera bon, s'il lui plaît, que je ne suive point ici le style de ces messieurs-là, et refuse de me servir de deux ou trois misérables pensées qui ont été tournées et retournées tant de fois qu'elles sont usées de tous les côtés. Le nom du GRAND CONDÉ est un nom trop glorieux pour le traiter comme on fait de tous les autres noms. Il ne faut l'appliquer, ce nom illustre, qu'à des emplois qui soient dignes de lui et, pour dire de belles choses, je voudrais parler de le mettre à la tête d'une armée plutôt qu'à la tête d'un livre; et je conçois bien mieux ce qu'il est capable de faire en l'opposant aux forces des ennemis de cet État qu'en l'opposant à la critique des ennemis d'une comédie.

Ce n'est pas, MONSEIGNEUR, que la glorieuse approbation de VOTRE ALTESSE SÉRÉNISSIME ne fût une puissante protection pour toutes ces sortes d'ouvrages, et qu'on ne soit persuadé des lumières de votre esprit autant que de l'intrépidité de votre cœur et de la grandeur de votre âme. On sait, par toute la terre, que l'éclat de votre mérite n'est point renfermé dans les bornes de cette valeur indomptable qui se fait des adorateurs chez ceux même qu'elle surmonte; qu'il s'étend, ce mérite, jusques aux connaissances les plus fines et les plus relevées, et que les décisions de votre jugement sur tous les ouvrages d'esprit ne manquent point d'être suivies par le sentiment des plus délicats. Mais on sait aussi, MONSEIGNEUR, que toutes ces glorieuses approbations dont nous nous vantons en public ne nous coûtent rien à faire imprimer; et que ce sont des choses dont nous disposons comme nous voulons. On sait, dis-je, qu'une épître dédicatoire dit tout ce qu'il lui plaît, et qu'un auteur est en pouvoir d'aller saisir les personnes les plus augustes, et de parer de leurs grands noms les premiers feuillets de son livre; qu'il a la liberté de s'y donner, autant qu'il le veut, l'honneur de leur estime, et de se faire des protecteurs qui n'ont jamais songé à l'être.

Je n'abuserai, MONSEIGNEUR, ni de votre nom, ni de vos bontés, pour combattre les censeurs de l'*Amphitryon* et m'attribuer une gloire que je n'ai peut-être pas méritée, et je ne prends la liberté de vous offrir ma comédie que pour avoir lieu de vous dire que je regarde incessamment, avec une profonde vénération, les grandes qualités que vous joignez au sang auguste dont vous tenez le jour, et que je suis, MONSEIGNEUR, avec tout le respect possible, et tout le zèle imaginable,

DE VOTRE ALTESSE SÉRÉNISSIME,

Le très humble, très obéissant,
et très obligé serviteur,
J. B. P. MOLIÈRE.

PERSONNAGES

MERCURE.

LA NUIT.

JUPITER, sous la forme d'Amphitryon.

AMPHITRYON, général des Thébains.

ALCMÈNE, femme d'Amphitryon.

CLÉANTHIS, suivante d'Alcmène et femme de Sosie.

SOSIE, valet d'Amphitryon.

ARGATIPHONTIDAS,
NAUCRATÈS, } capitaines thébains.
POLIDAS,
POSICLÈS,

La scène est à Thèbes, devant la maison d'Amphitryon.

PROLOGUE

MERCURE, *sur un nuage*, LA NUIT, *dans un char*
traîné par deux chevaux.

MERCURE

Tout beau! charmante Nuit; daignez vous arrêter :
Il est certain secours que de vous on désire,
   Et j'ai deux mots à vous dire
   De la part de Jupiter.

LA NUIT

  Ah! ah! c'est vous, seigneur Mercure!   5
Qui vous eût deviné là, dans cette posture?

MERCURE

Ma foi! me trouvant las, pour ne pouvoir fournir
Aux différents emplois où Jupiter m'engage,
Je me suis doucement assis sur ce nuage,
   Pour vous attendre venir.   10

LA NUIT

Vous vous moquez, Mercure, et vous n'y songez pas :
Sied-il bien à des Dieux de dire qu'ils sont las?

MERCURE

Les Dieux sont-ils de fer ?

LA NUIT

     Non; mais il faut sans cesse
Garder le décorum de la divinité.
Il est de certains mots dont l'usage rabaisse   15
   Cette sublime qualité,
   Et que, pour leur indignité,
   Il est bon qu'aux hommes on laisse.

MERCURE

A votre aise vous en parlez,
Et vous avez, la belle, une chaise roulante,   20
Où par deux bons chevaux, en dame nonchalante,
Vous vous faites traîner partout où vous voulez.
   Mais de moi ce n'est pas de même;
Et je ne puis vouloir, dans mon destin fatal,
   Aux poètes assez de mal   25
   De leur impertinence extrême,
   D'avoir, par une injuste loi,
   Dont on veut maintenir l'usage,
   A chaque Dieu, dans son emploi,
   Donné quelque allure en partage,   30
   Et de me laisser à pied, moi,
   Comme un messager de village,
Moi, qui suis, comme on sait, en terre et dans les cieux,
Le fameux messager du souverain des Dieux,
   Et qui, sans rien exagérer,   35
   Par tous les emplois qu'il me donne,
   Aurais besoin, plus que personne,
   D'avoir de quoi me voiturer.

LA NUIT

   Que voulez-vous faire à cela ?
   Les poètes font à leur guise :   40
   Ce n'est pas la seule sottise
   Qu'on voit faire à ces Messieurs-là.
Mais contre eux toutefois votre âme à tort s'irrite,
Et vos ailes aux pieds sont un don de leurs soins.

MERCURE

   Oui; mais, pour aller plus vite,   45
   Est-ce qu'on s'en lasse moins ?

LA NUIT

   Laissons cela, seigneur Mercure,
   Et sachons ce dont il s'agit.

MERCURE

   C'est Jupiter, comme je vous l'ai dit,
Qui de votre manteau veut la faveur obscure,   50
   Pour certaine douce aventure
   Qu'un nouvel amour lui fournit.
Ses pratiques, je crois, ne vous sont pas nouvelles :
Bien souvent pour la terre il néglige les cieux;

Et vous n'ignorez pas que ce maître des Dieux   55
Aime à s'humaniser pour des beautés mortelles,
    Et sait cent tours ingénieux,
      Pour mettre à bout les plus cruelles.
    Des yeux d'Alcmène il a senti les coups;
Et tandis qu'au milieu des béotiques plaines,   60
      Amphitryon, son époux,
      Commande aux troupes thébaines,
Il en a pris la forme, et reçoit là-dessous
    Un soulagement à ses peines
Dans la possession des plaisirs les plus doux.   65
L'état des mariés à ses feux est propice :
L'hymen ne les a joints que depuis quelques jours;
Et la jeune chaleur de leurs tendres amours
A fait que Jupiter à ce bel artifice
    S'est avisé d'avoir recours.   70
Son stratagème ici se trouve salutaire;
    Mais, près de maint objet chéri,
Pareil déguisement serait pour ne rien faire,
Et ce n'est pas partout un bon moyen de plaire
    Que la figure d'un mari.   75

La Nuit

J'admire Jupiter, et je ne comprends pas
Tous les déguisements qui lui viennent en tête.

Mercure

Il veut goûter par là toutes sortes d'états,
    Et c'est agir en Dieu qui n'est pas bête.
Dans quelque rang qu'il soit des mortels regardé,   80
    Je le tiendrais fort misérable,
S'il ne quittait jamais sa mine redoutable,
Et qu'au faîte des cieux il fût toujours guindé.
Il n'est point, à mon gré, de plus sotte méthode
Que d'être emprisonné toujours dans sa grandeur;   85
Et surtout aux transports de l'amoureuse ardeur
La haute qualité devient fort incommode.
Jupiter, qui sans doute en plaisirs se connaît,
Sait descendre du haut de sa gloire suprême;
    Et pour entrer dans tout ce qu'il lui plaît   90
    Il sort tout à fait de lui-même,
Et ce n'est plus alors Jupiter qui paraît.

La Nuit

Passe encor de le voir, de ce sublime étage,

Dans celui des hommes venir,
Prendre tous les transports que leur cœur peut fournir, 95
Et se faire à leur badinage,
Si, dans les changements où son humeur l'engage,
A la nature humaine il s'en voulait tenir ;
Mais de voir Jupiter taureau,
Serpent, cygne, ou quelque autre chose,   100
Je ne trouve point cela beau,
Et ne m'étonne pas si parfois on en cause.

MERCURE

Laissons dire tous les censeurs :
Tels changements ont leurs douceurs
Qui passent leur intelligence.   105
Ce Dieu sait ce qu'il fait aussi bien là qu'ailleurs ;
Et dans les mouvements de leurs tendres ardeurs,
Les bêtes ne sont pas si bêtes que l'on pense.

LA NUIT

Revenons à l'objet dont il a les faveurs.
Si par son stratagème il voit sa flamme heureuse, 110
Que peut-il souhaiter ? et qu'est-ce que je puis ?

MERCURE

Que vos chevaux, par vous au petit pas réduits,
Pour satisfaire aux vœux de son âme amoureuse,
D'une nuit si délicieuse
Fassent la plus longue des nuits ;   115
Qu'à ses transports vous donniez plus d'espace,
Et retardiez la naissance du jour
Qui doit avancer le retour
De celui dont il tient la place.

LA NUIT

Voilà sans doute un bel emploi   120
Que le grand Jupiter m'apprête,
Et l'on donne un nom fort honnête
Au service qu'il veut de moi.

MERCURE

Pour une jeune Déesse,
Vous êtes bien du bon temps !   125
Un tel emploi n'est bassesse
Que chez les petites gens.
Lorsque dans un haut rang on a l'heur de paraître,
Tout ce qu'on fait est toujours bel et bon ;

Et suivant ce qu'on peut être,   130
Les choses changent de nom.

La Nuit

Sur de pareilles matières
Vous en savez plus que moi;
Et pour accepter l'emploi,
J'en veux croire vos lumières.   135

Mercure

Hé! là, là, Madame la Nuit,
Un peu doucement, je vous prie.
Vous avez dans le monde un bruit
De n'être pas si renchérie.
On vous fait confidente, en cent climats divers,   140
De beaucoup de bonnes affaires;
Et je crois, à parler à sentiments ouverts,
Que nous ne nous en devons guère.

La Nuit

Laissons ces contrariétés,
Et demeurons ce que nous sommes :   145
N'apprêtons point à rire aux hommes
En nous disant nos vérités.

Mercure

Adieu : je vais là-bas, dans ma commission,
Dépouiller promptement la forme de Mercure
Pour y vêtir la figure   150
Du valet d'Amphitryon.

La Nuit

Moi, dans cet hémisphère, avec ma suite obscure
Je vais faire une station.

Mercure

Bonjour, la Nuit.

La Nuit

Adieu, Mercure.

Mercure descend de son nuage en terre, et la
Nuit passe dans son char.

ACTE PREMIER

SCÈNE I

SOSIE

Qui va là ? Heu ? Ma peur, à chaque pas, s'accroît.   155
    Messieurs, ami de tout le monde.
    Ah! quelle audace sans seconde
    De marcher à l'heure qu'il est!
    Que mon maître, couvert de gloire,
    Me joue ici d'un vilain tour!   160
Quoi ? si pour son prochain il avait quelque amour,
M'aurait-il fait partir par une nuit si noire ?
Et pour me renvoyer annoncer son retour.
    Et le détail de sa victoire,
Ne pouvait-il pas bien attendre qu'il fût jour ?   165
    Sosie, à quelle servitude
    Tes jours sont-ils assujettis!
    Notre sort est beaucoup plus rude
    Chez les grands que chez les petits.
Ils veulent que pour eux tout soit, dans la nature,   170
    Obligé de s'immoler.
Jour et nuit, grêle, vent, péril, chaleur, froidure,
    Dès qu'ils parlent, il faut voler.
      Vingt ans d'assidu service
      N'en obtiennent rien pour nous;   175
      Le moindre petit caprice
      Nous attire leur courroux.
    Cependant notre âme insensée
S'acharne au vain honneur de demeurer près d'eux,
Et s'y veut contenter de la fausse pensée   180
Qu'ont tous les autres gens que nous sommes heureux.
Vers la retraite en vain la raison nous appelle;
En vain notre dépit quelquefois y consent :
    Leur vue a sur notre zèle
    Un ascendant trop puissant,   185
Et la moindre faveur d'un coup d'œil caressant
    Nous rengage de plus belle.
    Mais enfin, dans l'obscurité,

Je vois notre maison, et ma frayeur s'évade.
      Il me faudrait, pour l'ambassade,   190
        Quelque discours prémédité.
Je dois aux yeux d'Alcmène un portrait militaire
Du grand combat qui met nos ennemis à bas;
      Mais comment diantre le faire,
        Si je ne m'y trouvai pas ?   195
N'importe, parlons-en et d'estoc et de taille,
      Comme oculaire témoin :
Combien de gens font-ils des récits de bataille
        Dont ils se sont tenus loin ?
      Pour jouer mon rôle sans peine,   200
        Je le veux un peu repasser.
Voici la chambre où j'entre en courrier que l'on mène,
      Et cette lanterne est Alcmène,
      A qui je me dois adresser.

                Il pose sa lanterne à terre et lui adresse son
                compliment.

« Madame, Amphitryon, mon maître, et votre époux... 205
(Bon! beau début!) l'esprit toujours plein de vos charmes,
      M'a voulu choisir entre tous,
Pour vous donner avis du succès de ses armes,
Et du désir qu'il a de se voir près de vous. »
      « Ha! vraiment, mon pauvre Sosie,   210
      A te revoir j'ai de la joie au cœur. »
      « Madame, ce m'est trop d'honneur,
      Et mon destin doit faire envie. »
(Bien répondu!) *« Comment se porte Amphitryon ? »*
      « Madame, en homme de courage,   215
Dans les occasions où la gloire l'engage. »
      (Fort bien! belle conception!)
      « Quand viendra-t-il, par son retour charmant,
      Rendre mon âme satisfaite ? »
« Le plus tôt qu'il pourra, Madame, assurément,   220
      Mais bien plus tard que son cœur ne souhaite. »
(Ah!) *« Mais quel est l'état où la guerre l'a mis ?*
Que dit-il ? que fait-il ? Contente un peu mon âme. »
      « Il dit moins qu'il ne fait, Madame,
      Et fait trembler les ennemis. »   225
(Peste! où prend mon esprit toutes ces gentillesses ?)
« Que font les révoltés ? dis-moi, quel est leur sort ? »
« Ils n'ont pu résister, Madame, à notre effort :
      Nous les avons taillés en pièces,
      Mis Ptérélas leur chef à mort,   230

Pris Télèbe d'assaut, et déjà dans le port
    Tout retentit de nos prouesses. »
« *Ah! quel succès! ô Dieux! Qui l'eût pu jamais croire?*
Raconte-moi, Sosie, un tel événement. »
« Je le veux bien, Madame; et, sans m'enfler de gloire, 235
      Du détail de cette victoire
    Je puis parler très savamment.
    Figurez-vous donc que Télèbe,
      Madame, est de ce côté :

            Il marque les lieux sur sa main, ou à terre.

    C'est une ville, en vérité,   240
    Aussi grande quasi que Thèbes,
      La rivière est comme là.
      Ici nos gens se campèrent;
      Et l'espace que voilà,
      Nos ennemis l'occupèrent :   245
      Sur un haut, vers cet endroit,
      Était leur infanterie;
      Et plus bas, du côté droit,
      Était la cavalerie.
Après avoir aux Dieux adressé les prières,   250
Tous les ordres donnés, on donne le signal.
Les ennemis, pensant nous tailler des croupières,
Firent trois pelotons de leurs gens à cheval;
Mais leur chaleur par nous fut bientôt réprimée,
    Et vous allez voir comme quoi.   255
Voilà notre avant-garde à bien faire animée;
    Là, les archers de Créon, notre roi;
      Et voici le corps d'armée,

               On fait un peu de bruit.

Qui d'abord... Attendez. » Le corps d'armée a peur.
    J'entends quelque bruit, ce me semble.   260

              SCÈNE II

           MERCURE, SOSIE

       MERCURE, *sous la forme de Sosie.*

    Sous ce minois qui lui ressemble,
    Chassons de ces lieux ce causeur,
Dont l'abord importun troublerait la douceur
    Que nos amants goûtent ensemble.

SOSIE

Mon cœur tant soit peu se rassure,   265
    Et je pense que ce n'est rien.
Crainte pourtant de sinistre aventure,
Allons chez nous achever l'entretien.

MERCURE

Tu seras plus fort que Mercure,
    Ou je t'en empêcherai bien.   270

SOSIE

Cette nuit en longueur me semble sans pareille
Il faut, depuis le temps que je suis en chemin,
Ou que mon maître ait pris le soir pour le matin,
Ou que trop tard au lit le blond Phébus sommeille,
    Pour avoir trop pris de son vin.   275

MERCURE

    Comme avec irrévérence
    Parle des Dieux ce maraud !
    Mon bras saura bien tantôt
    Châtier cette insolence,
Et je vais m'égayer avec lui comme il faut,   280
En lui volant son nom, avec sa ressemblance.

SOSIE

    Ah ! par ma foi, j'avais raison :
C'est fait de moi, chétive créature !
    Je vois devant notre maison
    Certain homme dont l'encolure   285
    Ne me présage rien de bon.
    Pour faire semblant d'assurance,
    Je veux chanter un peu d'ici.

> *Il chante ; et lorsque Mercure parle, sa voix s'affaiblit peu à peu.*

MERCURE

Qui donc est ce coquin qui prend tant de licence,
    Que de chanter et m'étourdir ainsi ?   290
Veut-il qu'à l'étriller ma main un peu s'applique ?

SOSIE

Cet homme assurément n'aime pas la musique.

MERCURE

    Depuis plus d'une semaine,
Je n'ai trouvé personne à qui rompre les os ;

La vertu de mon bras se perd dans le repos,   295
      Et je cherche quelque dos,
      Pour me remettre en haleine.

SOSIE

     Quel diable d'homme est-ce ci ?
De mortelles frayeurs je sens mon âme atteinte.
     Mais pourquoi trembler tant aussi ?   300
Peut-être a-t-il dans l'âme autant que moi de crainte,
     Et que le drôle parle ainsi
Pour me cacher sa peur sous une audace feinte ?
Oui, oui, ne souffrons point qu'on nous croie un oison :
Si je ne suis hardi, tâchons de le paraître.   305
     Faisons-nous du cœur par raison;
Il est seul, comme moi; je suis fort, j'ai bon maître.
     Et voilà notre maison.

MERCURE

Qui va là ?

SOSIE

    Moi.

MERCURE

      Qui, moi ?

SOSIE

       Moi. Courage, Sosie!

MERCURE

Quel est ton sort, dis-moi ?

SOSIE

       D'être homme, et de parler. 310

MERCURE

Es-tu maître ou valet ?

SOSIE

      Comme il me prend envie.

MERCURE

Où s'adressent tes pas ?

SOSIE

      Où j'ai dessein d'aller.

MERCURE

Ah! ceci me déplaît.

SOSIE

J'en ai l'âme ravie.

MERCURE

Résolument, par force ou par amour,
Je veux savoir de toi, traître,   315
Ce que tu fais, d'où tu viens avant jour,
Où tu vas, à qui tu peux être.

SOSIE

Je fais le bien et le mal tour à tour;
Je viens de là, vais là; j'appartiens à mon maître.

MERCURE

Tu montres de l'esprit, et je te vois en train   320
De trancher avec moi de l'homme d'importance.
Il me prend un désir, pour faire connaissance,
De te donner un soufflet de ma main.

SOSIE

A moi-même ?

MERCURE

A toi-même : et t'en voilà certain.

Il lui donne un soufflet.

SOSIE

Ah! ah! c'est tout de bon!

MERCURE

Non : ce n'est que pour rire, 325
Et répondre à tes quolibets.

SOSIE

Tudieu! l'ami, sans vous rien dire,
Comme vous baillez des soufflets!

MERCURE

Ce sont là de mes moindres coups,
De petits soufflets ordinaires.   330

SOSIE

Si j'étais aussi prompt que vous,
Nous ferions de belles affaires.

MERCURE

Tout cela n'est encor rien,
Pour y faire quelque pause :

Nous verrons bien autre chose,   335
Poursuivons notre entretien.

SOSIE

Je quitte la partie.

Il veut s'en aller.

MERCURE

Où vas-tu ?

SOSIE

Que t'importe ?

MERCURE

Je veux savoir où tu vas.

SOSIE

Me faire ouvrir cette porte.
Pourquoi retiens-tu mes pas ?   340

MERCURE

Si jusqu'à l'approcher tu pousses ton audace,
Je fais sur toi pleuvoir un orage de coups.

SOSIE

Quoi ? tu veux, par ta menace,
M'empêcher d'entrer chez nous ?

MERCURE

Comment, chez nous ?

SOSIE

Oui, chez nous.

MERCURE

O le traître ! 345
Tu te dis de cette maison ?

SOSIE

Fort bien. Amphitryon n'en est-il pas le maître ?

MERCURE

Hé bien ! que fait cette raison ?

SOSIE

Je suis son valet.

MERCURE

Toi ?

SOSIE

Moi.

MERCURE

Son valet ?

SOSIE

Sans doute.

MERCURE

Valet d'Amphitryon ?

SOSIE

D'Amphitryon, de lui.   350

MERCURE

Ton nom est... ?

SOSIE

Sosie.

MERCURE

Heu ? comment ?

SOSIE

Sosie.

MERCURE

Écoute :
Sais-tu que de ma main je t'assomme aujourd'hui ?

SOSIE

Pourquoi ! De quelle rage est ton âme saisie ?

MERCURE

Qui te donne, dis-moi, cette témérité
De prendre le nom de Sosie ?   355

SOSIE

Moi, je ne le prends point, je l'ai toujours porté.

MERCURE

O le mensonge horrible ! et l'impudence extrême !
Tu m'oses soutenir que Sosie est ton nom ?

SOSIE

Fort bien : je le soutiens, par la grande raison
Qu'ainsi l'a fait des Dieux la puissance suprême,   360
Et qu'il n'est pas en moi de pouvoir dire non,
Et d'être un autre que moi-même.

Mercure le bat.

MERCURE

Mille coups de bâton doivent être le prix
   D'une pareille effronterie.

SOSIE

Justice, citoyens ! Au secours ! je vous prie.   365

MERCURE

  Comment, bourreau, tu fais des cris ?

SOSIE

  De mille coups tu me meurtris,
  Et tu ne veux pas que je crie ?

MERCURE

C'est ainsi que mon bras...

SOSIE

    L'action ne vaut rien :
   Tu triomphes de l'avantage   370
Que te donne sur moi mon manque de courage ;
   Et ce n'est pas en user bien.
   C'est pure fanfaronnerie
De vouloir profiter de la poltronnerie
   De ceux qu'attaque notre bras.   375
Battre un homme à jeu sûr n'est pas d'une belle âme ;
   Et le cœur est digne de blâme
   Contre les gens qui n'en ont pas.

MERCURE

Hé bien ! es-tu Sosie à présent ? qu'en dis-tu ?

SOSIE

Tes coups n'ont point en moi fait de métamorphose ; 380
Et tout le changement que je trouve à la chose,
   C'est d'être Sosie battu.

MERCURE

Encor ? Cent autres coups pour cette autre impudence.

SOSIE

  De grâce, fais trêve à tes coups.

MERCURE

  Fais donc trêve à ton insolence.   385

SOSIE

Tout ce qu'il te plaira ; je garde le silence :
La dispute est par trop inégale entre nous.

MERCURE

Es-tu Sosie encor ? dis, traître !

SOSIE

Hélas ! je suis ce que tu veux ;
Dispose de mon sort tout au gré de tes vœux :   390
Ton bras t'en a fait le maître.

MERCURE

Ton nom était Sosie, à ce que tu disais ?

SOSIE

Il est vrai, jusqu'ici j'ai cru la chose claire ;
Mais ton bâton, sur cette affaire,
M'a fait voir que je m'abusais.   395

MERCURE

C'est moi qui suis Sosie, et tout Thèbes l'avoue :
Amphitryon jamais n'en eut d'autre que moi.

SOSIE

Toi, Sosie ?

MERCURE

Oui, Sosie ; et si quelqu'un s'y joue,
Il peut bien prendre garde à soi.

SOSIE

Ciel ! me faut-il ainsi renoncer à moi-même,   400
Et par un imposteur me voir voler mon nom ?
Que son bonheur est extrême
De ce que je suis poltron !
Sans cela, par la mort...!

MERCURE

Entre tes dents, je pense,
Tu murmures je ne sais quoi ?   405

SOSIE

Non. Mais, au nom des Dieux, donne-moi la licence
De parler un moment à toi.

MERCURE

Parle.

SOSIE

Mais promets-toi, de grâce,
Que les coups n'en seront point.
Signons une trêve.

MERCURE

Passe;   410
Va, je t'accorde ce point.

SOSIE

Qui te jette, dis-moi, dans cette fantaisie ?
Que te reviendra-t-il de m'enlever mon nom ?
Et peux-tu faire enfin, quand tu serais démon,
Que je ne sois pas moi ? que je ne sois Sosie ?   415

MERCURE

Comment, tu peux...

SOSIE

Ah! tout doux :
Nous avons fait trêve aux coups.

MERCURE

Quoi ? pendard, imposteur, coquin...

SOSIE

Pour des injures,
Dis-m'en tant que tu voudras :
Ce sont légères blessures,   420
Et je ne m'en fâche pas.

MERCURE

Tu te dis Sosie ?

SOSIE

Oui. Quelque conte frivole...

MERCURE

Sus, je romps notre trêve, et reprends ma parole.

SOSIE

N'importe, je ne puis m'anéantir pour toi,
Et souffrir un discours si loin de l'apparence.   425
Être ce que je suis est-il en ta puissance ?
Et puis-je cesser d'être moi ?
S'avisa-t-on jamais d'une chose pareille ?
Et peut-on démentir cent indices pressants ?
Rêvé-je ? est-ce que je sommeille ?   430
Ai-je l'esprit troublé par des transports puissants ?
Ne sens-je pas bien que je veille ?
Ne suis-je pas dans mon bon sens ?
Mon maître Amphitryon ne m'a-t-il pas commis

A venir en ces lieux vers Alcmène sa femme ?   435
Ne lui dois-je pas faire, en lui vantant sa flamme,
Un récit de ses faits contre nos ennemis ?
Ne suis-je pas du port arrivé tout à l'heure ?
          Ne tiens-je pas une lanterne en main ?
Ne te trouvé-je pas devant notre demeure ?   440
Ne t'y parlé-je pas d'un esprit tout humain ?
Ne te tiens-tu pas fort de ma poltronnerie
          Pour m'empêcher d'entrer chez nous ?
N'as-tu pas sur mon dos exercé ta furie ?
          Ne m'as-tu pas roué de coups ?   445
     Ah! tout cela n'est que trop véritable,
          Et plût au Ciel le fût-il moins !
Cesse donc d'insulter au sort d'un misérable,
Et laisse à mon devoir s'acquitter de ses soins.

MERCURE

Arrête, ou sur ton dos le moindre pas attire   450
Un assommant éclat de mon juste courroux.
          Tout ce que tu viens de dire
          Est à moi, hormis les coups.
C'est moi qu'Amphitryon députe vers Alcmène,
Et qui du port persique arrive de ce pas;   455
Moi qui viens annoncer la valeur de son bras
Qui nous fait remporter une victoire pleine,
Et de nos ennemis a mis le chef à bas;
C'est moi qui suis Sosie enfin, de certitude,
          Fils de Dave, honnête berger;   460
Frère d'Arpage, mort en pays étranger;
          Mari de Cléanthis la prude,
          Dont l'humeur me fait enrager;
Qui dans Thèbe ai reçu mille coups d'étrivière,
          Sans en avoir jamais dit rien,   465
Et jadis en public fus marqué par derrière,
          Pour être trop homme de bien.

SOSIE

     Il a raison. A moins d'être Sosie,
     On ne peut pas savoir tout ce qu'il dit;
Et dans l'étonnement dont mon âme est saisie,   470
Je commence, à mon tour, à le croire un petit.
En effet, maintenant que je le considère,
Je vois qu'il a de moi taille, mine, action.
          Faisons-lui quelque question,
          Afin d'éclaircir ce mystère :   475

Parmi tout le butin fait sur nos ennemis,
Qu'est-ce qu'Amphitryon obtient pour son partage ?

MERCURE

Cinq fort gros diamants, en nœud proprement mis,
Dont leur chef se parait comme d'un rare ouvrage.

SOSIE

A qui destine-t-il un si riche présent ?

MERCURE

A sa femme; et sur elle il le veut voir paraître.

SOSIE

Mais où, pour l'apporter, est-il mis à présent ?   480

MERCURE

Dans un coffret, scellé des armes de mon maître.

SOSIE

Il ne ment pas d'un mot à chaque repartie,
Et de moi je commence à douter tout de bon.   485
Près de moi, par la force, il est déjà Sosie;
Il pourrait bien encor l'être par la raison.
Pourtant, quand je me tâte et que je me rappelle,
        Il me semble que je suis moi.
Où puis-je rencontrer quelque clarté fidèle,   490
        Pour démêler ce que je vois ?
Ce que j'ai fait tout seul, et que n'a vu personne,
A moins d'être moi-même, on ne le peut savoir.
Par cette question il faut que je l'étonne :
C'est de quoi le confondre, et nous allons le voir.   495
Lorsqu'on était aux mains, que fis-tu dans nos tentes,
        Où tu courus seul te fourrer ?

MERCURE

D'un jambon...

SOSIE

            L'y voilà !

MERCURE

                    Que j'allai déterrer,
Je coupai bravement deux tranches succulentes,
        Dont je sus fort bien me bourrer;   500
En joignant à cela d'un vin que l'on ménage,
Et dont, avant le goût, les yeux se contentaient,
        Je pris un peu de courage
        Pour nos gens qui se battaient.

SOSIE

Cette preuve sans pareille   505
    En sa faveur conclut bien;
    Et l'on n'y peut dire rien,
    S'il n'était dans la bouteille.
Je ne saurais nier, aux preuves qu'on m'expose,
Que tu ne sois Sosie, et j'y donne ma voix.   510
Mais si tu l'es, dis-moi qui tu veux que je sois.
Car encor faut-il bien que je sois quelque chose.

MERCURE

Quand je ne serai plus Sosie,
    Sois-le, j'en demeure d'accord;
Mais tant que je le suis, je te garantis mort,   515
    Si tu prends cette fantaisie.

SOSIE

Tout cet embarras met mon esprit sur les dents,
    Et la raison à ce qu'on voit s'oppose.
Mais il faut terminer enfin par quelque chose;
Et le plus court pour moi, c'est d'entrer là-dedans.   520

MERCURE

Ah! tu prends donc, pendard, goût à la bastonnade ?

SOSIE

Ah! qu'est-ce ci ? grands Dieux! il frappe un ton plus fort.
Et mon dos, pour un mois, en doit être malade.
Laissons ce diable d'homme, et retournons au port.
O juste Ciel! j'ai fait une belle ambassade!   525

MERCURE

Enfin, je l'ai fait fuir; et sous ce traitement
De beaucoup d'actions il a reçu la peine.
Mais je vois Jupiter, que fort civilement
    Reconduit l'amoureuse Alcmène.

SCÈNE III

JUPITER, ALCMÈNE, CLÉANTHIS, MERCURE

JUPITER

Défendez, chère Alcmène, aux flambeaux d'approcher.   530
Ils m'offrent des plaisirs en m'offrant votre vue;

Mais ils pourraient ici découvrir ma venue,
      Qu'il est à propos de cacher.
Mon amour, que gênaient tous ces soins éclatants
Où me tenait lié la gloire de nos armes,   535
Au devoir de ma charge a volé les instants
      Qu'il vient de donner à vos charmes.
Ce vol qu'à vos beautés mon cœur a consacré
Pourrait être blâmé dans la bouche publique,
      Et j'en veux pour témoin unique   540
      Celle qui peut m'en savoir gré.

ALCMÈNE

Je prends, Amphitryon, grande part à la gloire
Que répandent sur vous vos illustres exploits;
      Et l'éclat de votre victoire
Sait toucher de mon cœur les sensibles endroits;   545
      Mais quand je vois que cet honneur fatal
      Éloigne de moi ce que j'aime,
Je ne puis m'empêcher, dans ma tendresse extrême,
      De lui vouloir un peu de mal,
Et d'opposer mes vœux à cet ordre suprême   550
      Qui des Thébains vous fait le général.
C'est une douce chose, après une victoire,
Que la gloire où l'on voit ce qu'on aime élevé;
Mais parmi les périls mêlés à cette gloire,
Un triste coup, hélas! est bientôt arrivé.   555
De combien de frayeurs a-t-on l'âme blessée,
      Au moindre choc dont on entend parler!
Voit-on, dans les horreurs d'une telle pensée,
      Par où jamais se consoler
      Du coup dont on est menacée ?   560
Et de quelque laurier qu'on couronne un vainqueur,
Quelque part que l'on ait à cet honneur suprême,
Vaut-il ce qu'il en coûte aux tendresses d'un cœur
Qui peut, à tout moment, trembler pour ce qu'il aime ?

JUPITER

Je ne vois rien en vous dont mon feu ne s'augmente : 565
Tout y marque à mes yeux un cœur bien enflammé;
Et c'est, je vous l'avoue, une chose charmante
De trouver tant d'amour dans un objet aimé.
Mais, si je l'ose dire, un scrupule me gêne
Aux tendres sentiments que vous me faites voir;   570
Et pour les bien goûter, mon amour, chère Alcmène,
Voudrait n'y voir entrer rien de votre devoir :

Qu'à votre seule ardeur, qu'à ma seule personne,
Je dusse les faveurs que je reçois de vous,
Et que la qualité que j'ai de votre époux   575
    Ne fut point ce qui me les donne.

ALCMÈNE

C'est de ce nom pourtant que l'ardeur qui me brûle
    Tient le droit de paraître au jour,
Et je ne comprends rien à ce nouveau scrupule
    Dont s'embarrasse votre amour.   580

JUPITER

Ah! ce que j'ai pour vous d'ardeur et de tendresse
    Passe aussi celle d'un époux,
Et vous ne savez pas, dans des moments si doux,
    Quelle en est la délicatesse.
Vous ne concevez point qu'un cœur bien amoureux   585
Sur cent petits égards s'attache avec étude,
    Et se fait une inquiétude
    De la manière d'être heureux.
    En moi, belle et charmante Alcmène,
Vous voyez un mari, vous voyez un amant;   590
Mais l'amant seul me touche, à parler franchement,
Et je sens, près de vous, que le mari le gêne.
Cet amant, de vos vœux jaloux au dernier point,
Souhaite qu'à lui seul votre cœur s'abandonne,
    Et sa passion ne veut point   595
    De ce que le mari lui donne.
Il veut de pure source obtenir vos ardeurs,
Et ne veut rien tenir des nœuds de l'hyménée,
Rien d'un fâcheux devoir qui fait agir les cœurs,
Et par qui, tous les jours, des plus chères faveurs   600
    La douceur est empoisonnée.
Dans le scrupule enfin dont il est combattu,
Il veut, pour satisfaire à sa délicatesse,
Que vous le sépariez d'avec ce qui le blesse,
Que le mari ne soit que pour votre vertu,   605
Et que de votre cœur, de bonté revêtu,
L'amant ait tout l'amour et toute la tendresse.

ALCMÈNE

    Amphitryon, en vérité,
Vous vous moquez de tenir ce langage,
Et j'aurais peur qu'on ne vous crût pas sage,   610
Si de quelqu'un vous étiez écouté.

JUPITER

Ce discours est plus raisonnable,
Alcmène, que vous ne pensez;
Mais un plus long séjour me rendrait trop coupable,
Et du retour au port les moments sont pressés.   615
Adieu : de mon devoir l'étrange barbarie
          Pour un temps m'arrache de vous;
Mais, belle Alcmène, au moins, quand vous verrez l'époux,
          Songez à l'amant, je vous prie.

ALCMÈNE

Je ne sépare point ce qu'unissent les Dieux,   620
Et l'époux et l'amant me sont fort précieux.

CLÉANTHIS

          O Ciel! que d'aimables caresses
          D'un époux ardemment chéri!
          Et que mon traître de mari
          Est loin de toutes ces tendresses!   625

MERCURE

          La Nuit, qu'il me faut avertir,
          N'a plus qu'à plier tous ses voiles;
          Et pour effacer les étoiles,
Le Soleil de son lit peut maintenant sortir.

SCÈNE IV

CLÉANTHIS, MERCURE

Mercure veut s'en aller.

CLÉANTHIS

Quoi ? c'est ainsi que l'on me quitte ?   630

MERCURE

          Et comment donc ? Ne veux-tu pas
          Que de mon devoir je m'acquitte ?
Et que d'Amphitryon j'aille suivre les pas ?

CLÉANTHIS

          Mais avec cette brusquerie,
          Traître, de moi te séparer!   635

MERCURE

Le beau sujet de fâcherie!
Nous avons tant de temps ensemble à demeurer.

CLÉANTHIS

Mais quoi ? partir ainsi d'une façon brutale,
Sans me dire un seul mot de douceur pour régal!

MERCURE

Diantre! où veux-tu que mon esprit   640
T'aille chercher des fariboles ?
Quinze ans de mariage épuisent les paroles,
Et depuis un long temps nous nous sommes tout dit.

CLÉANTHIS

Regarde, traître, Amphitryon,
Vois combien pour Alcmène il étale de flamme,   645
Et rougis là-dessus du peu de passion
Que tu témoignes pour ta femme.

MERCURE

Hé! mon Dieu! Cléanthis, ils sont encore amants.
Il est certain âge où tout passe;
Et ce qui leur sied bien dans ces commencements,   650
En nous, vieux mariés, aurait mauvaise grâce.
Il nous ferait beau voir, attachés face à face
A pousser les beaux sentiments!

CLÉANTHIS

Quoi ? suis-je hors d'état, perfide, d'espérer
Qu'un cœur auprès de moi soupire ?   655

MERCURE

Non, je n'ai garde de le dire;
Mais je suis trop barbon pour oser soupirer,
Et je ferais crever de rire.

CLÉANTHIS

Mérites-tu, pendard, cet insigne bonheur
De te voir pour épouse une femme d'honneur ?   660

MERCURE

Mon Dieu! tu n'es que trop honnête :
Ce grand honneur ne me vaut rien.
Ne sois point si femme de bien,
Et me romps un peu moins la tête.

CLÉANTHIS

Comment ? de trop bien vivre on te voit me blâmer ? 665

MERCURE

La douceur d'une femme est tout ce qui me charme;
        Et ta vertu fait un vacarme
        Qui ne cesse de m'assommer.

CLÉANTHIS

Il te faudrait des cœurs pleins de fausses tendresses,
De ces femmes aux beaux et louables talents,   670
Qui savent accabler leurs maris de caresses,
Pour leur faire avaler l'usage des galants.

MERCURE

        Ma foi ! veux-tu que je te dise ?
Un mal d'opinion ne touche que les sots;
        Et je prendrais pour ma devise :   675
        « Moins d'honneur, et plus de repos. »

CLÉANTHIS

Comment ? tu souffrirais, sans nulle répugnance,
Que j'aimasse un galant avec toute licence ?

MERCURE

Oui, si je n'étais plus de tes cris rebattu,
Et qu'on te vît changer d'humeur et de méthode.   680
        J'aime mieux un vice commode
        Qu'une fatigante vertu.
        Adieu, Cléanthis, ma chère âme :
        Il me faut suivre Amphitryon.

                                                    Il s'en va.

CLÉANTHIS

        Pourquoi, pour punir cet infâme,   685
Mon cœur n'a-t-il assez de résolution ?
        Ah ! que dans cette occasion,
        J'enrage d'être honnête femme !

ACTE II

SCÈNE I

AMPHITRYON, SOSIE

AMPHITRYON

Viens çà, bourreau, viens çà. Sais-tu, maître fripon,
Qu'à te faire assommer ton discours peut suffire ?   690
Et que pour te traiter comme je le désire,
      Mon courroux n'attend qu'un bâton ?

SOSIE

      Si vous le prenez sur ce ton,
    Monsieur, je n'ai plus rien à dire,
    Et vous aurez toujours raison.   695

AMPHITRYON

Quoi ? tu veux me donner pour des vérités, traître,
Des contes que je vois d'extravagance outrés ?

SOSIE

Non : je suis le valet, et vous êtes le maître ;
Il n'en sera, Monsieur, que ce que vous voudrez.

AMPHITRYON

Çà, je veux étouffer le courroux qui m'enflamme,   700
Et tout du long t'ouïr sur ta commission.
      Il faut, avant que voir ma femme,
Que je débrouille ici cette confusion.
Rappelle tous tes sens, rentre bien dans ton âme,
Et réponds, mot pour mot, à chaque question.   705

SOSIE

      Mais, de peur d'incongruité,
      Dites-moi, de grâce, à l'avance,
De quel air il vous plaît que ceci soit traité.
Parlerai-je, Monsieur, selon ma conscience,
Ou comme auprès des grands on le voit usité ?   710
      Faut-il dire la vérité,
      Ou bien user de complaisance ?

AMPHITRYON

Non : je ne te veux obliger
Qu'à me rendre de tout un compte fort sincère.

SOSIE

Bon, c'est assez ; laissez-moi faire :   715
Vous n'avez qu'à m'interroger.

AMPHITRYON

Sur l'ordre que tantôt je t'avais su prescrire... ?

SOSIE

Je suis parti, les cieux d'un noir crêpe voilés,
Pestant fort contre vous dans ce fâcheux martyre,
Et maudissant vingt fois l'ordre dont vous parlez.   720

AMPHITRYON

Comment, coquin ?

SOSIE

Monsieur, vous n'avez rien qu'à dire,
Je mentirai, si vous voulez.

AMPHITRYON

Voilà comme un valet montre pour nous du zèle.
Passons. Sur les chemins que t'est-il arrivé ?

SOSIE

D'avoir une frayeur mortelle,   725
Au moindre objet que j'ai trouvé.

AMPHITRYON

Poltron !

SOSIE

En nous formant Nature a ses caprices ;
Divers penchants en nous elle fait observer :
Les uns à s'exposer trouvent mille délices ;
Moi, j'en trouve à me conserver.   730

AMPHITRYON

Arrivant au logis... ?

SOSIE

J'ai devant notre porte,
En moi-même voulu répéter un petit
Sur quel ton et de quelle sorte
Je ferais du combat le glorieux récit.

AMPHITRYON

Ensuite ?

SOSIE

On m'est venu troubler et mettre en peine. 735

AMPHITRYON

Et qui ?

SOSIE

Sosie, un moi, de vos ordres jaloux,
Que vous avez du port envoyé vers Alcmène,
Et qui de nos secrets a connaissance pleine,
        Comme le moi qui parle à vous.

AMPHITRYON

Quels contes !

SOSIE

        Non, Monsieur, c'est la vérité pure.   740
Ce moi plus tôt que moi s'est au logis trouvé ;
        Et j'étais venu, je vous jure,
        Avant que je fusse arrivé.

AMPHITRYON

        D'où peut procéder, je te prie,
        Ce galimatias maudit ?   745
        Est-ce songe ? est-ce ivrognerie ?
        Aliénation d'esprit ?
        Ou méchante plaisanterie ?

SOSIE

        Non : c'est la chose comme elle est,
        Et point du tout conte frivole.   750
Je suis homme d'honneur, j'en donne ma parole,
        Et vous m'en croirez, s'il vous plaît.
Je vous dis que, croyant n'être qu'un seul Sosie,
        Je me suis trouvé deux chez nous ;
Et que de ces deux moi, piqués de jalousie,   755
L'un est à la maison, et l'autre est avec vous ;
Que le moi que voici, chargé de lassitude,
A trouvé l'autre moi frais, gaillard, et dispos,
        Et n'ayant d'autre inquiétude
        Que de battre et casser des os.   760

AMPHITRYON

        Il faut être, je le confesse,
D'un esprit bien posé, bien tranquille, bien doux,
Pour souffrir qu'un valet de chansons me repaisse.

SOSIE

Si vous vous mettez en courroux,
Plus de conférence entre nous :   765
Vous savez que d'abord tout cesse.

AMPHITRYON

Non : sans emportement je te veux écouter;
Je l'ai promis. Mais dis, en bonne conscience,
Au mystère nouveau que tu me viens conter
          Est-il quelque ombre d'apparence ?   770

SOSIE

Non : vous avez raison, et la chose à chacun
          Hors de créance doit paraître.
          C'est un fait à n'y rien connaître,
Un conte extravagant, ridicule, importun :
          Cela choque le sens commun;   775
          Mais cela ne laisse pas d'être.

AMPHITRYON

Le moyen d'en rien croire, à moins qu'être insensé ?

SOSIE

Je ne l'ai pas cru, moi, sans une peine extrême :
Je me suis d'être deux senti l'esprit blessé,
Et longtemps d'imposteur j'ai traité ce moi-même.   780
Mais à me reconnaître enfin il m'a forcé :
J'ai vu que c'était moi, sans aucun stratagème;
Des pieds jusqu'à la tête, il est comme moi fait,
Beau, l'air noble, bien pris, les manières charmantes;
          Enfin deux gouttes de lait   785
          Ne sont pas plus ressemblantes;
Et n'était que ses mains sont un peu trop pesantes,
          J'en serais fort satisfait.

AMPHITRYON

A quelle patience il faut que je m'exhorte!
Mais enfin n'es-tu pas entré dans la maison ?   790

SOSIE

          Bon, entré! Hé! de quelle sorte ?
Ai-je voulu jamais entendre de raison ?
Et ne me suis-je pas interdit notre porte ?

AMPHITRYON

          Comment donc ?

SOSIE

Avec un bâton :
Dont mon dos sent encore une douleur très forte.   795

AMPHITRYON

On t'a battu ?

SOSIE

Vraiment.

AMPHITRYON

Et qui ?

SOSIE

Moi.

AMPHITRYON

Toi, te battre ?

SOSIE

Oui, moi : non pas le moi d'ici,
Mais le moi du logis, qui frappe comme quatre.

AMPHITRYON

Te confonde le Ciel de me parler ainsi !

SOSIE

Ce ne sont point des badinages.   800
Le moi que j'ai trouvé tantôt
Sur le moi qui vous parle a de grands avantages :
Il a le bras fort, le cœur haut,
J'en ai reçu des témoignages,
Et ce diable de moi m'a rossé comme il faut :   805
C'est un drôle qui fait des rages.

AMPHITRYON

Achevons. As-tu vu ma femme ?

SOSIE

Non.

AMPHITRYON

Pourquoi ?

SOSIE

Par une raison assez forte.

AMPHITRYON

Qui t'a fait y manquer, maraud ? explique-toi.

SOSIE

Faut-il le répéter vingt fois de même sorte ?   810
Moi, vous dis-je, ce moi plus robuste que moi,
Ce moi qui s'est de force emparé de la porte,
              Ce moi qui m'a fait filer doux,
              Ce moi qui le seul moi veut être,
              Ce moi de moi-même jaloux,   815
              Ce moi vaillant, dont le courroux
              Au moi poltron s'est fait connaître,
          Enfin ce moi qui suis chez nous,
              Ce moi qui s'est montré mon maître,
              Ce moi qui m'a roué de coups.   820

AMPHITRYON

Il faut que ce matin, à force de trop boire,
              Il se soit troublé le cerveau.

SOSIE

Je veux être pendu si j'ai bu que de l'eau :
              A mon serment on m'en peut croire.

AMPHITRYON

Il faut donc qu'au sommeil tes sens se soient portés ?   825
Et qu'un songe fâcheux, dans ses confus mystères,
              T'ait fait voir toutes les chimères
              Dont tu me fais des vérités ?

SOSIE

          Tout aussi peu. Je n'ai point sommeillé,
              Et n'en ai même aucune envie.   830
          Je vous parle bien éveillé :
J'étais bien éveillé ce matin, sur ma vie !
Et bien éveillé même était l'autre Sosie,
              Quand il m'a si bien étrillé.

AMPHITRYON

          Suis-moi. Je t'impose silence :   835
              C'est trop me fatiguer l'esprit ;
Et je suis un vrai fou d'avoir la patience
D'écouter d'un valet les sottises qu'il dit.

SOSIE

          Tous les discours sont des sottises,
              Partant d'un homme sans éclat ;   840
          Ce serait paroles exquises
              Si c'était un grand qui parlât.

AMPHITRYON

Entrons, sans davantage attendre.
Mais Alcmène paraît avec tous ses appas.
En ce moment sans doute elle ne m'attend pas   845
          Et mon abord la va surprendre.

SCÈNE II

ALCMÈNE, CLÉANTHIS, AMPHITRYON, SOSIE

ALCMÈNE

Allons pour mon époux, Cléanthis, vers les Dieux
          Nous acquitter de nos hommages,
Et les remercier des succès glorieux
Dont Thèbes, par son bras, goûte les avantages.   850
O Dieux !

AMPHITRYON

          Fasse le Ciel qu'Amphitryon vainqueur
Avec plaisir soit revu de sa femme,
Et que ce jour favorable à ma flamme
Vous redorîne à mes yeux avec le même cœur,
          Que j'y retrouve autant d'ardeur   855
          Que vous en rapporte mon âme !

ALCMÈNE

Quoi ? de retour si tôt ?

AMPHITRYON

          Certes, c'est en ce jour
Me donner de vos feux un mauvais témoignage,
          Et ce « Quoi ? si tôt de retour ? »
En ces occasions n'est guère le langage   860
          D'un cœur bien enflammé d'amour.
          J'osais me flatter en moi-même
Que loin de vous j'aurais trop demeuré.
L'attente d'un retour ardemment désiré
Donne à tous les instants une longueur extrême,   865
          Et l'absence de ce qu'on aime,
Quelque peu qu'elle dure, a toujours trop duré.

ALCMÈNE

Je ne vois...

AMPHITRYON

Non, Alcmène, à son impatience

On mesure le temps en de pareils états;
   Et vous comptez les moments de l'absence   870
       En personne qui n'aime pas.
       Lorsque l'on aime comme il faut,
       Le moindre éloignement nous tue,
       Et ce dont on chérit la vue
       Ne revient jamais assez tôt.   875
       De votre accueil, je le confesse,
   Se plaint ici mon amoureuse ardeur,
       Et j'attendais de votre cœur
   D'autres transports de joie et de tendresse.

ALCMÈNE

       J'ai peine à comprendre sur quoi   880
Vous fondez les discours que je vous entends faire;
       Et si vous vous plaignez de moi,
       Je ne sais pas, de bonne foi,
       Ce qu'il faut pour vous satisfaire,
Hier au soir, ce me semble, à votre heureux retour,   885
On me vit témoigner une joie assez tendre,
       Et rendre aux soins de votre amour
Tout ce que de mon cœur vous aviez lieu d'attendre.

AMPHITRYON

Comment?

ALCMÈNE

       Ne fis-je pas éclater à vos yeux
Les soudains mouvements d'une entière allégresse?   890
Et le transport d'un cœur peut-il s'expliquer mieux,
Au retour d'un époux qu'on aime avec tendresse?

AMPHITRYON

Que me dites-vous là?

ALCMÈNE

       Que même votre amour
Montra de mon accueil une joie incroyable;
Et que, m'ayant quittée à la pointe du jour,   895
       Je ne vois pas qu'à ce soudain retour
       Ma surprise soit si coupable.

AMPHITRYON

Est-ce que du retour que j'ai précipité
Un songe, cette nuit, Alcmène, dans votre âme
       A prévenu la vérité?   900
Et que m'ayant peut-être en dormant bien traité

Votre cœur se croit vers ma flamme
Assez amplement acquitté ?

ALCMÈNE

Est-ce qu'une vapeur, par sa malignité,
  Amphitryon, a dans votre âme   905
Du retour d'hier au soir brouillé la vérité ?
Et que du doux accueil duquel je m'acquittai
  Votre cœur prétend à ma flamme
  Ravir toute l'honnêteté ?

AMPHITRYON

 Cette vapeur dont vous me régalez   910
 Est un peu, ce me semble, étrange.

ALCMÈNE

 C'est ce qu'on peut donner pour change
 Au songe dont vous me parlez.

AMPHITRYON

A moins d'un songe, on ne peut pas sans doute
Excuser ce qu'ici votre bouche me dit.   915

ALCMÈNE

A moins d'une vapeur qui vous trouble l'esprit,
On ne peut pas sauver ce que de vous j'écoute.

AMPHITRYON

Laissons un peu cette vapeur, Alcmène.

ALCMÈNE

Laissons un peu ce songe, Amphitryon.

AMPHITRYON

 Sur le sujet dont il est question,   920
Il n'est guère de jeu que trop loin on ne mène.

ALCMÈNE

 Sans doute ; et pour marque certaine,
Je commence à sentir un peu d'émotion.

AMPHITRYON

Est-ce donc que par là vous voulez essayer
A réparer l'accueil dont je vous ai fait plainte ? 925

ALCMÈNE

 Est-ce donc que par cette feinte
 Vous désirez vous égayer ?

AMPHITRYON

Ah! de grâce, cessons, Alcmène, je vous prie,
        Et parlons sérieusement.

ALCMÈNE

Amphitryon, c'est trop pousser l'amusement :   930
        Finissons cette raillerie.

AMPHITRYON

        Quoi ? vous osez me soutenir en face
Que plus tôt qu'à cette heure on m'ait ici pu voir ?

ALCMÈNE

        Quoi ? vous voulez nier avec audace
Que dès hier en ces lieux vous vîntes sur le soir ?   935

AMPHITRYON

Moi! je vins hier ?

ALCMÈNE

                Sans doute; et dès devant l'aurore,
        Vous vous en êtes retourné.

AMPHITRYON

Ciel! un pareil débat s'est-il pu voir encore ?
Et qui de tout ceci ne serait étonné ?
Sosie ?

SOSIE

        Elle a besoin de six grains d'ellébore.   940
        Monsieur, son esprit est tourné.

AMPHITRYON

        Alcmène, au nom de tous les Dieux!
        Ce discours a d'étranges suites :
        Reprenez vos sens un peu mieux,
        Et pensez à ce que vous dites.   945

ALCMÈNE

        J'y pense mûrement aussi,
Et tous ceux du logis ont vu votre arrivée.
J'ignore quel motif vous fait agir ainsi;
Mais si la chose avait besoin d'être prouvée,
S'il était vrai qu'on pût ne s'en souvenir pas,   950
De qui puis-je tenir, que de vous, la nouvelle
        Du dernier de tous vos combats ?
Et les cinq diamants que portait Ptérélas,
        Qu'a fait dans la nuit éternelle

Tomber l'effort de votre bras ?   955
En pourrait-on vouloir un plus sûr témoignage ?

AMPHITRYON

Quoi ? je vous ai déjà donné
Le nœud de diamants que j'eus pour mon partage,
Et que je vous ai destiné ?

ALCMÈNE

Assurément. Il n'est pas difficile   960
De vous en bien convaincre.

AMPHITRYON

Et comment ?

ALCMÈNE

Le voici.

AMPHITRYON

Sosie !

SOSIE

Elle se moque, et je le tiens ici ;
Monsieur, la feinte est inutile.

AMPHITRYON

Le cachet est entier.

ALCMÈNE

Est-ce une vision ?
Tenez. Trouverez-vous cette preuve assez forte ?   965

AMPHITRYON

Ah Ciel ! ô juste Ciel !

ALCMÈNE

Allez, Amphitryon,
Vous vous moquez d'en user de la sorte,
Et vous en devriez avoir confusion.

AMPHITRYON

Romps vite ce cachet.

SOSIE, *ayant ouvert le coffret.*

Ma foi, la place est vide.
Il faut que par magie on ait su le tirer,   970
Ou bien que de lui-même il soit venu, sans guide,
Vers celle qu'il a su qu'on en voulait parer.

AMPHITRYON

O Dieux, dont le pouvoir sur les choses préside,
Quelle est cette aventure ? et qu'en puis-je augurer
    Dont mon amour ne s'intimide !   975

SOSIE

Si sa bouche dit vrai, nous avons même sort,
Et de même que moi, Monsieur, vous êtes double.

AMPHITRYON

Tais-toi.

ALCMÈNE

    Sur quoi vous étonner si fort ?
    Et d'où peut naître ce grand trouble ?

AMPHITRYON

    O Ciel ! quel étrange embarras !   980
Je vois des incidents qui passent la nature ;
Et mon honneur redoute une aventure
    Que mon esprit ne comprend pas.

ALCMÈNE

Songez-vous, en tenant cette preuve sensible,
A me nier encor votre retour pressé ?   985

AMPHITRYON

Non ; mais à ce retour daignez, s'il est possible,
    Me conter ce qui s'est passé.

ALCMÈNE

Puisque vous demandez un récit de la chose,
Vous voulez dire donc que ce n'était pas vous ?

AMPHITRYON

    Pardonnez-moi ; mais j'ai certaine cause   990
Qui me fait demander ce récit entre nous.

ALCMÈNE

Les soucis importants qui vous peuvent saisir
Vous ont-ils fait si vite en perdre la mémoire ?

AMPHITRYON

Peut-être ; mais enfin vous me ferez plaisir
    De m'en dire toute l'histoire.   995

ALCMÈNE

L'histoire n'est pas longue. A vous je m'avançai,
    Pleine d'une aimable surprise ;

Tendrement je vous embrassai,
Et témoignai ma joie à plus d'une reprise.

AMPHITRYON, *en soi-même.*

Ah! d'un si doux accueil je me serais passé.   1000

ALCMÈNE

Vous me fîtes d'abord ce présent d'importance,
Que du butin conquis vous m'aviez destiné.
Votre cœur, avec véhémence,
M'étala de ses feux toute la violence,
Et les soins importuns qui l'avaient enchaîné,   1005
L'aise de me revoir, les tourments de l'absence,
Tout le souci que son impatience
Pour le retour s'était donné;
Et jamais votre amour, en pareille occurrence,
Ne me parut si tendre et si passionné.   1010

AMPHITRYON, *en soi-même.*

Peut-on plus vivement se voir assassiné ?

ALCMÈNE

Tous ces transports, toute cette tendresse,
Comme vous croyez bien, ne me déplaisaient pas;
Et s'il faut que je le confesse,
Mon cœur, Amphitryon, y trouvait mille appas.   1015

AMPHITRYON

Ensuite, s'il vous plaît.

ALCMÈNE

Nous nous entrecoupâmes
De mille questions qui pouvaient nous toucher.
On servit. Tête à tête ensemble nous soupâmes;
Et le souper fini, nous nous fûmes coucher.

AMPHITRYON

Ensemble ?

ALCMÈNE

Assurément. Quelle est cette demande ?   1020

AMPHITRYON

Ah! c'est ici le coup le plus cruel de tous,
Et dont à s'assurer tremblait mon feu jaloux.

ALCMÈNE

D'où vous vient à ce mot une rougeur si grande ?
Ai-je fait quelque mal de coucher avec vous ?

AMPHITRYON

Non, ce n'était pas moi, pour ma douleur sensible : 1025
Et qui dit qu'hier ici mes pas se sont portés
          Dit de toutes les faussetés
          La fausseté la plus horrible.

ALCMÈNE

Amphitryon!

AMPHITRYON

          Perfide!

ALCMÈNE

          Ah! quel emportement!

AMPHITRYON

Non, non : plus de douceur et plus de déférence,   1030
Ce revers vient à bout de toute ma constance;
Et mon cœur ne respire, en ce fatal moment,
          Et que fureur et que vengeance.

ALCMÈNE

De qui donc vous venger ? et quel manque de foi
          Vous fait ici me traiter de coupable!   1035

AMPHITRYON

          Je ne sais pas, mais ce n'était pas moi;
Et c'est un désespoir qui de tout rend capable.

ALCMÈNE

Allez, indigne époux, le fait parle de soi,
          Et l'imposture est effroyable.
          C'est trop me pousser là-dessus.   1040
Et d'infidélité me voir trop condamnée.
     Si vous cherchez, dans ces transports confus,
Un prétexte à briser les nœuds d'un hyménée
          Qui me tient à vous enchaînée,
          Tous ces détours sont superflus;   1045
          Et me voilà déterminée
A souffrir qu'en ce jour nos liens soient rompus.

AMPHITRYON

Après l'indigne affront que l'on me fait connaître,
C'est bien à quoi sans doute il faut vous préparer :
C'est le moins qu'on doit voir, et les choses peut-être 1050
          Pourront n'en pas là demeurer.
Le déshonneur est sûr, mon malheur m'est visible,

Et mon amour en vain voudrait me l'obscurcir;
Mais le détail encor ne m'en est pas sensible,
Et mon juste courroux prétend s'en éclaircir.   1055
Votre frère déjà peut hautement répondre
Que jusqu'à ce matin je ne l'ai point quitté:
Je m'en vais le chercher, afin de vous confondre
Sur ce retour qui m'est faussement imputé.
Après, nous percerons jusqu'au fond d'un mystère   1060
          Jusques à présent inouï;
Et dans les mouvements d'une juste colère,
          Malheur à qui m'aura trahi!

SOSIE

Monsieur...

AMPHITRYON

          Ne m'accompagne pas,
Et demeure ici pour m'attendre.   1065

CLÉANTHIS

Faut-il?...

ALCMÈNE

          Je ne puis rien entendre:
Laisse-moi seule et ne suis point mes pas.

SCÈNE III

CLÉANTHIS, SOSIE

CLÉANTHIS

Il faut que quelque chose ait brouillé sa cervelle;
          Mais le frère sur-le-champ
          Finira cette querelle.   1070

SOSIE

C'est ici, pour mon maître, un coup assez touchant.
          Et son aventure est cruelle.
Je crains fort pour mon fait quelque chose approchant,
Et je m'en veux tout doux éclaircir avec elle.

CLÉANTHIS

Voyez s'il me viendra seulement aborder!   1075
Mais je veux m'empêcher de rien faire paraître.

SOSIE

La chose quelquefois est fâcheuse à connaître,
    Et je tremble à la demander.
Ne vaudrait-il point mieux, pour ne rien hasarder,
    Ignorer ce qu'il en peut être ?   1080
    Allons, tout coup vaille, il faut voir,
    Et je ne m'en saurais défendre.
    La faiblesse humaine est d'avoir
    Des curiosités d'apprendre
    Ce qu'on ne voudrait pas savoir.   1085
Dieu te gard', Cléanthis!

CLÉANTHIS

    Ah! ah! tu t'en avises,
    Traître, de t'approcher de nous!

SOSIE

Mon Dieu! qu'as-tu ? toujours on te voit en courroux,
    Et sur rien tu te formalises.

CLÉANTHIS

Qu'appelles-tu sur rien, dis ?

SOSIE

    J'appelle sur rien   1090
Ce qui sur rien s'appelle en vers ainsi qu'en prose;
    Et rien, comme tu le sais bien,
    Veut dire rien, ou peu de chose.

CLÉANTHIS

    Je ne sais qui me tient, infâme,
    Que je ne t'arrache les yeux,   1095
Et ne t'apprenne où va le courroux d'une femme.

SOSIE

Holà! d'où te vient donc ce transport furieux ?

CLÉANTHIS

Tu n'appelles donc rien le procédé, peut-être,
    Qu'avec moi ton cœur a tenu ?

SOSIE

Et quel ?

CLÉANTHIS

    Quoi ? tu fais l'ingénu ?   1100
    Est-ce qu'à l'exemple du maître
Tu veux dire qu'ici tu n'es pas revenu ?

SOSIE

Non, je sais fort bien le contraire ;
Mais je ne t'en fais pas le fin :
Nous avions bu de je ne sais quel vin,   1105
Qui m'a fait oublier tout ce que j'ai pu faire.

CLÉANTHIS

Tu crois peut-être excuser par ce trait...

SOSIE

Non, tout de bon, tu m'en peux croire.
J'étais dans un état où je puis avoir fait
Des choses dont j'aurais regret,   1110
Et dont je n'ai nulle mémoire.

CLÉANTHIS

Tu ne te souviens point du tout de la manière
Dont tu m'as su traiter, étant venu du port ?

SOSIE

Non plus que rien. Tu peux m'en faire le rapport :
Je suis équitable et sincère,   1115
Et me condamnerai moi-même, si j'ai tort.

CLÉANTHIS

Comment ? Amphitryon m'ayant su disposer,
Jusqu'à ce que tu vins j'avais poussé ma veille ;
Mais je ne vis jamais une froideur pareille :
De ta femme il fallut moi-même t'aviser ;   1120
Et lorsque je fus te baiser,
Tu détournas le nez, et me donnas l'oreille.

SOSIE

Bon !

CLÉANTHIS

Comment, bon ?

SOSIE

Mon Dieu ! tu ne sais pas pourquoi,
Cléanthis, je tiens ce langage :
J'avais mangé de l'ail, et fis en homme sage   1125
De détourner un peu mon haleine de toi.

CLÉANTHIS

Je te sus exprimer des tendresses de cœur ;
Mais à tous mes discours tu fus comme une souche ;
Et jamais un mot de douceur
Ne te put sortir de la bouche.   1130

SOSIE

Courage !

CLÉANTHIS

Enfin ma flamme eut beau s'émanciper,
Sa chaste ardeur en toi ne trouva rien que glace ;
Et dans un tel retour, je te vis la tromper,
Jusqu'à faire refus de prendre au lit la place
Que les lois de l'hymen t'obligent d'occuper.   1135

SOSIE

Quoi ? je ne couchai point...

CLÉANTHIS

Non, lâche.

SOSIE

Est-il possible ?

CLÉANTHIS

Traître, il n'est que trop assuré.
C'est de tous les affronts l'affront le plus sensible ;
Et loin que ce matin ton cœur l'ait réparé,
Tu t'es d'avec moi séparé   1140
Par des discours chargés d'un mépris tout visible.

SOSIE

Vivat Sosie !

CLÉANTHIS

Hé quoi ? ma plainte a cet effet ?
Tu ris après ce bel ouvrage ?

SOSIE

Que je suis de moi satisfait !

CLÉANTHIS

Exprime-t-on ainsi le regret d'un outrage ?   1145

SOSIE

Je n'aurais jamais cru que j'eusse été si sage.

CLÉANTHIS

Loin de te condamner d'un si perfide trait,
Tu m'en fais éclater la joie en ton visage !

SOSIE

Mon Dieu, tout doucement ! Si je parais joyeux,
Crois que j'en ai dans l'âme une raison très forte,   1150
Et que, sans y penser, je ne fis jamais mieux
Que d'en user tantôt avec toi de la sorte.

CLÉANTHIS

Traître, te moques-tu de moi ?

SOSIE

Non, je te parle avec franchise.
En l'état où j'étais, j'avais certain effroi,   1155
Dont avec ton discours mon âme s'est remise.
Je m'appréhendais fort, et craignais qu'avec toi
    Je n'eusse fait quelque sottise.

CLÉANTHIS

Quelle est cette frayeur ? et sachons donc pourquoi.

SOSIE

Les médecins disent, quand on est ivre,   1160
    Que de sa femme on se doit abstenir,
Et que dans cet état il ne peut provenir
Que des enfants pesants et qui ne sauraient vivre.
Vois, si mon cœur n'eût su de froideur se munir,
Quels inconvénients auraient pu s'en ensuivre !   1165

CLÉANTHIS

    Je me moque des médecins,
    Avec leurs raisonnements fades :
    Qu'ils règlent ceux qui sont malades,
Sans vouloir gouverner les gens qui sont bien sains.
    Ils se mêlent de trop d'affaires,   1170
De prétendre tenir nos chastes feux gênés ;
    Et sur les jours caniculaires
Ils nous donnent encore, avec leurs lois sévères,
    De cent sots contes par le nez.

SOSIE

Tout doux !

CLÉANTHIS

        Non : je soutiens que cela conclut mal :   1175
Ces raisons sont raisons d'extravagantes têtes.
Il n'est ni vin ni temps qui puisse être fatal
A remplir le devoir de l'amour conjugal ;
    Et les médecins sont des bêtes.

SOSIE

Contre eux, je t'en supplie, apaise ton courroux :   1180
Ce sont d'honnêtes gens, quoi que le monde en dise.

CLÉANTHIS

Tu n'es pas où tu crois; en vain tu files doux :
Ton excuse n'est point une excuse de mise;
Et je me veux venger tôt ou tard, entre nous,
De l'air dont chaque jour je vois qu'on me méprise.   1185
Des discours de tantôt je garde tous les coups,
Et tâcherai d'user, lâche et perfide époux,
De cette liberté que ton cœur m'a permise.

SOSIE

Quoi ?

CLÉANTHIS

    Tu m'as dit tantôt que tu consentais fort,
       Lâche, que j'en aimasse un autre.   1190

SOSIE

    Ah! pour cet article, j'ai tort.
Je m'en dédis, il y va trop du nôtre :
Garde-toi bien de suivre ce transport.

CLÉANTHIS

    Si je puis une fois pourtant
    Sur mon esprit gagner la chose...   1195

SOSIE

    Fais à ce discours quelque pause :
Amphitryon revient, qui me paraît content.

SCÈNE IV

JUPITER, CLÉANTHIS, SOSIE

JUPITER

Je viens prendre le temps de rapaiser Alcmène,
De bannir les chagrins que son cœur veut garder,
Et donner à mes feux, dans ce sein qui m'amène,   1200
    Le doux plaisir de se raccommoder.
       Alcmène est là-haut, n'est-ce pas ?

CLÉANTHIS

       Oui, pleine d'une inquiétude
       Qui cherche de la solitude,
Et qui m'a défendu d'accompagner ses pas.   1205

JUPITER

Quelque défense qu'elle ait faite,
Elle ne sera pas pour moi.

CLÉANTHIS

Son chagrin, à ce que je vois,
A fait une prompte retraite.

SCÈNE V

CLÉANTHIS, SOSIE

SOSIE

Que dis-tu, Cléanthis, de ce joyeux maintien,   1210
        Après son fracas effroyable ?

CLÉANTHIS

Que si toutes nous faisions bien,
Nous donnerions tous les hommes au diable,
Et que le meilleur n'en vaut rien.

SOSIE

        Cela se dit dans le courroux;   1215
Mais aux hommes par trop vous êtes accrochées;
Et vous seriez, ma foi! toutes bien empêchées,
        Si le diable les prenait tous.

CLÉANTHIS

Vraiment...

SOSIE

Les voici. Taisons-nous.

SCÈNE VI

JUPITER, ALCMÈNE, CLÉANTHIS, SOSIE

JUPITER

Voulez-vous me désespérer   1220
Hélas! arrêtez, belle Alcmène.

ALCMÈNE

Non, avec l'auteur de ma peine
Je ne puis du tout demeurer.

JUPITER

De grâce...

ALCMÈNE

Laissez-moi.

JUPITER

Quoi... ?

ALCMÈNE

Laissez-moi, vous dis-je.

JUPITER

Ses pleurs touchent mon âme, et sa douleur m'afflige. 1225
Souffrez que mon cœur...

ALCMÈNE

Non, ne suivez point mes pas.

JUPITER

Où voulez-vous aller ?

ALCMÈNE

Où vous ne serez pas.

JUPITER

Ce vous est une attente vaine.
Je tiens à vos beautés par un nœud trop serré
Pour pouvoir un moment en être séparé :   1230
Je vous suivrai partout, Alcmène.

ALCMÈNE

Et moi, partout je vous fuirai.

JUPITER

Je suis donc bien épouvantable ?

ALCMÈNE

Plus qu'on ne peut dire, à mes yeux.
Oui, je vous vois comme un monstre effroyable, 1235
Un monstre cruel, furieux,
Et dont l'approche est redoutable,
Comme un monstre à fuir en tous lieux.
Mon cœur souffre, à vous voir, une peine incroyable ;
C'est un supplice qui m'accable ;   1240
Et je ne vois rien sous les cieux
D'affreux, d'horrible, d'odieux,
Qui ne me fût plus que vous supportable.

JUPITER

En voilà bien, hélas! que votre bouche dit.

ALCMÈNE

J'en ai dans le cœur davantage;   1245
Et pour s'exprimer tout, ce cœur a du dépit
De ne point trouver de langage.

JUPITER

Hé! que vous a donc fait ma flamme,
Pour me pouvoir, Alcmène, en monstre regarder?

ALCMÈNE

Ah! juste Ciel! cela peut-il se demander?   1250
Et n'est-ce pas pour mettre à bout une âme?

JUPITER

Ah! d'un esprit plus adouci...

ALCMÈNE

Non, je ne veux du tout vous voir, ni vous entendre.

JUPITER

Avez-vous bien le cœur de me traiter ainsi?
Est-ce là cet amour si tendre,   1255
Qui devait tant durer quand je vins hier ici?

ALCMÈNE

Non, non, ce ne l'est pas; et vos lâches injures
En ont autrement ordonné.
Il n'est plus, cet amour tendre et passionné;
Vous l'avez dans mon cœur, par cent vives blessures, 1260
Cruellement assassiné.
C'est en sa place un courroux inflexible,
Un vif ressentiment, un dépit invincible.
Un désespoir d'un cœur justement animé,
Qui prétend vous haïr, pour cet affront sensible, 1265
Autant qu'il est d'accord de vous avoir aimé:
Et c'est haïr autant qu'il est possible.

JUPITER

Hélas! que votre amour n'avait guère de force,
Si de si peu de chose on le peut voir mourir!
Ce qui n'était que jeu doit-il faire un divorce?   1270
Et d'une raillerie a-t-on lieu de s'aigrir?

ALCMÈNE

Ah! c'est cela dont je suis offensée,
    Et que ne peut pardonner mon courroux.
Des véritables traits d'un mouvement jaloux
        Je me trouverais moins blessée.   1275
    La jalousie a des impressions
    Dont bien souvent la force nous entraîne;
Et l'âme la plus sage, en ces occasions,
        Sans doute avec assez de peine
        Répond de ses émotions;   1280
L'emportement d'un cœur qui peut s'être abusé
A de quoi ramener une âme qu'il offense;
    Et dans l'amour qui lui donne naissance
Il trouve au moins, malgré toute sa violence,
        Des raisons pour être excusé;   1285
De semblables transports contre un ressentiment
Pour défense toujours ont ce qui les fait naître,
        Et l'on donne grâce aisément
        A ce dont on n'est pas le maître.
        Mais que, de gaieté de cœur,   1290
On passe aux mouvements d'une fureur extrême,
Que sans cause l'on vienne, avec tant de rigueur,
        Blesser la tendresse et l'honneur
        D'un cœur qui chèrement nous aime,
    Ah! c'est un coup trop cruel en lui-même,   1295
Et que jamais n'oubliera ma douleur.

JUPITER

Oui, vous avez raison, Alcmène, il se faut rendre :
Cette action, sans doute, est un crime odieux;
        Je ne prétends plus le défendre;
Mais souffrez que mon cœur s'en défende à vos yeux, 1300
        Et donne au vôtre à qui se prendre
        De ce transport injurieux.
    A vous en faire un aveu véritable,
        L'époux, Alcmène, a commis tout le mal;
C'est l'époux qu'il vous faut regarder en coupable. 1305
L'amant n'a point de part à ce transport brutal,
Et de vous offenser son cœur n'est point capable :
Il a pour vous, ce cœur, pour jamais y penser,
        Trop de respect et de tendresse;
Et si de faire rien à vous pouvoir blesser   1310
    Il avait eu la coupable faiblesse,
De cent coups à vos yeux il voudrait le percer.
Mais l'époux est sorti de ce respect soumis

   Où pour vous on doit toujours être;
A son dur procédé l'époux s'est fait connaître,   1315
Et par le droit d'hymen il s'est cru tout permis;
Oui, c'est lui qui sans doute est criminel vers vous.
Lui seul a maltraité votre aimable personne :
   Haïssez, détestez l'époux,
   J'y consens, et vous l'abandonne.   1320
Mais, Alcmène, sauvez l'amant de ce courroux
   Qu'une telle offense vous donne;
   N'en jetez pas sur lui l'effet,
   Démêlez-le un peu du coupable;
   Et pour être enfin équitable,   1325
Ne le punissez point de ce qu'il n'a pas fait.

ALCMÈNE

   Ah! toutes ces subtilités,
   N'ont que des excuses frivoles,
   Et pour les esprits irrités
Ce sont des contre-temps que de telles paroles.   1330
Ce détour ridicule est en vain pris par vous :
Je ne distingue rien en celui qui m'offense,
   Tout y devient l'objet de mon courroux,
   Et dans sa juste violence
   Sont confondus et l'amant et l'époux.   1335
Tous deux de même sorte occupent ma pensée,
Et des mêmes couleurs, par mon âme blessée,
   Tous deux ils sont peints à mes yeux :
Tous deux sont criminels, tous deux m'ont offensée,
   Et tous deux me sont odieux.   1340

JUPITER

   Hé bien! puisque vous le voulez,
   Il faut donc me charger du crime.
Oui, vous avez raison lorsque vous m'immolez
A vos ressentiments en coupable victime;
Un trop juste dépit contre moi vous anime,   1345
Et tout ce grand courroux qu'ici vous étalez
Ne me fait endurer qu'un tourment légitime;
   C'est avec droit que mon abord vous chasse,
   Et que de me fuir en tous lieux
   Votre colère me menace :   1350
   Je dois vous être un objet odieux,
Vous devez me vouloir un mal prodigieux;
Il n'est aucune horreur que mon forfait ne passe,
   D'avoir offensé vos beaux yeux.

C'est un crime à blesser les hommes et les Dieux,   1355
Et je mérite enfin, pour punir cette audace,
    Que contre moi votre haine ramasse
      Tous ses traits les plus furieux.
        Mais mon cœur vous demande grâce;
Pour vous la demander je me jette à genoux,   1360
Et la demande au nom de la plus vive flamme,
      Du plus tendre amour dont une âme
      Puisse jamais brûler pour vous.
      Si votre cœur, charmante Alcmène,
Me refuse la grâce où j'ose recourir,   1365
    Il faut qu'une atteinte soudaine
    M'arrache, en me faisant mourir,
    Aux dures rigueurs d'une peine
    Que je ne saurais plus souffrir.
    Oui, cet état me désespère :   1370
    Alcmène, ne présumez pas
Qu'aimant comme je fais vos célestes appas,
Je puisse vivre un jour avec votre colère.
Déjà de ces moments la barbare longueur
      Fait sous des atteintes mortelles   1375
      Succomber tout mon triste cœur;
Et de mille vautours les blessures cruelles
N'ont rien de comparable à ma vive douleur.
Alcmène, vous n'avez qu'à me le déclarer :
S'il n'est point de pardon que je doive espérer,   1380
Cette épée aussitôt, par un coup favorable,
Va percer à vos yeux le cœur d'un misérable,
Ce cœur, ce traître cœur, trop digne d'expirer,
Puisqu'il a pu fâcher un objet adorable :
Heureux, en descendant au ténébreux séjour,   1385
Si de votre courroux mon trépas vous ramène,
Et ne laisse en votre âme, après ce triste jour,
      Aucune impression de haine
      Au souvenir de mon amour!
C'est tout ce que j'attends pour faveur souveraine.   1390

ALCMÈNE

Ah! trop cruel époux!

JUPITER

Dites, parlez, Alcmène.

ALCMÈNE

Faut-il encor pour vous conserver des bontés,
Et vous voir m'outrager par tant d'indignités ?

JUPITER

Quelque ressentiment qu'un outrage nous cause,
Tient-il contre un remords d'un cœur bien enflammé ? 1395

ALCMÈNE

Un cœur bien plein de flamme à mille morts s'expose,
Plutôt que de vouloir fâcher l'objet aimé.

JUPITER

Plus on aime quelqu'un, moins on trouve de peine...

ALCMÈNE

Non, ne m'en parlez point : vous méritez ma haine.

JUPITER

Vous me haïssez donc ?

ALCMÈNE

                    J'y fais tout mon effort ;   1400
Et j'ai dépit de voir que toute votre offense
Ne puisse de mon cœur jusqu'à cette vengeance
                    Faire encore aller le transport.

JUPITER

                    Mais pourquoi cette violence,
Puisque pour vous venger je vous offre ma mort ?   1405
Prononcez-en l'arrêt, et j'obéis sur l'heure.

ALCMÈNE

Qui ne saurait haïr peut-il vouloir qu'on meure ?

JUPITER

Et moi, je ne puis vivre, à moins que vous quittiez
                    Cette colère qui m'accable,
Et que vous m'accordiez le pardon favorable   1410
                    Que je vous demande à vos pieds.
                    Résolvez ici l'un des deux :
                    Ou de punir, ou bien d'absoudre.

ALCMÈNE

                    Hélas ! ce que je puis résoudre
                    Paraît bien plus que je ne veux.   1415
Pour vouloir soutenir le courroux qu'on me donne,
                    Mon cœur a trop su me trahir :
                    Dire qu'on ne saurait haïr,
                    N'est-ce pas dire qu'on pardonne ?

JUPITER

Ah! belle Alcmène, il faut que, comblé d'allégresse... 1420

ALCMÈNE

Laissez : je me veux mal de mon trop de faiblesse.

JUPITER

Va, Sosie, et dépêche-toi,
Voir, dans les doux transports dont mon âme est charmée,
Ce que tu trouveras d'officiers de l'armée,
Et les invite à dîner avec moi.   1425
Tandis que d'ici je le chasse,
Mercure y remplira sa place.

SCÈNE VII

CLÉANTHIS, SOSIE

SOSIE

Hé bien! tu vois, Cléanthis, ce ménage.
Veux-tu qu'à leur exemple ici
Nous fassions entre nous un peu de paix aussi,   1430
Quelque petit rapatriage ?

CLÉANTHIS

C'est pour ton nez, vraiment! Cela se fait ainsi.

SOSIE

Quoi ? tu ne veux pas ?

CLÉANTHIS

Non.

SOSIE

Il ne m'importe guère :
Tant pis pour toi.

CLÉANTHIS

Là, là, reviens.

SOSIE

Non, morbleu! je n'en ferai rien,   1435
Et je veux être, à mon tour, en colère.

CLÉANTHIS

Va, va, traître, laisse-moi faire :
On se lasse parfois d'être femme de bien.

ACTE III

SCÈNE I

AMPHITRYON

Oui, sans doute le sort tout exprès me le cache,
Et des tours que je fais à la fin je suis las.   1440
Il n'est point de destin plus cruel, que je sache :
Je ne saurais trouver, portant partout mes pas,
      Celui qu'à chercher je m'attache,
Et je trouve tous ceux que je ne cherche pas.
Mille fâcheux cruels, qui ne pensent pas l'être,   1445
De nos faits avec moi, sans beaucoup me connaître,
Viennent se réjouir, pour me faire enrager.
Dans l'embarras cruel du souci qui me blesse,
De leurs embrassements et de leur allégresse
Sur mon inquiétude ils viennent tous charger: 1450
      En vain à passer je m'apprête,
      Pour fuir leurs persécutions,
Leur tuante amitié de tous côtés m'arrête;
Et tandis qu'à l'ardeur de leurs expressions
      Je réponds d'un geste de tête,   1455
Je leur donne tout bas cent malédictions.
Ah! qu'on est peu flatté de louange, d'honneur,
Et de tout ce que donne une grande victoire,
Lorsque dans l'âme on souffre une vive douleur!
Et que l'on donnerait volontiers cette gloire,   1460
      Pour avoir le repos du cœur!
      Ma jalousie, à tout propos,
      Me promène sur ma disgrâce;
      Et plus mon esprit y repasse,
Moins j'en puis débrouiller le funeste chaos.   1465
Le vol des diamants n'est pas ce qui m'étonne :
On lève les cachets, qu'on ne l'aperçoit pas;
Mais le don qu'on veut qu'hier j'en vins faire en personne
Est ce qui fait ici mon cruel embarras.
La nature parfois produit des ressemblances   1470
Dont quelques imposteurs ont pris droit d'abuser;

Mais il est hors de sens que sous ces apparences
Un homme pour époux se puisse supposer,
Et dans tous ces rapports sont mille différences
Dont se peut une femme aisément aviser.   1475
      Des charmes de la Thessalie,
On vante de tout temps les merveilleux effets;
Mais les contes fameux qui partout en sont faits
Dans mon esprit toujours ont passé pour folie;
Et ce serait du sort une étrange rigueur,   1480
      Qu'au sortir d'une ample victoire
      Je fusse contraint de le croire,
      Aux dépens de mon propre honneur.
Je veux la retâter sur ce fâcheux mystère,
Et voir si ce n'est point une vaine chimère   1485
Qui sur ses sens troublés ait su prendre crédit.
      Ah! fasse le Ciel équitable
      Que ce penser soit véritable,
Et que pour mon bonheur elle ait perdu l'esprit!

SCÈNE II

MERCURE, AMPHITRYON

MERCURE

Comme l'amour ici ne m'offre aucun plaisir,   1490
Je m'en veux faire au moins qui soient d'autre nature.
Et je vais égayer mon sérieux loisir
A mettre Amphitryon hors de toute mesure.
Cela n'est pas d'un Dieu bien plein de charité;
Mais aussi n'est-ce pas ce dont je m'inquiète,   1495
      Et je me sens par ma planète
      A la malice un peu porté.

AMPHITRYON

D'où vient donc qu'à cette heure on ferme cette porte?

MERCURE

Holà! tout doucement! Qui frappe?

AMPHITRYON

                  Moi.

MERCURE

                     Qui, moi?

AMPHITRYON

Ah! ouvre

MERCURE

    Comment, ouvre ? Et qui donc es-tu, toi, 1500
Qui fais tant de vacarme et parles de la sorte ?

AMPHITRYON

Quoi ? tu ne me connais pas ?

MERCURE

               Non.
Et n'en ai pas la moindre envie.

AMPHITRYON

Tout le monde perd-il aujourd'hui la raison ?
Est-ce un mal répandu ? Sosie, holà, Sosie!   1505

MERCURE

    Hé bien! Sosie : oui, c'est mon nom;
As-tu peur que je ne l'oublie ?

AMPHITRYON

Me vois-tu bien ?

MERCURE

      Fort bien. Qui peut pousser ton bras
A faire une rumeur si grande ?
Et que demandes-tu là-bas ?   1510

AMPHITRYON

Moi, pendard! ce que je demande ?

MERCURE

Que ne demandes-tu donc pas ?
Parle, si tu veux qu'on t'entende.   1515

AMPHITRYON

Attends, traître : avec un bâton
Je vais là-haut me faire entendre,
Et de bonne façon t'apprendre
A m'oser parler sur ce ton.

MERCURE

Tout beau! si pour heurter tu fais la moindre instance,
Je t'enverrai d'ici des messagers fâcheux.

AMPHITRYON

O Ciel! vit-on jamais une telle insolence ?   1520
La peut-on concevoir d'un serviteur, d'un gueux ?

MERCURE

Hé bien! qu'est-ce ? M'as-tu tout parcouru par ordre ?
M'as-tu de tes gros yeux assez considéré ?
Comme il les écarquille, et paraît effaré !
   Si des regards on pouvait mordre,   1525
   Il m'aurait déjà déchiré.

AMPHITRYON

Moi-même je frémis de ce que tu t'apprêtes,
   Avec ces impudents propos.
Que tu grossis pour toi d'effroyables tempêtes !
Quels orages de coups vont fondre sur ton dos ! 1530

MERCURE

L'ami, si de ces lieux tu ne veux disparaître,
Tu pourras y gagner quelque contusion.

AMPHITRYON

Ah! tu sauras, maraud, à ta confusion,
Ce que c'est qu'un valet qui s'attaque à son maître.

MERCURE

Toi, mon maître ?
     AMPHITRYON
     Oui, coquin. M'oses-tu méconnaître ?
                [1535

MERCURE

Je n'en reconnais point d'autre qu'Amphitryon.

AMPHITRYON

Et cet Amphitryon, qui, hors moi, le peut être ?

MERCURE

Amphitryon ?
    AMPHITRYON
    Sans doute.
        MERCURE
        Ah! quelle vision !
Dis-nous un peu : quel est le cabaret honnête
   Où tu t'es coiffé le cerveau ?   1540

AMPHITRYON

Comment ? encore ?
     MERCURE
     Était-ce un vin à faire fête ?

AMPHITRYON

Ciel!

MERCURE

Était-il vieux, ou nouveau ?

AMPHITRYON

Que de coups!

MERCURE

Le nouveau donne fort dans la tête,
Quand on le veut boire sans eau.

AMPHITRYON

Ah! je t'arracherai cette langue sans doute.   1545

MERCURE

Passe, mon cher ami, crois-moi :
Que quelqu'un ici ne t'écoute.
Je respecte le vin : va-t'en, retire-toi,
Et laisse Amphitryon dans les plaisirs qu'il goûte.

AMPHITRYON

Comment ? Amphitryon est là-dedans ?

MERCURE

Fort bien :   1550
Qui, couvert des lauriers d'une victoire pleine,
Est auprès de la belle Alcmène,
A jouir des douceurs d'un aimable entretien.
Après le démêlé d'un amoureux caprice,
Ils goûtent le plaisir de s'être rajustés,   1555
Garde-toi de troubler leurs douces privautés,
Si tu ne veux qu'il ne punisse
L'excès de tes témérités.

SCÈNE III

AMPHITRYON

Ah! quel étrange coup m'a-t-il porté dans l'âme!
En quel trouble cruel jette-t-il mon esprit!   1560
Et si les choses sont comme le traître dit,
Où vois-je ici réduits mon honneur et ma flamme ?
A quel parti me doit résoudre ma raison ?
Ai-je l'éclat ou le secret à prendre ?
Et dois-je, en mon courroux, renfermer ou répandre 1565

              Le déshonneur de ma maison ?
Ah ! faut-il consulter dans un affront si rude ?
Je n'ai rien à prétendre et rien à ménager ;
              Et toute mon inquiétude
              Ne doit aller qu'à me venger.   1570

                          SCÈNE IV

            SOSIE, NAUCRATÈS, POLIDAS, AMPHITRYON

                            SOSIE

Monsieur, avec mes soins tout ce que j'ai pu faire,
C'est de vous amener ces Messieurs que voici.

                          AMPHITRYON
Ah ! vous voilà ?
                            SOSIE
                    Monsieur.
                          AMPHITRYON
                              Insolent ! téméraire !
                            SOSIE
Quoi ?
                          AMPHITRYON
Je vous apprendrai de me traiter ainsi.
                            SOSIE
Qu'est-ce donc ? qu'avez-vous ?
                          AMPHITRYON
                              Ce que j'ai, misérable ? 1575
                            SOSIE
Holà ! Messieurs, venez donc tôt.
                          NAUCRATÈS
Ah ! de grâce, arrêtez.
                            SOSIE
                    De quoi suis-je coupable ?
                          AMPHITRYON
Tu me le demandes, maraud ?
Laissez-moi satisfaire un courroux légitime.

SOSIE

Lorsque l'on pend quelqu'un, on lui dit pourquoi c'est.

[1580

NAUCRATÈS

Daignez nous dire au moins quel peut être son crime.

SOSIE

Messieurs, tenez bon, s'il vous plaît.

AMPHITRYON

Comment ? il vient d'avoir l'audace
De me fermer ma porte au nez,
Et de joindre encor la menace   1585
A mille propos effrénés !
Ah, coquin !

SOSIE

Je suis mort.

NAUCRATÈS

Calmez cette colère.

SOSIE

Messieurs.

POLIDAS

Qu'est-ce ?

SOSIE

M'a-t-il frappé ?

AMPHITRYON

Non, il faut qu'il ait le salaire
Des mots où tout à l'heure il s'est émancipé.   1590

SOSIE

Comment cela se peut-il faire,
Si j'étais par votre ordre autre part occupé ?
Ces Messieurs sont ici pour rendre témoignage
Qu'à dîner avec vous je les viens d'inviter.

NAUCRATÈS

Il est vrai qu'il nous vient de faire ce message,   1595
Et n'a point voulu nous quitter.

AMPHITRYON

Qui t'a donné cet ordre ?

SOSIE

Vous.

AMPHITRYON

Et quand ?

SOSIE

Après votre paix faite,
Au milieu des transports d'une âme satisfaite
D'avoir d'Alcmène apaisé le courroux.   1600

AMPHITRYON

O Ciel! chaque instant, chaque pas
Ajoute quelque chose à mon cruel martyre;
Et dans ce fatal embarras,
Je ne sais plus que croire, ni que dire.

NAUCRATÈS

Tout ce que de chez vous il vient de nous conter   1605
Surpasse si fort la nature
Qu'avant que de rien faire et de vous emporter,
Vous devez éclaircir toute cette aventure.

AMPHITRYON

Allons : vous y pourrez seconder mon effort,
Et le Ciel à propos ici vous a fait rendre.   1610
Voyons quelle fortune en ce jour peut m'attendre :
Débrouillons ce mystère, et sachons notre sort.
Hélas! je brûle de l'apprendre,
Et je le crains plus que la mort.

SCÈNE V

JUPITER, AMPHITRYON, NAUCRATÈS
POLIDAS, SOSIE

JUPITER

Quel bruit à descendre m'oblige ?   1615
Et qui frappe en maître où je suis ?

AMPHITRYON

Que vois-je ? justes Dieux!

NAUCRATÈS

Ciel! quel est ce prodige ?
Quoi ? deux Amphitryons ici nous sont produits!

AMPHITRYON

Mon âme demeure transie ;
Hélas ! je n'en puis plus : l'aventure est à bout,   1620
Ma destinée est éclaircie,
Et ce que je vois me dit tout.

NAUCRATÈS

Plus mes regards sur eux s'attachent fortement,
Plus je trouve qu'en tout l'un à l'autre est semblable.

SOSIE

Messieurs, voici le véritable ;   1625
L'autre est un imposteur digne de châtiment.

POLIDAS

Certes, ce rapport admirable
Suspend ici mon jugement.

AMPHITRYON

C'est trop être éludés par un fourbe exécrable :
Il faut, avec ce fer, rompre l'enchantement.   1630

NAUCRATÈS

Arrêtez.

AMPHITRYON

Laissez-moi.

NAUCRATÈS

Dieux ! que voulez-vous faire ?

AMPHITRYON

Punir d'un imposteur les lâches trahisons.

JUPITER

Tout beau ! l'emportement est fort peu nécessaire ;
Et lorsque de la sorte on se met en colère,
On fait croire qu'on a de mauvaises raisons.   1635

SOSIE

Oui, c'est un enchanteur qui porte un caractère
Pour ressembler aux maîtres des maisons.

AMPHITRYON

Je te ferai, pour ton partage,
Sentir par mille coups ces propos outrageants.

SOSIE

Mon maître est homme de courage,   1640
Et ne souffrira point que l'on batte ses gens.

AMPHITRYON

Laissez-moi m'assouvir dans mon courroux extrême,
Et laver mon affront au sang d'un scélérat.

NAUCRATÈS

Nous ne souffrirons point cet étrange combat
     D'Amphitryon contre lui-même.   1645

AMPHITRYON

Quoi ? mon honneur de vous reçoit ce traitement ?
Et mes amis d'un fourbe embrassent la défense ?
Loin d'être les premiers à prendre ma vengeance,
Eux-mêmes font obstacle à mon ressentiment ?

NAUCRATÈS

    Que voulez-vous qu'à cette vue   1650
      Fassent nos résolutions,
      Lorsque par deux Amphitryons
Toute notre chaleur demeure suspendue ?
A vous faire éclater notre zèle aujourd'hui,
Nous craignons de faillir et de vous méconnaître.   1655
Nous voyons bien en vous Amphitryon paraître,
Du salut des Thébains le glorieux appui;
Mais nous le voyons tous aussi paraître en lui,
Et ne saurions juger dans lequel il peut être.
     Notre parti n'est point douteux,   1660
Et l'imposteur par nous doit mordre la poussière;
Mais ce parfait rapport le cache entre vous deux;
      Et c'est un coup trop hasardeux
      Pour l'entreprendre sans lumière.
     Avec douceur laissez-nous voir   1665
    De quel côté peut être l'imposture;
Et dès que nous aurons démêlé l'aventure,
Il ne nous faudra point dire notre devoir.

JUPITER

Oui, vous avez raison; et cette ressemblance
A douter de tous deux vous peut autoriser.   1670
Je ne m'offense point de vous voir en balance :
Je suis plus raisonnable, et sais vous excuser.
L'œil ne peut entre nous faire de différence,
Et je vois qu'aisément on s'y peut abuser.
Vous ne me voyez point témoigner de colère,   1675
    Point mettre l'épée à la main :
C'est un mauvais moyen d'éclaircir ce mystère,

Et j'en puis trouver un plus doux et plus certain.
      L'un de nous est Amphitryon;
Et tous deux à vos yeux nous le pouvons paraître.   1680
C'est à moi de finir cette confusion;
Et je prétends me faire à tous si bien connaître
Qu'aux pressantes clartés de ce que je puis être,
Lui-même soit d'accord du sang qui m'a fait naître,
Il n'ait plus de rien dire aucune occasion.   1685
C'est aux yeux des Thébains que je veux avec vous
De la vérité pure ouvrir la connaissance;
Et la chose sans doute est assez d'importance,
      Pour affecter la circonstance
      De l'éclaircir aux yeux de tous.   1690
Alcmène attend de moi ce public témoignage :
Sa vertu, que l'éclat de ce désordre outrage,
Veut qu'on la justifie, et j'en vais prendre soin.
C'est à quoi mon amour envers elle m'engage;
Et des plus nobles chefs je fais un assemblage   1695
Pour l'éclaircissement dont sa gloire a besoin.
Attendant avec vous ces témoins souhaités,
      Ayez, je vous prie, agréable
      De venir honorer la table
      Où vous a Sosie invités.   1700

SOSIE

Je ne me trompais pas. Messieurs, ce mot termine
      Toute l'irrésolution :
      Le véritable Amphitryon
      Est l'Amphitryon où l'on dîne.

AMPHITRYON

O Ciel! puis-je plus bas me voir humilié ?   1705
Quoi ? faut-il que j'entende ici, pour mon martyre,
Tout ce que l'imposteur à mes yeux vient de dire,
Et que, dans la fureur que ce discours m'inspire,
      On me tienne le bras lié ?

NAUCRATÈS

Vous vous plaignez à tort. Permettez-nous d'attendre 1710
      L'éclaircissement qui doit rendre
      Les ressentiments de saison.
      Je ne sais pas s'il impose;
      Mais il parle sur la chose
      Comme s'il avait raison.   1715

AMPHITRYON

Allez, faibles amis, et flattez l'imposture :
Thèbes en a pour moi de tout autres que vous;
Et je vais en trouver qui, partageant l'injure,
Sauront prêter la main à mon juste courroux.

JUPITER

Hé bien! je les attends, et saurai décider   1720
    Le différend en leur présence.

AMPHITRYON

Fourbe, tu crois par là peut-être t'évader;
Mais rien ne te saurait sauver de ma vengeance.

JUPITER

    A ces injurieux propos
    Je ne daigne à présent répondre :   1725
    Et tantôt je saurai confondre
    Cette fureur, avec deux mots.

AMPHITRYON

Le Ciel même, le Ciel ne t'y saurait soustraire,
Et jusques aux Enfers j'irai suivre tes pas.

JUPITER

    Il ne sera pas nécessaire,   1730
Et l'on verra tantôt que je ne fuirai pas.

AMPHITRYON

Allons, courons, avant que d'avec eux il sorte,
Assembler des amis qui suivent mon courroux,
    Et chez moi venons à main forte,
    Pour le percer de mille coups.   1735

JUPITER

    Point de façons, je vous conjure,
    Entrons vite dans la maison.

NAUCRATÈS

    Certes, toute cette aventure
    Confond le sens et la raison.

SOSIE

Faites trêve, Messieurs, à toutes vos surprises,   1740
Et pleins de joie, allez tabler jusqu'à demain.

Que je vais m'en donner, et me mettre en beau train
    De raconter nos vaillantises !
    Je brûle d'en venir aux prises,
    Et jamais je n'eus tant de faim.   1745

SCÈNE VI

MERCURE, SOSIE

MERCURE

Arrête. Quoi ! tu viens ici mettre ton nez,
    Impudent fleureur de cuisine ?

SOSIE

Ah ! de grâce, tout doux !

MERCURE

    Ah ! vous y retournez !
    Je vous ajusterai l'échine.

SOSIE

    Hélas ! brave et généreux moi,   1750
    Modère-toi, je t'en supplie.
    Sosie, épargne un peu Sosie.
Et ne te plais point tant à frapper dessus toi.

MERCURE

    Qui de t'appeler de ce nom
    A pu te donner la licence ?   1755
Ne t'en ai-je pas fait une expresse défense,
Sous peine d'essuyer mille coups de bâton ?

SOSIE

C'est un nom que tous deux nous pouvons à la fois
    Posséder sous un même maître.
Pour Sosie en tous lieux on sait me reconnaître ;   1760
    Je souffre bien que tu le sois :
    Souffre aussi que je le puisse être.
    Laissons aux deux Amphitryons
    Faire éclater des jalousies :
    Et parmi leurs contentions,   1765
Faisons en bonne paix vivre les deux Sosies.

MERCURE

Non : c'est assez d'un seul, et je suis obstiné
    A ne point souffrir de partage.

SOSIE

Du pas devant sur moi tu prendras l'avantage;
Je serai le cadet, et tu seras l'aîné.   1770

MERCURE

Non : un frère incommode, et n'est pas de mon goût,
        Et je veux être fils unique.

SOSIE

        O cœur barbare et tyrannique!
Souffre qu'au moins je sois ton ombre.

MERCURE

                                        Point du tout.
SOSIE

Que d'un peu de pitié ton âme s'humanise;   1775
En cette qualité souffre-moi près de toi :
Je te serai partout une ombre si soumise
        Que tu seras content de moi.

MERCURE

        Point de quartier : immuable est la loi.
Si d'entrer là-dedans tu prends encor l'audace,   1780
        Mille coups en seront le fruit.

SOSIE

        Las! à quelle étrange disgrâce,
        Pauvre Sosie, es-tu réduit!

MERCURE

        Quoi ? ta bouche se licencie
A te donner encore un nom que je défends ?   1785

SOSIE

        Non, ce n'est pas moi que j'entends.
        Et je parle d'un vieux Sosie
        Qui fut jadis de mes parents,
        Qu'avec très grande barbarie,
A l'heure du dîner, l'on chassa de céans.   1790

MERCURE

Prends garde de tomber dans cette frénésie,
Si tu veux demeurer au nombre des vivants.

SOSIE

Que je te rosserais, si j'avais du courage,
Double fils de putain, de trop d'orgueil enflé!

MERCURE

Que dis-tu ?

SOSIE

Rien.

MERCURE

Tu tiens, je crois, quelque langage. 1795

SOSIE

Demandez : je n'ai pas soufflé.

MERCURE

Certain mot de fils de putain
A pourtant frappé mon oreille,
 Il n'est rien de plus certain.

SOSIE

C'est donc un perroquet que le beau temps réveille. 1800

MERCURE

Adieu. Lorsque le dos pourra te démanger,
 Voilà l'endroit où je demeure.

SOSIE

 O Ciel! que l'heure de manger
Pour être mis dehors est une maudite heure!
Allons, cédons au sort dans notre affliction, 1805
Suivons-en aujourd'hui l'aveugle fantaisie;
 Et par une juste union,
 Joignons le malheureux Sosie
 Au malheureux Amphitryon.
Je l'aperçois venir en bonne compagnie. 1810

SCÈNE VII

AMPHITRYON, ARGATIPHONTIDAS,
POSICLÈS, SOSIE

AMPHITRYON

Arrêtez là, Messieurs; suivons-nous d'un peu loin,
 Et n'avancez tous, je vous prie,
 Que quand il en sera besoin.

POSICLÈS

Je comprends que ce coup doit fort toucher votre âme.

AMPHITRYON

Ah! de tous les côtés mortelle est ma douleur,   1815
            Et je souffre pour ma flamme
            Autant que pour mon honneur.

POSICLÈS

Si cette ressemblance est telle que l'on dit,
            Alcmène, sans être coupable...

AMPHITRYON

            Ah! sur le fait dont il s'agit,   1820
L'erreur simple devient un crime véritable,
Et, sans consentement, l'innocence y périt.
De semblables erreurs, quelque jour qu'on leur donne,
            Touchent des endroits délicats,
            Et la raison bien souvent les pardonne,   1825
Que l'honneur et l'amour ne les pardonnent pas.

ARGATIPHONTIDAS

Je n'embarrasse point là-dedans ma pensée;
Mais je hais vos Messieurs de leurs honteux délais;
Et c'est un procédé dont j'ai l'âme blessée,
Et que les gens de cœur n'approuveront jamais.   1830
Quand quelqu'un nous emploie, on doit, tête baissée,
            Se jeter dans ses intérêts.
Argatiphontidas ne va point aux accords.
Écouter d'un ami raisonner l'adversaire
Pour des hommes d'honneur n'est point un coup à faire: 1835
Il ne faut écouter que la vengeance alors.
            Le procès ne me saurait plaire;
Et l'on doit commencer toujours, dans ses transports,
            Par bailler, sans autre mystère,
            De l'épée au travers du corps.   1840
            Oui, vous verrez, quoi qu'il advienne,
Qu'Argatiphontidas marche droit sur ce point;
            Et de vous il faut que j'obtienne
            Que le pendard ne meure point
            D'une autre main que de la mienne.   1845

AMPHITRYON

Allons.

SOSIE

            Je viens, Monsieur, subir, à vos genoux,
Le juste châtiment d'une audace maudite.
Frappez, battez, chargez, accablez-moi de coups,

      Tuez-moi dans votre courroux :
      Vous ferez bien, je le mérite,   1850
Et je n'en dirai pas un seul mot contre vous.

AMPHITRYON

Lève-toi. Que fait-on ?

SOSIE

          L'on m'a chassé tout net;
Et croyant à manger m'aller comme eux ébattre,
      Je ne songeais pas qu'en effet
      Je m'attendais là pour me battre.   1855
Oui, l'autre moi, valet de l'autre vous, a fait
      Tout de nouveau le diable à quatre.
      La rigueur d'un pareil destin,
      Monsieur, aujourd'hui nous talonne;
      Et l'on me dés-Sosie enfin   1860
      Comme on vous dés-Amphitryonne.

AMPHITRYON

Suis-moi.

SOSIE

N'est-il pas mieux de voir s'il vient personne ?

SCÈNE VIII

CLÉANTHIS, NAUCRATÈS, POLIDAS,
SOSIE, AMPHITRYON,
ARGATIPHONTIDAS, POSICLÈS

CLÉANTHIS

O ciel !

AMPHITRYON

      Qui t'épouvante ainsi ?
Quelle est la peur que je t'inspire ?

CLÉANTHIS

Las ! vous êtes là-haut, et je vous vois ici !   1865

NAUCRATÈS

      Ne vous pressez point : le voici,
Pour donner devant tous les clartés qu'on désire,
Et qui, si l'on peut croire à ce qu'il vient de dire,
Sauront vous affranchir de trouble et de souci.

SCÈNE IX

MERCURE, CLÉANTHIS, NAUCRATÈS,
POLIDAS, SOSIE, AMPHITRYON,
ARGATIPHONTIDAS, POSICLÈS

MERCURE

Oui, vous l'allez voir tous; et sachez par avance   1870
  Que c'est le grand maître des dieux
Que, sous les traits chéris de cette ressemblance,
Alcmène a fait du ciel descendre dans ces lieux;
  Et quant à moi, je suis Mercure,
Qui, ne sachant que faire, ai rossé tant soit peu   1875
  Celui dont j'ai pris la figure :
Mais de s'en consoler il a maintenant lieu;
  Et les coups de bâton d'un Dieu
  Font honneur à qui les endure.

SOSIE

Ma foi! Monsieur le Dieu, je suis votre valet :   1880
Je me serais passé de votre courtoisie.

MERCURE

Je lui donne à présent congé d'être Sosie :
Je suis las de porter un visage si laid,
Et je m'en vais au ciel, avec de l'ambrosie,
  M'en débarbouiller tout à fait.   1885

Il vole dans le ciel.

SOSIE

Le Ciel de m'approcher t'ôte à jamais l'envie!
Ta fureur s'est par trop acharnée après moi
  Et je ne vis de ma vie
  Un Dieu plus diable que toi.

SCÈNE X

JUPITER, CLÉANTHIS, NAUCRATÈS,
POLIDAS, SOSIE, AMPHITRYON,
ARGATIPHONTIDAS, POSICLÈS

JUPITER *dans une nue.*

Regarde, Amphitryon, quel est ton imposteur,   1890
Et sous tes propres traits vois Jupiter paraître :

A ces marques tu peux aisément le connaître ;
Et c'est assez, je crois, pour remettre ton cœur
      Dans l'état auquel il doit être,
Et rétablir chez toi la paix et la douceur.   1895
Mon nom, qu'incessamment toute la terre adore,
Étouffe ici les bruits qui pouvaient éclater.
      Un partage avec Jupiter
      N'a rien du tout qui déshonore ;
Et sans doute il ne peut être que glorieux   1900
De se voir le rival du souverain des dieux.
Je n'y vois pour ta flamme aucun lieu de murmure :
      Et c'est moi, dans cette aventure,
Qui, tout Dieu que je suis, dois être le jaloux.
Alcmène est toute à toi, quelque soin qu'on emploie ; 1905
Et ce doit à tes feux être un objet bien doux
De voir que pour lui plaire il n'est point d'autre voie
      Que de paraître son époux,
Que Jupiter, orné de sa gloire immortelle,
Par lui-même n'a pu triompher de sa foi,   1910
      Et que ce qu'il a reçu d'elle
N'a par son cœur ardent été donné qu'à toi.

           SOSIE
Le seigneur Jupiter sait dorer la pilule.

           JUPITER
Sors donc des noirs chagrins que ton cœur a soufferts.
Et rends le calme entier à l'ardeur qui te brûle :   1915
Chez toi doit naître un fils qui, sous le nom d'Hercule,
Remplira de ses faits tout le vaste univers.
L'éclat d'une fortune en mille biens féconde
Fera connaître à tous que je suis ton support,
      Et je mettrai tout le monde   1920
      Au point d'envier ton sort.
      Tu peux hardiment te flatter
      De ces espérances données ;
      C'est un crime que d'en douter :
      Les paroles de Jupiter   1925
      Sont des arrêts des destinées.

                 Il se perd dans les nues.
          NAUCRATÈS
Certes, je suis ravi de ces marques brillantes...

           SOSIE
Messieurs, voulez-vous bien suivre mon sentiment ?
      Ne vous embarquez nullement

Dans ces douceurs congratulantes :   1930
C'est un mauvais embarquement,
Et d'une et d'autre part, pour un tel compliment,
Les phrases sont embarrassantes.
Le grand Dieu Jupiter nous fait beaucoup d'honneur,
Et sa bonté sans doute est pour nous sans seconde; 1935
Il nous promet l'infaillible bonheur
D'une fortune en mille biens féconde,
Et chez nous il doit naître un fils d'un très grand cœur :
Tout cela va le mieux du monde :
Mais enfin coupons aux discours,   1940
Et que chacun chez soi doucement se retire.
Sur telles affaires, toujours
Le meilleur est de ne rien dire.

En 1668, pour célébrer la conquête de la Franche-Comté et la paix d'Aix-la-Chapelle, Louis XIV donna, une fois encore, de grandes fêtes, connues sous le nom du *Grand Divertissement royal de Versailles*. Molière fut de nouveau invité à y participer, comme acteur et comme auteur. Sur un théâtre de verdure fut représentée, le 18 juillet probablement, une comédie pastorale en vers, entrecoupée d'une comédie en prose, qui est *George Dandin*.

Cette simple histoire de mari trompé évoque aussi bien les contes italiens que la tradition des fabliaux et de la farce française. La scène principale, où Angélique feint de se tuer et berne ainsi son époux est dans le *Décaméron* de Boccace. Cette scène avait d'ailleurs été reprise par André Calmo dans la *Rhodiana* (1550) et sans doute aussi par bien des canevas de la *commedia dell'arte*.

On a relevé aussi des ressemblances frappantes entre *George Dandin* et le *Filosofo* de l'Arétin. Molière lui-même avait traité le sujet dans sa farce de la *Jalousie du Barbouillé*. Comme celle-ci a été exceptionnellement conservée, il est possible de comparer la farce primitive et la comédie et de se rendre compte de tout ce qui les sépare.

Sans doute *George Dandin*, par sa structure, relève encore de la farce, ne serait-ce que par l'effet de répétition, la même aventure se reproduisant trois fois de suite au cours des trois actes, avec, si l'on veut, une progression dans la rouerie de la femme et dans l'humiliation du mari.

Mais le comique de la pièce n'est plus seulement un comique tiré d'une situation banale et d'une intrigue adroite. Molière a nourri son *George Dandin* d'un certain nombre d'éléments qui le haussent au plan de la comédie.

On y trouve d'abord une savoureuse peinture des petits
hobereaux de province, fiers de leur blason et de leurs
ancêtres, mais le plus souvent pauvres et pour qui les
dots des brus et les biens des gendres bourgeois venaient
à point pour « fumer leurs terres ». Méprisant ces filles et
fils de bourgeois ou de paysans dont ils recherchaient
l'alliance, ils fournissent à la noblesse de cour, riche et
oisive, un éternel sujet de raillerie. Plusieurs comédies
du XVIIe siècle exploitent ce thème du noble campagnard
ruiné et ridicule, dont se divertissait aussi le public parisien, toujours porté à se moquer des provinciaux. Molière
lui-même le reprendra en peignant Monsieur de Pourceaugnac et la comtesse d'Escarbagnas.

Avec *George Dandin*, il revient aussi à un de ses thèmes
préférés depuis *l'École des maris* et *l'École des femmes*,
celui du mariage et plus précisément de la situation de
la femme mariée, souvent victime d'un choix auquel elle
n'a eu aucune part et qui lui fut imposé par ses parents,
uniquement soucieux de soupeser les sacs d'écus des
fiancés. Et cela explique, sans peut-être le justifier aux
yeux de Molière, cette aspiration des femmes vers une
aventure proprement sentimentale. Angélique plaide cette
cause avec vigueur, mais sans la charmante naïveté d'Agnès.

De tout cela, il résulte que cette comédie, qui paraît
au premier abord n'être qu'une farce, destinée seulement
à faire rire, se révèle cependant, en filigrane, chargée de
graves problèmes sociaux et moraux, qui lui donnent une
résonance particulière. Le lecteur, ou le spectateur, commence par rire franchement, mais se met ensuite à réflé-
chir. Il n'a pas de mal à se rendre compte que son rire
n'est pas dénué d'amertume, et que cette comédie lui
révèle une société bien antipathique.

En effet, contrairement à l'habitude de Molière, on n'y
trouve ni un couple, ni un personnage sympathique. Les
Sotenville sont vaniteux et crédules, responsables incons-
cients de la situation ; Angélique, malgré sa tentative de
justification, reste une rouée et une femme égoïste qui
cherche à tromper son mari avec un Clitandre falot qui
tombera à son tour à sa merci ; la servante n'est que la
complice plaisante de sa maîtresse, et réserve à son futur
mari un sort semblable à celui de George Dandin. Ce
dernier, ridicule tout naturellement par son cocuage,
n'attire guère la sympathie. C'est par intérêt et ambition
qu'il a voulu épouser une « demoiselle », qui lui fait payer
cher son nouveau nom de M. de la Dandinière. Il a donc,

lui aussi, sa part de responsabilité dans son propre malheur et s'il est victime d'une femme plus rouée et plus intelligente que lui, sa piteuse aventure n'émeut pas le spectateur en sa faveur.

Mais tous ces ridicules et ces vices restent en arrière-plan, n'empêchant pas le rire de se déchaîner. C'est peut-être pourtant cette âpreté secrète de la pièce qui empêcha les spectateurs du Palais-Royal de l'apprécier, lorsque, le 9 novembre 1668, elle fut présentée au public, sans être mêlée aux fadeurs doucereuses de la pastorale dans laquelle, à Versailles, elle se diluait. Un contemporain, cependant cultivé, Christian Huyghens jugeait *George Dandin* comme une comédie « faite fort à la hâte et peu de chose ». Reléguée au rang du genre mineur de la farce, elle ne reparut sur les affiches du Palais-Royal que comme complément au programme, derrière de grandes comédies.

Il a mis un esprit de responsabilité dans son propre malheur et s'il est victime d'une fatalité qui est celle de toute un Livre qu'il a lui... pharisien ayant un... ayant pas la spectateur en sa faveur.

Mais toutes ces véritables et ces vices rien sont-ils au... toiler si important juste rien du...
Que toutefois cela figure la croix de la pièce qui... et prix les spectateurs on train... Mais il de soi... paraît toujours le nouveau livre, alle tait a prévenu au public, sans... en lui... les acteurs principaux de la passion le dans lequelle à Versailles, une se clique, l'instrument qui, et d'ailleurs qui... autour... à l'aide à l'adresse d'un public... intime (même 1789... entre cette écossaise... pour un train de piano, pliqué de la voix que se répète sur les adresses du Palais-Royal où... un certain complément au programme qui aurait de vraies fantaisies homichiers.

GEORGE DANDIN
OU
LE MARI CONFONDU
COMÉDIE

REPRÉSENTÉE LA PREMIÈRE FOIS POUR LE ROI
LE 18ᵉ DE JUILLET 1668, A VERSAILLES,
ET DEPUIS DONNÉE AU PUBLIC
A PARIS, SUR LE THÉATRE DU PALAIS-ROYAL,
LE 9ᵉ NOVEMBRE DE LA MÊME ANNÉE 1668,

PAR LA
TROUPE DU ROI

PERSONNAGES

GEORGE DANDIN, riche paysan, mari d'Angélique.

ANGÉLIQUE, femme de George Dandin et fille de M. de Sotenville.

M. DE SOTENVILLE, gentilhomme campagnard, père d'Angélique.

Mme DE SOTENVILLE, sa femme.

CLITANDRE, amoureux d'Angélique.

CLAUDINE, suivante d'Angélique.

LUBIN, paysan, servant de Clitandre.

COLIN, valet de George Dandin.

La scène est devant la maison de George Dandin.

ACTE PREMIER

SCÈNE I

GEORGE DANDIN

Ah! qu'une femme demoiselle est une étrange affaire, et que mon mariage est une leçon bien parlante à tous les paysans qui veulent s'élever au-dessus de leur condition, et s'allier, comme j'ai fait, à la maison d'un gentilhomme! La noblesse de soi est bonne, c'est une chose considérable assurément; mais elle est accompagnée de tant de mauvaises circonstances qu'il est très bon de ne s'y point frotter. Je suis devenu là-dessus savant à mes dépens, et connais le style des nobles lorsqu'ils nous font, nous autres, entrer dans leur famille. L'alliance qu'ils font est petite avec nos personnes : c'est notre bien seul qu'ils épousent, et j'aurais bien mieux fait, tout riche que je suis, de m'allier en bonne et franche paysannerie que de prendre une femme qui se tient au-dessus de moi, s'offense de porter mon nom, et pense qu'avec tout mon bien je n'ai pas assez acheté la qualité de son mari. George Dandin, George Dandin, vous avez fait une sottise la plus grande du monde. Ma maison m'est effroyable maintenant, et je n'y rentre point sans y trouver quelque chagrin.

SCÈNE II

GEORGE DANDIN, LUBIN

GEORGE DANDIN, *voyant sortir Lubin de chez lui*. — Que diantre ce drôle-là vient-il faire chez moi ?

LUBIN. — Voilà un homme qui me regarde.

GEORGE DANDIN. — Il ne me connaît pas.

LUBIN. — Il se doute de quelque chose.

GEORGE DANDIN. — Ouais! il a grand-peine à saluer.

LUBIN. — J'ai peur qu'il n'aille dire qu'il m'a vu sortir de là-dedans.

GEORGE DANDIN. — Bonjour.

LUBIN. — Serviteur.

GEORGE DANDIN. — Vous n'êtes pas d'ici, que je crois ?

LUBIN. — Non, je n'y suis venu que pour voir la fête de demain.

GEORGE DANDIN. — Hé! dites-moi un peu, s'il vous plaît, vous venez de là-dedans ?

LUBIN. — Chut!

GEORGE DANDIN. — Comment ?

LUBIN. — Paix!

GEORGE DANDIN. — Quoi donc ?

LUBIN. — Motus! Il ne faut pas dire que vous m'ayez vu sortir de là.

GEORGE DANDIN. — Pourquoi ?

LUBIN. — Mon Dieu! parce.

GEORGE DANDIN. — Mais encore ?

LUBIN. — Doucement. J'ai peur qu'on ne nous écoute.

GEORGE DANDIN. — Point, point.

LUBIN. — C'est que je viens de parler à la maîtresse du logis, de la part d'un certain Monsieur qui lui fait les doux yeux, et il ne faut pas qu'on sache cela ; entendez-vous ?

GEORGE DANDIN. — Oui.

LUBIN. — Voilà la raison. On m'a chargé de prendre garde que personne ne me vît, et je vous prie au moins de ne pas dire que vous m'ayez vu.

GEORGE DANDIN. — Je n'ai garde.

LUBIN. — Je suis bien aise de faire les choses secrètement comme on m'a recommandé.

GEORGE DANDIN. — C'est bien fait.

LUBIN. — Le mari, à ce qu'ils disent, est un jaloux qui ne veut pas qu'on fasse l'amour à sa femme, et il ferait le diable à quatre si cela venait à ses oreilles : vous comprenez bien ?

GEORGE DANDIN. — Fort bien.

LUBIN. — Il ne faut pas qu'il sache rien de tout ceci.

GEORGE DANDIN. — Sans doute.

LUBIN. — On le veut tromper tout doucement : vous entendez bien ?

GEORGE DANDIN. — Le mieux du monde. .

LUBIN. — Si vous alliez dire que vous m'avez vu sortir de chez lui, vous gâteriez toute l'affaire : vous comprenez bien ?

GEORGE DANDIN. — Assurément. Hé ? comment nommez-vous celui qui vous a envoyé là-dedans ?

LUBIN. — C'est le seigneur de notre pays, Monsieur le vicomte de chose... Foin ! je ne me souviens jamais comment diantre ils baragouinent ce nom-là. Monsieur Cli... Clitandre.

GEORGE DANDIN. — Est-ce ce jeune courtisan qui demeure...

LUBIN. — Oui : auprès de ces arbres.

GEORGE DANDIN, à part. — C'est pour cela que depuis peu ce damoiseau poli s'est venu loger contre moi ; j'avais bon nez sans doute, et son voisinage déjà m'avait donné quelque soupçon.

LUBIN. — Testigué ! c'est le plus honnête homme que vous ayez jamais vu. Il m'a donné trois pièces d'or pour aller dire seulement à la femme qu'il est amoureux d'elle, et qu'il souhaite fort l'honneur de pouvoir lui parler. Voyez s'il y a là une grande fatigue pour me payer si bien, et ce qu'est au prix de cela une journée de travail où je ne gagne que dix sols.

GEORGE DANDIN. — Hé bien ! avez-vous fait votre message ?

LUBIN. — Oui, j'ai trouvé là-dedans une certaine Claudine, qui tout du premier coup a compris ce que je voulais, et qui m'a fait parler à sa maîtresse.

GEORGE DANDIN, à part. — Ah ! coquine de servante !

LUBIN. — Morguéne ! cette Claudine-là est tout à fait jolie, elle a gagné mon amitié, et il ne tiendra qu'à elle que nous ne soyons mariés ensemble.

GEORGE DANDIN. — Mais quelle réponse a fait la maîtresse à ce Monsieur le courtisan ?

LUBIN. — Elle m'a dit de lui dire... attendez, je ne sais si je me souviendrai bien de tout cela... qu'elle lui est tout à fait obligée de l'affection qu'il a pour elle, et qu'à cause de son mari, qui est fantasque, il garde d'en rien faire paraître, et qu'il faudra songer à chercher quelque invention pour se pouvoir entretenir tous deux.

GEORGE DANDIN, à part. — Ah ! pendarde de femme !

LUBIN. — Testiguiéne ! cela sera drôle ; car le mari ne se doutera point de la manigance, voilà ce qui est de bon ; et il aura un pied de nez avec sa jalousie : est-ce pas ?

GEORGE DANDIN. — Cela est vrai.

LUBIN. — Adieu. Bouche cousue au moins. Gardez
bien le secret, afin que le mari ne le sache pas.

GEORGE DANDIN. — Oui, oui.

LUBIN. — Pour moi, je vais faire semblant de rien : je
suis un fin matois, et l'on ne dirait pas que j'y touche.

SCÈNE III

GEORGE DANDIN

Hé bien! George Dandin, vous voyez de quel air
votre femme vous traite. Voilà ce que c'est d'avoir voulu
épouser une demoiselle : l'on vous accommode de toutes
pièces, sans que vous puissiez vous venger, et la gentilhommerie vous tient les bras liés. L'égalité de condition
laisse du moins à l'honneur d'un mari liberté de ressentiment; et si c'était une paysanne, vous auriez maintenant
toutes vos coudées franches à vous en faire la justice à
bons coups de bâton. Mais vous avez voulu tâter de la
noblesse, et il vous ennuyait d'être maître chez vous.
Ah! j'enrage de tout mon cœur, et je me donnerais volontiers des soufflets. Quoi? écouter impudemment l'amour
d'un damoiseau, et y promettre en même temps de la
correspondance! Morbleu! je ne veux point laisser passer
une occasion de la sorte. Il me faut de ce pas aller faire
mes plaintes au père et à la mère, et les rendre témoins,
à telle fin que de raison, des sujets de chagrin et de ressentiment que leur fille me donne. Mais les voici l'un et
l'autre fort à propos.

SCÈNE IV

MONSIEUR et MADAME DE SOTENVILLE,
GEORGE DANDIN

MONSIEUR DE SOTENVILLE. — Qu'est-ce, mon gendre?
vous me paraissez tout troublé.

GEORGE DANDIN. — Aussi en ai-je du sujet, et...

MADAME DE SOTENVILLE. — Mon Dieu! notre gendre,
que vous avez peu de civilité de ne pas saluer les gens
quand vous les approchez!

GEORGE DANDIN. — Ma foi! ma belle-mère, c'est que j'ai d'autres choses en tête, et...

MADAME DE SOTENVILLE. — Encore! Est-il possible, notre gendre, que vous sachiez si peu votre monde, et qu'il n'y ait pas moyen de vous instruire de la manière qu'il faut vivre parmi les personnes de qualité?

GEORGE DANDIN. — Comment?

MADAME DE SOTENVILLE. — Ne vous déferez-vous jamais avec moi de la familiarité de ce mot de « belle-mère », et ne sauriez-vous vous accoutumer à me dire « Madame »?

GEORGE DANDIN. — Parbleu! si vous m'appelez votre gendre, il me semble que je puis vous appeler ma belle-mère.

MADAME DE SOTENVILLE. — Il y a fort à dire, et les choses ne sont pas égales. Apprenez, s'il vous plaît, que ce n'est pas à vous à vous servir de ce mot-là avec une personne de ma condition; que tout notre gendre que vous soyez, il y a grande différence de vous à nous, et que vous devez vous connaître.

MONSIEUR DE SOTENVILLE. — C'en est assez, mamour, laissons cela.

MADAME DE SOTENVILLE. — Mon Dieu! Monsieur de Sotenville, vous avez des indulgences qui n'appartiennent qu'à vous, et vous ne savez pas vous faire rendre par les gens ce qui vous est dû.

MONSIEUR DE SOTENVILLE. — Corbleu! pardonnez-moi, on ne peut point me faire de leçons là-dessus, et j'ai su montrer en ma vie, par vingt actions de vigueur, que je ne suis point homme à démordre jamais d'une partie de mes prétentions. Mais il suffit de lui avoir donné un petit avertissement. Sachons un peu, mon gendre, ce que vous avez dans l'esprit.

GEORGE DANDIN. — Puisqu'il faut donc parler catégoriquement, je vous dirai, Monsieur de Sotenville, que j'ai lieu de...

MONSIEUR DE SOTENVILLE. — Doucement, mon gendre. Apprenez qu'il n'est pas respectueux d'appeler les gens par leur nom, et qu'à ceux qui sont au-dessus de nous il faut dire « Monsieur » tout court.

GEORGE DANDIN. — Hé bien! Monsieur tout court, et non plus Monsieur de Sotenville, j'ai à vous dire que ma femme me donne...

MONSIEUR DE SOTENVILLE. — Tout beau! Apprenez aussi que vous ne devez pas dire « ma femme », quand vous parlez de notre fille.

GEORGE DANDIN. — J'enrage. Comment ? ma femme n'est pas ma femme ?

MADAME DE SOTENVILLE. — Oui, notre gendre, elle est votre femme ; mais il ne vous est pas permis de l'appeler ainsi, et c'est tout ce que vous pourriez faire, si vous aviez épousé une de vos pareilles.

GEORGE DANDIN. — Ah ! George Dandin, où t'es-tu fourré ? Eh ! de grâce, mettez, pour un moment, votre gentilhommerie à côté, et souffrez que je vous parle maintenant comme je pourrai. Au diantre soit la tyrannie de toutes ces histoires-là ! Je vous dis donc que je suis mal satisfait de mon mariage.

MONSIEUR DE SOTENVILLE. — Et la raison, mon gendre ?

MADAME DE SOTENVILLE. — Quoi ? parler ainsi d'une chose dont vous avez tiré de si grands avantages ?

GEORGE DANDIN. — Et quels avantages, Madame, puisque Madame y a ? L'aventure n'a pas été mauvaise pour vous, car sans moi vos affaires, avec votre permission, étaient fort délabrées, et mon argent a servi à reboucher d'assez bons trous ; mais moi, de quoi y ai-je profité, je vous prie, que d'un allongement de nom, et au lieu de George Dandin, d'avoir reçu par vous le titre de « Monsieur de la Dandinière » ?

MONSIEUR DE SOTENVILLE. — Ne comptez-vous rien, mon gendre, l'avantage d'être allié à la maison de Sotenville ?

MADAME DE SOTENVILLE. — Et à celle de la Prudoterie, dont j'ai l'honneur d'être issue, maison où le ventre anoblit, et qui, par ce beau privilège, rendra vos enfants gentilshommes ?

GEORGE DANDIN. — Oui, voilà qui est bien, mes enfants seront gentilshommes ; mais je serai cocu, moi, si l'on n'y met ordre.

MONSIEUR DE SOTENVILLE. — Que veut dire cela, mon gendre ?

GEORGE DANDIN. — Cela veut dire que votre fille ne vit pas comme il faut qu'une femme vive, et qu'elle fait des choses qui sont contre l'honneur.

MADAME DE SOTENVILLE. — Tout beau ! prenez garde à ce que vous dites. Ma fille est d'une race trop pleine de vertu pour se porter jamais à faire aucune chose dont l'honnêteté soit blessée ; et de la maison de la Prudoterie il y a plus de trois cents ans qu'on n'a point remarqué qu'il y ait eu de femme, Dieu merci, qui ait fait parler d'elle.

MONSIEUR DE SOTENVILLE. — Corbleu! dans la maison de Sotenville on n'a jamais vu de coquette, et la bravoure n'y est pas plus héréditaire aux mâles que la chasteté aux femelles.

MADAME DE SOTENVILLE. — Nous avons eu une Jacqueline de la Prudoterie qui ne voulut jamais être la maîtresse d'un duc et pair, gouverneur de notre province.

MONSIEUR DE SOTENVILLE. — Il y a eu une Mathurine de Sotenville qui refusa vingt mille écus d'un favori du Roi, qui ne lui demandait seulement que la faveur de lui parler.

GEORGE DANDIN. — Ho bien! votre fille n'est pas si difficile que cela, et elle s'est apprivoisée depuis qu'elle est chez moi.

MONSIEUR DE SOTENVILLE. — Expliquez-vous, mon gendre. Nous ne sommes point gens à la supporter dans de mauvaises actions, et nous serons les premiers, sa mère et moi, à vous en faire la justice.

MADAME DE SOTENVILLE. — Nous n'entendons point raillerie sur les matières de l'honneur, et nous l'avons élevée dans toute la sévérité possible.

GEORGE DANDIN. — Tout ce que je vous puis dire, c'est qu'il y a ici un certain courtisan que vous avez vu, qui est amoureux d'elle à ma barbe, et qui lui a fait faire des protestations d'amour qu'elle a très humainement écoutées.

MADAME DE SOTENVILLE. — Jour de Dieu! je l'étranglerais de mes propres mains, s'il fallait qu'elle forlignât de l'honnêteté de sa mère.

MONSIEUR DE SOTENVILLE. — Corbleu! je lui passerais mon épée au travers du corps, à elle et au galant, si elle avait forfait à son honneur.

GEORGE DANDIN. — Je vous ai dit ce qui se passe pour vous faire mes plaintes, et je vous demande raison de cette affaire-là.

MONSIEUR DE SOTENVILLE. — Ne vous tourmentez point, je vous la ferai de tous deux, et je suis homme pour serrer le bouton à qui que ce puisse être. Mais êtes-vous bien sûr aussi de ce que vous nous dites?

GEORGE DANDIN. — Très sûr.

MONSIEUR DE SOTENVILLE. — Prenez bien garde au moins; car, entre gentilshommes, ce sont des choses chatouilleuses, et il n'est pas question d'aller faire ici un pas de clerc.

GEORGE DANDIN. — Je ne vous ai rien dit, vous dis-je, qui ne soit véritable.

MONSIEUR DE SOTENVILLE. — Mamour, allez-vous-en parler à votre fille, tandis qu'avec mon gendre j'irai parler à l'homme.

MADAME DE SOTENVILLE. — Se pourrait-il, mon fils, qu'elle s'oubliât de la sorte, après le sage exemple que vous savez vous-même que je lui ai donné ?

MONSIEUR DE SOTENVILLE. — Nous allons éclaircir l'affaire. Suivez-moi, mon gendre, et ne vous mettez pas en peine. Vous verrez de quel bois nous nous chauffons lorsqu'on s'attaque à ceux qui nous peuvent appartenir.

GEORGE DANDIN. — Le voici qui vient vers nous.

SCÈNE V

MONSIEUR DE SOTENVILLE, CLITANDRE, GEORGE DANDIN

MONSIEUR DE SOTENVILLE. — Monsieur, suis-je connu de vous ?

CLITANDRE. — Non pas, que je sache, Monsieur.

MONSIEUR DE SOTENVILLE. — Je m'appelle le baron de Sotenville.

CLITANDRE. — Je m'en réjouis fort.

MONSIEUR DE SOTENVILLE. — Mon nom est connu à la cour, et j'eus l'honneur dans ma jeunesse de me signaler des premiers à l'arrière-ban de Nancy.

CLITANDRE. — A la bonne heure.

MONSIEUR DE SOTENVILLE. — Monsieur, mon père Jean-Gilles de Sotenville eut la gloire d'assister en personne au grand siège de Montauban.

CLITANDRE. — J'en suis ravi.

MONSIEUR DE SOTENVILLE. — Et j'ai eu un aïeul, Bertrand de Sotenville, qui fut si considéré en son temps que d'avoir permission de vendre tout son bien pour le voyage d'outre-mer.

CLITANDRE. — Je le veux croire.

MONSIEUR DE SOTENVILLE. — Il m'a été rapporté, Monsieur, que vous aimez et poursuivez une jeune personne, qui est ma fille, pour laquelle je m'intéresse, et pour l'homme que vous voyez, qui a l'honneur d'être mon gendre.

CLITANDRE. — Qui, moi ?

MONSIEUR DE SOTENVILLE. — Oui; et je suis bien aise

de vous parler, pour tirer de vous, s'il vous plaît, un éclaircissement de cette affaire.

CLITANDRE. — Voilà une étrange médisance! Qui vous a dit cela, Monsieur?

MONSIEUR DE SOTENVILLE. — Quelqu'un qui croit le bien savoir.

CLITANDRE. — Ce quelqu'un-là en a menti. Je suis honnête homme. Me croyez-vous capable, Monsieur, d'une action aussi lâche que celle-là? Moi, aimer une jeune et belle personne, qui a l'honneur d'être la fille de Monsieur le baron de Sotenville! Je vous révère trop pour cela, et suis trop votre serviteur. Quiconque vous l'a dit est un sot.

MONSIEUR DE SOTENVILLE. — Allons, mon gendre.

GEORGE DANDIN. — Quoi?

CLITANDRE. — C'est un coquin et un maraud.

MONSIEUR DE SOTENVILLE. — Répondez.

GEORGE DANDIN. — Répondez vous-même.

CLITANDRE. — Si je savais qui ce peut être, je lui donnerais en votre présence de l'épée dans le ventre.

MONSIEUR DE SOTENVILLE. — Soutenez donc la chose.

GEORGE DANDIN. — Elle est toute soutenue, cela est vrai.

CLITANDRE. — Est-ce votre gendre, Monsieur, qui...

MONSIEUR DE SOTENVILLE. — Oui, c'est lui-même qui s'en est plaint à moi.

CLITANDRE. — Certes, il peut remercier l'avantage qu'il a de vous appartenir, et sans cela je lui apprendrais bien à tenir de pareils discours d'une personne comme moi.

SCÈNE VI

MONSIEUR et MADAME DE SOTENVILLE,
ANGÉLIQUE, CLITANDRE,
GEORGE DANDIN, CLAUDINE

MADAME DE SOTENVILLE. — Pour ce qui est de cela, la jalousie est une étrange chose! J'amène ici ma fille pour éclaircir l'affaire en présence de tout le monde.

CLITANDRE. — Est-ce donc vous, Madame, qui avez dit à votre mari que je suis amoureux de vous?

ANGÉLIQUE. — Moi? et comment lui aurais-je dit? est-ce que cela est? Je voudrais bien le voir vraiment que vous fussiez amoureux de moi. Jouez-vous-y, je

vous en prie, vous trouverez à qui parler. C'est une
chose que je vous conseille de faire. Ayez recours, pour
voir, à tous les détours des amants : essayez un peu, par
plaisir, à m'envoyer des ambassades, à m'écrire secrètement de petits billets doux, à épier les moments que
mon mari n'y sera pas, ou le temps que je sortirai, pour
me parler de votre amour. Vous n'avez qu'à y venir, je
vous promets que vous serez reçu comme il faut.

CLITANDRE. — Hé! là, là, Madame, tout doucement.
Il n'est pas nécessaire de me faire tant de leçons, et de
vous tant scandaliser. Qui vous dit que je songe à vous
aimer ?

ANGÉLIQUE. — Que sais-je, moi, ce qu'on me vient
conter ici ?

CLITANDRE. — On dira ce que l'on voudra; mais vous
savez si je vous ai parlé d'amour, lorsque je vous ai ren-
contrée.

ANGÉLIQUE. — Vous n'aviez qu'à le faire, vous auriez
été bien venu.

CLITANDRE. — Je vous assure qu'avec moi vous n'avez
rien à craindre; que je ne suis point homme à donner du
chagrin aux belles; et que je vous respecte trop, et vous
et Messieurs vos parents, pour avoir la pensée d'être
amoureux de vous.

MADAME DE SOTENVILLE. — Hé bien! vous le voyez.

MONSIEUR DE SOTENVILLE. — Vous voilà satisfait, mon
gendre. Que dites-vous à cela ?

GEORGE DANDIN. — Je dis que ce sont là des contes à
dormir debout; que je sais bien ce que je sais, et que
tantôt, puisqu'il faut parler, elle a reçu une ambassade
de sa part.

ANGÉLIQUE. — Moi, j'ai reçu une ambassade ?

CLITANDRE. — J'ai envoyé une ambassade ?

ANGÉLIQUE. — Claudine.

CLITANDRE. — Est-il vrai ?

CLAUDINE. — Par ma foi, voilà une étrange fausseté!

GEORGE DANDIN. — Taisez-vous, carogne que vous
êtes. Je sais de vos nouvelles, et c'est vous qui tantôt
avez introduit le courrier.

CLAUDINE. — Qui, moi ?

GEORGE DANDIN. — Oui, vous. Ne faites point tant la
sucrée.

CLAUDINE. — Hélas! que le monde aujourd'hui est
rempli de méchanceté, de m'aller soupçonner ainsi, moi
qui suis l'innocence même!

George Dandin. — Taisez-vous, bonne pièce. Vous faites la sournoise; mais je vous connais il y a longtemps, et vous êtes une dessalée.

Claudine. — Madame, est-ce que... ?

George Dandin. — Taisez-vous, vous dis-je, vous pourriez bien porter la folle enchère de tous les autres; et vous n'avez point de père gentilhomme.

Angélique. — C'est une imposture si grande, et qui me touche si fort au cœur, que je ne puis pas même avoir la force d'y répondre. Cela est bien horrible d'être accusée par un mari lorsqu'on ne lui fait rien qui ne soit à faire. Hélas! si je suis blâmable de quelque chose, c'est d'en user trop bien avec lui.

Claudine. — Assurément.

Angélique. — Tout mon malheur est de le trop considérer; et plût au Ciel que je fusse capable de souffrir, comme il dit, les galanteries de quelqu'un! je ne serais pas tant à plaindre. Adieu : je me retire, et je ne puis plus endurer qu'on m'outrage de cette sorte.

Madame de Sotenville. — Allez, vous ne méritez pas l'honnête femme qu'on vous a donnée.

Claudine. — Par ma foi! il mériterait qu'elle lui fît dire vrai; et si j'étais en sa place, je n'y marchanderais pas. Oui, Monsieur, vous devez, pour le punir, faire l'amour à ma maîtresse. Poussez, c'est moi qui vous le dis, ce sera fort bien employé; et je m'offre à vous y servir, puisqu'il m'en a déjà taxée.

Monsieur de Sotenville. — Vous méritez, mon gendre, qu'on vous dise ces choses-là; et votre procédé met tout le monde contre vous.

Madame de Sotenville. — Allez, songez à mieux traiter une demoiselle bien née, et prenez garde désormais à ne plus faire de pareilles bévues.

George Dandin. — J'enrage de bon cœur d'avoir tort, lorsque j'ai raison.

Clitandre. — Monsieur, vous voyez comme j'ai été faussement accusé : vous êtes homme qui savez les maximes du point d'honneur, et je vous demande raison de l'affront qui m'a été fait.

Monsieur de Sotenville. — Cela est juste, et c'est l'ordre des procédés. Allons, mon gendre, faites satisfaction à Monsieur.

George Dandin. — Comment satisfaction ?

Monsieur de Sotenville. — Oui, cela se doit dans les règles pour l'avoir à tort accusé.

George Dandin. — C'est une chose, moi, dont je ne demeure pas d'accord, de l'avoir à tort accusé, et je sais bien ce que j'en pense.

Monsieur de Sotenville. — Il n'importe. Quelque pensée qui vous puisse rester, il a nié : c'est satisfaire les personnes, et l'on n'a nul droit de se plaindre de tout homme qui se dédit.

George Dandin. — Si bien donc que si je le trouvais couché avec ma femme, il en serait quitte pour se dédire ?

Monsieur de Sotenville. — Point de raisonnement. Faites-lui les excuses que je vous dis.

George Dandin. — Moi, je lui ferai encore des excuses après... ?

Monsieur de Sotenville. — Allons, vous dis-je. Il n'y a rien à balancer, et vous n'avez que faire d'avoir peur d'en trop faire, puisque c'est moi qui vous conduis.

George Dandin. — Je ne saurais...

Monsieur de Sotenville. — Corbleu! mon gendre, ne m'échauffez pas la bile : je me mettrais avec lui contre vous. Allons, laissez-vous gouverner par moi.

George Dandin. — Ah! George Dandin!

Monsieur de Sotenville. — Votre bonnet à la main, le premier : Monsieur est gentilhomme, et vous ne l'êtes pas.

George Dandin. — J'enrage.

Monsieur de Sotenville. — Répétez après moi : « Monsieur. »

George Dandin. — « Monsieur. »

Monsieur de Sotenville (*Il voit que son gendre fait difficulté de lui obéir*). — « Je vous demande pardon. » Ah!

George Dandin. — « Je vous demande pardon. »

Monsieur de Sotenville. — « Des mauvaises pensées que j'ai eues de vous. »

George Dandin. — « Des mauvaises pensées que j'ai eues de vous. »

Monsieur de Sotenville. — « C'est que je n'avais pas l'honneur de vous connaître. »

George Dandin. — « C'est que je n'avais pas l'honneur de vous connaître. »

Monsieur de Sotenville. — « Et je vous prie de croire. »

George Dandin. — « Et je vous prie de croire. »

Monsieur de Sotenville. — « Que je suis votre serviteur. »

George Dandin. — Voulez-vous que je sois serviteur d'un homme qui me veut faire cocu ?

Monsieur de Sotenville (*Il le menace encore*). — Ah!

Clitandre. — Il suffit, Monsieur.

Monsieur de Sotenville. — Non : je veux qu'il achève, et que tout aille dans les formes. « Que je suis votre serviteur. »

George Dandin. — « Que je suis votre serviteur. »

Clitandre. — Monsieur, je suis le vôtre de tout mon cœur, et je ne songe plus à ce qui s'est passé. Pour vous, Monsieur, je vous donne le bonjour, et suis fâché du petit chagrin que vous avez eu.

Monsieur de Sotenville. — Je vous baise les mains; et quand il vous plaira, je vous donnerai le divertissement de courre un lièvre.

Clitandre. — C'est trop de grâce que vous me faites.

Monsieur de Sotenville. — Voilà, mon gendre, comme il faut pousser les choses. Adieu. Sachez que vous êtes entré dans une famille qui vous donnera de l'appui, et ne souffrira point que l'on vous fasse aucun affront.

SCÈNE VII

GEORGE DANDIN

Ah! que je... Vous l'avez voulu, vous l'avez voulu, George Dandin, vous l'avez voulu, cela vous sied fort bien, et vous voilà ajusté comme il faut; vous avez justement ce que vous méritez. Allons, il s'agit seulement de désabuser le père et la mère, et je pourrai trouver peut-être quelque moyen d'y réussir.

ACTE II

SCÈNE I

CLAUDINE, LUBIN

CLAUDINE. — Oui, j'ai bien deviné qu'il fallait que cela vînt de toi, et que tu l'eusses dit à quelqu'un qui l'ait rapporté à notre maître.

LUBIN. — Par ma foi! je n'en ai touché qu'un petit mot en passant à un homme, afin qu'il ne dît point qu'il m'avait vu sortir, et il faut que les gens en ce pays-ci soient de grands babillards.

CLAUDINE. — Vraiment, ce Monsieur le Vicomte a bien choisi son monde, que de te prendre pour son ambassadeur, et il s'est allé servir là d'un homme bien chanceux.

LUBIN. — Va, une autre fois je serai plus fin, et je prendrai mieux garde à moi.

CLAUDINE. — Oui, oui, il sera temps.

LUBIN. — Ne parlons plus de cela. Écoute.

CLAUDINE. — Que veux-tu que j'écoute ?

LUBIN. — Tourne un peu ton visage devers moi.

CLAUDINE. — Hé bien, qu'est-ce ?

LUBIN. — Claudine.

CLAUDINE. — Quoi ?

LUBIN. — Hé! là, ne sais-tu pas bien ce que je veux dire ?

CLAUDINE. — Non.

LUBIN. — Morgué! je t'aime.

CLAUDINE. — Tout de bon ?

LUBIN. — Oui, le diable m'emporte! tu me peux croire, puisque j'en jure.

CLAUDINE. — A la bonne heure.

LUBIN. — Je me sens tout tribouiller le cœur quand je te regarde.

CLAUDINE. — Je m'en réjouis.

LUBIN. — Comment est-ce que tu fais pour être si jolie ?

CLAUDINE. — Je fais comme font les autres.

LUBIN. — Vois-tu ? il ne faut point tant de beurre pour faire un quarteron : si tu veux, tu seras ma femme, je serai ton mari, et nous serons tous deux mari et femme.

CLAUDINE. — Tu serais peut-être jaloux comme notre maître.

LUBIN. — Point.

CLAUDINE. — Pour moi, je hais les maris soupçonneux, et j'en veux un qui ne s'épouvante de rien, un si plein de confiance, et si sûr de ma chasteté, qu'il me vît sans inquiétude au milieu de trente hommes.

LUBIN. — Hé bien! je serai tout comme cela.

CLAUDINE. — C'est la plus sotte chose du monde que de se défier d'une femme, et de la tourmenter. La vérité de l'affaire est qu'on n'y gagne rien de bon : cela nous fait songer à mal, et ce sont souvent les maris qui, avec leurs vacarmes, se font eux-mêmes ce qu'ils sont.

LUBIN. — Hé bien! je te donnerai la liberté de faire tout ce qu'il te plaira.

CLAUDINE. — Voilà comme il faut faire pour n'être point trompé. Lorsqu'un mari se met à notre discrétion, nous ne prenons de liberté que ce qu'il nous en faut, et il en est comme avec ceux qui nous ouvrent leur bourse et nous disent : « Prenez. » Nous en usons honnêtement, et nous nous contentons de la raison. Mais ceux qui nous chicanent, nous nous efforçons de les tondre, et nous ne les épargnons point.

LUBIN. — Va, je serai de ceux qui ouvrent leur bourse, et tu n'as qu'à te marier avec moi.

CLAUDINE. — Hé bien, bien, nous verrons.

LUBIN. — Viens donc ici, Claudine.

CLAUDINE. — Que veux-tu ?

LUBIN. — Viens, te dis-je.

CLAUDINE. — Ah! doucement : je n'aime pas les patineurs.

LUBIN. — Eh! un petit brin d'amitié.

CLAUDINE. — Laisse-moi là, te dis-je : je n'entends pas raillerie.

LUBIN. — Claudine.

CLAUDINE. — Ahy!

LUBIN. — Ah! que tu es rude à pauvres gens. Fi! que cela est malhonnête de refuser les personnes! N'as-tu point de honte d'être belle, et de ne vouloir pas qu'on te caresse? Eh là!

CLAUDINE. — Je te donnerai sur le nez.

LUBIN. — Oh! la farouche, la sauvage. Fi, pouah! la vilaine, qui est cruelle.

CLAUDINE. — Tu t'émancipes trop.

LUBIN. — Qu'est-ce que cela te coûterait de me laisser un peu faire ?

CLAUDINE. — Il faut que tu te donnes patience.

LUBIN. — Un petit baiser seulement, en rabattant sur notre mariage.

CLAUDINE. — Je suis votre servante..

LUBIN. — Claudine, je t'en prie, sur l'et-tant-moins.

CLAUDINE. — Eh! que nenni : j'y ai déjà été attrapée. Adieu. Va-t'en, et dis à Monsieur le Vicomte que j'aurai soin de rendre son billet.

LUBIN. — Adieu, beauté rude ânière.

CLAUDINE. — Le mot est amoureux.

LUBIN. — Adieu, rocher, caillou, pierre de taille, et tout ce qu'il y a de plus dur au monde.

CLAUDINE. — Je vais remettre aux mains de ma maîtresse... Mais la voici avec son mari : éloignons-nous, et attendons qu'elle soit seule.

SCÈNE II

GEORGE DANDIN, ANGÉLIQUE, CLITANDRE

GEORGE DANDIN. — Non, non, on ne m'abuse pas avec tant de facilité, et je ne suis que trop certain que le rapport que l'on m'a fait est véritable. J'ai de meilleurs yeux qu'on ne pense, et votre galimatias ne m'a point tantôt ébloui.

CLITANDRE. — Ah! la voilà; mais le mari est avec elle.

GEORGE DANDIN. — Au travers de toutes vos grimaces, j'ai vu la vérité de ce que l'on m'a dit, et le peu de respect que vous avez pour le nœud qui nous joint. Mon Dieu! laissez là votre révérence, ce n'est pas de ces sortes de respect dont je vous parle, et vous n'avez que faire de vous moquer.

ANGÉLIQUE. — Moi, me moquer! En aucune façon.

GEORGE DANDIN. — Je sais votre pensée, et connais... Encore ? Ah! ne raillons pas davantage! Je n'ignore pas qu'à cause de votre noblesse vous me tenez fort au-dessous de vous, et le respect que je vous veux dire ne regarde

point ma personne : j'entends parler de celui que vous
devez à des nœuds aussi vénérables que le sont ceux du
mariage. Il ne faut point lever les épaules, et je ne dis
point de sottises.

ANGÉLIQUE. — Qui songe à lever les épaules ?

GEORGE DANDIN. — Mon Dieu! nous voyons clair.
Je vous dis encore une fois que le mariage est une chaîne
à laquelle on doit porter toute sorte de respect, et que c'est
fort mal fait à vous d'en user comme vous faites. Oui,
oui, mal fait à vous; et vous n'avez que faire de hocher la
tête, et de me faire la grimace.

ANGÉLIQUE. — Moi! Je ne sais ce que vous voulez
dire.

GEORGE DANDIN. — Je le sais fort bien, moi; et vos
mépris me sont connus. Si je ne suis pas né noble, au
moins suis-je d'une race où il n'y a point de reproche, et
la famille des Dandins...

CLITANDRE, *derrière Angélique, sans être aperçu de Dandin.* — Un moment d'entretien.

GEORGE DANDIN. — Eh ?

ANGÉLIQUE. — Quoi ? Je ne dis mot.

GEORGE DANDIN. — Le voilà qui vient rôder autour
de vous.

ANGÉLIQUE. — Hé bien, est-ce ma faute ? Que voulez-
vous que j'y fasse ?

GEORGE DANDIN. — Je veux que vous y fassiez ce
que fait une femme qui ne veut plaire qu'à son mari.
Quoi qu'on en puisse dire, les galants n'obsèdent jamais
que quand on le veut bien. Il y a un certain air doucereux
qui les attire, ainsi que le miel fait les mouches; et les
honnêtes femmes ont des manières qui les savent chasser
d'abord.

ANGÉLIQUE. — Moi, les chasser ? et par quelle raison ?
Je ne me scandalise point qu'on me trouve bien faite, et
cela me fait du plaisir.

GEORGE DANDIN. — Oui. Mais quel personnage voulez-vous que joue un mari pendant cette galanterie ?

ANGÉLIQUE. — Le personnage d'un honnête homme
qui est bien aise de voir sa femme considérée.

GEORGE DANDIN. — Je suis votre valet. Ce n'est pas là
mon compte, et les Dandins ne sont point accoutumés
à cette mode-là.

ANGÉLIQUE. — Oh! les Dandins s'y accoutumeront
s'ils veulent. Car pour moi, je vous déclare que mon dessein n'est pas de renoncer au monde, et de m'enterrer

toute vive dans un mari. Comment ? parce qu'un homme
s'avise de nous épouser, il faut d'abord que toutes choses
soient finies pour nous, et que nous rompions tout commerce avec les vivants ? C'est une chose merveilleuse que
cette tyrannie de Messieurs les maris, et je les trouve bons
de vouloir qu'on soit morte à tous les divertissements, et
qu'on ne vive que pour eux. Je me moque de cela, et ne
veux point mourir si jeune.

GEORGE DANDIN. — C'est ainsi que vous satisfaites
aux engagements de la foi que vous m'avez donnée publiquement ?

ANGÉLIQUE. — Moi ? Je ne vous l'ai point donnée de
bon cœur, et vous me l'avez arrachée. M'avez-vous,
avant le mariage, demandé mon consentement, et si je
voulais bien de vous ? Vous n'avez consulté, pour cela,
que mon père et ma mère; ce sont eux proprement qui
vous ont épousé, et c'est pourquoi vous ferez bien de
vous plaindre toujours à eux des torts que l'on pourra
vous faire. Pour moi, qui ne vous ai point dit de vous
marier avec moi, et que vous avez prise sans consulter
mes sentiments, je prétends n'être point obligée à me
soumettre en esclave à vos volontés; et je veux jouir, s'il
vous plaît, de quelque nombre de beaux jours que m'offre
la jeunesse, prendre les douces libertés que l'âge me
permet, voir un peu le beau monde, et goûter le plaisir
de m'ouïr dire des douceurs. Préparez-vous-y, pour votre
punition, et rendez grâces au Ciel de ce que je ne suis pas
capable de quelque chose de pis.

GEORGE DANDIN. — Oui! c'est ainsi que vous le prenez.
Je suis votre mari, et je vous dis que je n'entends pas
cela.

ANGÉLIQUE. — Moi je suis votre femme, et je vous dis
que je l'entends.

GEORGE DANDIN. — Il me prend des tentations d'accommoder tout son visage à la compote, et le mettre en
état de ne plaire de sa vie aux diseurs de fleurettes. Ah!
allons, George Dandin; je ne pourrais me retenir, et il
vaut mieux quitter la place.

SCÈNE III

CLAUDINE, ANGÉLIQUE

CLAUDINE. — J'avais, Madame, impatience qu'il s'en allât, pour vous rendre ce mot de la part que vous savez.

ANGÉLIQUE. — Voyons.

CLAUDINE. — A ce que je puis remarquer, ce qu'on lui dit ne lui déplaît pas trop.

ANGÉLIQUE. — Ah! Claudine, que ce billet s'explique d'une façon galante! Que dans tous leurs discours et dans toutes leurs actions les gens de cour ont un air agréable! Et qu'est-ce que c'est auprès d'eux que nos gens de province ?

CLAUDINE. — Je crois qu'après les avoir vus, les Dandins ne vous plaisent guère.

ANGÉLIQUE. — Demeure ici : je m'en vais faire la réponse.

CLAUDINE. — Je n'ai pas besoin, que je pense, de lui recommander de la faire agréable. Mais voici...

SCÈNE IV

CLITANDRE, LUBIN, CLAUDINE

CLAUDINE. — Vraiment, Monsieur, vous avez pris là un habile messager.

CLITANDRE. — Je n'ai pas osé envoyer de mes gens. Mais, ma pauvre Claudine, il faut que je te récompense des bons offices que je sais que tu m'as rendus.

CLAUDINE. — Eh! Monsieur, il n'est pas nécessaire. Non, Monsieur, vous n'avez que faire de vous donner cette peine-là; et je vous rends service parce que vous le méritez, et que je me sens au cœur de l'inclination pour vous.

CLITANDRE. — Je te suis obligé.

LUBIN. — Puisque nous serons mariés, donne-moi cela, que je le mette avec le mien.

CLAUDINE. — Je te le garde aussi bien que le baiser.

CLITANDRE. — Dis-moi, as-tu rendu mon billet à ta belle maîtresse ?

CLAUDINE. — Oui, elle est allée y répondre.

CLITANDRE. — Mais, Claudine, n'y a-t-il pas moyen que je la puisse entretenir ?

CLAUDINE. — Oui : venez avec moi, je vous ferai parler à elle.

CLITANDRE. — Mais le trouvera-t-elle bon ? et n'y a-t-il rien à risquer ?

CLAUDINE. — Non, non : son mari n'est pas au logis; et puis, ce n'est pas lui qu'elle a le plus à ménager; c'est son père et sa mère; et pourvu qu'ils soient prévenus, tout le reste n'est point à craindre.

CLITANDRE. — Je m'abandonne à ta conduite.

LUBIN. — Testiguenne! que j'aurai là une habile femme! Elle a de l'esprit comme quatre.

SCÈNE V

GEORGE DANDIN, LUBIN

GEORGE DANDIN. — Voici mon homme de tantôt. Plût au Ciel qu'il pût se résoudre à vouloir rendre témoignage au père et à la mère de ce qu'ils ne veulent point croire!

LUBIN. — Ah! vous voilà, Monsieur le babillard, à qui j'avais tant recommandé de ne point parler, et qui me l'aviez tant promis. Vous êtes donc un causeur, et vous allez redire ce que l'on vous dit en secret ?

GEORGE DANDIN. — Moi ?

LUBIN. — Oui. Vous avez été tout rapporter au mari, et vous êtes cause qu'il a fait du vacarme. Je suis bien aise de savoir que vous avez de la langue, et cela m'apprendra à ne vous plus rien dire.

GEORGE DANDIN. — Écoute, mon ami.

LUBIN. — Si vous n'aviez point babillé, je vous aurais conté ce qui se passe à cette heure; mais pour votre punition vous ne saurez rien du tout.

GEORGE DANDIN. — Comment ? qu'est-ce qui se passe ?

LUBIN. — Rien, rien. Voilà ce que c'est d'avoir causé : vous n'en tâterez plus, et je vous laisse sur la bonne bouche.

GEORGE DANDIN. — Arrête un peu.

LUBIN. — Point.

GEORGE DANDIN. — Je ne te veux dire qu'un mot.

LUBIN. — Nennin, nennin. Vous avez envie de me tirer les vers du nez.

GEORGE DANDIN. — Non, ce n'est pas cela.

LUBIN. — Eh! quelque sot... Je vous vois venir.

GEORGE DANDIN. — C'est autre chose. Écoute.

LUBIN. — Point d'affaire. Vous voudriez que je vous
dise que Monsieur le Vicomte vient de donner de l'argent
à Claudine, et qu'elle l'a mené chez sa maîtresse. Mais je
ne suis pas si bête.

GEORGE DANDIN. — De grâce.

LUBIN. — Non.

GEORGE DANDIN. — Je te donnerai...

LUBIN. — Tarare!

SCÈNE VI

GEORGE DANDIN

Je n'ai pu me servir avec cet innocent de la pensée que
j'avais. Mais le nouvel avis qui lui est échappé ferait la
même chose, et si le galant est chez moi, ce serait pour
avoir raison aux yeux du père et de la mère, et les convaincre
pleinement de l'effronterie de leur fille. Le mal de tout
ceci, c'est que je ne sais comment faire pour profiter d'un
tel avis. Si je rentre chez moi, je ferai évader le drôle,
et quelque chose que je puisse voir moi-même de mon
déshonneur, je n'en serai point cru à mon serment, et
l'on me dira que je rêve. Si, d'autre part, je vais quérir
beau-père et belle-mère sans être sûr de trouver chez moi
le galant, ce sera la même chose, et je retomberai dans
l'inconvénient de tantôt. Pourrais-je point m'éclaircir
doucement s'il y est encore ? Ah Ciel! il n'en faut plus
douter, et je viens de l'apercevoir par le trou de la porte.
Le sort me donne ici de quoi confondre ma partie; et
pour achever l'aventure, il fait venir à point nommé les
juges dont j'avais besoin.

SCÈNE VII

MONSIEUR ET MADAME DE SOTENVILLE,
GEORGE DANDIN

GEORGE DANDIN. — Enfin vous ne m'avez pas voulu
croire tantôt, et votre fille l'a emporté sur moi; mais j'ai

en main de quoi vous faire voir comme elle m'accommode et, Dieu merci! mon déshonneur est si clair maintenant que vous n'en pourrez plus douter.

MONSIEUR DE SOTENVILLE. — Comment, mon gendre, vous en êtes encore là-dessus?

GEORGE DANDIN. — Oui, j'y suis, et jamais je n'eus tant de sujet d'y être.

MADAME DE SOTENVILLE. — Vous nous venez encore étourdir la tête?

GEORGE DANDIN. — Oui, Madame, et l'on fait bien pis à la mienne.

MONSIEUR DE SOTENVILLE. — Ne vous lassez-vous point de vous rendre importun?

GEORGE DANDIN. — Non; mais je me lasse fort d'être pris pour dupe.

MADAME DE SOTENVILLE. — Ne voulez-vous point vous défaire de vos pensées extravagantes?

GEORGE DANDIN. — Non, Madame; mais je voudrais bien me défaire d'une femme qui me déshonore.

MADAME DE SOTENVILLE. — Jour de Dieu! notre gendre, apprenez à parler.

MONSIEUR DE SOTENVILLE. — Corbleu! cherchez des termes moins offensants que ceux-là.

GEORGE DANDIN. — Marchand qui perd ne peut rire.

MADAME DE SOTENVILLE. — Souvenez-vous que vous avez épousé une demoiselle.

GEORGE DANDIN. — Je m'en souviens assez, et ne m'en souviendrai que trop.

MONSIEUR DE SOTENVILLE. — Si vous vous en souvenez, songez donc à parler d'elle avec plus de respect.

GEORGE DANDIN. — Mais que ne songe-t-elle plutôt à me traiter plus honnêtement? Quoi? parce qu'elle est demoiselle, il faut qu'elle ait la liberté de me faire ce qui lui plaît, sans que j'ose souffler?

MONSIEUR DE SOTENVILLE. — Qu'avez-vous donc, et que pouvez-vous dire? N'avez-vous pas vu ce matin qu'elle s'est défendue de connaître celui dont vous m'étiez venu parler?

GEORGE DANDIN. — Oui. Mais vous, que pourrez-vous dire si je vous fais voir maintenant que le galant est avec elle?

MADAME DE SOTENVILLE. — Avec elle?

GEORGE DANDIN. — Oui, avec elle, et dans ma maison?

MONSIEUR DE SOTENVILLE. — Dans votre maison?

GEORGE DANDIN. — Oui, dans ma propre maison.

MADAME DE SOTENVILLE. — Si cela est, nous serons pour vous contre elle.

MONSIEUR DE SOTENVILLE. — Oui : l'honneur de notre famille nous est plus cher que toute chose; et si vous dites vrai, nous la renoncerons pour notre sang, et l'abandonnerons à votre colère.

GEORGE DANDIN. — Vous n'avez qu'à me suivre.

MADAME DE SOTENVILLE. — Gardez de vous tromper.

MONSIEUR DE SOTENVILLE. — N'allez pas faire comme tantôt.

GEORGE DANDIN. — Mon Dieu! vous allez voir. Tenez, ai-je menti ?

SCÈNE VIII

ANGÉLIQUE, CLITANDRE, CLAUDINE,
MONSIEUR et MADAME DE SOTENVILLE,
GEORGE DANDIN

ANGÉLIQUE. — Adieu. J'ai peur qu'on vous surprenne ici, et j'ai quelques mesures à garder.

CLITANDRE. — Promettez-moi donc, Madame, que je pourrai vous parler cette nuit.

ANGÉLIQUE. — J'y ferai mes efforts.

GEORGE DANDIN. — Approchons doucement par derrière, et tâchons de n'être point vus.

CLAUDINE. — Ah! Madame, tout est perdu : voilà votre père et votre mère, accompagnés de votre mari.

CLITANDRE. — Ah Ciel!

ANGÉLIQUE. — Ne faites pas semblant de rien, et me laissez faire tous deux. Quoi ? vous osez en user de la sorte, après l'affaire de tantôt, et c'est ainsi que vous dissimulez vos sentiments ? On me vient rapporter que vous avez de l'amour pour moi, et que vous faites des desseins de me solliciter; j'en témoigne mon dépit, et m'explique à vous clairement en présence de tout le monde; vous niez hautement la chose, et me donnez parole de n'avoir aucune pensée de m'offenser; et cependant, le même jour, vous prenez la hardiesse de venir chez moi me rendre visite, de me dire que vous m'aimez, et de me faire cent sots contes pour me persuader de répondre à vos extravagances : comme si j'étais femme à violer la foi que j'ai donnée à un mari, et m'éloigner jamais de la vertu que mes parents m'ont enseignée. Si mon père savait cela, il vous apprendrait bien à tenter de ces entreprises. Mais une honnête femme n'aime point les éclats; je n'ai garde de lui en rien dire, et je veux vous montrer que, toute femme que je suis, j'ai assez de courage pour me venger moi-même des offenses que l'on me fait. L'action que vous avez faite n'est pas d'un gentilhomme, et ce n'est pas en gentilhomme aussi que je veux vous traiter.

Elle prend un bâton et bat son mari, au lieu
de Clitandre, qui se met entre deux.

CLITANDRE. — Ah! ah! ah! ah! ah! doucement.

CLAUDINE. — Fort, Madame, frappez comme il faut.

ANGÉLIQUE. — S'il vous demeure quelque chose sur le cœur, je suis pour vous répondre.

CLAUDINE. — Apprenez à qui vous vous jouez.

ANGÉLIQUE. — Ah mon père, vous êtes là!

MONSIEUR DE SOTENVILLE. — Oui, ma fille, et je vois qu'en sagesse et en courage tu te montres un digne rejeton de la maison de Sotenville. Viens çà, approche-toi que je t'embrasse.

MADAME DE SOTENVILLE. — Embrasse-moi aussi, ma fille. Las! je pleure de joie, et reconnais mon sang aux choses que tu viens de faire.

MONSIEUR DE SOTENVILLE. — Mon gendre, que vous devez être ravi, et que cette aventure est pour vous pleine de douceurs! Vous aviez un juste sujet de vous alarmer; mais vos soupçons se trouvent dissipés le plus avantageusement du monde.

MADAME DE SOTENVILLE. — Sans doute, notre gendre, et vous devez maintenant être le plus content des hommes.

CLAUDINE. — Assurément. Voilà une femme, celle-là. Vous êtes trop heureux de l'avoir, et vous devriez baiser les pas où elle passe.

GEORGE DANDIN. — Euh! traîtresse!

MONSIEUR DE SOTENVILLE. — Qu'est-ce, mon gendre? Que ne remerciez-vous un peu votre femme de l'amitié que vous voyez qu'elle montre pour vous?

ANGÉLIQUE. — Non, non, mon père, il n'est pas nécessaire. Il ne m'a aucune obligation de ce qu'il vient de voir, et tout ce que j'en fais n'est que pour l'amour de moi-même.

MONSIEUR DE SOTENVILLE. — Où allez-vous, ma fille?

ANGÉLIQUE. — Je me retire, mon père, pour ne me voir point obligée à recevoir ses compliments.

CLAUDINE. — Elle a raison d'être en colère. C'est une femme qui mérite d'être adorée, et vous ne la traitez pas comme vous devriez.

GEORGE DANDIN. — Scélérate!

MONSIEUR DE SOTENVILLE. — C'est un petit ressentiment de l'affaire de tantôt, et cela se passera avec un peu de caresse que vous lui ferez. Adieu, mon gendre, vous voilà en état de ne plus vous inquiéter. Allez-vous-en faire la paix ensemble, et tâchez de l'apaiser par des excuses de votre emportement.

MADAME DE SOTENVILLE. — Vous devez considérer que c'est une jeune fille élevée à la vertu, et qui n'est point accoutumée à se voir soupçonnée d'aucune vilaine action. Adieu. Je suis ravie de voir vos désordres finis et des transports de joie que vous doit donner sa conduite.

GEORGE DANDIN. — Je ne dis mot, car je ne gagnerais rien à parler, et jamais il ne s'est rien vu d'égal à ma disgrâce. Oui, j'admire mon malheur, et la subtile adresse de ma carogne de femme pour se donner toujours raison, et me faire avoir tort. Est-il possible que toujours j'aurai du dessous avec elle, que les apparences toujours tourneront contre moi, et que je ne parviendrai point à convaincre mon effrontée? O Ciel, seconde mes desseins, et m'accorde la grâce de faire voir aux gens que l'on me déshonore.

ACTE III

SCÈNE I

CLITANDRE, LUBIN

CLITANDRE. — La nuit est avancée, et j'ai peur qu'il ne soit trop tard. Je ne vois point à me conduire. Lubin!

LUBIN. — Monsieur?

CLITANDRE. — Est-ce par ici?

LUBIN. — Je pense que oui. Morgué! voilà une sotte nuit, d'être si noire que cela.

CLITANDRE. — Elle a tort assurément; mais si d'un côté elle nous empêche de voir, elle empêche de l'autre que nous ne soyons vus.

LUBIN. — Vous avez raison, elle n'a pas tant de tort.
Je voudrais bien savoir, Monsieur, vous qui êtes savant,
pourquoi il ne fait point jour la nuit.

CLITANDRE. — C'est une grande question, et qui est
difficile. Tu es curieux, Lubin.

LUBIN. — Oui. Si j'avais étudié, j'aurais été songer à
des choses où on n'a jamais songé.

CLITANDRE. — Je le crois. Tu as la mine d'avoir l'esprit
subtil et pénétrant.

LUBIN. — Cela est vrai. Tenez, j'explique du latin,
quoique jamais je ne l'aie appris, et voyant l'autre jour
écrit sur une grande porte *collegium*, je devinai que cela
voulait dire collège.

CLITANDRE. — Cela est admirable! Tu sais donc lire,
Lubin ?

LUBIN. — Oui, je sais lire la lettre moulée, mais je n'ai
jamais su apprendre à lire l'écriture.

CLITANDRE. — Nous voici contre la maison. C'est le
signal que m'a donné Claudine.

LUBIN. — Par ma foi! c'est une fille qui vaut de l'argent,
et je l'aime de tout mon cœur.

CLITANDRE. — Aussi t'ai-je amené avec moi pour l'entretenir.

LUBIN. — Monsieur, je vous suis...

CLITANDRE. — Chut! J'entends quelque bruit.

SCÈNE II

ANGÉLIQUE, CLAUDINE, CLITANDRE, LUBIN

ANGÉLIQUE. — Claudine.

CLAUDINE. — Hé bien!

ANGÉLIQUE. — Laisse la porte entrouverte.

CLAUDINE. — Voilà qui est fait.

CLITANDRE. — Ce sont elles. St.

ANGÉLIQUE. — St.

LUBIN. — St.

CLAUDINE. — St.

CLITANDRE, *à Claudine.* — Madame.

ANGÉLIQUE, *à Lubin.* — Quoi ?

LUBIN, *à Angélique.* — Claudine.

CLAUDINE, *à Clitandre.* — Qu'est-ce ?

CLITANDRE, *à Claudine.* — Ah! Madame, que j'ai de joie!

LUBIN, *à Angélique.* — Claudine, ma pauvre Claudine.

CLAUDINE, *à Clitandre.* — Doucement, Monsieur.

ANGÉLIQUE, *à Lubin.* — Tout beau, Lubin.

CLITANDRE. — Est-ce toi, Claudine ?

CLAUDINE. — Oui.

LUBIN. — Est-ce vous, Madame ?

ANGÉLIQUE. — Oui.

CLAUDINE. — Vous avez pris l'une pour l'autre.

LUBIN. — Ma foi, la nuit, on n'y voit goutte.

ANGÉLIQUE. — Est-ce pas vous, Clitandre ?

CLITANDRE. — Oui, Madame.

ANGÉLIQUE. — Mon mari ronfle comme il faut, et j'ai pris ce temps pour nous entretenir ici.

CLITANDRE. — Cherchons quelque lieu pour nous asseoir.

CLAUDINE. — C'est fort bien avisé.

Ils vont s'asseoir au fond du théâtre.

LUBIN. — Claudine, où est-ce que tu es ?

SCÈNE III

GEORGE DANDIN, LUBIN

GEORGE DANDIN. — J'ai entendu descendre ma femme, et je me suis vite habillé pour descendre après elle. Où peut-elle être allée ? Serait-elle sortie ?

LUBIN *(Il prend George Dandin pour Claudine).* — Où es-tu donc, Claudine ? Ah! te voilà. Par ma foi, ton maître est plaisamment attrapé, et je trouve ceci aussi drôle que les coups de bâton de tantôt dont on m'a fait récit. Ta maîtresse dit qu'il ronfle, à cette heure, comme tous les diantres, et il ne sait pas que Monsieur le Vicomte et elle sont ensemble pendant qu'il dort. Je voudrais bien savoir quel songe il fait maintenant. Cela est tout à fait risible! De quoi s'avise-t-il aussi d'être jaloux de sa femme, et de vouloir qu'elle soit à lui tout seul ? C'est un impertinent, et Monsieur le Vicomte lui fait trop d'honneur. Tu ne dis mot, Claudine. Allons, suivons-les, et me donne ta petite menotte que je la baise. Ah! que cela est doux! Il me semble que je mange des confitures. *(Comme il baise la main de Dandin, Dandin la lui pousse rudement au visage).* Tubleu! comme vous y allez! Voilà une petite menotte qui est un peu bien rude.

GEORGE DANDIN. — Qui va là ?

LUBIN. — Personne.

GEORGE DANDIN. — Il fuit, et me laisse informé de la nouvelle perfidie de ma coquine. Allons, il faut que sans tarder j'envoie appeler son père et sa mère, et que cette aventure me serve à me faire séparer d'elle. Holà! Colin, Colin.

SCÈNE IV

COLIN, GEORGE DANDIN

COLIN, *à la fenêtre.* — Monsieur.

GEORGE DANDIN. — Allons vite, ici-bas.

COLIN, *en sautant par la fenêtre.* — M'y voilà! on ne peut pas plus vite.

GEORGE DANDIN. — Tu es là ?

COLIN. — Oui, Monsieur.

> *Pendant qu'il va lui parler d'un côté, Colin va de l'autre.*

GEORGE DANDIN. — Doucement. Parle bas. Écoute. Va-t'en chez mon beau-père et ma belle-mère, et dis que je les prie très instamment de venir tout à l'heure ici. Entends-tu ? Eh ? Colin, Colin.

COLIN, *de l'autre côté.* — Monsieur.

GEORGE DANDIN. — Où diable es-tu ?

Colin. — Ici.

GEORGE DANDIN *(Comme ils se vont tous deux chercher, l'un passe d'un côté, et l'autre de l'autre).* — Peste soit du maroufle qui s'éloigne de moi! Je te dis que tu ailles de ce pas trouver mon beau-père et ma belle-mère, et leur dire que je les conjure de se rendre ici tout à l'heure. M'entends-tu bien ? Réponds, Colin, Colin.

COLIN, *de l'autre côté.* — Monsieur.

GEORGE DANDIN. — Voilà un pendard qui me fera enrager. Viens-t'en à moi. *(Ils se cognent.)* Ah! le traître! il m'a estropié. Où est-ce que tu es ? Approche, que je te donne mille coups. Je pense qu'il me fuit.

COLIN. — Assurément.

GEORGE DANDIN. — Veux-tu venir ?

COLIN. — Nenni, ma foi!

GEORGE DANDIN. — Viens, te dis-je.

COLIN. — Point : vous me voulez battre.

GEORGE DANDIN. — Hé bien! non. Je ne te ferai rien.

COLIN. — Assurément?

GEORGE DANDIN. — Oui. Approche. Bon. Tu es bien heureux de ce que j'ai besoin de toi. Va-t'en vite de ma part prier mon beau-père et ma belle-mère de se rendre ici le plus tôt qu'ils pourront, et leur dis que c'est pour une affaire de la dernière conséquence; et s'ils faisaient quelque difficulté à cause de l'heure, ne manque pas de les presser, et de leur faire entendre qu'il est très important qu'ils viennent, en quelque état qu'ils soient. Tu m'entends bien maintenant?

COLIN. — Oui, Monsieur.

GEORGE DANDIN. — Va vite, et reviens de même. Et moi, je vais rentrer dans ma maison, attendant que... Mais j'entends quelqu'un. Ne serait-ce point ma femme? Il faut que j'écoute, et me serve de l'obscurité qu'il fait.

SCÈNE V

CLITANDRE, ANGÉLIQUE,
GEORGE DANDIN, CLAUDINE, LUBIN

ANGÉLIQUE. — Adieu. Il est temps de se retirer.

CLITANDRE. — Quoi? si tôt?

ANGÉLIQUE. — Nous nous sommes assez entretenus.

CLITANDRE. — Ah! Madame, puis-je assez vous entretenir, et trouver en si peu de temps toutes les paroles dont j'ai besoin? Il me faudrait des journées entières pour me bien expliquer à vous de tout ce que je sens, et je ne vous ai pas dit encore la moindre partie de ce que j'ai à vous dire.

ANGÉLIQUE. — Nous en écouterons une autre fois davantage.

CLITANDRE. — Hélas! de quel coup me percez-vous l'âme lorsque vous parlez de vous retirer, et avec combien de chagrins m'allez-vous laisser maintenant?

ANGÉLIQUE. — Nous trouverons moyen de nous revoir.

CLITANDRE. — Oui; mais je songe qu'en me quittant, vous allez trouver un mari. Cette pensée m'assassine, et les privilèges qu'ont les maris sont des choses cruelles pour un amant qui aime bien.

ANGÉLIQUE. — Serez-vous assez fort pour avoir cette inquiétude, et pensez-vous qu'on soit capable d'aimer

de certains maris qu'il y a? On les prend, parce qu'on
ne s'en peut défendre, et que l'on dépend de parents
qui n'ont des yeux que pour le bien; mais on sait leur
rendre justice, et l'on se moque fort de les considérer
au-delà de ce qu'ils méritent.

GEORGE DANDIN. — Voilà nos carognes de femmes.

CLITANDRE. — Ah! qu'il faut avouer que celui qu'on
vous a donné était peu digne de l'honneur qu'il a reçu,
et que c'est une étrange chose que l'assemblage qu'on a
fait d'une personne comme vous avec un homme comme
lui!

GEORGE DANDIN, *à part*. — Pauvres maris! voilà comme
on vous traite.

CLITANDRE. — Vous méritez sans doute une autre
destinée, et le Ciel ne vous a point faite pour être la femme
d'un paysan.

GEORGE DANDIN. — Plût au Ciel fût-elle la tienne!
tu changerais bien de langage. Rentrons; c'en est assez.

Il entre et ferme la porte.

CLAUDINE. — Madame, si vous avez à dire du mal de
votre mari, dépêchez vite, car il est tard.

CLITANDRE. — Ah! Claudine, que tu es cruelle!

ANGÉLIQUE. — Elle a raison. Séparons-nous.

CLITANDRE. — Il faut donc s'y résoudre, puisque vous
le voulez. Mais au moins je vous conjure de me plaindre
un peu des méchants moments que je vais passer.

ANGÉLIQUE. — Adieu.

LUBIN. — Où es-tu, Claudine, que je te donne le bon-
soir?

CLAUDINE. — Va, va, je le reçois de loin, et je t'en renvoie
autant.

SCÈNE VI

ANGÉLIQUE, CLAUDINE,
GEORGE DANDIN

ANGÉLIQUE. — Rentrons sans faire de bruit.

CLAUDINE. — La porte s'est fermée.

ANGÉLIQUE. — J'ai le passe-partout.

CLAUDINE. — Ouvrez donc doucement.

ANGÉLIQUE. — On a fermé en dedans, et je ne sais
comment nous ferons.

CLAUDINE. — Appelez le garçon qui couche là.

ANGÉLIQUE. — Colin, Colin, Colin.

GEORGE DANDIN, *mettant la tête à sa fenêtre.* — Colin, Colin ? Ah! je vous y prends donc, Madame ma femme, et vous faites des escampativos pendant que je dors. Je suis bien aise de cela, et de vous voir dehors à l'heure qu'il est.

ANGÉLIQUE. — Hé bien! quel grand mal est-ce qu'il y a à prendre le frais de la nuit ?

GEORGE DANDIN. — Oui, oui, l'heure est bonne à prendre le frais. C'est bien plutôt le chaud, Madame la coquine; et nous savons toute l'intrigue du rendez-vous, et du damoiseau. Nous avons entendu votre galant entretien, et les beaux vers à ma louange que vous avez dits l'un et l'autre. Mais ma consolation, c'est que je vais être vengé, et que votre père et votre mère seront convaincus maintenant de la justice de mes plaintes, et du dérèglement de votre conduite. Je les ai envoyé quérir, et ils vont être ici dans un moment.

ANGÉLIQUE. — Ah Ciel!

CLAUDINE. — Madame.

GEORGE DANDIN. — Voilà un coup sans doute où vous ne vous attendiez pas. C'est maintenant que je triomphe, et j'ai de quoi mettre à bas votre orgueil, et détruire vos artifices. Jusques ici vous avez joué mes accusations, ébloui vos parents, et plâtré vos malversations. J'ai eu beau voir, et beau dire, et votre adresse toujours l'a emporté sur mon bon droit, et toujours vous avez trouvé moyen d'avoir raison; mais à cette fois, Dieu merci, les choses vont être éclaircies, et votre effronterie sera pleinement confondue.

ANGÉLIQUE. — Hé! je vous prie, faites-moi ouvrir la porte.

GEORGE DANDIN. — Non, non; il faut attendre la venue de ceux que j'ai mandés, et je veux qu'ils vous trouvent dehors à la belle heure qu'il est. En attendant qu'ils viennent, songez, si vous voulez, à chercher dans votre tête quelque nouveau détour pour vous tirer de cette affaire, à inventer quelque moyen de rhabiller votre escapade, à trouver quelque belle ruse pour éluder ici les gens et paraître innocente, quelque prétexte spécieux de pèlerinage nocturne, ou d'amie en travail d'enfant, que vous veniez de secourir.

ANGÉLIQUE. — Non : mon intention n'est pas de vous rien déguiser. Je ne prétends point me défendre, ni vous nier les choses, puisque vous les savez.

GEORGE DANDIN. — C'est que vous voyez bien que tous les moyens vous en sont fermés, et que dans cette affaire vous ne sauriez inventer d'excuse qu'il ne me soit facile de convaincre de fausseté.

ANGÉLIQUE. — Oui, je confesse que j'ai tort, et que vous avez sujet de vous plaindre. Mais je vous demande par grâce de ne m'exposer point maintenant à la mauvaise humeur de mes parents, et de me faire promptement ouvrir.

GEORGE DANDIN. — Je vous baise les mains.

ANGÉLIQUE. — Eh! mon pauvre petit mari, je vous en conjure!

GEORGE DANDIN. — Ah! mon pauvre petit mari? Je suis votre petit mari maintenant, parce que vous vous sentez prise. Je suis bien aise de cela, et vous ne vous étiez jamais avisée de me dire de ces douceurs.

ANGÉLIQUE. — Tenez, je vous promets de ne vous plus donner aucun sujet de déplaisir, et de me...

GEORGE DANDIN. — Tout cela n'est rien. Je ne veux point perdre cette aventure, et il m'importe qu'on soit une fois éclairci à fond de vos déportements.

ANGÉLIQUE. — De grâce, laissez-moi vous dire. Je vous demande un moment d'audience.

GEORGE DANDIN. — Hé bien, quoi?

ANGÉLIQUE. — Il est vrai que j'ai failli, je vous l'avoue encore une fois, et que votre ressentiment est juste; que j'ai pris le temps de sortir pendant que vous dormiez, et que cette sortie est un rendez-vous que j'avais donné à la personne que vous dites. Mais enfin ce sont des actions que vous devez pardonner à mon âge; des emportements de jeune personne qui n'a encore rien vu, et ne fait que d'entrer au monde; des libertés où l'on s'abandonne sans y penser de mal, et qui sans doute dans le fond n'ont rien de...

GEORGE DANDIN. — Oui : vous le dites et ce sont de ces choses qui ont besoin qu'on les croie pieusement.

ANGÉLIQUE. — Je ne veux point m'excuser par là d'être coupable envers vous, et je vous prie seulement d'oublier une offense dont je vous demande pardon de tout mon cœur, et de m'épargner en cette rencontre le déplaisir que me pourraient causer les reproches fâcheux de mon père et de ma mère. Si vous m'accordez généreusement la grâce que je vous demande, ce procédé obligeant, cette bonté que vous me ferez voir, me gagnera entièrement. Elle touchera tout à fait mon cœur, et y fera naître pour

vous ce que tout le pouvoir de mes parents et les liens
du mariage n'avaient pu y jeter. En un mot, elle sera cause
que je renoncerai à toutes les galanteries, et n'aurai de
l'attachement que pour vous. Oui, je vous donne ma
parole que vous m'allez voir désormais la meilleure femme
du monde, et que je vous témoignerai tant d'amitié, tant
d'amitié, que vous en serez satisfait.

GEORGE DANDIN. — Ah! crocodile, qui flatte les gens
pour les étrangler.

ANGÉLIQUE. — Accordez-moi cette faveur.

GEORGE DANDIN. — Point d'affaires. Je suis inexorable.

ANGÉLIQUE. — Montrez-vous généreux.

GEORGE DANDIN. — Non.

ANGÉLIQUE. — De grâce!

GEORGE DANDIN. — Point.

ANGÉLIQUE. — Je vous en conjure de tout mon cœur!

GEORGE DANDIN. — Non, non, non. Je veux qu'on
soit détrompé de vous, et que votre confusion éclate.

ANGÉLIQUE. — Hé bien! si vous me réduisez au désespoir, je vous avertis qu'une femme en cet état est capable
de tout, et que je ferai quelque chose ici dont vous vous
repentirez.

GEORGE DANDIN. — Et que ferez-vous, s'il vous plaît?

ANGÉLIQUE. — Mon cœur se portera jusqu'aux extrêmes
résolutions, et de ce couteau que voici je me tuerai sur
la place.

GEORGE DANDIN. — Ah! ah! à la bonne heure!

ANGÉLIQUE. — Pas tant à la bonne heure pour vous
que vous vous imaginez. On sait de tous côtés nos diffé-
rends, et les chagrins perpétuels que vous concevez
contre moi. Lorsqu'on me trouvera morte, il n'y aura
personne qui mette en doute que ce ne soit vous qui
m'aurez tuée; et mes parents ne sont pas gens assurément
à laisser cette mort impunie, et ils en feront sur votre
personne toute la punition que leur pourront offrir et les
poursuites de la justice, et la chaleur de leur ressentiment.
C'est par là que je trouverai moyen de me venger de vous,
et je ne suis pas la première qui ait su recourir à de pareilles
vengeances, qui n'ait pas fait difficulté de se donner la
mort pour perdre ceux qui ont la cruauté de nous pousser
à la dernière extrémité.

GEORGE DANDIN. — Je suis votre valet. On ne s'avise
plus de se tuer soi-même, et la mode en est passée il y a
longtemps.

ANGÉLIQUE. — C'est une chose dont vous pouvez vous

tenir sûr; et si vous persistez dans votre refus, si vous ne me faites ouvrir, je vous jure que tout à l'heure je vais vous faire voir jùsques où peut aller la résolution d'une personne qu'on met au désespoir.

GEORGE DANDIN. — Bagatelles, bagatelles. C'est pour me faire peur.

ANGÉLIQUE. — Hé bien! puisqu'il le faut, voici qui nous contentera tous les deux, et montrera si je me moque. Ah! c'en est fait. Fasse le Ciel que ma mort soit vengée comme je le souhaite, et que celui qui en est cause reçoive un juste châtiment de la dureté qu'il a eue pour moi!

GEORGE DANDIN. — Ouais! serait-elle bien si malicieuse que de s'être tuée pour me faire pendre? Prenons un bout de chandelle pour aller voir.

ANGÉLIQUE. — St. Paix! Rangeons-nous chacune immédiatement contre un des côtés de la porte.

GEORGE DANDIN. — La méchanceté d'une femme irait-elle bien jusque-là? (*Il sort avec un bout de chandelle, sans les apercevoir; elles entrent; aussitôt elles ferment la porte.*) Il n'y a personne. Eh! je m'en étais bien douté, et la pendarde s'est retirée, voyant qu'elle ne gagnait rien après moi, ni par prières ni par menaces. Tant mieux! cela rendra ses affaires encore plus mauvaises, et le père et la mère qui vont venir en verront mieux son crime. Ah! ah! la porte s'est fermée. Holà! ho! quelqu'un! qu'on m'ouvre promptement!

ANGÉLIQUE, *à la fenêtre avec Claudine.* — Comment? c'est toi? D'où viens-tu, bon pendard? Est-il l'heure de revenir chez soi quand le jour est près de paraître? et cette manière de vie est-elle celle que doit suivre un honnête mari?

CLAUDINE. — Cela est-il beau d'aller ivrogner toute la nuit? et de laisser ainsi toute seule une pauvre jeune femme dans la maison?

GEORGE DANDIN. — Comment? vous avez...

ANGÉLIQUE. — Va, va, traître, je suis lasse de tes déportements, et je m'en veux plaindre, sans plus tarder, à mon père et à ma mère.

GEORGE DANDIN. — Quoi? c'est ainsi que vous osez...

SCÈNE VII

MONSIEUR ᴇᴛ MADAME DE SOTENVILLE,
COLIN, CLAUDINE, ANGÉLIQUE,
GEORGE DANDIN

*M. et Mme de Sotenville sont en habits de
nuit, et conduits par Colin qui porte une lan-
terne.*

ANGÉLIQUE. — Approchez, de grâce, et venez me faire
raison de l'insolence la plus grande du monde d'un mari
à qui le vin et la jalousie ont troublé de telle sorte la cervelle qu'il ne sait plus ni ce qu'il dit, ni ce qu'il fait, et
vous a lui-même envoyé quérir pour vous faire témoins
de l'extravagance la plus étrange dont on ait jamais ouï
parler. Le voilà qui revient comme vous voyez, après
s'être fait attendre toute la nuit ; et, si vous voulez l'écouter,
il vous dira qu'il a les plus grandes plaintes du monde
à vous faire de moi ; que durant qu'il dormait, je me suis
dérobée d'auprès de lui pour m'en aller courir, et cent
autres contes de même nature qu'il est allé rêver.

GEORGE DANDIN. — Voilà une méchante carogne.

CLAUDINE. — Oui, il nous a voulu faire accroire qu'il
était dans la maison, et que nous en étions dehors, et
c'est une folie qu'il n'y a pas moyen de lui ôter de la tête.

MONSIEUR DE SOTENVILLE. — Comment, qu'est-ce à
dire cela ?

MADAME DE SOTENVILLE. — Voilà une furieuse impudence que de nous envoyer quérir.

GEORGE DANDIN. — Jamais...

ANGÉLIQUE. — Non, mon père, je ne puis plus souffrir
un mari de la sorte. Ma patience est poussée à bout, et il
vient de me dire cent paroles injurieuses.

MONSIEUR DE SOTENVILLE. — Corbleu ! vous êtes un
malhonnête homme.

CLAUDINE. — C'est une conscience de voir une pauvre
jeune femme traitée de la façon, et cela crie vengeance
au Ciel.

GEORGE DANDIN. — Peut-on... ?

MADAME DE SOTENVILLE. — Allez, vous devriez mourir
de honte.

GEORGE DANDIN. — Laissez-moi vous dire deux mots.

ANGÉLIQUE. — Vous n'avez qu'à l'écouter, il va vous en conter de belles.

GEORGE DANDIN. — Je désespère.

CLAUDINE. — Il a tant bu que je ne pense pas qu'on puisse durer contre lui, et l'odeur du vin qu'il souffle est montée jusqu'à nous.

GEORGE DANDIN. — Monsieur mon beau-père, je vous conjure...

MONSIEUR DE SOTENVILLE. — Retirez-vous : vous puez le vin à pleine bouche.

GEORGE DANDIN. — Madame, je vous prie...

MADAME DE SOTENVILLE. — Fi! ne m'approchez pas : votre haleine est empestée.

GEORGE DANDIN. — Souffrez que je vous...

MONSIEUR DE SOTENVILLE. — Retirez-vous, vous dis-je : on ne peut vous souffrir.

GEORGE DANDIN. — Permettez, de grâce, que...

MADAME DE SOTENVILLE. — Pouah! vous m'engloutissez le cœur. Parlez de loin, si vous voulez.

GEORGE DANDIN. — Hé bien oui, je parle de loin. Je vous jure que je n'ai bougé de chez moi, et que c'est elle qui est sortie.

ANGÉLIQUE. — Ne voilà pas ce que je vous ai dit?

CLAUDINE. — Vous voyez quelle apparence il y a.

MONSIEUR DE SOTENVILLE. — Allez, vous vous moquez des gens. Descendez, ma fille, et venez ici.

GEORGE DANDIN. — J'atteste le Ciel que j'étais dans la maison, et que...

MADAME DE SOTENVILLE. — Taisez-vous, c'est une extravagance qui n'est pas supportable.

GEORGE DANDIN. — Que la foudre m'écrase tout à l'heure si...!

MONSIEUR DE SOTENVILLE. — Ne nous rompez pas davantage la tête, et songez à demander pardon à votre femme.

GEORGE DANDIN. — Moi, demander pardon?

MONSIEUR DE SOTENVILLE. — Oui, pardon, et sur-le-champ.

GEORGE DANDIN. — Quoi? je...

MONSIEUR DE SOTENVILLE. — Corbleu! si vous me répliquez, je vous apprendrai ce que c'est que de vous jouer à nous.

GEORGE DANDIN. — Ah! George Dandin!

MONSIEUR DE SOTENVILLE. — Allons, venez, ma fille, que votre mari vous demande pardon.

ANGÉLIQUE, *descendue*. — Moi ? lui pardonner tout ce qu'il m'a dit ? Non, non, mon père, il m'est impossible de m'y résoudre, et je vous prie de me séparer d'un mari avec lequel je ne saurais plus vivre.

CLAUDINE. — Le moyen d'y résister ?

MONSIEUR DE SOTENVILLE. — Ma fille, de semblables séparations ne se font point sans grand scandale, et vous devez vous montrer plus sage que lui, et patienter encore cette fois.

ANGÉLIQUE. — Comment patienter après de telles indignités ? Non, mon père, c'est une chose où je ne puis consentir.

MONSIEUR DE SOTENVILLE. — Il le faut, ma fille, et c'est moi qui vous le commande.

ANGÉLIQUE. — Ce mot me ferme la bouche, et vous avez sur moi une puissance absolue.

CLAUDINE. — Quelle douceur !

ANGÉLIQUE. — Il est fâcheux d'être contrainte d'oublier de telles injures ; mais quelle violence que je me fasse, c'est à moi de vous obéir.

CLAUDINE. — Pauvre mouton !

MONSIEUR DE SOTENVILLE. — Approchez.

ANGÉLIQUE. — Tout ce que vous me faites faire ne servira de rien, et vous verrez que ce sera dès demain à recommencer.

MONSIEUR DE SOTENVILLE. — Nous y donnerons ordre. Allons, mettez-vous à genoux.

GEORGE DANDIN. — A genoux ?

MONSIEUR DE SOTENVILLE. — Oui, à genoux, et sans tarder.

GEORGE DANDIN. *Il se met à genoux.* — O Ciel ! Que faut-il dire ?

MONSIEUR DE SOTENVILLE. — « Madame, je vous prie de me pardonner. »

GEORGE DANDIN. — « Madame, je vous prie de me pardonner. »

MONSIEUR DE SOTENVILLE. — « L'extravagance que j'ai faite. »

GEORGE DANDIN. — « L'extravagance que j'ai faite » (*à part*) de vous épouser.

MONSIEUR DE SOTENVILLE. — « Et je vous promets de mieux vivre à l'avenir. »

GEORGE DANDIN. — « Et je vous promets de mieux vivre à l'avenir. »

MONSIEUR DE SOTENVILLE. — Prenez-y garde, et sachez

que c'est ici la dernière de vos impertinences que nous
souffrirons.

MADAME DE SOTENVILLE. — Jour de Dieu! si vous y
retournez, on vous apprendra le respect que vous devez à
votre femme, et à ceux de qui elle sort.

MONSIEUR DE SOTENVILLE. — Voilà le jour qui va
paraître. Rentrez chez vous, et songez bien à être sage.
Et nous, mamour, allons nous mettre au lit.

SCÈNE VIII

GEORGE DANDIN

Ah! je le quitte maintenant, et je n'y vois plus de
remède; lorsqu'on a, comme moi, épousé une méchante
femme, le meilleur parti qu'on puisse prendre, c'est de
s'aller jeter dans l'eau la tête la première.

NOTICE
SUR
L'AVARE

Avant même de livrer au   public du Palais-Royal le *George Dandin* qu'il avait créé à la cour, Molière espérant toujours la résurrection, qui n'allait plus guère tarder, du *Tartuffe* interdit, lui donna, le 9 septembre 1668, une comédie nouvelle, *l'Avare*. C'était une grande comédie de mœurs et de caractères, dont il espérait une revanche du demi-échec du *Misanthrope*, deux ans auparavant. Mais cette comédie nouvelle — est-ce encore faute de temps ? — était en prose. Pour une pièce en cinq actes c'était une nouveauté, et pour certains une inconvenance, ces grandes pièces exigeant, comme la tragédie, l'usage de l'alexandrin. Bien plus nettement que *le Misanthrope*, *l'Avare* échoua ; la pièce ne tint guère qu'un mois et dut être bientôt soutenue par *George Dandin*. Elle n'eut que quarante-sept représentations à la ville jusqu'à la mort de son auteur. La postérité a vengé Molière en remettant *l'Avare* à sa vraie place, parmi ses grandes comédies. Elle n'a cessé d'être jouée, à la Comédie-Française et ailleurs, fort souvent ; tous les grands comédiens ont voulu s'essayer dans le rôle d'Harpagon comme dans celui d'Alceste.

Molière avait travaillé sa pièce avec le plus grand soin : l'abondance des sources livresques le prouve. On y relève des traits qu'il pourrait avoir empruntés aux *lazzi* traditionnels de la comédie italienne, sans qu'il soit possible de préciser les canevas dont il pourrait s'être inspiré, car, pour la plupart de ceux qui nous ont été conservés, nous ignorons s'ils sont antérieurs ou postérieurs à Molière. Il s'est inspiré de l'*Aulularia* de Plaute, qui lui fournit le thème de la cassette volée par La Flèche et le fameux *sans dot*. Il y a aussi des réminiscences des *Suppositi* de l'Arioste, du *Docteur amoureux* de Le Vert, où se trouve déjà le thème de l'amoureux travesti en intendant et le nom même du personnage d'Élise. *La Mère coquette* de Donneau de Visé lui offrait l'exemple d'une rivalité amoureuse entre le père et le fils; *la Dame d'intrigue* de Chappuzeau, inspirée elle aussi de l'*Aulularia*, lui fournit, sous le nom de Ruffine, l'original de l'entremetteuse Frosine; à *la Belle Plaideuse* de Boisrobert, il a emprunté la scène où le père et le fils se retrouvent face à face emprunteur et usurier, et peut-être le dessin général de la famille d'Harpagon.

Mais, une fois de plus, tous ces emprunts caractérisés sont fondus dans une pièce qui est de Molière et qui porte sa marque souveraine. Tout d'abord, *l'Avare* nous offre une peinture de mœurs qui donne toute sa réalité au personnage central. Comme dans *Tartuffe*, comme plus tard dans *les Femmes savantes*, nous sommes au sein d'une famille bourgeoise de Paris au XVIIe siècle, famille riche et paisible, qui n'aurait pas d'histoire si elle n'était troublée par l'égoïsme et par l'avarice sordide d'Harpagon, qui y sème la haine et, par voie de conséquence, l'intrigue, la jalousie, le vol. Comme toujours, Molière prend la défense des deux couples d'amoureux, dont les projets sont menacés par le vice d'Harpagon.

Ce dernier n'a donc rien d'une abstraction; c'est un personnage bien vivant, placé dans un milieu social bien déterminé dont le caractère est peint à petites touches, dans des situations successives dont il est le seul responsable. Mais nous aboutissons ainsi à voir une famille, tout entière dressée, valets et servantes compris, contre le maître de maison, se défendant comme elle peut contre la tyrannie de l'égoïste, par des moyens appropriés, mais souvent d'une douteuse moralité. Le spectateur ressent incontestablement une gêne, un malaise à passer deux heures au milieu de ce foyer dont l'atmosphère est empoisonnée. La malédiction qu'Harpagon lance contre son fils, qui la reçoit avec une insolente désinvolture, explique sans doute le jugement de Gœthe, à qui *l'Avare* apparaît « à un haut point tragique ». Vue sous cet angle, la comédie côtoie le drame.

Mais Molière, grâce à son génie comique, a su éviter cet écueil. A la scène, le personnage d'Harpagon reste beaucoup plus bouffon qu'odieux, par les extravagances même où il le mène son vice. La meilleure preuve en est le large rire que la pièce soulève devant un public de jeunes. Les instants de paroxysme de la comédie s'effacent devant l'invention comique. Même dans le monologue d'Harpagon où l'avare apparaît comme sa propre victime et pourrait devenir pitoyable, ce sont encore les procédés de la bouffonnerie qui l'emportent; on rit de ses folies et l'on oublie de le plaindre.

Ce serait donc une erreur manifeste que de tirer le rôle d'Harpagon vers le drame; Molière le jouait certainement avec toutes les ressources de son art d'acteur comique.

Il n'en reste pas moins vrai que, comme Alceste qui doit faire rire lui aussi, Harpagon suscite tout naturellement des réflexions sérieuses et même amères sur la nature humaine.

L'AVARE

COMÉDIE

REPRÉSENTÉE POUR LA PREMIÈRE FOIS
A PARIS SUR LE THÉATRE DU PALAIS-ROYAL
LE 9e DU MOIS DE SEPTEMBRE 1668

PAR LA

TROUPE DU ROI

PERSONNAGES

HARPAGON, père de Cléante et d'Élise, et amoureux de Mariane.
CLÉANTE, fils d'Harpagon, amant de Mariane.
ÉLISE, fille d'Harpagon, amante de Valère.
VALÈRE, fils d'Anselme, et amant d'Élise.
MARIANE, amante de Cléante, et aimée d'Harpagon.
ANSELME, père de Valère et de Mariane.
FROSINE, femme d'intrigue.
MAITRE SIMON, courtier.
MAITRE JACQUES, cuisinier et cocher d'Harpagon.
LA FLÈCHE, valet de Cléante.
DAME CLAUDE, servante d'Harpagon.
BRINDAVOINE, LA MERLUCHE, laquais d'Harpagon.
LE COMMISSAIRE ET SON CLERC.

La scène est à Paris.

ACTE PREMIER

SCÈNE I

VALÈRE, ÉLISE

VALÈRE. — Hé quoi ? charmante Élise, vous devenez mélancolique, après les obligeantes assurances que vous avez eu la bonté de me donner de votre foi ? Je vous vois soupirer, hélas! au milieu de ma joie! Est-ce du regret, dites-moi, de m'avoir fait heureux, et vous repentez-vous de cet engagement où mes feux ont pu vous contraindre ?

ÉLISE. — Non, Valère, je ne puis pas me repentir de tout ce que je fais pour vous. Je m'y sens entraîner par une trop douce puissance, et je n'ai pas même la force de souhaiter que les choses ne fussent pas. Mais, à vous dire vrai, le succès me donne de l'inquiétude; et je crains fort de vous aimer un peu plus que je ne devrais.

VALÈRE. — Hé! que pouvez-vous craindre, Élise, dans les bontés que vous avez pour moi ?

ÉLISE. — Hélas! cent choses à la fois : l'emportement d'un père, les reproches d'une famille, les censures du monde; mais plus que tout, Valère, le changement de votre cœur, et cette froideur criminelle dont ceux de votre sexe payent le plus souvent les témoignages trop ardents d'une innocente amour.

VALÈRE. — Ah! ne me faites pas ce tort, de juger de moi par les autres. Soupçonnez-moi de tout, Élise, plutôt que de manquer à ce que je vous dois : je vous aime trop pour cela, et mon amour pour vous durera autant que ma vie.

ÉLISE. — Ah! Valère, chacun tient les mêmes discours. Tous les hommes sont semblables par les paroles; et ce n'est que les actions qui les découvrent différents.

VALÈRE. — Puisque les seules actions font connaître

ce que nous sommes, attendez donc au moins à juger de
mon cœur par elles, et ne me cherchez point des crimes
dans les injustes craintes d'une fâcheuse prévoyance. Ne
m'assassinez point, je vous prie, par les sensibles coups
d'un soupçon outrageux, et donnez-moi le temps de vous
convaincre, par mille et mille preuves, de l'honnêteté de
mes feux.

ÉLISE. — Hélas! qu'avec facilité on se laisse persuader
par les personnes que l'on aime! Oui, Valère, je tiens
votre cœur incapable de m'abuser. Je crois que vous
m'aimez d'un véritable amour, et que vous me serez
fidèle; je n'en veux point du tout douter, et je retranche
mon chagrin aux appréhensions du blâme qu'on pourra
me donner.

VALÈRE. — Mais pourquoi cette inquiétude ?

ÉLISE. — Je n'aurais rien à craindre, si tout le monde
vous voyait des yeux dont je vous vois, et je trouve en
votre personne de quoi avoir raison aux choses que je
fais pour vous. Mon cœur, pour sa défense, a tout votre
mérite, appuyé du secours d'une reconnaissance où le
Ciel m'engage envers vous. Je me représente à toute
heure ce péril étonnant qui commença de nous offrir
aux regards l'un de l'autre; cette générosité surprenante
qui vous fit risquer votre vie, pour dérober la mienne à la
fureur des ondes; ces soins pleins de tendresse que vous
me fîtes éclater après m'avoir tirée de l'eau, et les hommages assidus de cet ardent amour que ni le temps ni les
difficultés n'ont rebuté, et qui, vous faisant négliger et
parents et patrie, arrête vos pas en ces lieux, y tient en
ma faveur votre fortune déguisée, et vous a réduit, pour
me voir, à vous revêtir de l'emploi de domestique de mon
père. Tout cela fait chez moi sans doute un merveilleux
effet; et c'en est assez à mes yeux pour me justifier l'engagement où j'ai pu consentir; mais ce n'est pas assez
peut-être pour le justifier aux autres, et je ne suis pas sûre
qu'on entre dans mes sentiments.

VALÈRE. — De tout ce que vous avez dit, ce n'est que
par mon seul amour que je prétends auprès de vous
mériter quelque chose; et quant aux scrupules que vous
avez, votre père lui-même ne prend que trop de soin de
vous justifier à tout le monde; et l'excès de son avarice,
et la manière austère dont il vit avec ses enfants pourraient
autoriser des choses plus étranges. Pardonnez-moi, charmante Élise, si j'en parle ainsi devant vous. Vous savez
que sur ce chapitre on n'en peut pas dire de bien. Mais

enfin, si je puis, comme je l'espère, retrouver mes parents, nous n'aurons pas beaucoup de peine à nous le rendre favorable. J'en attends des nouvelles avec impatience, et j'en irai chercher moi-même, si elles tardent à venir.

ÉLISE. — Ah! Valère, ne bougez d'ici, je vous prie; et songez seulement à vous bien mettre dans l'esprit de mon père.

VALÈRE. — Vous voyez comme je m'y prends, et les adroites complaisances qu'il m'a fallu mettre en usage pour m'introduire à son service; sous quel masque de sympathie et de rapports de sentiments je me déguise pour lui plaire, et quel personnage je joue tous les jours avec lui, afin d'acquérir sa tendresse. J'y fais des progrès admirables; et j'éprouve que pour gagner les hommes, il n'est point de meilleure voie que de se parer à leurs yeux de leurs inclinations, que de donner dans leurs maximes, encenser leurs défauts, et applaudir à ce qu'ils font. On n'a que faire d'avoir peur de trop charger la complaisance; et la manière dont on les joue a beau être visible, les plus fins toujours sont de grandes dupes du côté de la flatterie; et il n'y a rien de si impertinent et de si ridicule qu'on ne fasse avaler lorsqu'on l'assaisonne en louange. La sincérité souffre un peu au métier que je fais; mais quand on a besoin des hommes, il faut bien s'ajuster à eux; et puisqu'on ne saurait les gagner que par là, ce n'est pas la faute de ceux qui flattent, mais de ceux qui veulent être flattés.

ÉLISE. — Mais que ne tâchez-vous aussi à gagner l'appui de mon frère, en cas que la servante s'avisât de révéler notre secret?

VALÈRE. — On ne peut pas ménager l'un et l'autre; et l'esprit du père et celui du fils sont des choses si opposées qu'il est difficile d'accommoder ces deux confidences ensemble. Mais vous, de votre part, agissez auprès de votre frère, et servez-vous de l'amitié qui est entre vous deux pour le jeter dans nos intérêts. Il vient, je me retire. Prenez ce temps pour lui parler; et ne lui découvrez de notre affaire que ce que vous jugerez à propos.

ÉLISE. — Je ne sais si j'aurai la force de lui faire cette confidence.

SCÈNE II

CLÉANTE, ÉLISE

CLÉANTE. — Je suis bien aise de vous trouver seule, ma sœur ; et je brûlais de vous parler, pour m'ouvrir à vous d'un secret.

ÉLISE. — Me voilà prête à vous ouïr, mon frère. Qu'avez-vous à me dire ?

CLÉANTE. — Bien des choses, ma sœur, enveloppées dans un mot : j'aime.

ÉLISE. — Vous aimez ?

CLÉANTE. — Oui, j'aime. Mais avant que d'aller plus loin, je sais que je dépends d'un père, et que le nom de fils me soumet à ses volontés ; que nous ne devons point engager notre foi sans le consentement de ceux dont nous tenons le jour ; que le Ciel les a faits les maîtres de nos vœux, et qu'il nous est enjoint de n'en disposer que par leur conduite ; que n'étant prévenus d'aucune folle ardeur, ils sont en état de se tromper bien moins que nous, et de voir beaucoup mieux ce qui nous est propre ; qu'il en faut plutôt croire les lumières de leur prudence que l'aveuglement de notre passion ; et que l'emportement de la jeunesse nous entraîne le plus souvent dans des préci- pices fâcheux. Je vous dis tout cela, ma sœur, afin que vous ne vous donniez pas la peine de me le dire ; car enfin mon amour ne veut rien écouter, et je vous prie de ne me point faire de remontrances.

ÉLISE. — Vous êtes-vous engagé, mon frère, avec celle que vous aimez ?

CLÉANTE. — Non, mais j'y suis résolu ; et je vous conjure encore une fois de ne me point apporter de raisons pour m'en dissuader.

ÉLISE. — Suis-je, mon frère, une si étrange personne ?

CLÉANTE. — Non, ma sœur ; mais vous n'aimez pas : vous ignorez la douce violence qu'un tendre amour fait sur nos cœurs, et j'appréhende votre sagesse.

ÉLISE. — Hélas ! mon frère, ne parlons point de ma sagesse. Il n'est personne qui n'en manque, du moins une fois en sa vie ! et si je vous ouvre mon cœur, peut-être serai-je à vos yeux bien moins sage que vous.

CLÉANTE. — Ah ! plût au Ciel que votre âme, comme la mienne...

ÉLISE. — Finissons auparavant votre affaire, et me dites qui est celle que vous aimez.

CLÉANTE. — Une jeune personne qui loge depuis peu en ces quartiers, et qui semble être faite pour donner de l'amour à tous ceux qui la voient. La nature, ma sœur, n'a rien formé de plus aimable; et je me sentis transporté dès le moment que je la vis. Elle se nomme Mariane, et vit sous la conduite d'une bonne femme de mère, qui est presque toujours malade, et pour qui cette aimable fille a des sentiments d'amitié qui ne sont pas imaginables. Elle la sert, la plaint, et la console avec une tendresse qui vous toucherait l'âme. Elle se prend d'un air le plus charmant du monde aux choses qu'elle fait, et l'on voit briller mille grâces en toutes ses actions : une douceur pleine d'attraits, une bonté tout engageante, une honnêteté adorable, une... Ah! ma sœur, je voudrais que vous l'eussiez vue.

ÉLISE. — J'en vois beaucoup, mon frère, dans les choses que vous me dites; et pour comprendre ce qu'elle est, il me suffit que vous l'aimez.

CLÉANTE. — J'ai découvert sous main qu'elles ne sont pas fort accommodées, et que leur discrète conduite a de la peine à étendre à tous leurs besoins le bien qu'elles peuvent avoir. Figurez-vous, ma sœur, quelle joie ce peut être que de relever la fortune d'une personne que l'on aime; que de donner adroitement quelques petits secours aux modestes nécessités d'une vertueuse famille; et concevez quel déplaisir ce m'est de voir que, par l'avarice d'un père, je sois dans l'impuissance de goûter cette joie, et de faire éclater à cette belle aucun témoignage de mon amour.

ÉLISE. — Oui, je conçois assez, mon frère, quel doit être votre chagrin.

CLÉANTE. — Ah! ma sœur, il est plus grand qu'on ne peut croire. Car enfin peut-on rien voir de plus cruel que cette rigoureuse épargne qu'on exerce sur nous, que cette sécheresse étrange où l'on nous fait languir ? Et que nous servira d'avoir du bien, s'il ne nous vient que dans le temps que nous ne serons plus dans le bel âge d'en jouir, et si pour m'entretenir même, il faut que maintenant je m'engage de tous côtés, si je suis réduit avec vous à chercher tous les jours le secours des marchands, pour avoir moyen de porter des habits raisonnables ? Enfin j'ai voulu vous parler, pour m'aider à sonder mon père sur les sentiments où je suis; et si je l'y trouve contraire, j'ai résolu d'aller en d'autres lieux, avec cette aimable personne, jouir de la fortune que le Ciel voudra nous offrir. Je fais chercher

partout pour ce dessein de l'argent à emprunter; et si vos
affaires, ma sœur, sont semblables aux miennes, et qu'il
faille que notre père s'oppose à nos désirs, nous le quitte-
rons là tous les deux et nous affranchirons de cette tyrannie
où nous tient depuis si longtemps son avarice insupportable.

ÉLISE. — Il est bien vrai que, tous les jours, il nous
donne de plus en plus sujet de regretter la mort de notre
mère, et que...

CLÉANTE. — J'entends sa voix. Éloignons-nous un peu,
pour nous achever notre confidence; et nous joindrons
après nos forces pour venir attaquer la dureté de son
humeur.

SCÈNE III

HARPAGON, LA FLÈCHE

HARPAGON. — Hors d'ici tout à l'heure, et qu'on ne
réplique pas. Allons, que l'on détale de chez moi, maître
juré filou, vrai gibier de potence.

LA FLÈCHE. — Je n'ai jamais rien vu de si méchant que
ce maudit vieillard et je pense, sauf correction, qu'il a le
diable au corps.

HARPAGON. — Tu murmures entre tes dents.

LA FLÈCHE. — Pourquoi me chassez-vous ?

HARPAGON. — C'est bien à toi, pendard, à me demander
des raisons; sors vite, que je ne t'assomme.

LA FLÈCHE. — Qu'est-ce que je vous ai fait ?

HARPAGON. — Tu m'as fait que je veux que tu sortes.

LA FLÈCHE. — Mon maître, votre fils, m'a donné ordre
de l'attendre.

HARPAGON. — Va-t'en l'attendre dans la rue, et ne sois
point dans ma maison planté tout droit comme un piquet,
à observer ce qui se passe, et faire ton profit de tout. Je
ne veux point avoir sans cesse devant moi un espion de
mes affaires, un traître, dont les yeux maudits assiègent
toutes mes actions, dévorent ce que je possède, et furètent
de tous côtés pour voir s'il n'y a rien à voler.

LA FLÈCHE. — Comment diantre voulez-vous qu'on
fasse pour vous voler ? Êtes-vous un homme volable, quand
vous renfermez toutes choses, et faites sentinelle jour et
nuit ?

HARPAGON. — Je veux renfermer ce que bon me semble,

et faire sentinelle comme il me plaît. Ne voilà pas de mes
mouchards, qui prennent garde à ce qu'on fait ? Je tremble
qu'il n'ait soupçonné quelque chose de mon argent. Ne
serais-tu point homme à aller faire courir le bruit que j'ai
chez moi de l'argent caché ?

La Flèche. — Vous avez de l'argent caché ?

Harpagon. — Non, coquin, je ne dis pas cela. *(A part.)*
J'enrage. Je demande si malicieusement tu n'irais point
faire courir le bruit que j'en ai.

La Flèche. — Hé! que nous importe que vous en ayez
ou que vous n'en ayez pas, si c'est pour nous la même
chose ?

Harpagon. — Tu fais le raisonneur. Je te baillerai de
ce raisonnement-ci par les oreilles. *(Il lève la main pour lui
donner un soufflet.)* Sors d'ici, encore une fois.

La Flèche. — Hé bien! je sors.

Harpagon. — Attends. Ne m'emportes-tu rien ?

La Flèche. — Que vous emporterais-je ?

Harpagon. — Viens çà, que je voie. Montre-moi tes
mains.

La Flèche. — Les voilà.

Harpagon. — Les autres.

La Flèche. — Les autres ?

Harpagon. — Oui.

La Flèche. — Les voilà.

Harpagon. — N'as-tu rien mis ici dedans ?

La Flèche. — Voyez vous-même.

Harpagon. *(Il tâte le bas de ses chausses.)* — Ces grands
hauts-de-chausses sont propres à devenir les receleurs des
choses qu'on dérobe; et je voudrais qu'on en eût fait
pendre quelqu'un.

La Flèche. — Ah! qu'un homme comme cela mériterait
bien ce qu'il craint! et que j'aurais de joie à le voler!

Harpagon. — Euh ?

La Flèche. — Quoi ?

Harpagon. — Qu'est-ce que tu parles de voler ?

La Flèche. — Je dis que vous fouillez bien partout,
pour voir si je vous ai volé.

Harpagon. — C'est ce que je veux faire.

Il fouille dans les poches de La Flèche.

La Flèche. — La peste soit de l'avarice et des avaricieux !

Harpagon. — Comment ? que dis-tu ?

La Flèche. — Ce que je dis ?

HARPAGON. — Oui : qu'est-ce que tu dis d'avarice et d'avaricieux!

LA FLÈCHE. — Je dis que la peste soit de l'avarice et des avaricieux.

HARPAGON. — De qui veux-tu parler ?

LA FLÈCHE. — Des avaricieux.

HARPAGON. — Et qui sont-ils ces avaricieux ?

LA FLÈCHE. — Des vilains et des ladres.

HARPAGON. — Mais qui est-ce que tu entends par là ?

LA FLÈCHE. — De quoi vous mettez-vous en peine ?

HARPAGON. — Je me mets en peine de ce qu'il faut.

LA FLÈCHE. — Est-ce que vous croyez que je veux parler de vous ?

HARPAGON. — Je crois ce que je crois; mais je veux que tu me dises à qui tu parles quand tu dis cela.

LA FLÈCHE. — Je parle... je parle à mon bonnet.

HARPAGON. — Et moi, je pourrais bien parler à ta barrette.

LA FLÈCHE. — M'empêcherez-vous de maudire les avaricieux ?

HARPAGON. — Non; mais je t'empêcherai de jaser, et d'être insolent. Tais-toi.

LA FLÈCHE. — Je ne nomme personne.

HARPAGON. — Je te rosserai, si tu parles.

LA FLÈCHE. — Qui se sent morveux, qu'il se mouche.

HARPAGON. — Te tairas-tu ?

LA FLÈCHE. — Oui, malgré moi.

HARPAGON. — Ha! ha!

LA FLÈCHE, *lui montrant une des poches de son justaucorps.* — Tenez, voilà encore une poche; êtes-vous satisfait ?

HARPAGON. — Allons, rends-le-moi sans te fouiller.

LA FLÈCHE. — Quoi ?

HARPAGON. — Ce que tu m'as pris.

LA FLÈCHE. — Je ne vous ai rien pris du tout.

HARPAGON. — Assurément ?

LA FLÈCHE. — Assurément.

HARPAGON. — Adieu : va-t'en à tous les diables.

LA FLÈCHE. — Me voilà fort bien congédié.

HARPAGON. — Je te le mets sur ta conscience, au moins. Voilà un pendard de valet qui m'incommode fort, et je ne me plais point à voir ce chien de boiteux-là.

SCÈNE IV

ÉLISE, CLÉANTE, HARPAGON

HARPAGON. — Certes ce n'est pas une petite peine que de garder chez soi une grande somme d'argent; et bienheureux qui a tout son fait bien placé, et ne conserve seulement que ce qu'il faut pour sa dépense. On n'est pas peu embarrassé à inventer dans toute une maison une cache fidèle; car pour moi, les coffres-forts me sont suspects, et je ne veux jamais m'y fier : je les tiens justement une franche amorce à voleurs, et c'est toujours la première chose que l'on va attaquer. Cependant je ne sais si j'aurai bien fait d'avoir enterré dans mon jardin dix mille écus qu'on me rendit hier. Dix mille écus en or chez soi est une somme assez...

Ici le frère et la sœur paraissent s'entretenant bas.

O Ciel! je me serai trahi moi-même : la chaleur m'aura emporté, et je crois que j'ai parlé haut en raisonnant tout seul. Qu'est-ce ?

CLÉANTE. — Rien, mon père.

HARPAGON. — Y a-t-il longtemps que vous êtes là ?

ÉLISE. — Nous ne venons que d'arriver.

HARPAGON. — Vous avez entendu...

CLÉANTE. — Quoi, mon père ?

HARPAGON. — Là...

ÉLISE. — Quoi ?

HARPAGON. — Ce que je viens de dire.

CLÉANTE. — Non.

HARPAGON. — Si fait, si fait.

ÉLISE — Pardonnez-moi.

HARPAGON. — Je vois bien que vous en avez ouï quelques mots. C'est que je m'entretenais en moi-même de la peine qu'il y a aujourd'hui à trouver de l'argent, et je disais qu'il est bien heureux qui peut avoir dix mille écus chez soi.

CLÉANTE. — Nous feignions à vous aborder, de peur de vous interrompre.

HARPAGON. — Je suis bien aise de vous dire cela, afin que vous n'alliez pas prendre les choses de travers et vous imaginer que je dise que c'est moi qui ai dix mille écus.

CLÉANTE. — Nous n'entrons point dans vos affaires.

HARPAGON. — Plût à Dieu que je les eusse, dix mille écus!

CLÉANTE. — Je ne crois pas...

HARPAGON. — Ce serait une bonne affaire pour moi.

ÉLISE. — Ce sont des choses...

HARPAGON. — J'en aurais bon besoin.

CLÉANTE. — Je pense que...

HARPAGON. — Cela m'accommoderait fort.

ÉLISE. — Vous êtes...

HARPAGON. — Et je ne me plaindrais pas, comme je fais, que le temps est misérable.

CLÉANTE. — Mon Dieu! mon père, vous n'avez pas lieu de vous plaindre, et l'on sait que vous avez assez de bien.

HARPAGON. — Comment ? j'ai assez de bien! Ceux qui le disent en ont menti. Il n'y a rien de plus faux; et ce sont des coquins qui font courir tous ces bruits-là.

ÉLISE. — Ne vous mettez point en colère.

HARPAGON. — Cela est étrange, que mes propres enfants me trahissent et deviennent mes ennemis!

CLÉANTE. — Est-ce être votre ennemi, que de dire que vous avez du bien!

HARPAGON. — Oui : de pareils discours et les dépenses que vous faites seront cause qu'un de ces jours on me viendra chez moi couper la gorge, dans la pensée que je suis tout cousu de pistoles.

CLÉANTE. — Quelle grande dépense est-ce que je fais ?

HARPAGON. — Quelle ? Est-il rien de plus scandaleux que ce somptueux équipage que vous promenez par la ville ? Je querellais hier votre sœur; mais c'est encore pis. Voilà qui crie vengeance au Ciel; et à vous prendre depuis les pieds jusqu'à la tête, il y aurait là de quoi faire une bonne constitution. Je vous l'ai dit vingt fois, mon fils, toutes vos manières me déplaisent fort : vous donnez furieusement dans le marquis; et pour aller ainsi vêtu, il faut bien que vous me dérobiez.

CLÉANTE. — Hé! comment vous dérober ?

HARPAGON. — Que sais-je ? Où pouvez-vous donc prendre de quoi entretenir l'état que vous portez ?

CLÉANTE. — Moi, mon père ? C'est que je joue; et comme je suis fort heureux, je mets sur moi tout l'argent que je gagne.

HARPAGON. — C'est fort mal fait. Si vous êtes heureux au jeu, vous en devriez profiter, et mettre à honnête intérêt l'argent que vous gagnez afin de le trouver un

jour. Je voudrais bien savoir, sans parler du reste, à quoi
servent tous ces rubans dont vous voilà lardé depuis
les pieds jusqu'à la tête, et si une demi-douzaine d'aiguillettes ne suffit pas pour attacher un haut-de-chausses ?
Il est bien nécessaire d'employer de l'argent à des perruques, lorsque l'on peut porter des cheveux de son
cru, qui ne coûtent rien. Je vais gager qu'en perruques
et rubans, il y a du moins vingt pistoles ; et vingt pistoles
rapportent par année dix-huit livres six sols huit deniers,
à ne les placer qu'au denier douze.

CLÉANTE. — Vous avez raison.

HARPAGON. — Laissons cela, et parlons d'autre affaire.
Euh ? Je crois qu'ils se font signe l'un à l'autre de me
voler ma bourse. Que veulent dire ces gestes-là ?

ÉLISE. — Nous marchandons, mon frère et moi, à qui
parlera le premier ; et nous avons tous deux quelque chose
à vous dire.

HARPAGON. — Et moi, j'ai quelque chose aussi à vous
dire à tous deux.

CLÉANTE. — C'est de mariage, mon père, que nous
désirons vous parler.

HARPAGON. — Et c'est de mariage aussi que je veux
vous entretenir.

ÉLISE. — Ah ! mon père !

HARPAGON. — Pourquoi ce cri ? Est-ce le mot, ma fille,
ou la chose, qui vous fait peur ?

CLÉANTE. — Le mariage peut nous faire peur à tous
deux, de la façon que vous pouvez l'entendre ; et nous
craignons que nos sentiments ne soient pas d'accord avec
votre choix.

HARPAGON. — Un peu de patience. Ne vous alarmez
point. Je sais ce qu'il faut à tous deux ; et vous n'aurez
ni l'un ni l'autre aucun lieu de vous plaindre de tout ce
que je prétends faire. Et pour commencer par un bout :
avez-vous vu, dites-moi, une jeune personne appelée
Mariane, qui ne loge pas loin d'ici ?

CLÉANTE. — Oui, mon père.

HARPAGON. — Et vous ?

ÉLISE. — J'en ai ouï parler.

HARPAGON. — Comment, mon fils, trouvez-vous cette
fille ?

CLÉANTE. — Une fort charmante personne.

HARPAGON. — Sa physionomie ?

CLÉANTE. — Tout honnête, et pleine d'esprit.

HARPAGON. — Son air et sa manière ?

CLÉANTE. — Admirables, sans doute.

HARPAGON. — Ne croyez-vous pas qu'une fille comme cela mériterait assez que l'on songeât à elle ?

CLÉANTE. — Oui, mon père.

HARPAGON. — Que ce serait un parti souhaitable ?

CLÉANTE. — Très souhaitable.

HARPAGON. — Qu'elle a toute la mine de faire un bon ménage ?

CLÉANTE. — Sans doute.

HARPAGON. — Et qu'un mari aurait satisfaction avec elle ?

CLÉANTE. — Assurément.

HARPAGON. — Il y a une petite difficulté : c'est que j'ai peur qu'il n'y ait pas avec elle tout le bien qu'on pourrait prétendre.

CLÉANTE. — Ah! mon père, le bien n'est pas considérable, lorsqu'il est question d'épouser une honnête personne.

HARPAGON. — Pardonnez-moi, pardonnez-moi. Mais ce qu'il y a à dire, c'est que si l'on n'y trouve pas tout le bien qu'on souhaite, on peut tâcher de regagner cela sur autre chose.

CLÉANTE. — Cela s'entend.

HARPAGON. — Enfin je suis bien aise de vous voir dans mes sentiments; car son maintien honnête et sa douceur m'ont gagné l'âme, et je suis résolu de l'épouser, pourvu que j'y trouve quelque bien.

CLÉANTE. — Euh ?

HARPAGON. — Comment ?

CLÉANTE. — Vous êtes résolu, dites-vous... ?

HARPAGON. — D'épouser Mariane.

CLÉANTE. — Qui, vous ? vous ?

HARPAGON. — Oui, moi, moi, moi. Que veut dire cela ?

CLÉANTE. — Il m'a pris tout à coup un éblouissement, et je me retire d'ici.

HARPAGON. — Cela ne sera rien. Allez vite boire dans la cuisine un grand verre d'eau claire. Voilà de mes damoiseaux flouets, qui n'ont non plus de vigueur que des poules. C'est là, ma fille, ce que j'ai résolu pour moi. Quant à ton frère, je lui destine une certaine veuve dont ce matin on m'est venu parler; et pour toi, je te donne au seigneur Anselme.

ÉLISE. — Au seigneur Anselme ?

HARPAGON. — Oui, un homme mûr, prudent et sage,

qui n'a pas plus de cinquante ans, et dont on vante les grands biens.

ÉLISE. *Elle fait une révérence.* — Je ne veux point me marier, mon père, s'il vous plaît.

HARPAGON. *Il contrefait la révérence.* — Et moi, ma petite fille, ma mie, je veux que vous vous mariiez, s'il vous plaît.

ÉLISE. — Je vous demande pardon, mon père.

HARPAGON. — Je vous demande pardon, ma fille.

ÉLISE. — Je suis très humble servante au seigneur Anselme; mais avec votre permission, je ne l'épouserai point.

HARPAGON. — Je suis votre très humble valet; mais, avec votre permission, vous l'épouserez dès ce soir.

ÉLISE. — Dès ce soir ?

HARPAGON. — Dès ce soir.

ÉLISE. — Cela ne sera pas, mon père.

HARPAGON. — Cela sera, ma fille.

ÉLISE. — Non.

HARPAGON. — Si.

ÉLISE. — Non, vous dis-je.

HARPAGON. — Si, vous dis-je.

ÉLISE. — C'est une chose où vous ne me réduirez point.

HARPAGON. — C'est une chose où je te réduirai.

ÉLISE. — Je me tuerai plutôt que d'épouser un tel mari.

HARPAGON. — Tu ne te tueras point, et tu l'épouseras. Mais voyez quelle audace! A-t-on jamais vu une fille parler de la sorte à son père ?

ÉLISE. — Mais a-t-on jamais vu un père marier sa fille de la sorte ?

HARPAGON. — C'est un parti où il n'y a rien à redire; et je gage que tout le monde approuvera mon choix.

ÉLISE. — Et moi, je gage qu'il ne saurait être approuvé d'aucune personne raisonnable.

HARPAGON. — Voilà Valère : veux-tu qu'entre nous deux nous le fassions juge de cette affaire ?

ÉLISE. — J'y consens.

HARPAGON. — Te rendras-tu à son jugement ?

ÉLISE. — Oui, j'en passerai par ce qu'il dira.

HARPAGON. — Voilà qui est fait.

SCÈNE V

VALÈRE, HARPAGON, ÉLISE

HARPAGON. — Ici, Valère. Nous t'avons élu pour nous dire qui a raison, de ma fille ou de moi.

VALÈRE. — C'est vous, Monsieur, sans contredit.

HARPAGON. — Sais-tu bien de quoi nous parlons ?

VALÈRE. — Non, mais vous ne sauriez avoir tort, et vous êtes toute raison.

HARPAGON. — Je veux ce soir lui donner pour époux un homme aussi riche que sage; et la coquine me dit au nez qu'elle se moque de le prendre. Que dis-tu de cela ?

VALÈRE. — Ce que j'en dis ?

HARPAGON. — Oui.

VALÈRE. — Eh, eh.

HARPAGON. — Quoi ?

VALÈRE. — Je dis que dans le fond je suis de votre sentiment; et vous ne pouvez pas que vous n'ayez raison. Mais aussi n'a-t-elle pas tort tout à fait, et...

HARPAGON. — Comment ? le seigneur Anselme est un parti considérable, c'est un gentilhomme qui est noble, doux, posé, sage, et fort accommodé, et auquel il ne reste aucun enfant de son premier mariage. Saurait-elle mieux rencontrer ?

VALÈRE. — Cela est vrai. Mais elle pourrait vous dire que c'est un peu précipiter les choses, et qu'il faudrait au moins quelque temps pour voir si son inclination pourra s'accommoder avec...

HARPAGON. — C'est une occasion qu'il faut prendre vite aux cheveux. Je trouve ici un avantage qu'ailleurs je ne trouverais pas, et il s'engage à la prendre sans dot.

VALÈRE. — Sans dot ?

HARPAGON. — Oui.

VALÈRE. — Ah! je ne dis plus rien. Voyez-vous ? voilà une raison tout à fait convaincante; il se faut rendre à cela.

HARPAGON. — C'est pour moi une épargne considérable.

VALÈRE. — Assurément, cela ne reçoit point de contradiction. Il est vrai que votre fille vous peut représenter que le mariage est une plus grande affaire qu'on ne peut

croire; qu'il y va d'être heureux ou malheureux toute
sa vie; et qu'un engagement qui doit durer jusqu'à la
mort ne se doit jamais faire qu'avec de grandes précautions.

HARPAGON. — Sans dot.

VALÈRE. — Vous avez raison : voilà qui décide tout, cela
s'entend. Il y a des gens qui pourraient vous dire qu'en de
telles occasions l'inclination d'une fille est une chose sans
doute où l'on doit avoir de l'égard; et que cette grande
inégalité d'âge, d'humeur et de sentiments, rend un mariage
sujet à des accidents très fâcheux.

HARPAGON. — Sans dot.

VALÈRE. — Ah! il n'y a pas de réplique à cela : on le
sait bien; qui diantre peut aller là contre ? Ce n'est pas
qu'il n'y ait quantité de pères qui aimeraient mieux
ménager la satisfaction de leurs filles que l'argent qu'ils
pourraient donner; qui ne les voudraient point sacrifier
à l'intérêt, et chercheraient plus que toute autre chose à
mettre dans un mariage cette douce conformité qui
sans cesse y maintient l'honneur, la tranquillité et la joie,
et que...

HARPAGON. — Sans dot.

VALÈRE. — Il est vrai : cela ferme la bouche à tout,
sans dot. Le moyen de résister à une raison comme celle-là ?

HARPAGON. *Il regarde vers le jardin.* — Ouais! il me
semble que j'entends un chien qui aboie. N'est-ce point
qu'on en voudrait à mon argent ? Ne bougez, je reviens
tout à l'heure.

ÉLISE. — Vous moquez-vous, Valère, de lui parler
comme vous faites ?

VALÈRE. — C'est pour ne point l'aigrir, et pour en
venir mieux à bout. Heurter de front ses sentiments est
le moyen de tout gâter; et il y a de certains esprits qu'il
ne faut prendre qu'en biaisant, des tempéraments ennemis
de toute résistance, des naturels rétifs, que la vérité fait
cabrer, qui toujours se roidissent contre le droit chemin
de la raison, et qu'on ne mène qu'en tournant où l'on veut
les conduire. Faites semblant de consentir à ce qu'il veut,
vous en viendrez mieux à vos fins, et...

ÉLISE. — Mais ce mariage, Valère ?

VALÈRE. — On cherchera des biais pour le rompre.

ÉLISE. — Mais quelle invention trouver, s'il se doit
conclure ce soir ?

VALÈRE. — Il faut demander un délai, et feindre quelque
maladie.

ÉLISE. — Mais on découvrira la feinte, si l'on appelle des médecins.

VALÈRE. — Vous moquez-vous ? Y connaissent-ils quelque chose ? Allez, allez, vous pourrez avec eux avoir quel mal il vous plaira, ils vous trouveront des raisons pour vous dire d'où cela vient.

HARPAGON. — Ce n'est rien, Dieu merci.

VALÈRE. — Enfin notre dernier recours, c'est que la fuite nous peut mettre à couvert de tout ; et si votre amour, belle Élise, est capable d'une fermeté... *(Il aperçoit Harpagon.)* Oui, il faut qu'une fille obéisse à son père. Il ne faut point qu'elle regarde comme un mari est fait, et lorsque la grande raison de *sans dot* s'y rencontre, elle doit être prête à prendre tout ce qu'on lui donne.

HARPAGON. — Bon. Voilà bien parlé, cela.

VALÈRE. — Monsieur, je vous demande pardon si je m'emporte un peu et prends la hardiesse de lui parler comme je fais.

HARPAGON. — Comment ? j'en suis ravi, et je veux que tu prennes sur elle un pouvoir absolu. Oui, tu as beau fuir. Je lui donne l'autorité que le Ciel me donne sur toi, et j'entends que tu fasses tout ce qu'il te dira.

VALÈRE. — Après cela, résistez à mes remontrances. Monsieur, je vais la suivre, pour lui continuer les leçons que je lui faisais.

HARPAGON. — Oui, tu m'obligeras. Certes...

VALÈRE. — Il est bon de lui tenir un peu la bride haute.

HARPAGON. — Cela est vrai. Il faut...

VALÈRE. — Ne vous mettez pas en peine. Je crois que j'en viendrai à bout.

HARPAGON. — Fais, fais. Je m'en vais faire un petit tour en ville, et reviens tout à l'heure.

VALÈRE. — Oui, l'argent est plus précieux que toutes les choses du monde, et vous devez rendre grâces au Ciel de l'honnête homme de père qu'il vous a donné. Il sait ce que c'est que de vivre. Lorsqu'on s'offre de prendre une fille sans dot, on ne doit point regarder plus avant. Tout est renfermé là-dedans, et *sans dot* tient de beauté, de jeunesse, de naissance, d'honneur, de sagesse et de probité.

HARPAGON. — Ah ! le brave garçon ! Voilà parlé comme un oracle. Heureux qui peut avoir un domestique de la sorte !

ACTE II

SCÈNE I

CLÉANTE, LA FLÈCHE

CLÉANTE. — Ah! traître que tu es, où t'es-tu donc allé fourrer ? Ne t'avais-je pas donné ordre...

LA FLÈCHE. — Oui, Monsieur, et je m'étais rendu ici pour vous attendre de pied ferme; mais Monsieur votre père, le plus malgracieux des hommes, m'a chassé dehors malgré moi, et j'ai couru le risque d'être battu.

CLÉANTE. — Comment va notre affaire ? Les choses pressent plus que jamais; et depuis que je ne t'ai vu, j'ai découvert que mon père est mon rival.

LA FLÈCHE. — Votre père amoureux ?

CLÉANTE. — Oui; et j'ai eu toutes les peines du monde à lui cacher le trouble où cette nouvelle m'a mis.

LA FLÈCHE. — Lui se mêler d'aimer! De quoi diable s'avise-t-il ? Se moque-t-il du monde ? Et l'amour a-t-il été fait pour des gens bâtis comme lui ?

CLÉANTE. — Il a fallu, pour mes péchés, que cette passion lui soit venue en tête.

LA FLÈCHE. — Mais par quelle raison lui faire un mystère de votre amour ?

CLÉANTE. — Pour lui donner moins de soupçon, et me conserver au besoin des ouvertures plus aisées pour détourner ce mariage. Quelle réponse t'a-t-on faite ?

LA FLÈCHE. — Ma foi! Monsieur, ceux qui empruntent sont bien malheureux; et il faut essuyer d'étranges choses lorsqu'on en est réduit à passer, comme vous, par les mains des fesse-mathieux.

CLÉANTE. — L'affaire ne se fera point ?

LA FLÈCHE. — Pardonnez-moi. Notre maître Simon, le courtier qu'on nous a donné, homme agissant et plein de zèle, dit qu'il a fait rage pour vous ; et il assure que votre seule physionomie lui a gagné le cœur.

CLÉANTE. — J'aurai les quinze mille francs que je demande ?

LA FLÈCHE. — Oui; mais à quelques petites conditions, qu'il faudra que vous acceptiez, si vous avez dessein que les choses se fassent.

CLÉANTE. — T'a-t-il fait parler à celui qui doit prêter l'argent ?

LA FLÈCHE. — Ah! vraiment, cela ne va pas de la sorte. Il apporte encore plus de soin à se cacher que vous, et ce sont des mystères bien plus grands que vous ne pensez. On ne veut point du tout dire son nom, et l'on doit aujourd'hui l'aboucher avec vous, dans une maison empruntée, pour être instruit, par votre bouche, de votre bien et de votre famille; et je ne doute point que le seul nom de votre père ne rende les choses faciles.

CLÉANTE. — Et principalement notre mère étant morte, dont on ne peut m'ôter le bien.

LA FLÈCHE. — Voici quelques articles qu'il a dictés lui-même à notre entremetteur, pour vous être montrés, avant que de rien faire :

Supposé que le prêteur voie toutes ses sûretés, et que l'emprunteur soit majeur, et d'une famille où le bien soit ample, solide, assuré, clair, et net de tout embarras, on fera une bonne et exacte obligation par-devant un notaire, le plus honnête homme qu'il se pourra, et qui, pour cet effet, sera choisi par le prêteur, auquel il importe le plus que l'acte soit dûment dressé.

CLÉANTE. — Il n'y a rien à dire à cela.

LA FLÈCHE. — *Le prêteur, pour ne charger sa conscience d'aucun scrupule, prétend ne donner son argent qu'au denier dix-huit.*

CLÉANTE. — Au denier dix-huit ? Parbleu! voilà qui est honnête. Il n'y a pas lieu de se plaindre.

LA FLÈCHE. — Cela est vrai.

Mais comme ledit prêteur n'a pas chez lui la somme dont il est question, et que pour faire plaisir à l'emprunteur, il est contraint lui-même de l'emprunter d'un autre, sur le pied du denier cinq, il conviendra que ledit premier emprunteur paye cet intérêt, sans préjudice du reste, attendu que ce n'est que pour l'obliger que ledit prêteur s'engage à cet emprunt.

CLÉANTE. — Comment diable! quel Juif, quel Arabe est-ce-là ? C'est plus qu'au denier quatre.

LA FLÈCHE. — Il est vrai; c'est ce que j'ai dit. Vous avez à voir là-dessus.

CLÉANTE. — Que veux-tu que je voie ? J'ai besoin d'argent; et il faut bien que je consente à tout.

LA FLÈCHE. — C'est la réponse que j'ai faite.

CLÉANTE. — Il y a encore quelque chose ?

LA FLÈCHE. — Ce n'est plus qu'un petit article.

Des quinze mille francs qu'on demande, le prêteur ne pourra compter en argent que douze mille livres, et pour les mille écus restants, il faudra que l'emprunteur prenne les hardes, nippes, et bijoux dont s'ensuit le mémoire, et que ledit prêteur a mis, de bonne foi, au plus modique prix qu'il lui a été possible.

CLÉANTE. — Que veut dire cela ?

LA FLÈCHE. — Écoutez le mémoire.

Premièrement, un lit de quatre pieds, à bandes de points de Hongrie, appliqués fort proprement sur un drap de couleur d'olive, avec six chaises et la courtepointe de même ; le tout bien conditionné, et doublé d'un petit taffetas changeant rouge et bleu.

Plus, un pavillon à queue, d'une bonne serge d'Aumale rose-sèche, avec le mollet et les franges de soie.

CLÉANTE. — Que veut-il que je fasse de cela ?

LA FLÈCHE. — Attendez.

Plus, une tenture de tapisserie des amours de Gombaut et de Macée.

Plus, une grande table de bois de noyer, à douze colonnes ou piliers tournés, qui se tire par les deux bouts, et garnie par le dessous de ses six escabelles.

CLÉANTE. — Qu'ai-je affaire, morbleu... ?

LA FLÈCHE. — Donnez-vous patience.

Plus, trois gros mousquets tout garnis de nacre de perles, avec les trois fourchettes assortissantes.

Plus, un fourneau de briques, avec deux cornues, et trois récipients, fort utiles à ceux qui sont curieux de distiller.

CLÉANTE. — J'enrage.

LA FLÈCHE. — Doucement.

Plus, un luth de Bologne, garni de toutes ses cordes, ou peu s'en faut.

Plus, un trou-madame, et un damier, avec un jeu de l'oie renouvelé des Grecs, fort propres à passer le temps lorsque l'on n'a que faire.

Plus, une peau de lézard, de trois pieds et demi, remplie de foin, curiosité agréable pour pendre au plancher d'une chambre.

Le tout, ci-dessus mentionné, valant loyalement plus de quatre mille cinq cents livres, et rabaissé à la valeur de mille écus, par la discrétion du prêteur.

CLÉANTE. — Que la peste l'étouffe avec sa discrétion, le traître, le bourreau qu'il est ! A-t-on jamais parlé d'une usure semblable ? Et n'est-il pas content du furieux intérêt qu'il exige, sans vouloir encore m'obliger à prendre, pour

trois mille livres, les vieux rogatons qu'il ramasse ? Je
n'aurai pas deux cents écus de tout cela ; et cependant il
faut bien me résoudre à consentir à ce qu'il veut, car il
est en état de me faire tout accepter, et il me tient, le scélérat, le poignard sur la gorge.

La Flèche. — Je vous vois, Monsieur, ne vous en
déplaise, dans le grand chemin justement que tenait
Panurge pour se ruiner, prenant argent d'avance, achetant
cher, vendant à bon marché, et mangeant son blé en herbe.

Cléante. — Que veux-tu que j'y fasse ? Voilà où les
jeunes gens sont réduits par la maudite avarice des pères ;
et on s'étonne après cela que les fils souhaitent qu'ils
meurent.

La Flèche. — Il faut avouer que le vôtre animerait
contre sa vilanie le plus posé homme du monde. Je n'ai
pas, Dieu merci, les inclinations fort patibulaires ; et parmi
mes confrères que je vois se mêler de beaucoup de petits
commerces, je sais tirer adroitement mon épingle du jeu,
et me démêler prudemment de toutes les galanteries qui
sentent tant soit peu l'échelle ; mais, à vous dire vrai,
il me donnerait, par ses procédés, des tentations de le
voler ; et je croirais, en le volant, faire une action méritoire.

Cléante. — Donne-moi un peu ce mémoire, que je le
voie encore.

SCÈNE II

MAITRE SIMON, HARPAGON,
CLÉANTE, LA FLÈCHE

Maitre Simon. — Oui, Monsieur, c'est un jeune homme
qui a besoin d'argent. Ses affaires le pressent d'en trouver,
et il en passera par tout ce que vous en prescrirez.

Harpagon. — Mais croyez-vous, maître Simon, qu'il
n'y ait rien à péricliter ? et savez-vous le nom, les biens et
la famille de celui pour qui vous parlez ?

Maitre Simon. — Non, je ne puis pas bien vous en
instruire à fond, et ce n'est que par aventure que l'on m'a
adressé à lui ; mais vous serez de toutes choses éclairci par
lui-même ; et son homme m'a assuré que vous serez content,
quand vous le connaîtrez. Tout ce que je saurais vous dire,
c'est que sa famille est fort riche, qu'il n'a plus de mère
déjà, et qu'il s'obligera, si vous voulez, que son père mourra
avant qu'il soit huit mois.

HARPAGON. — C'est quelque chose que cela. La charité, maître Simon, nous oblige à faire plaisir aux personnes, lorsque nous le pouvons.

MAITRE SIMON. — Cela s'entend.

LA FLÈCHE. — Que veut dire ceci ? Notre maître Simon qui parle à votre père.

CLÉANTE. — Lui aurait-on appris qui je suis ? et serais-tu pour nous trahir ?

MAITRE SIMON. — Ah ! ah ! vous êtes bien pressés ! Qui vous a dit que c'était céans ? Ce n'est pas moi, Monsieur, au moins, qui leur ai découvert votre nom et votre logis ; mais, à mon avis, il n'y a pas grand mal à cela. Ce sont des personnes discrètes, et vous pouvez ici vous expliquer ensemble.

HARPAGON. — Comment ?

MAITRE SIMON. — Monsieur est la personne qui veut vous emprunter les quinze mille livres dont je vous ai parlé.

HARPAGON. — Comment, pendard ? c'est toi qui t'abandonnes à ces coupables extrémités ?

CLÉANTE. — Comment, mon père ? c'est vous qui vous portez à ces honteuses actions ?

HARPAGON. — C'est toi qui te veux ruiner par des emprunts si condamnables ?

CLÉANTE. — C'est vous qui cherchez à vous enrichir par des usures si criminelles ?

HARPAGON. — Oses-tu bien, après cela, paraître devant moi !

CLÉANTE. — Osez-vous bien, après cela, vous présenter aux yeux du monde ?

HARPAGON. — N'as-tu point honte, dis-moi, d'en venir à ces débauches-là ? de te précipiter dans des dépenses effroyables ? et de faire une honteuse dissipation du bien que tes parents t'ont amassé avec tant de sueurs ?

CLÉANTE. — Ne rougissez-vous point de déshonorer votre condition par les commerces que vous faites ? de sacrifier gloire et réputation au désir insatiable d'entasser écu sur écu, et de renchérir, en fait d'intérêts, sur les plus infâmes subtilités qu'aient jamais inventées les plus célèbres usuriers ?

HARPAGON. — Ote-toi de mes yeux, coquin ! ôte-toi de mes yeux !

CLÉANTE. — Qui est plus criminel, à votre avis, ou celui qui achète un argent dont il a besoin, ou bien celui qui vole un argent dont il n'a que faire ?

HARPAGON. — Retire-toi, te dis-je, et ne m'échauffe pas les oreilles. Je ne suis pas fâché de cette aventure; et ce m'est un avis de tenir l'œil, plus que jamais, sur toutes ses actions.

SCÈNE III

FROSINE, HARPAGON

FROSINE. — Monsieur...

HARPAGON. — Attendez un moment; je vais revenir vous parler. Il est à propos que je fasse un petit tour à mon argent.

SCÈNE IV

LA FLÈCHE, FROSINE

LA FLÈCHE. — L'aventure est tout à fait drôle. Il faut bien qu'il ait quelque part un ample magasin de hardes; car nous n'avons rien reconnu au mémoire que nous avons.

FROSINE. — Hé! c'est toi, mon pauvre La Flèche! D'où vient cette rencontre ?

LA FLÈCHE. — Ah! ah! c'est toi, Frosine. Que viens-tu faire ici ?

FROSINE. — Ce que je fais partout ailleurs : m'entre-mettre d'affaires, me rendre serviable aux gens, et profiter du mieux qu'il m'est possible des petits talents que je puis avoir. Tu sais que dans ce monde il faut vivre d'adresse, et qu'aux personnes comme moi le Ciel n'a donné d'autres rentes que l'intrigue et que l'industrie.

LA FLÈCHE. — As-tu quelque négoce avec le patron du logis ?

FROSINE. — Oui, je traite pour lui quelque petite affaire, dont j'espère une récompense.

LA FLÈCHE. — De lui ? Ah! ma foi, tu seras bien fine si tu en tires quelque chose; et je te donne avis que l'argent céans est fort cher.

FROSINE. — Il y a de certains services qui touchent merveilleusement.

LA FLÈCHE. — Je suis votre valet, et tu ne connais pas encore le seigneur Harpagon. Le seigneur Harpagon est de tous les humains l'humain le moins humain, le mortel de tous les mortels le plus dur et le plus serré. Il n'est point de service qui pousse sa reconnaissance jusqu'à lui faire ouvrir les mains. De la louange, de l'estime, de la bienveillance en paroles et de l'amitié tant qu'il vous plaira; mais de l'argent, point d'affaires. Il n'est rien de plus sec et de plus aride que ses bonnes grâces et ses caresses; et *donner* est un mot pour qui il a tant d'aversion qu'il ne dit jamais : *Je vous donne*, mais : *Je vous prête le bon jour.*

FROSINE. — Mon Dieu! je sais l'art de traire les hommes, j'ai le secret de m'ouvrir leur tendresse, de chatouiller leurs cœurs, de trouver les endroits par où ils sont sensibles.

LA FLÈCHE. — Bagatelles ici. Je te défie d'attendrir, du côté de l'argent, l'homme dont il est question. Il est Turc là-dessus, mais d'une turquerie à désespérer tout le monde; et l'on pourrait crever qu'il n'en branlerait pas. En un mot, il aime l'argent, plus que réputation, qu'honneur et que vertu; et la vue d'un demandeur lui donne des convulsions. C'est le frapper par son endroit mortel, c'est lui percer le cœur, c'est lui arracher les entrailles; et si... Mais il revient; je me retire.

SCÈNE V

HARPAGON, FROSINE

HARPAGON. — Tout va comme il faut. Hé bien! qu'est-ce, Frosine?

FROSINE. — Ah! mon Dieu! que vous vous portez bien! et que vous avez là un vrai visage de santé!

HARPAGON. — Qui, moi?

FROSINE. — Jamais je ne vous vis un teint si frais et si gaillard.

HARPAGON. — Tout de bon?

FROSINE. — Comment! vous n'avez de votre vie été si jeune que vous êtes; et je vois des gens de vingt-cinq ans qui sont plus vieux que vous.

HARPAGON. — Cependant, Frosine, j'en ai soixante bien comptés.

FROSINE. — Hé bien! qu'est-ce que cela, soixante ans? Voilà bien de quoi! C'est la fleur de l'âge cela, et vous entrez maintenant dans la belle saison de l'homme.

Harpagon. — Il est vrai; mais vingt années de moins pourtant ne me feraient point de mal, que je crois.

Frosine. — Vous moquez-vous? Vous n'avez pas besoin de cela, et vous êtes d'une pâte à vivre jusques à cent ans.

Harpagon. — Tu le crois!

Frosine. — Assurément. Vous en avez toutes les marques. Tenez-vous un peu. Oh! que voilà bien là, entre vos deux yeux, un signe de longue vie!

Harpagon. — Tu te connais à cela?

Frosine. — Sans doute. Montrez-moi votre main. Ah! mon Dieu! quelle ligne de vie!

Harpagon. — Comment?

Frosine. — Ne voyez-vous pas jusqu'où va cette ligne-là?

Harpagon. — Hé bien! qu'est-ce que cela veut dire?

Frosine. — Par ma foi! je disais cent ans; mais vous passerez les six-vingts.

Harpagon. — Est-il possible?

Frosine. — Il faudra vous assommer, vous dis-je; et vous mettrez en terre et vos enfants, et les enfants de vos enfants.

Harpagon. — Tant mieux. Comment va notre affaire?

Frosine. — Faut-il le demander? et me voit-on mêler de rien dont je ne vienne à bout? j'ai surtout pour les mariages un talent merveilleux; il n'est point de partis au monde que je ne trouve en peu de temps le moyen d'accoupler; et je crois, si je me l'étais mis en tête, que je marierais le Grand Turc avec la République de Venise. Il n'y avait pas sans doute de si grandes difficultés à cette affaire-ci. Comme j'ai commerce chez elles, je les ai à fond l'une et l'autre entretenues de vous, et j'ai dit à la mère le dessein que vous aviez conçu pour Mariane, à la voir passer dans la rue, et prendre l'air à sa fenêtre.

Harpagon. — Qui a fait réponse...

Frosine. — Elle a reçu la proposition avec joie; et quand je lui ai témoigné que vous souhaitiez fort que sa fille assistât ce soir au contrat de mariage qui se doit faire de la vôtre, elle y a consenti sans peine, et me l'a confiée pour cela.

Harpagon. — C'est que je suis obligé, Frosine, de donner à souper au seigneur Anselme; et je serais bien aise qu'elle soit du régal.

Frosine. — Vous avez raison. Elle doit après dîner rendre visite à votre fille, d'où elle fait son compte d'aller faire un tour à la foire, pour venir ensuite au souper.

HARPAGON. — Hé bien! elles iront ensemble dans mon carrosse, que je leur prêterai.

FROSINE. — Voilà justement son affaire.

HARPAGON. — Mais, Frosine, as-tu entretenu la mère touchant le bien qu'elle peut donner à sa fille? Lui as-tu dit qu'il fallait qu'elle s'aidât un peu, qu'elle fît quelque effort, qu'elle se saignât pour une occasion comme celle-ci? Car encore n'épouse-t-on point une fille, sans qu'elle apporte quelque chose.

FROSINE. — Comment? c'est une fille qui vous apportera douze mille livres de rente.

HARPAGON. — Douze mille livres de rente!

FROSINE. — Oui. Premièrement, elle est nourrie et élevée dans une grande épargne de bouche; c'est une fille accoutumée à vivre de salade, de lait, de fromage et de pommes, et à laquelle par conséquent il ne faudra ni table bien servie, ni consommés exquis, ni orges mondés perpétuels, ni les autres délicatesses qu'il faudrait pour une autre femme; et cela ne va pas à si peu de chose qu'il ne monte bien, tous les ans, à trois mille francs pour le moins. Outre cela, elle n'est curieuse que d'une propreté fort simple, et n'aime point les superbes habits, ni les riches bijoux, ni les meubles somptueux, où donnent ses pareilles avec tant de chaleur; et cet article-là vaut plus de quatre mille livres par an. De plus, elle a une aversion horrible pour le jeu, ce qui n'est pas commun aux femmes d'aujourd'hui; et j'en sais une de nos quartiers qui a perdu, à trente-et-quarante, vingt mille francs cette année. Mais n'en prenons rien que le quart. Cinq mille francs au jeu par an, et quatre mille francs en habits et bijoux, cela fait neuf mille livres; et mille écus que nous mettons pour la nourriture, ne voilà-t-il pas par année vos douze mille francs bien comptés?

HARPAGON. — Oui, cela n'est pas mal; mais ce compte-là n'est rien de réel.

FROSINE. — Pardonnez-moi. N'est-ce pas quelque chose de réel, que de vous apporter en mariage une grande sobriété, l'héritage d'un grand amour de simplicité de parure, et l'acquisition d'un grand fonds de haine pour le jeu?

HARPAGON. — C'est une raillerie, que de vouloir me constituer son dot de toutes les dépenses qu'elle ne fera point. Je n'irai pas donner quittance de ce que je ne reçois pas; et il faut bien que je touche quelque chose.

FROSINE. — Mon Dieu! vous toucherez assez; et elles

m'ont parlé d'un certain pays où elles ont du bien dont vous serez le maître.

HARPAGON. — Il faudra voir cela. Mais, Frosine, il y a encore une chose qui m'inquiète. La fille est jeune, comme tu vois; et les jeunes gens d'ordinaire n'aiment que leurs semblables, ne cherchent que leur compagnie. J'ai peur qu'un homme de mon âge ne soit pas de son goût; et que cela ne vienne à produire chez moi certains petits désordres qui ne m'accommoderaient pas.

FROSINE. — Ah! que vous la connaissez mal! C'est encore une particularité que j'avais à vous dire. Elle a une aversion épouvantable pour tous les jeunes gens, et n'a de l'amour que pour les vieillards.

HARPAGON. — Elle ?

FROSINE. — Oui, elle. Je voudrais que vous l'eussiez entendue parler là-dessus. Elle ne peut souffrir du tout la vue d'un jeune homme; mais elle n'est point plus ravie, dit-elle, que lorsqu'elle peut voir un beau vieillard avec une barbe majestueuse. Les plus vieux sont pour elle les plus charmants, et je vous avertis de n'aller pas vous faire plus jeune que vous êtes. Elle veut tout au moins qu'on soit sexagénaire; et il n'y a pas quatre mois encore qu'étant prête d'être mariée, elle rompit tout net le mariage, sur ce que son amant fit voir qu'il n'avait que cinquante-six ans, et qu'il ne prit point de lunettes pour signer le contrat.

HARPAGON. — Sur cela seulement ?

FROSINE. — Oui. Elle dit que ce n'est pas contentement pour elle que cinquante-six ans; et surtout, elle est pour les nez qui portent des lunettes.

HARPAGON. — Certes, tu me dis là une chose toute nouvelle.

FROSINE. — Cela va plus loin qu'on ne vous peut dire. On lui voit dans sa chambre quelques tableaux et quelques estampes; mais que pensez-vous que ce soit? Des Adonis ? des Céphales ? des Pâris ? et des Apollons ? Non : de beaux portraits de Saturne, du roi Priam, du vieux Nestor, et du bon père Anchise sur les épaules de son fils.

HARPAGON. — Cela est admirable! Voilà ce que je n'aurais jamais pensé; et je suis bien aise d'apprendre qu'elle est de cette humeur. En effet, si j'avais été femme, je n'aurais point aimé les jeunes hommes.

FROSINE. — Je le crois bien. Voilà de belles drogues que des jeunes gens, pour les aimer! Ce sont de beaux

morveux, de beaux godelureaux, pour donner envie de
leur peau; et je voudrais bien savoir quel ragoût il y a à
eux.

HARPAGON. — Pour moi, je n'y en comprends point;
et je ne sais pas comment il y a des femmes qui les aiment
tant.

FROSINE. — Il faut être folle fieffée. Trouver la jeunesse
aimable! est-ce avoir le sens commun? Sont-ce des hommes
que de jeunes blondins? et peut-on s'attacher à ces ani-
maux-là?

HARPAGON. — C'est ce que je dis tous les jours : avec
leur ton de poule laitée, et leurs trois petits brins de barbe
relevés en barbe de chat, leurs perruques d'étoupe, leurs
hauts-de-chausses tout tombants, et leurs estomacs
débraillés.

FROSINE. — Eh! cela est bien bâti, auprès d'une personne comme vous. Voilà un homme cela. Il y a là de quoi
satisfaire à la vue; et c'est ainsi qu'il faut être fait, et vêtu,
pour donner de l'amour.

HARPAGON. — Tu me trouves bien?

FROSINE. — Comment? vous êtes à ravir, et votre
figure est à peindre. Tournez-vous un peu, s'il vous plaît.
Il ne se peut pas mieux. Que je vous voie marcher. Voilà
un corps taillé, libre, et dégagé comme il faut, et qui ne
marque aucune incommodité.

HARPAGON. — Je n'en ai pas de grandes, Dieu merci.
Il n'y a que ma fluxion, qui me prend de temps en temps.

FROSINE. — Cela n'est rien. Votre fluxion ne vous sied
point mal, et vous avez grâce à tousser.

HARPAGON. — Dis-moi un peu : Mariane ne m'a-t-elle
point encore vu? N'a-t-elle point pris garde à moi en
passant?

FROSINE. — Non; mais nous nous sommes fort entretenues de vous. Je lui ai fait un portrait de votre personne; et je n'ai pas manqué de lui vanter votre mérite,
et l'avantage que ce lui serait d'avoir un mari comme vous.

HARPAGON. — Tu as bien fait, et je t'en remercie.

FROSINE. — J'aurais, Monsieur, une petite prière à
vous faire. (Il prend un air sévère.) J'ai un procès que
je suis sur le point de perdre, faute d'un peu d'argent;
et vous pourriez facilement me procurer le gain de ce
procès, si vous aviez quelque bonté pour moi. (Il reprend
un air gai.) Vous ne sauriez croire le plaisir qu'elle aura
de vous voir. Ah! que vous lui plairez! et que votre fraise
à l'antique fera sur son esprit un effet admirable! Mais

surtout elle sera charmée de votre haut-de-chausses, attaché au pourpoint avec des aiguillettes; c'est pour la rendre folle de vous; et un amant aiguilletté sera pour elle un ragoût merveilleux.

HARPAGON. — Certes, tu me ravis de me dire cela.

FROSINE. — (*Il reprend son visage sévère.*) En vérité, Monsieur, ce procès m'est d'une conséquence tout à fait grande. Je suis ruinée, si je le perds; et quelque petite assistance me rétablirait mes affaires. (*Il reprend un air gai.*) Je voudrais que vous eussiez vu le ravissement où elle était à m'entendre parler de vous. La joie éclatait dans ses yeux, au récit de vos qualités; et je l'ai mise enfin dans une impatience extrême de voir ce mariage entièrement conclu.

HARPAGON. — Tu m'as fait un grand plaisir, Frosine; et je t'en ai, je te l'avoue, toutes les obligations du monde.

FROSINE. — (*Il reprend son air sérieux.*) Je vous prie, Monsieur, de me donner le petit secours que je vous demande. Cela me remettra sur pied, et je vous en serai éternellement obligée.

HARPAGON. — Adieu. Je vais achever mes dépêches.

FROSINE. — Je vous assure, Monsieur, que vous ne sauriez jamais me soulager dans un plus grand besoin.

HARPAGON. — Je mettrai ordre que mon carrosse soit tout prêt pour vous mener à la foire.

FROSINE. — Je ne vous importunerais pas, si je ne m'y voyais forcée par la nécessité.

HARPAGON. — Et j'aurai soin qu'on soupe de bonne heure, pour ne vous point faire malades.

FROSINE. — Ne me refusez pas la grâce dont je vous sollicite. Vous ne sauriez croire, Monsieur, le plaisir que...

HARPAGON. — Je m'en vais. Voilà qu'on m'appelle. Jusqu'à tantôt.

FROSINE. — Que la fièvre te serre, chien de vilain à tous les diables! Le ladre a été ferme à toutes mes attaques; mais il ne me faut pas pourtant quitter la négociation; et j'ai l'autre côté, en tout cas, d'où je suis assurée de tirer bonne récompense.

ACTE III

SCÈNE I

HARPAGON, CLÉANTE, ÉLISE,
VALÈRE, DAME CLAUDE,
MAITRE JACQUES, BRINDAVOINE,
LA MERLUCHE

HARPAGON. — Allons, venez çà tous, que je vous distribue mes ordres pour tantôt et règle à chacun son emploi. Approchez, dame Claude. Commençons par vous. (*Elle tient un balai.*) Bon, vous voilà les armes à la main. Je vous commets au soin de nettoyer partout; et surtout prenez garde de ne point frotter les meubles trop fort, de peur de les user. Outre cela, je vous constitue, pendant le souper, au gouvernement des bouteilles; et s'il s'en écarte quelqu'une et qu'il se casse quelque chose, je m'en prendrai à vous, et le rabattrai sur vos gages.

MAITRE JACQUES. — Châtiment politique.

HARPAGON. — Allez. Vous, Brindavoine, et vous, la Merluche, je vous établis dans la charge de rincer les verres, et de donner à boire, mais seulement lorsque l'on aura soif, et non pas selon la coutume de certains impertinents de laquais, qui viennent provoquer les gens, et les faire aviser de boire lorsqu'on n'y songe pas. Attendez qu'on vous en demande plus d'une fois, et vous ressouvenez de porter toujours beaucoup d'eau.

MAITRE JACQUES. — Oui : le vin pur monte à la tête.

LA MERLUCHE. — Quitterons-nous nos siquenilles, Monsieur ?

HARPAGON. — Oui, quand vous verrez venir les personnes; et gardez bien de gâter vos habits.

BRINDAVOINE. — Vous savez bien, Monsieur, qu'un des devants de mon pourpoint est couvert d'une grande tache de l'huile de la lampe.

LE MERLUCHE. — Et moi, Monsieur, que j'ai mon haut-de-chausses tout troué par derrière, et qu'on me voit, révérence parlèr...

HARPAGON. — Paix. Rangez cela adroitement du côté de la muraille, et présentez toujours le devant au monde.

(*Harpagon met son chapeau au-devant de son pourpoint, pour montrer à Brindavoine comment il doit faire pour cacher la tache d'huile.*) Et vous, tenez toujours votre chapeau ainsi, lorsque vous servirez. Pour vous, ma fille, vous aurez l'œil sur ce que l'on desservira, et prendrez garde qu'il ne s'en fasse aucun dégât. Cela sied bien aux filles. Mais cependant préparez-vous à bien recevoir ma maîtresse, qui vous doit venir visiter et vous mener avec elle à la foire. Entendez-vous ce que je vous dis ?

ÉLISE. — Oui, mon père.

HARPAGON. — Et vous, mon fils le damoiseau, à qui j'ai la bonté de pardonner l'histoire de tantôt, ne vous allez pas aviser non plus de lui faire mauvais visage.

CLÉANTE. — Moi, mon père, mauvais visage ? Et par quelle raison ?

HARPAGON. — Mon Dieu! nous savons le train des enfants dont les pères se remarient, et de quel œil ils ont coutume de regarder ce qu'on appelle belle-mère. Mais si vous souhaitez que je perde le souvenir de votre dernière fredaine, je vous recommande surtout de régaler d'un bon visage cette personne-là, et de lui faire enfin tout le meilleur accueil qu'il vous sera possible.

CLÉANTE. — A vous dire le vrai, mon père, je ne puis pas vous promettre d'être bien aise qu'elle devienne ma belle-mère : je mentirais, si je vous le disais; mais pour ce qui est de la bien recevoir, et de lui faire bon visage, je vous promets de vous obéir ponctuellement sur ce chapitre.

HARPAGON. — Prenez-y garde au moins.

CLÉANTE. — Vous verrez que vous n'aurez pas sujet de vous en plaindre.

HARPAGON. — Vous ferez sagement. Valère, aide-moi à ceci. Ho çà, maître Jacques, approchez-vous, je vous ai gardé pour le dernier.

MAITRE JACQUES. — Est-ce à votre cocher, Monsieur, ou bien à votre cuisinier, que vous voulez parler ? car je suis l'un et l'autre.

HARPAGON. — C'est à tous les deux.

MAITRE JACQUES. — Mais à qui des deux le premier ?

HARPAGON. — Au cuisinier.

MAITRE JACQUES. — Attendez donc, s'il vous plaît.

Il ôte sa casaque de cocher, et paraît vêtu en cuisinier.

HARPAGON. — Quelle diantre de cérémonie est-ce là ?

MAITRE JACQUES. — Vous n'avez qu'à parler.

HARPAGON. — Je me suis engagé, maître Jacques, à donner ce soir à souper.

MAITRE JACQUES. — Grande merveille!

HARPAGON. — Dis-moi un peu, nous feras-tu bonne chère ?

MAITRE JACQUES. — Oui, si vous me donnez bien de l'argent.

HARPAGON. — Que diable, toujours de l'argent! Il semble qu'ils n'aient autre chose à dire : « De l'argent, de l'argent, de l'argent. » Ah! ils n'ont que ce mot à la bouche : « De l'argent. » Toujours parler d'argent. Voilà leur épée de chevet, de l'argent.

VALÈRE. — Je n'ai jamais vu de réponse plus impertinente que celle-là. Voilà une belle merveille que de faire bonne chère avec bien de l'argent : c'est une chose la plus aisée au monde, et il n'y a si pauvre esprit qui n'en fît bien autant; mais pour agir en habile homme, il faut parler de faire bonne chère avec peu d'argent.

MAITRE JACQUES.— Bonne chère avec peu d'argent!

VALÈRE. — Oui.

MAITRE JACQUES. — Par ma foi, Monsieur l'intendant, vous nous obligerez de nous faire voir ce secret, et de prendre mon office de cuisinier : aussi bien vous mêlez-vous céans d'être le factoton.

HARPAGON. — Taisez-vous. Qu'est-ce qu'il nous faudra ?

MAITRE JACQUES. — Voilà Monsieur votre intendant, qui vous fera bonne chère pour peu d'argent.

HARPAGON. — Haye! je veux que tu me répondes.

MAITRE JACQUES. — Combien serez-vous de gens à table ?

HARPAGON — Nous serons huit ou dix; mais il ne faut prendre que pour huit; quand il y a à manger pour huit, il y en a bien pour dix.

VALÈRE. — Cela s'entend.

MAITRE JACQUES. — Hé bien! il faudra quatre grands potages, et cinq assiettes. Potages... Entrées...

HARPAGON. — Que diable! voilà pour traiter toute une ville entière.

MAITRE JACQUES. — Rôt...

HARPAGON, *en lui mettant la main sur la bouche.* — Ah! traître, tu manges tout mon bien.

MAITRE JACQUES. — Entremets...

HARPAGON. — Encore ?

VALÈRE. — Est-ce que vous avez envie de faire crever

tout le monde ? et Monsieur a-t-il invité des gens pour les assassiner à force de mangeaille ? Allez-vous-en lire un peu les préceptes de la santé, et demander aux médecins s'il y a rien de plus préjudiciable à l'homme que de manger avec excès.

HARPAGON. — Il a raison.

VALÈRE. — Apprenez, maître Jacques, vous et vos pareils, que c'est un coupe-gorge qu'une table remplie de trop de viandes; que pour se bien montrer ami de ceux que l'on invite, il faut que la frugalité règne dans les repas qu'on donne; et que, suivant le dire d'un ancien, *il faut manger pour vivre, et non pas vivre pour manger.*

HARPAGON. — Ah! que cela est bien dit! Approche, que je t'embrasse pour ce mot. Voilà la plus belle sentence que j'aie entendue de ma vie. *Il faut vivre pour manger, et non pas manger pour vi...* Non, ce n'est pas cela. Comment est-ce que tu dis ?

VALÈRE. — Qu'*il faut manger pour vivre, et non pas vivre pour manger.*

HARPAGON. — Oui. Entends-tu ? Qui est le grand homme qui a dit cela ?

VALÈRE. — Je ne me souviens pas maintenant de son nom.

HARPAGON. — Souviens-toi de m'écrire ces mots : je les veux faire graver en lettres d'or sur la cheminée de ma salle.

VALÈRE. — Je n'y manquerai pas. Et pour votre souper, vous n'avez qu'à me laisser faire : je réglerai tout cela comme il faut.

HARPAGON. — Fais donc.

MAITRE JACQUES. — Tant mieux : j'en aurai moins de peine.

HARPAGON. — Il faudra de ces choses dont on ne mange guère, et qui rassasient d'abord : quelque bon haricot bien gras, avec quelque pâté en pot bien garni de marrons.

VALÈRE. — Reposez-vous sur moi.

HARPAGON. — Maintenant, maître Jacques, il faut nettoyer mon carrosse.

MAITRE JACQUES. — Attendez. Ceci s'adresse au cocher. (*Il remet sa casaque.*) Vous dites...

HARPAGON. — Qu'il faut nettoyer mon carrosse, et tenir mes chevaux tout prêts pour conduire à la foire...

MAITRE JACQUES. — Vos chevaux, Monsieur ? Ma foi, ils ne sont point du tout en état de marcher. Je ne vous dirai point qu'ils sont sur la litière, les pauvres bêtes

n'en ont point, et ce serait fort mal parler; mais vous leur
faites observer des jeûnes si austères que ce ne sont plus
rien que des idées ou des fantômes, des façons de chevaux.

HARPAGON. — Les voilà bien malades : ils ne font rien.

MAÎTRE JACQUES. — Et pour ne faire rien, Monsieur,
est-ce qu'il ne faut rien manger ? Il leur vaudrait bien
mieux, les pauvres animaux, de travailler beaucoup, de
manger de même. Cela me fend le cœur de les voir ainsi
exténués; car enfin j'ai une tendresse pour mes chevaux,
qu'il me semble que c'est moi-même quand je les vois
pâtir; je m'ôte tous les jours pour eux les choses de la
bouche; et c'est être, Monsieur, d'un naturel trop dur
que de n'avoir nulle pitié de son prochain.

HARPAGON. — Le travail ne sera pas grand d'aller
jusqu'à la foire.

MAÎTRE JACQUES. — Non, Monsieur, je n'ai pas le courage de les mener, et je ferais conscience de leur donner
des coups de fouet, en l'état où ils sont. Comment voudriez-vous qu'ils traînassent un carrosse, qu'ils ne peuvent
pas se traîner eux-mêmes ?

VALÈRE. — Monsieur, j'obligerai le voisin le Picard à
se charger de les conduire; aussi bien nous fera-t-il ici
besoin pour apprêter le souper.

MAÎTRE JACQUES. — Soit : j'aime mieux encore qu'ils
meurent sous la main d'un autre que sous la mienne.

VALÈRE. — Maître Jacques fait bien le raisonnable.

MAÎTRE JACQUES. — Monsieur l'intendant fait bien le
nécessaire.

HARPAGON. — Paix!

MAÎTRE JACQUES. — Monsieur, je ne saurais souffrir
les flatteurs; et je vois que ce qu'il en fait, que ses contrôles
perpétuels sur le pain et le vin, le bois, le sel, et la
chandelle, ne sont rien que pour vous gratter et vous
faire sa cour. J'enrage de cela, et je suis fâché tous les
jours d'entendre ce qu'on dit de vous; car enfin je me sens
pour vous de la tendresse, en dépit que j'en aie; et après
mes chevaux, vous êtes la personne que j'aime le plus.

HARPAGON. — Pourrais-je savoir de vous, maître Jacques,
ce que l'on dit de moi ?

MAÎTRE JACQUES. — Oui, Monsieur, si j'étais assuré
que cela ne vous fâchât point.

HARPAGON. — Non, en aucune façon.

MAÎTRE JACQUES. — Pardonnez-moi : je sais fort bien
que je vous mettrais en colère.

HARPAGON. — Point du tout : au contraire, c'est me

faire plaisir, et je suis bien aise d'apprendre comme on
parle de moi.

MAITRE JACQUES. — Monsieur, puisque vous le voulez,
je vous dirai franchement qu'on se moque partout de vous;
qu'on nous jette de tous côtés cent brocards à votre sujet;
et que l'on n'est point plus ravi que de vous tenir au cul
et aux chausses, et de faire sans cesse des contes de votre
lésine. L'un dit que vous faites imprimer des almanachs
particuliers, où vous faites doubler les quatre-temps et
les vigiles, afin de profiter des jeûnes où vous obligez
votre monde. L'autre, que vous avez toujours une querelle toute prête à faire à vos valets dans le temps des
étrennes, ou de leur sortie d'avec vous, pour vous trouver
une raison de ne leur donner rien. Celui-là conte qu'une
fois vous fîtes assigner le chat d'un de vos voisins, pour
vous avoir mangé un reste d'un gigot de mouton. Celui-ci,
que l'on vous surprit une nuit, en venant dérober vous-
même l'avoine de vos chevaux; et que votre cocher qui
était celui d'avant moi, vous donna dans l'obscurité je
ne sais combien de coups de bâton, dont vous ne vou-
lûtes rien dire. Enfin voulez-vous que je vous dise? On
ne saurait aller nulle part où l'on ne vous entende accommoder de toutes pièces; vous êtes la fable et la risée de
tout le monde; et jamais on ne parle de vous que sous
les noms d'avare, de ladre, de vilain et de fesse-mathieu.

HARPAGON, *en le battant.* — Vous êtes un sot, un maraud,
un coquin, et un impudent.

MAITRE JACQUES. — Hé bien! ne l'avais-je pas deviné?
Vous ne m'avez pas voulu croire : je vous l'avais bien
dit que je vous fâcherais de vous dire la vérité.

HARPAGON. — Apprenez à parler.

SCÈNE II

MAITRE JACQUES, VALÈRE

VALÈRE. — A ce que je puis voir, maître Jacques,
on paye mal votre franchise.

MAITRE JACQUES. — Morbleu! Monsieur le nouveau
venu, qui faites l'homme d'importance, ce n'est pas votre
affaire. Riez de vos coups de bâton quand on vous en
donnera, et ne venez point rire des miens.

VALÈRE. — Ah! Monsieur maître Jacques, ne vous
fâchez pas, je vous prie.

MAITRE JACQUES. — Il file doux. Je veux faire le
brave et s'il est assez sot pour me craindre, le frotter
quelque peu. Savez-vous bien, Monsieur le rieur, que je
ne ris pas, moi ? et que si vous m'échauffez la tête, je vous
ferai rire d'une autre sorte ?

> *Maître Jacques pousse Valère jusaues au
> bout du théâtre, en le menaçant.*

VALÈRE. — Eh! doucement.

MAITRE JACQUES. — Comment, doucement ? Il ne me
plaît pas, moi.

VALÈRE. — De grâce.

MAITRE JACQUES. — Vous êtes un impertinent.

VALÈRE. — Monsieur maître Jacques...

MAITRE JACQUES. — Il n'y a point de Monsieur maître
Jacques pour un double. Si je prends un bâton, je vous
rosserai d'importance.

VALÈRE. — Comment, un bâton ?

> *Valère le fait reculer autant qu'il l'a fait.*

MAITRE JACQUES. — Eh! je ne parle pas de cela.

VALÈRE. — Savez-vous bien, Monsieur le fat, que je
suis homme à vous rosser vous-même ?

MAITRE JACQUES. — Je n'en doute pas.

VALÈRE. — Que vous n'êtes, pour tout potage, qu'un
faquin de cuisinier ?

MAITRE JACQUES. — Je le sais bien.

VALÈRE. — Et que vous ne me connaissez pas encore.

MAITRE JACQUES. — Pardonnez-moi.

VALÈRE. — Vous me rosserez, dites-vous ?

MAITRE JACQUES. — Je le disais en raillant.

VALÈRE. — Et moi, je ne prends point de goût à votre
raillerie. *(Il lui donne des coups de bâton.)* Apprenez que
vous êtes un mauvais railleur.

MAITRE JACQUES. — Peste soit la sincérité! c'est un mauvais métier. Désormais j'y renonce, et je ne veux plus dire
vrai. Passe encore pour mon maître; il a quelque droit de
me battre; mais pour ce Monsieur l'intendant, je m'en
vengerai si je puis.

SCÈNE III

FROSINE, MARIANE, MAITRE JACQUES

FROSINE. — Savez-vous, maître Jacques, si votre maître est au logis ?

MAITRE JACQUES. — Oui vraiment il y est, je ne le sais que trop.

FROSINE. — Dites-lui, je vous prie, que nous sommes ici.

SCÈNE IV

MARIANE, FROSINE

MARIANE. — Ah! que je suis, Frosine, dans un étrange état! et s'il faut dire ce que je sens, que j'appréhende cette vue!

FROSINE. — Mais pourquoi, et quelle est votre inquiétude ?

MARIANE. — Hélas! me le demandez-vous ? et ne vous figurez-vous point les alarmes d'une personne toute prête à voir le supplice où l'on veut l'attacher ?

FROSINE. — Je vois bien que, pour mourir agréablement, Harpagon n'est pas le supplice que vous voudriez embrasser; et je connais à votre mine que le jeune blondin dont vous m'avez parlé vous revient un peu dans l'esprit.

MARIANE. — Oui, c'est une chose, Frosine, dont je ne veux pas me défendre; et les visites respectueuses qu'il a rendues chez nous ont fait, je vous l'avoue, quelque effet dans mon âme.

FROSINE. — Mais avez-vous su quel il est ?

MARIANE. — Non, je ne sais point quel il est; mais je sais qu'il est fait d'un air à se faire aimer; que si l'on pouvait mettre les choses à mon choix, je le prendrais plutôt qu'un autre; et qu'il ne contribue pas peu à me faire trouver un tourment effroyable dans l'époux qu'on veut me donner.

FROSINE. — Mon Dieu! tous ces blondins sont agréables, et débitent fort bien leur fait; mais la plupart sont gueux comme des rats; et il vaut mieux pour vous de prendre un vieux mari qui vous donne beaucoup de bien. Je vous avoue que les sens ne trouvent pas si bien leur compte

du côté que je dis, et qu'il y a quelques petits dégoûts à
essuyer avec un tel époux; mais cela n'est pas pour durer,
et sa mort, croyez-moi, vous mettra bientôt en état d'en
prendre un plus aimable, qui réparera toutes choses.

MARIANE. — Mon Dieu! Frosine, c'est une étrange
affaire, lorsque, pour être heureuse, il faut souhaiter ou
attendre le trépas de quelqu'un, et la mort ne suit pas tous
les projets que nous faisons.

FROSINE. — Vous moquez-vous? Vous ne l'épousez
qu'aux conditions de vous laisser veuve bientôt; et ce
doit être là un des articles du contrat. Il serait bien impertinent de ne pas mourir dans trois mois. Le voici en propre
personne.

MARIANE. — Ah! Frosine, quelle figure!

SCÈNE V

HARPAGON, FROSINE, MARIANE

HARPAGON. — Ne vous offensez pas, ma belle, si je
viens à vous avec des lunettes. Je sais que vos appas frappent
assez les yeux, sont assez visibles d'eux-mêmes, et qu'il
n'est pas besoin de lunettes pour les apercevoir; mais
enfin c'est avec des lunettes qu'on observe les astres; et je
maintiens et je garantis que vous êtes un astre, mais un
astre le plus bel astre qui soit dans le pays des astres; Frosine,
elle ne répond mot, et ne témoigne, ce me semble, aucune
joie de me voir.

FROSINE. — C'est qu'elle est encore toute surprise;
et puis les filles ont toujours honte à témoigner d'abord
ce qu'elles ont dans l'âme.

HARPAGON. — Tu as raison. Voilà, belle mignonne, ma
fille qui vient vous saluer.

SCÈNE VI

ÉLISE, HARPAGON, MARIANE, FROSINE

MARIANE. — Je m'acquitte bien tard, Madame, d'une
telle visite.

ÉLISE. — Vous avez fait, Madame, ce que je devais
faire, et c'était à moi de vous prévenir.

HARPAGON. — Vous voyez qu'elle est grande; mais mauvaise herbe croît toujours.

MARIANE, *bas à Frosine.* — Oh! l'homme déplaisant!

HARPAGON. — Que dit la belle?

FROSINE. — Qu'elle vous trouve admirable.

HARPAGON. — C'est trop d'honneur que vous me faites, adorable mignonne.

MARIANE, *à part.* — Quel animal!

HARPAGON. — Je vous suis trop obligé de ces sentiments.

MARIANE, *à part.* — Je n'y puis plus tenir.

HARPAGON. — Voici mon fils aussi qui vient vous faire la révérence.

MARIANE, *à part à Frosine.* — Ah! Frosine, quelle rencontre! C'est justement celui dont je t'ai parlé.

FROSINE, *à Mariane.* — L'aventure est merveilleuse.

HARPAGON. — Je vois que vous vous étonnez de me voir de si grands enfants, mais je serai bientôt défait et de l'un et de l'autre.

SCÈNE VII

CLÉANTE, HARPAGON, ÉLISE,
MARIANE, FROSINE

CLÉANTE. — Madame, à vous dire le vrai, c'est ici une aventure où sans doute je ne m'attendais pas; et mon père ne m'a pas peu surpris lorsqu'il m'a dit tantôt le dessein qu'il avait formé.

MARIANE. — Je puis dire la même chose. C'est une rencontre imprévue qui m'a surprise autant que vous; et je n'étais point préparée à une pareille aventure.

CLÉANTE. — Il est vrai que mon père, Madame, ne peut pas faire un plus beau choix, et que ce m'est une sensible joie que l'honneur de vous voir; mais avec tout cela, je ne vous assurerai point que je me réjouis du dessein où vous pourriez être de devenir ma belle-mère. Le compliment, je vous l'avoue, est trop difficile pour moi; et c'est un titre, s'il vous plaît, que je ne vous souhaite point. Ce discours paraîtra brutal aux yeux de quelques-uns; mais je suis assuré que vous serez personne à le prendre comme il faudra; que c'est un mariage, Madame, où vous vous imaginez bien que je dois avoir de la répugnance; que vous n'ignorez pas, sachant ce que je suis, comme il choque mes intérêts; et que vous voulez bien enfin que je vous dise,

avec la permission de mon père, que si les choses dépen-
daient de moi, cet hymen ne se ferait point.

HARPAGON. — Voià un compliment bien impertinent :
quelle belle confession à lui faire!

MARIANE. — Et moi, pour vous répondre, j'ai à vous
dire que les choses sont fort égales; et que si vous auriez
de la répugnance à me voir votre belle-mère, je n'en aurais
pas moins sans doute à vous voir mon beau-fils. Ne croyez
pas, je vous prie, que ce soit moi qui cherche à vous donner
cette inquiétude. Je serais fort fâchée de vous causer du
déplaisir; et si je ne m'y vois forcée par une puissance
absolue, je vous donne ma parole que je ne consentirai
point au mariage qui vous chagrine.

HARPAGON. — Elle a raison; à sot compliment il faut
une réponse de même. Je vous demande pardon, ma belle,
de l'impertinence de mon fils. C'est un jeune sot, qui ne
sait pas encore la conséquence des paroles qu'il dit.

MARIANE. — Je vous promets que ce qu'il m'a dit ne
m'a point du tout offensée; au contraire, il m'a fait plaisir
de m'expliquer ainsi ses véritables sentiments. J'aime de
lui un aveu de la sorte; et, s'il avait parlé d'autre façon,
je l'en estimerais bien moins.

HARPAGON. — C'est beaucoup de bonté à vous de vouloir ainsi excuser ses fautes. Le temps le rendra plus sage,
et vous verrez qu'il changera de sentiments.

CLÉANTE. — Non, mon père, je ne suis point capable
d'en changer, et je prie instamment Madame de le croire.

HARPAGON. — Mais voyez quelle extravagance! il
continue encore plus fort.

CLÉANTE. — Voulez-vous que je trahisse mon cœur ?

HARPAGON. — Encore ? Avez-vous envie de changer
de discours ?

CLÉANTE. — Hé bien! puisque vous voulez que je parle
d'autre façon, souffrez, Madame, que je me mette ici à
la place de mon père, et que je vous avoue que je n'ai rien
vu dans le monde de si charmant que vous; que je ne
conçois rien d'égal au bonheur de vous plaire, et que le
titre de votre époux est une gloire, une félicité que je
préférerais aux destinées des plus grands princes de la terre.
Oui, Madame, le bonheur de vous posséder est à mes
regards la plus belle de toutes les fortunes; c'est où j'attache
toute mon ambition; il n'y a rien que je ne sois capable
de faire pour une conquête si précieuse, et les obstacles
les plus puissants...

HARPAGON. — Doucement, mon fils, s'il vous plaît.

CLÉANTE. — C'est un compliment que je fais pour vous à Madame.

HARPAGON. — Mon Dieu ! j'ai une langue pour m'expliquer moi-même, et je n'ai pas besoin d'un procureur comme vous. Allons, donnez des sièges.

FROSINE. — Non ; il vaut mieux que de ce pas nous allions à la foire, afin d'en revenir plus tôt, et d'avoir tout le temps ensuite de vous entretenir.

HARPAGON. — Qu'on mette donc les chevaux au carrosse. Je vous prie de m'excuser, ma belle, si je n'ai pas songé à vous donner un peu de collation avant que de partir.

CLÉANTE. — J'y ai pourvu, mon père, et j'ai fait apporter ici quelques bassins d'oranges de la Chine, de citrons doux et de confitures, que j'ai envoyé quérir de votre part.

HARPAGON, bas à Valère. — Valère !

VALÈRE, à Harpagon. — Il a perdu le sens.

CLÉANTE. — Est-ce que vous trouvez, mon père, que ce ne soit pas assez ? Madame aura la bonté d'excuser cela, s'il vous plaît.

MARIANE. — C'est une chose qui n'était pas nécessaire.

CLÉANTE. — Avez-vous jamais vu, Madame, un diamant plus vif que celui que vous voyez que mon père a au doigt ?

MARIANE. — Il est vrai qu'il brille beaucoup.

CLÉANTE. (Il l'ôte du doigt de son père et le donne à Mariane). — Il faut que vous le voyiez de près.

MARIANE. — Il est fort beau sans doute, et jette quantité de feux.

CLÉANTE. (Il se met au-devant de Mariane, qui le veut rendre). — Nenni, Madame : il est en de trop belles mains. C'est un présent que mon père vous a fait.

HARPAGON. — Moi ?

CLÉANTE. — N'est-il pas vrai, mon père, que vous voulez que Madame le garde pour l'amour de vous ?

HARPAGON, à part, à son fils. — Comment ?

CLÉANTE. — Belle demande ! il me fait signe de vous le faire accepter.

MARIANE. — Je ne veux point...

CLÉANTE. — Vous moquez-vous ? Il n'a garde de le reprendre.

HARPAGON, à part. — J'enrage !

MARIANE. — Ce serait...

CLÉANTE, en empêchant toujours Mariane de rendre la bague. — Non, vous dis-je, c'est l'offenser.

MARIANE. — De grâce...

CLÉANTE. — Point du tout.

HARPAGON, *à part.* — Peste soit...

CLÉANTE. — Le voilà qui se scandalise de votre refus.

HARPAGON, *bas, à son fils.* — Ah! traître!

CLÉANTE. — Vous voyez qu'il se désespère.

HARPAGON, *bas, à son fils, en le menaçant.* — Bourreau que tu es!

CLÉANTE. — Mon père, ce n'est pas ma faute. Je fais ce que je puis pour l'obliger à la garder; mais elle est obstinée.

HARPAGON, *bas, à son fils, avec emportement.* —Pendard!

CLÉANTE. — Vous êtes cause, Madame, que mon père me querelle.

HARPAGON, *bas, à son fils, avec les mêmes grimaces.* — Le coquin!

CLÉANTE. — Vous le ferez tomber malade. De grâce, Madame, ne résistez point davantage.

FROSINE. — Mon Dieu! que de façons! Gardez la bague, puisque Monsieur le veut.

MARIANE. — Pour ne vous point mettre en colère, je la garde maintenant; et je prendrai un autre temps pour vous la rendre.

SCÈNE VIII

HARPAGON, MARIANE, FROSINE, CLÉANTE, BRINDAVOINE, ÉLISE

BRINDAVOINE. — Monsieur, il y a là un homme qui veut vous parler.

HARPAGON. — Dis-lui que je suis empêché, et qu'il revienne une autre fois.

BRINDAVOINE. — Il dit qu'il vous apporte de l'argent.

HARPAGON. — Je vous demande pardon. Je reviens tout à l'heure.

SCÈNE IX

HARPAGON, MARIANE, CLÉANTE, ÉLISE, FROSINE, LA MERLUCHE

LA MERLUCHE. *(Il vient en courant, et fait tomber Harpagon).* — Monsieur...

HARPAGON. — Ah! je suis mort.

CLÉANTE. — Qu'est-ce, mon père ? vous êtes-vous fait mal ?

HARPAGON. — Le traître assurément a reçu de l'argent de mes débiteurs, pour me faire rompre le cou.

VALÈRE. — Cela ne sera rien.

LA MERLUCHE. — Monsieur, je vous demande pardon, je croyais bien faire d'accourir vite.

HARPAGON. — Que viens-tu faire ici, bourreau ?

LA MERLUCHE. — Vous dire que vos deux chevaux sont déferrés.

HARPAGON. — Qu'on les mène promptement chez le maréchal.

CLÉANTE. — En attendant qu'ils soient ferrés, je vais faire pour vous, mon père, les honneurs de votre logis, et conduire Madame dans le jardin, où je ferai porter la collation.

HARPAGON. — Valère, aie un peu l'œil à tout cela ; et prends soin, je te prie, de m'en sauver le plus que tu pourras, pour le renvoyer au marchand.

VALÈRE. — C'est assez.

HARPAGON. — O fils impertinent, as-tu envie de me ruiner ?

ACTE IV

SCÈNE I

CLÉANTE, MARIANE, ÉLISE, FROSINE

CLÉANTE. — Rentrons ici, nous serons beaucoup mieux. Il n'y a plus autour de nous personne de suspect, et nous pouvons parler librement.

ÉLISE. — Oui, Madame, mon frère m'a fait confidence de la passion qu'il a pour vous. Je sais les chagrins et les déplaisirs que sont capables de causer de pareilles traverses ; et c'est, je vous assure, avec une tendresse extrême que je m'intéresse à votre aventure.

MARIANE. — C'est une douce consolation que de voir dans ses intérêts une personne comme vous ; et je vous conjure, Madame, de me garder toujours cette généreuse amitié, si capable de m'adoucir les cruautés de la fortune.

FROSINE. — Vous êtes, par ma foi! de malheureuses gens l'un et l'autre, de ne m'avoir point, avant tout ceci, avertie de votre affaire. Je vous aurais sans doute détourné cette inquiétude, et n'aurais point amené les choses où l'on voit qu'elles sont.

CLÉANTE. — Que veux-tu? C'est ma mauvaise destinée qui l'a voulu ainsi. Mais, belle Mariane, quelles résolutions sont les vôtres?

MARIANE. — Hélas! suis-je en pouvoir de faire des résolutions? Et dans la dépendance où je me vois, puis-je former que des souhaits?

CLÉANTE. — Point d'autre appui pour moi dans votre cœur que de simples souhaits? point de pitié officieuse? point de secourable bonté? point d'affection agissante?

MARIANE. — Que saurais-je vous dire? Mettez-vous en ma place, et voyez ce que je puis faire. Avisez, ordonnez vous-même : je m'en remets à vous, et je vous crois trop raisonnable pour vouloir exiger de moi que ce qui peut m'être permis par l'honneur et la bienséance.

CLÉANTE. — Hélas! où me réduisez-vous, que de me renvoyer à ce que voudront me permettre les fâcheux sentiments d'un rigoureux honneur et d'une scrupuleuse bienséance.

MARIANE. — Mais que voulez-vous que je fasse? Quand je pourrais passer sur quantité d'égards où notre sexe est obligé, j'ai de la considération pour ma mère. Elle m'a toujours élevée avec une tendresse extrême, et je ne saurais me résoudre à lui donner du déplaisir. Faites, agissez auprès d'elle, employez tous vos soins à gagner son esprit : vous pouvez faire et dire tout ce que vous voudrez, je vous en donne la licence, et s'il ne tient qu'à me déclarer en votre faveur, je veux bien consentir à lui faire un aveu moi-même de tout ce que je sens pour vous.

CLÉANTE. — Frosine, ma pauvre Frosine, voudrais-tu nous servir?

FROSINE. — Par ma foi! faut-il demander? je le voudrais de tout mon cœur. Vous savez que de mon naturel je suis assez humaine; le Ciel ne m'a point fait l'âme de bronze, et je n'ai que trop de tendresse à rendre de petits services, quand je vois des gens qui s'entre-aiment en tout bien et en tout honneur. Que pourrions-nous faire à ceci?

CLÉANTE. — Songe un peu, je te prie.

MARIANE. — Ouvre-nous des lumières.

ÉLISE. — Trouve quelque invention pour rompre ce
que tu as fait.

FROSINE. — Ceci est assez difficile. Pour votre mère,
elle n'est pas tout à fait déraisonnable, et peut-être pourrait-
on la gagner, et la résoudre à transporter au fils le don qu'elle
veut faire au père. Mais le mal que j'y trouve, c'est que
votre père est votre père.

CLÉANTE. — Cela s'entend.

FROSINE. — Je veux dire qu'il conservera du dépit, si
l'on montre qu'on le refuse ; et qu'il ne sera point d'humeur ensuite à donner son consentement à votre mariage.
Il faudrait, pour bien faire, que le refus vînt de lui-même,
et tâcher par quelque moyen de le dégoûter de votre personne.

CLÉANTE. — Tu as raison.

FROSINE. — Oui, j'ai raison, je le sais bien. C'est là
ce qu'il faudrait ; mais le diantre est d'en pouvoir trouver
les moyens. Attendez : si nous avions quelque femme un
peu sur l'âge, qui fût de mon talent, et jouât assez bien
pour contrefaire une dame de qualité, par le moyen d'un
train fait à la hâte, et d'un bizarre nom de marquise, ou
de vicomtesse, que nous supposerions de la basse Bre-
tagne, j'aurais assez d'adresse pour faire accroire à votre
père que ce serait une personne riche, outre ses maisons,
de cent mille écus en argent comptant ; qu'elle serait
éperdument amoureuse de lui, et souhaiterait de se voir
sa femme, jusqu'à lui donner tout son bien par contrat
de mariage ; et je ne doute point qu'il ne prêtât l'oreille
à la proposition ; car enfin il vous aime fort, je le sais ;
mais il aime un peu plus l'argent ; et quand, ébloui de
ce leurre, il aurait une fois consenti à ce qui vous touche,
il importerait peu ensuite qu'il se désabusât, en venant à
vouloir voir clair aux effets de notre marquise.

CLÉANTE. — Tout cela est fort bien pensé.

FROSINE. — Laissez-moi faire. Je viens de me ressou-
venir d'une de mes amies, qui sera notre fait.

CLÉANTE. — Sois assurée, Frosine, de ma reconnaissance, si tu viens à bout de la chose. Mais, charmante
Mariane, commençons, je vous prie, par gagner votre
mère ; c'est toujours beaucoup faire que de rompre ce
mariage. Faites-y de votre part, je vous en conjure, tous
les efforts qu'il vous sera possible ; servez-vous de tout
le pouvoir que vous donne sur elle cette amitié qu'elle
a pour vous ; déployez sans réserve les grâces éloquentes,

les charmes tout-puissants que le Ciel a placés dans vos
yeux et dans votre bouche; et n'oubliez rien, s'il vous
plaît, de ces tendres paroles, et de ces douces prières, et
de ces caresses touchantes à qui je suis persuadé qu'on ne
saurait rien refuser.

MARIANE. — J'y ferai tout ce que je puis, et n'oublierai
aucune chose.

SCÈNE II

HARPAGON, CLÉANTE, MARIANE,
ÉLISE, FROSINE

HARPAGON. — Ouais! mon fils baise la main de sa
prétendue belle-mère, et sa prétendue belle-mère ne s'en
défend pas fort. Y aurait-il quelque mystère là-dessous?

ÉLISE. — Voilà mon père.

HARPAGON. — Le carrosse est tout prêt. Vous pouvez
partir quand il vous plaira.

CLÉANTE. — Puisque vous n'y allez pas, mon père, je
m'en vais les conduire.

HARPAGON. — Non, demeurez. Elles iront bien toutes
seules; et j'ai besoin de vous.

SCÈNE III

HARPAGON, CLÉANTE

HARPAGON. — O çà, intérêt de belle-mère à part, que
te semble à toi de cette personne?

CLÉANTE. — Ce qui m'en semble?

HARPAGON. — Oui, de son air, de sa taille, de sa beauté,
de son esprit?

CLÉANTE. — La, la.

HARPAGON. — Mais encore?

CLÉANTE. — A vous en parler franchement, je ne l'ai
pas trouvée ici ce que je l'avais crue. Son air est de franche
coquette; sa taille est assez gauche, sa beauté très médiocre,
et son esprit des plus communs. Ne croyez pas que ce
soit, mon père, pour vous en dégoûter; car belle-mère,
pour belle-mère, j'aime autant celle-là qu'une autre.

HARPAGON. — Tu lui disais tantôt pourtant...

CLÉANTE. — Je lui ai dit quelques douceurs en votre nom, mais c'était pour vous plaire.

HARPAGON. — Si bien donc que tu n'aurais pas d'inclination pour elle ?

CLÉANTE. — Moi ? point du tout.

HARPAGON. — J'en suis fâché; car cela rompt une pensée qui m'était venue dans l'esprit. J'ai fait, en la voyant ici, réflexion sur mon âge; et j'ai songé qu'on pourra trouver à redire de me voir marier à une si jeune personne. Cette considération m'en faisait quitter le dessein; et comme je l'ai fait demander, et que je suis pour elle engagé de parole, je te l'aurais donnée, sans l'aversion que tu témoignes.

CLÉANTE. — A moi ?

HARPAGON. — A toi.

CLÉANTE. — En mariage ?

HARPAGON. — En mariage.

CLÉANTE. — Écoutez : il est vrai qu'elle n'est pas fort à mon goût; mais pour vous faire plaisir, mon père, je me résoudrai à l'épouser, si vous voulez.

HARPAGON. — Moi ? Je suis plus raisonnable que tu ne penses : je ne veux point forcer ton inclination.

CLÉANTE. — Pardonnez-moi, je me ferai cet effort pour l'amour de vous.

HARPAGON. — Non, non; un mariage ne saurait être heureux où l'inclination n'est pas.

CLÉANTE. — C'est une chose, mon père, qui peut-être viendra ensuite; et l'on dit que l'amour est souvent un fruit du mariage.

HARPAGON. — Non : du côté de l'homme, on ne doit point risquer l'affaire, et ce sont des suites fâcheuses, où je n'ai garde de me commettre. Si tu avais senti quelque inclination pour elle, à la bonne heure : je te l'aurais fait épouser, au lieu de moi; mais cela n'étant pas, je suivrai mon premier dessein, et je l'épouserai moi-même.

CLÉANTE. — Hé bien! mon père, puisque les choses sont ainsi, il faut vous découvrir mon cœur, il faut vous révéler notre secret. La vérité est que je l'aime, depuis un jour que je la vis dans une promenade; que mon dessein était tantôt de vous la demander pour femme; et que rien ne m'a retenu que la déclaration de vos sentiments, et la crainte de vous déplaire.

HARPAGON. — Lui avez-vous rendu visite ?

CLÉANTE. — Oui, mon père.

HARPAGON. — Beaucoup de fois ?

CLÉANTE. — Assez, pour le temps qu'il y a.

HARPAGON. — Vous a-t-on bien reçu ?

CLÉANTE. — Fort bien, mais sans savoir qui j'étais;
et c'est ce qui a fait tantôt la surprise de Mariane.

HARPAGON. — Lui avez-vous déclaré votre passion,
et le dessein où vous étiez de l'épouser?

CLÉANTE. — Sans doute; et même j'en avais fait à sa
mère quelque peu d'ouverture.

HARPAGON. — A-t-elle écouté, pour sa fille, votre
proposition ?

CLÉANTE. — Oui, fort civilement.

HARPAGON. — Et la fille correspond-elle fort à votre
amour ?

CLÉANTE. — Si j'en dois croire les apparences, je me
persuade, mon père, qu'elle a quelque bonté pour moi.

HARPAGON. — Je suis bien aise d'avoir appris un tel
secret; et voilà justement ce que je demandais. Oh sus!
mon fils, savez-vous ce qu'il y a ? c'est qu'il faut songer,
s'il vous plaît, à vous défaire de votre amour; à cesser
toutes vos poursuites auprès d'une personne que je prétends pour moi; et à vous marier dans peu avec celle
qu'on vous destine.

CLÉANTE. — Oui, mon père, c'est ainsi que vous me
jouez! Hé bien! puisque les choses en sont venues là, je
vous déclare, moi, que je ne quitterai point la passion
que j'ai pour Mariane, qu'il n'y a point d'extrémité où
je ne m'abandonne pour vous disputer sa conquête, et
que si vous avez pour vous le consentement d'une mère,
j'aurai d'autres secours peut-être qui combattront pour
moi.

HARPAGON. — Comment, pendard ? tu as l'audace
d'aller sur mes brisées ?

CLÉANTE. — C'est vous qui allez sur les miennes; et
je suis le premier en date.

HARPAGON. — Ne suis-je pas ton père ? et ne me
dois-tu pas respect!

CLÉANTE. — Ce ne sont point ici des choses où les
enfants soient obligés de déférer aux pères; et l'amour
ne connaît personne.

HARPAGON. — Je te ferai bien me connaître, avec de
bons coups de bâton.

CLÉANTE. — Toutes vos menaces ne font rien.

HARPAGON. — Tu renonceras à Mariane.

CLÉANTE. — Point du tout.

HARPAGON. — Donnez-moi un bâton tout à l'heure.

SCÈNE IV

MAITRE JACQUES, HARPAGON,
CLÉANTE

MAITRE JACQUES. — Eh! eh! eh! Messieurs, qu'est-ce ci ?
à quoi songez-vous ?

CLÉANTE. — Je me moque de cela.

MAITRE JACQUES. — Ah! Monsieur, doucement.

HARPAGON. — Me parler avec cette impudence!

MAITRE JACQUES. — Ah! Monsieur, de grâce.

CLÉANTE. — Je n'en démordrai point.

MAITRE JACQUES. — Hé quoi ? à votre père ?

HARPAGON. — Laisse-moi faire.

MAITRE JACQUES. — Hé quoi ? à votre fils ? Encore
passe pour moi.

HARPAGON. — Je te veux faire toi-même, maître Jacques,
juge de cette affaire, pour montrer comme j'ai raison.

MAITRE JACQUES. — J'y consens. Éloignez-vous un peu.

HARPAGON. — J'aime une fille, que je veux épouser; et
le pendard a l'insolence de l'aimer avec moi, et d'y prétendre malgré mes ordres.

MAITRE JACQUES. — Ah! il a tort.

HARPAGON. — N'est-ce pas une chose épouvantable,
qu'un fils qui veut entrer en concurrence avec son père ?
et ne doit-il pas, par respect, s'abstenir de toucher à mes
inclinations ?

MAITRE JACQUES. — Vous avez raison. Laissez-moi lui
parler, et demeurez là.

> *Il vient trouver Cléante à l'autre bout du
> théâtre.*

CLÉANTE. — Hé bien! oui, puisqu'il veut te choisir
pour juge, je n'y recule point; il ne m'importe qui ce soit;
et je veux bien aussi me rapporter à toi, maître Jacques,
de notre différend.

MAITRE JACQUES. — C'est beaucoup d'honneur que vous
me faites.

CLÉANTE. — Je suis épris d'une jeune personne qui
répond à mes vœux, et reçoit tendrement les offres de
ma foi; et mon père s'avise de venir troubler notre amour
par la demande qu'il en fait faire.

MAITRE JACQUES. — Il a tort assurément.

CLÉANTE. — N'a-t-il point de honte, à son âge, de songer
à se marier ? lui sied-il bien d'être encore amoureux ?
et ne devrait-il pas laisser cette occupation aux jeunes gens ?

MAITRE JACQUES. — Vous avez raison, il se moque.
Laissez-moi lui dire deux mots. *(Il revient à Harpagon.)*
Hé bien! votre fils n'est pas si étrange que vous le dites,
et il se met à la raison. Il dit qu'il sait le respect qu'il vous
doit, qu'il ne s'est emporté que dans la première chaleur,
et qu'il ne fera point refus de se soumettre à ce qu'il vous
plaira, pourvu que vous vouliez le traiter mieux que vous
ne faites, et lui donner quelque personne en mariage dont
il ait lieu d'être content.

HARPAGON. — Ah! dis-lui, maître Jacques, que moyen-
nant cela, il pourra espérer toutes choses de moi; et que,
hors Mariane, je lui laisse la liberté de choisir celle qu'il
voudra.

MAITRE JACQUES. *Il va au fils.* — Laissez-moi faire.
Hé bien! votre père n'est pas si déraisonnable que vous le
faites; et il m'a témoigné que ce sont vos emportements
qui l'ont mis en colère; qu'il n'en veut seulement qu'à votre
manière d'agir, et qu'il sera fort disposé à vous accorder ce
que vous souhaitez, pourvu que vous vouliez vous y
prendre par la douceur, et lui rendre les déférences, les
respects, et les soumissions qu'un fils doit à son père.

CLÉANTE. — Ah! maître Jacques, tu peux lui assurer que,
s'il m'accorde Mariane, il me verra toujours le plus soumis
de tous les hommes; et que jamais je ne ferai aucune chose
que par ses volontés.

MAITRE JACQUES. — Cela est fait. Il consent à ce que
vous dites.

HARPAGON. — Voilà qui va le mieux du monde.

MAITRE JACQUES. — Tout est conclu. Il est content de
vos promesses.

CLÉANTE. — Le Ciel en soit loué!

MAITRE JACQUES. — Messieurs, vous n'avez qu'à parler
ensemble : vous voilà d'accord maintenant; et vous alliez
vous quereller, faute de vous entendre.

CLÉANTE. — Mon pauvre maître Jacques, je te serai
obligé toute ma vie.

MAITRE JACQUES. — Il n'y a pas de quoi, Monsieur.

HARPAGON. — Tu m'as fait plaisir, maître Jacques, et
cela mérite une récompense. Va, je m'en souviendrai, je
t'assure.

Il tire son mouchoir de sa poche, ce qui fait croire à maître Jacques qu'il va lui donner quelque chose.

MAITRE JACQUES. — Je vous baise les mains.

SCÈNE V

CLÉANTE, HARPAGON

CLÉANTE. — Je vous demande pardon, mon père, de l'emportement que j'ai fait paraître.

HARPAGON. — Cela n'est rien.

CLÉANTE. — Je vous assure que j'en ai tous les regrets du monde.

HARPAGON. — Et moi, j'ai toutes les joies du monde de te voir raisonnable.

CLÉANTE. — Quelle bonté à vous d'oublier si vite ma faute!

HARPAGON. — On oublie aisément les fautes des enfants, lorsqu'ils rentrent dans leur devoir.

CLÉANTE. — Quoi? ne garder aucun ressentiment de toutes mes extravagances?

HARPAGON. — C'est une chose où tu m'obliges par la soumission et le respect où tu te ranges.

CLÉANTE. — Je vous promets, mon père, que, jusques au tombeau, je conserverai dans mon cœur le souvenir de vos bontés.

HARPAGON. — Et moi, je te promets qu'il n'y aura aucune chose que de moi tu n'obtiennes.

CLÉANTE. — Ah! mon père, je ne vous demande plus rien; et c'est m'avoir assez donné que de me donner Mariane.

HARPAGON. — Comment?

CLÉANTE. — Je dis, mon père, que je suis trop content de vous, et que je trouve toutes choses dans la bonté que vous avez de m'accorder Mariane.

HARPAGON. — Qui est-ce qui parle de t'accorder Mariane?

CLÉANTE. — Vous, mon père.

HARPAGON. — Moi!

CLÉANTE. — Sans doute.

HARPAGON. — Comment? C'est toi qui as promis d'y renoncer.

CLÉANTE. — Moi, y renoncer?

HARPAGON. — Oui.

CLÉANTE. — Point du tout.

HARPAGON. — Tu ne t'es pas départi d'y prétendre ?

CLÉANTE. — Au contraire, j'y suis porté plus que jamais

HARPAGON. — Quoi ? pendard, derechef ?

CLÉANTE. — Rien ne me peut changer.

HARPAGON. — Laisse-moi faire, traître.

CLÉANTE. — Faites tout ce qu'il vous plaira.

HARPAGON. — Je te défends de me jamais voir.

CLÉANTE. — A la bonne heure.

HARPAGON. — Je t'abandonne.

CLÉANTE. — Abandonnez.

HARPAGON. — Je te renonce pour mon fils.

CLÉANTE. — Soit.

HARPAGON. — Je te déshérite.

CLÉANTE. — Tout ce que vous voudrez.

HARPAGON. — Et je te donne ma malédiction.

CLÉANTE. — Je n'ai que faire de vos dons.

SCÈNE VI

LA FLÈCHE, CLÉANTE

LA FLÈCHE, *sortant du jardin, avec une cassette.* — Ah! Monsieur, que je vous trouve à propos! suivez-moi vite.

CLÉANTE. — Qu'y a-t-il ?

LA FLÈCHE. — Suivez-moi, vous dis-je : nous sommes bien.

CLÉANTE. — Comment ?

LA FLÈCHE. — Voici votre affaire.

CLÉANTE. — Quoi ?

LA FLÈCHE. — J'ai guigné ceci tout le jour.

CLÉANTE. — Quest-ce que c'est ?

LA FLÈCHE. — Le trésor de votre père, que j'ai attrapé.

CLÉANTE. — Comment as-tu fait ?

LA FLÈCHE. — Vous saurez tout. Sauvons-nous, je l'entends crier.

SCÈNE VII

HARPAGON

Il crie au voleur dès le jardin, et vient sans chapeau.

Au voleur! au voleur! à l'assassin! au meutrier! Justice, juste Ciel! je suis perdu, je suis assassiné, on m'a coupé la gorge, on m'a dérobé mon argent. Qui peut-ce être? Qu'est-il devenu? Où est-il? Où se cache-t-il? Que ferai-je pour le trouver? Où courir? Où ne pas courir? N'est-il point là? N'est-il point ici? Qui est-ce? Arrête. Rends-moi mon argent, coquin... *(Il se prend lui-même par le bras.)* Ah! c'est moi. Mon esprit est troublé, et j'ignore où je suis, qui je suis, et ce que je fais. Hélas! mon pauvre argent, mon pauvre argent, mon cher ami! on m'a privé de toi; et puisque tu m'es enlevé, j'ai perdu mon support, ma consolation, ma joie; tout est fini pour moi, et je n'ai plus que faire au monde: sans toi, il m'est impossible de vivre. C'en est fait, je n'en puis plus; je me meurs, je suis mort, je suis enterré. N'y a-t-il personne qui veuille me ressusciter, en me rendant mon cher argent, ou en m'apprenant qui l'a pris? Euh? que dites-vous? Ce n'est personne. Il faut, qui que ce soit qui ait fait le coup, qu'avec beaucoup de soin on ait épié l'heure; et l'on a choisi justement le temps que je parlais à mon traître de fils. Sortons. Je veux aller quérir la justice, et faire donner la question à toute la maison: à servantes, à valets, à fils, à fille, et à moi aussi. Que de gens assemblés! Je ne jette mes regards sur personne qui ne me donne des soupçons, et tout me semble mon voleur. Eh! de quoi est-ce qu'on parle là? De celui qui m'a dérobé? Quel bruit fait-on là-haut? Est-ce mon voleur qui y est? De grâce, si l'on sait des nouvelles de mon voleur, je supplie que l'on m'en dise. N'est-il point caché là parmi vous? Ils me regardent tous, et se mettent à rire. Vous verrez qu'ils ont part sans doute au vol que l'on m'a fait. Allons vite, des commissaires, des archers, des prévôts, des juges, des gênes, des potences et des bourreaux. Je veux faire pendre tout le monde; et si je ne retrouve mon argent, je me pendrai moi-même après.

ACTE V

SCÈNE I

HARPAGON, LE COMMISSAIRE,
SON CLERC

Le Commissaire. — Laissez-moi faire : je sais mon métier, Dieu merci. Ce n'est pas d'aujourd'hui que je me mêle de découvrir des vols ; et je voudrais avoir autant de sacs de mille francs que j'ai fait pendre de personnes.

Harpagon. — Tous les magistrats sont intéressés à prendre cette affaire en main ; et si l'on ne me fait retrouver mon argent, je demanderai justice de la justice.

Le Commissaire. — Il faut faire toutes les poursuites requises. Vous dites qu'il y avait dans cette cassette... ?

Harpagon. — Dix mille écus bien comptés.

Le Commissaire. — Dix mille écus !

Harpagon. — Dix mille écus.

Le Commissaire. — Le vol est considérable.

Harpagon. — Il n'y a point de supplice assez grand pour l'énormité de ce crime ; et s'il demeure impuni, les choses les plus sacrées ne sont plus en sûreté.

Le Commissaire. — En quelles espèces était cette somme ?

Harpagon. — En bons louis d'or et pistoles bien trébuchantes.

Le Commissaire. — Qui soupçonnez-vous de ce vol ?

Harpagon. — Tout le monde ; et je veux que vous arrêtiez prisonniers la ville et les faubourgs.

Le Commissaire. — Il faut, si vous m'en croyez, n'effaroucher personne, et tâcher doucement d'attraper quelques preuves, afin de procéder après par la rigueur au recouvrement des deniers qui vous ont été pris.

SCÈNE II

MAITRE JACQUES, HARPAGON,
LE COMMISSAIRE, SON CLERC

MAITRE JACQUES, *au bout du théâtre, en se retournant du côté dont il sort*. — Je m'en vais revenir. Qu'on me l'égorge tout à l'heure; qu'on me lui fasse griller les pieds, qu'on me le mette dans l'eau bouillante, et qu'on me le pende au plancher.

HARPAGON. — Qui? celui qui m'a dérobé?

MAITRE JACQUES. — Je parle d'un cochon de lait que votre intendant me vient d'envoyer, et je veux vous l'accommoder à ma fantaisie.

HARPAGON. — Il n'est pas question de cela; et voilà Monsieur, à qui il faut parler d'autre chose.

LE COMMISSAIRE. — Ne vous épouvantez point. Je suis homme à ne vous point scandaliser, et les choses iront dans la douceur.

MAITRE JACQUES. — Monsieur est de votre souper?

LE COMMISSAIRE. — Il faut ici, mon cher ami, ne rien cacher à votre maître.

MAITRE JACQUES. — Ma foi! Monsieur, je montrerai tout ce que je sais faire, et je vous traiterai du mieux qu'il me sera possible.

HARPAGON. — Ce n'est pas là l'affaire.

MAITRE JACQUES. — Si je ne vous fais pas aussi bonne chère que je voudrais, c'est la faute de Monsieur notre intendant, qui m'a rogné les ailes avec les ciseaux de son économie.

HARPAGON. — Traître, il s'agit d'autre chose que de souper; et je veux que tu me dises des nouvelles de l'argent qu'on m'a pris.

MAITRE JACQUES. — On vous a pris de l'argent?

HARPAGON. — Oui, coquin; et je m'en vais te pendre, si tu ne me le rends.

LE COMMISSAIRE. — Mon Dieu! ne le maltraitez point. Je vois à sa mine qu'il est honnête homme, et que sans se faire mettre en prison, il vous découvrira ce que vous voulez savoir. Oui, mon ami, si vous nous confessez la chose, il ne vous sera fait aucun mal, et vous serez récompensé comme il faut par votre maître. On lui a pris aujourd'hui son argent, et il n'est pas que vous ne sachiez quelques nouvelles de cette affaire.

MAITRE JACQUES, *à part*. — Voici justement ce qu'il me faut pour me venger de notre intendant : depuis qu'il est entré céans, il est le favori, on n'écoute que ses conseils, et j'ai aussi sur le cœur les coups de bâton de tantôt.

HARPAGON. — Qu'as-tu à ruminer ?

LE COMMISSAIRE. — Laissez-le faire : il se prépare à vous contenter, et je vous ai bien dit qu'il était honnête homme.

MAITRE JACQUES. — Monsieur, si vous voulez que je vous dise les choses, je crois que c'est Monsieur votre cher intendant qui a fait le coup.

HARPAGON. — Valère !

MAITRE JACQUES. — Oui.

HARPAGON. — Lui, qui me paraît si fidèle ?

MAITRE JACQUES. — Lui-même. Je crois que c'est lui qui vous a dérobé.

HARPAGON. — Et sur quoi le crois-tu ?

MAITRE JACQUES. — Sur quoi ?

HARPAGON. — Oui.

MAITRE JACQUES. — Je le crois... sur ce que je le crois.

LE COMMISSAIRE. — Mais il est nécessaire de dire les indices que vous avez.

HARPAGON. — L'as-tu vu rôder autour du lieu où j'avais mis mon argent ?

MAITRE JACQUES. — Oui, vraiment. Où était-il votre argent ?

HARPAGON. — Dans le jardin.

MAITRE JACQUES. — Justement : je l'ai vu rôder dans le jardin. Et dans quoi est-ce que cet argent était ?

HARPAGON. — Dans une cassette.

MAITRE JACQUES. — Voilà l'affaire : je lui ai vu une cassette.

HARPAGON. — Et cette cassette, comment est-elle faite ? Je verrai bien si c'est la mienne.

MAITRE JACQUES. — Comment elle est faite ?

HARPAGON. — Oui.

MAITRE JACQUES. — Elle est faite... elle est faite... elle est faite comme une cassette.

LE COMMISSAIRE. — Cela s'entend. Mais dépeignez-la un peu, pour voir.

MAITRE JACQUES. — C'est une grande cassette.

HARPAGON. — Celle qu'on m'a volée est petite.

MAITRE JACQUES. — Eh ! oui, elle est petite, si on le

veut prendre par là; mais je l'appelle grande pour ce
qu'elle contient.

LE COMMISSAIRE. — Et de quelle couleur est-elle?

MAITRE JACQUES. — De quelle couleur?

LE COMMISSAIRE. — Oui.

MAITRE JACQUES. — Elle est de couleur... là, d'une certaine couleur... Ne sauriez-vous m'aider à dire?

HARPAGON. — Euh?

MAITRE JACQUES. — N'est-elle pas rouge?

HARPAGON. — Non, grise.

MAITRE JACQUES. — Eh! oui, gris-rouge : c'est ce que
je voulais dire.

HARPAGON — Il n'y a point de doute : c'est elle assurément. Écrivez, Monsieur, écrivez sa déposition. Ciel!
à qui désormais se fier? Il ne faut jamais jurer de rien; et
je crois après cela que je suis homme à me voler moi-même.

MAITRE JACQUES. — Monsieur, le voici qui revient. Ne
lui allez pas dire au moins que c'est moi qui vous ai découvert cela.

SCÈNE III

VALÈRE, HARPAGON,
LE COMMISSAIRE, SON CLERC,
MAITRE JACQUES

HARPAGON. — Approche : viens confesser l'action la
plus noire, l'attentat le plus horrible qui jamais ait été
commis.

VALÈRE. — Que voulez-vous, Monsieur?

HARPAGON. — Comment, traître, tu ne rougis pas de
ton crime?

VALÈRE. — De quel crime voulez-vous donc parler?

HARPAGON. — De quel crime je veux parler, infâme!
comme si tu ne savais pas ce que je veux dire. C'est en
vain que tu prétendrais de le déguiser : l'affaire est décou-
verte, et l'on vient de m'apprendre tout. Comment abuser
ainsi de ma bonté, et s'introduire exprès chez moi pour
me trahir? pour me jouer un tour de cette nature?

VALÈRE. — Monsieur, puisqu'on vous a découvert
tout, je ne veux point chercher de détours et vous nier
la chose.

MAITRE JACQUES. — Oh! oh! aurais-je deviné sans y
penser?

VALÈRE. — C'était mon dessein de vous en parler, et je voulais attendre pour cela des conjonctures favorables; mais puisqu'il est ainsi, je vous conjure de ne vous point fâcher, et de vouloir bien entendre mes raisons.

HARPAGON. — Et quelles belles raisons peux-tu me donner, voleur infâme ?

VALÈRE. — Ah! Monsieur, je n'ai pas mérité ces noms. Il est vrai que j'ai commis une offense envers vous; mais, après tout, ma faute est pardonnable.

HARPAGON. — Comment, pardonnable ? Un guet-apens ? un assassinat de la sorte ?

VALÈRE. — De grâce, ne vous mettez point en colère. Quand vous m'aurez ouï, vous verrez que le mal n'est pas si grand que vous le faites.

HARPAGON. — Le mal n'est pas si grand que je le fais! Quoi ? mon sang, mes entrailles, pendard ?

VALÈRE. — Votre sang, Monsieur, n'est pas tombé dans de mauvaises mains. Je suis d'une condition à ne lui point faire de tort, et il n'y a rien en tout ceci que je ne puisse bien réparer.

HARPAGON. — C'est bien mon intention, et que tu me restitues ce que tu m'as ravi.

VALÈRE. — Votre honneur, Monsieur, sera pleinement satisfait.

HARPAGON. — Il n'est pas question d'honneur là-dedans. Mais, dis-moi, qui t'a porté à cette action ?

VALÈRE. — Hélas! me le demandez-vous ?

HARPAGON. — Oui, vraiment, je te le demande.

VALÈRE. — Un dieu qui porte les excuses de tout ce qu'il fait faire : l'Amour.

HARPAGON. — L'Amour ?

VALÈRE. — Oui.

HARPAGON. — Bel amour, bel amour, ma foi! l'amour de mes louis d'or.

VALÈRE. — Non, Monsieur, ce ne sont point vos richesses qui m'ont tenté; ce n'est pas cela qui m'a ébloui, et je proteste de ne prétendre rien à tous vos biens, pourvu que vous me laissiez celui que j'ai.

HARPAGON. — Non ferai, de par tous les diables! je ne te le laisserai pas. Mais voyez quelle insolence de vouloir retenir le vol qu'il m'a fait!

VALÈRE. — Appelez-vous cela un vol ?

HARPAGON. — Si je l'appelle un vol ? Un trésor comme celui-là !

VALÈRE. — C'est un trésor, il est vrai, et le plus pré-

cieux que vous ayez sans doute; mais ce ne sera pas le
perdre que de me le laisser. Je vous le demande à genoux,
ce trésor plein de charmes; et pour bien faire, il faut
que vous me l'accordiez.

HARPAGON. — Je n'en ferai rien. Qu'est-ce à dire cela?

VALÈRE. — Nous nous sommes promis une fois
mutuelle, et avons fait serment de ne nous point aban-
donner.

HARPAGON. — Le serment est admirable, et la promesse plaisante!

VALÈRE. — Oui, nous nous sommes engagés d'être
l'un à l'autre à jamais.

HARPAGON. — Je vous empêcherai bien, je vous assure.

VALÈRE. — Rien que la mort ne nous peut séparer.

HARPAGON. — C'est être bien endiablé après mon
argent.

VALÈRE. — Je vous ai déjà dit, Monsieur, que ce
n'était point l'intérêt qui m'avait poussé à faire ce que
j'ai fait. Mon cœur n'a point agi par les ressorts que vous
pensez, et un motif plus noble m'a inspiré cette résolution.

HARPAGON. — Vous verrez que c'est par charité chré-
tienne qu'il veut avoir mon bien; mais j'y donnerai bon
ordre; et la justice, pendard effronté, me va faire raison
de tout.

VALÈRE. — Vous en userez comme vous voudrez, et
me voilà prêt à souffrir toutes les violences qu'il vous
plaira; mais je vous prie de croire, au moins, que, s'il y a
du mal, ce n'est que moi qu'il en faut accuser, et que
votre fille en tout ceci n'est aucunement coupable.

HARPAGON. — Je le crois bien, vraiment; il serait fort
étrange que ma fille eût trempé dans ce crime. Mais je
veux ravoir mon affaire, et que tu me confesses en quel
endroit tu me l'as enlevée.

VALÈRE. — Moi? je ne l'ai point enlevée, et elle est
encore chez vous.

HARPAGON. — O ma chère cassette! Elle n'est point
sortie de ma maison?

VALÈRE. — Non, Monsieur.

HARPAGON. — Hé! dis-moi donc un peu : tu n'y as
point touché?

VALÈRE. — Moi, y toucher? Ah! vous lui faites tort,
aussi bien qu'à moi; et c'est d'une ardeur toute pure et
respectueuse que j'ai brûlé pour elle.

HARPAGON. — Brûlé pour ma cassette!

VALÈRE. — J'aimerais mieux mourir que de lui avoir fait paraître aucune pensée offensante : elle est trop sage et trop honnête pour cela.

HARPAGON. — Ma cassette trop honnête!

VALÈRE. — Tous mes désirs se sont bornés à jouir de sa vue; et rien de criminel n'a profané la passion que ses beaux yeux m'ont inspirée.

HARPAGON. — Les beaux yeux de ma cassette! Il parle d'elle comme un amant d'une maîtresse.

VALÈRE. — Dame Claude, Monsieur, sait la vérité de cette aventure, et elle vous peut rendre témoignage...

HARPAGON. — Quoi? ma servante est complice de l'affaire?

VALÈRE. — Oui, Monsieur, elle a été témoin de notre engagement; et c'est après avoir connu l'honnêteté de ma flamme qu'elle m'a aidé à persuader votre fille de me donner sa foi, et recevoir la mienne.

HARPAGON. — Eh? Est-ce que la peur de la justice le fait extravaguer? Que nous brouilles-tu ici de ma fille?

VALÈRE. — Je dis, Monsieur, que j'ai eu toutes les peines du monde à faire consentir sa pudeur à ce que voulait mon amour.

HARPAGON. — La pudeur de qui?

VALÈRE. — De votre fille; et c'est seulement depuis hier qu'elle a pu se résoudre à nous signer mutuellement une promesse de mariage.

HARPAGON. — Ma fille t'a signé une promesse de mariage!

VALÈRE. — Oui, Monsieur, comme de ma part je lui en ai signé une.

HARPAGON. — O Ciel! autre disgrâce!

MAITRE JACQUES. — Écrivez, Monsieur, écrivez.

HARPAGON. — Rengrégement de mal! surcroît de désespoir! Allons, Monsieur, faites le dû de votre charge, et dressez-lui-moi son procès, comme larron, et comme suborneur.

VALÈRE. — Ce sont des noms qui ne me sont point dus; et quand on saura qui je suis...

SCÈNE IV

ÉLISE, MARIANE, FROSINE,
HARPAGON, VALÈRE,
MAITRE JACQUES, LE COMMISSAIRE,
SON CLERC

Harpagon. — Ah! fille scélérate! fille indigne d'un
père comme moi! c'est ainsi que tu pratiques les leçons
que je t'ai données ? Tu te laisses prendre d'amour pour
un voleur infâme, et tu lui engages ta foi sans mon consentement ? Mais vous serez trompés l'un et l'autre. Quatre
bonnes murailles me répondront de ta conduite; et une
bonne potence me fera raison de ton audace.

Valère. — Ce ne sera point votre passion qui jugera
l'affaire; et l'on m'écoutera, au moins, avant que de me
condamner.

Harpagon. — Je me suis abusé de dire une potence, et
tu seras roué tout vif.

Élise, *à genoux devant son père.* — Ah! mon père,
prenez des sentiments un peu plus humains, je vous
prie, et n'allez point pousser les choses dans les dernières
violences du pouvoir paternel. Ne vous laissez point entraîner aux premiers mouvements de votre passion, et donnez-
vous le temps de considérer ce que vous voulez faire.
Prenez la peine de mieux voir celui dont vous vous offensez : il est tout autre que vos yeux ne le jugent; et vous
trouverez moins étrange que je me sois donnée à lui,
lorsque vous saurez que sans lui vous ne m'auriez
plus il y a longtemps. Oui, mon père, c'est celui qui me
sauva de ce grand péril que vous savez que je courus dans
l'eau, et à qui vous devez la vie de cette même fille dont...

Harpagon. — Tout cela n'est rien; et il valait bien mieux
pour moi qu'il te laissât noyer que de faire ce qu'il a fait.

Élise. — Mon père, je vous conjure, par l'amour
paternel, de me...

Harpagon. — Non, non, je ne veux rien entendre; et
il faut que la justice fasse son devoir.

Maitre Jacques. — Tu me payeras mes coups de bâton.

Frosine. — Voici un étrange embarras.

SCÈNE V

ANSELME, HARPAGON, ÉLISE,
MARIANE, FROSINE, VALÈRE,
MAITRE JACQUES, LE COMMISSAIRE,
SON CLERC

ANSELME. — Qu'est-ce, seigneur Harpagon ? je vous
vois tout ému.

HARPAGON. — Ah! seigneur Anselme, vous me voyez le
plus infortuné de tous les hommes; et voici bien du trouble
et du désordre au contrat que vous venez faire. On m'assassine dans le bien, on m'assassine dans l'honneur; et voilà
un traître, un scélérat, qui a violé tous les droits les plus
saints, qui s'est coulé chez moi sous le titre de domestique,
pour me dérober mon argent et pour me suborner ma fille.

VALÈRE. — Qui songe à votre argent, dont vous me
faites un galimatias ?

HARPAGON. — Oui, ils se sont donné l'un et l'autre une
promesse de mariage. Cet affront vous regarde, seigneur Anselme, et c'est vous qui devez vous rendre partie
contre lui, et faire toutes les poursuites de la justice, pour
vous venger de son insolence.

ANSELME. — Ce n'est pas mon dessein de me faire
épouser par force, et de rien prétendre à un cœur qui se
serait donné; mais pour vos intérêts, je suis prêt à les
embrasser ainsi que les miens propres.

HARPAGON. — Voilà Monsieur qui est un honnête commissaire, qui n'oubliera rien, à ce qu'il m'a dit, de la fonc-
tion de son office. Chargez-le comme il faut, Monsieur,
et rendez les choses bien criminelles.

VALÈRE. — Je ne vois pas quel crime on me peut faire
de la passion que j'ai pour votre fille; et le supplice où
vous croyez que je puisse être condamné pour notre engagement, lorsqu'on saura ce que je suis...

HARPAGON. — Je me moque de tous ces contes; et le
monde aujourd'hui n'est plein que de ces larrons de
noblesse, que de ces imposteurs, qui tirent avantage de
leur obscurité, et s'habillent insolemment du premier nom
illustre qu'ils s'avisent de prendre.

VALÈRE. — Sachez que j'ai le cœur trop bon pour me
parer de quelque chose qui ne soit point à moi, et que
tout Naples peut rendre témoignage de ma naissance.

ANSELME. — Tout beau! prenez garde à ce que vous allez dire. Vous risquez ici plus que vous ne pensez; et vous parlez devant un homme à qui tout Naples est connu, et qui peut aisément voir clair dans l'histoire que vous ferez.

VALÈRE, *en mettant fièrement son chapeau.* — Je ne suis point homme à rien craindre, et si Naples vous est connu, vous savez qui était Dom Thomas d'Alburcy.

ANSELME. — Sans doute, je le sais; et peu de gens l'ont connu mieux que moi.

HARPAGON. — Je ne me soucie ni de Dom Thomas ni de Dom Martin.

ANSELME. — De grâce, laissez-le parler, nous verrons ce qu'il en veut dire.

VALÈRE. — Je veux dire que c'est lui qui m'a donné le jour.

ANSELME. — Lui?

VALÈRE. — Oui.

ANSELME. — Allez; vous vous moquez. Cherchez quelque autre histoire, qui vous puisse mieux réussir, et ne prétendez pas vous sauver sous cette imposture.

VALÈRE. — Songez à mieux parler. Ce n'est point une imposture; et je n'avance rien qu'il ne me soit aisé de justifier.

ANSELME. — Quoi? vous osez vous dire fils de Dom Thomas d'Alburcy?

VALÈRE. — Oui, je l'ose; et je suis prêt de soutenir cette vérité contre qui que ce soit.

ANSELME. — L'audace est merveilleuse. Apprenez, pour vous confondre, qu'il y a seize ans pour le moins que l'homme dont vous nous parlez périt sur mer avec ses enfants et sa femme, en voulant dérober leur vie aux cruelles persécutions qui ont accompagné les désordres de Naples, et qui en firent exiler plusieurs nobles familles.

VALÈRE. — Oui; mais apprenez, pour vous confondre, vous, que son fils âgé de sept ans, avec un domestique, fut sauvé de ce naufrage par un vaisseau espagnol, et que ce fils sauvé est celui qui vous parle; apprenez que le capitaine de ce vaisseau, touché de ma fortune, prit amitié pour moi; qu'il me fit élever comme son propre fils, et que les armes furent mon emploi dès que je m'en trouvai capable; que j'ai su depuis peu que mon père n'était point mort, comme je l'avais cru; que passant ici pour l'aller chercher, une aventure, par le Ciel concertée, me fit voir la charmante Élise; que cette vue me rendit esclave de ses beautés; et que la violence de mon amour, et les sévérités de son père, me firent prendre la résolution de m'introduire dans son logis, et d'envoyer un autre à la quête de mes parents.

ANSELME. — Mais quels témoignages encore, autres que vos paroles, nous peuvent assurer que ce ne soit point une fable que vous ayez bâtie sur une vérité ?

VALÈRE. — Le capitaine espagnol; un cachet de rubis qui était à mon père; un bracelet d'agate que ma mère m'avait mis au bras; le vieux Pedro, ce domestique qui se sauva avec moi du naufrage.

MARIANE. — Hélas! à vos paroles je puis ici répondre, moi, que vous n'imposez point; et tout ce que vous dites me fait connaître clairement que vous êtes mon frère.

VALÈRE. — Vous ma sœur ?

MARIANE. — Oui. Mon cœur s'est ému dès le moment que vous avez ouvert la bouche; et notre mère, que vous allez ravir, m'a mille fois entretenue des disgrâces de notre famille. Le Ciel ne nous fit point aussi périr dans ce triste naufrage; mais il ne nous sauva la vie que par la perte de notre liberté; et ce furent des corsaires qui nous recueillirent, ma mère et moi, sur un débris de notre vaisseau. Après dix ans d'esclavage, une heureuse fortune nous rendit notre liberté, et nous retournâmes dans Naples, où nous trouvâmes tout notre bien vendu, sans y pouvoir trouver des nouvelles de notre père. Nous passâmes à Gênes, où ma mère alla ramasser quelques malheureux restes d'une succession qu'on avait déchirée; et de là, fuyant la barbare injustice de ses parents, elle vint en ces lieux, où elle n'a presque vécu que d'une vie languissante.

ANSELME. — O Ciel! quels sont les traits de ta puissance! et que tu fais bien voir qu'il n'appartient qu'à toi de faire des miracles! Embrassez-moi, mes enfants, et mêlez tous deux vos transports à ceux de votre père.

VALÈRE. — Vous êtes notre père ?

MARIANE. — C'est vous que ma mère a tant pleuré ?

ANSELME. — Oui, ma fille, oui, mon fils, je suis Dom Thomas d'Alburcy, que le Ciel garantit des ondes avec tout l'argent qu'il portait, et qui vous ayant tous crus morts durant plus de seize ans, se préparait, après de longs voyages, à chercher dans l'hymen d'une douce et sage personne la consolation de quelque nouvelle famille. Le peu de sûreté que j'ai vu pour ma vie à retourner à Naples m'a fait y renoncer pour toujours; et ayant su trouver moyen d'y faire vendre ce que j'avais, je me suis

habitué ici, où, sous le nom d'Anselme, j'ai voulu m'éloigner les chagrins de cet autre nom qui m'a causé tant
de traverses.

HARPAGON. — C'est là votre fils ?

ANSELME. — Oui.

HARPAGON. — Je vous prends à partie, pour me payer
dix mille écus qu'il m'a volés.

ANSELME. — Lui, vous avoir volé ?

HARPAGON. — Lui-même.

VALÈRE. — Qui vous dit cela?

HARPAGON. — Maître Jacques.

VALÈRE. — C'est toi qui le dis ?

MAITRE JACQUES. — Vous voyez que je ne dis rien.

HARPAGON. — Oui : voilà Monsieur le Commissaire qui
a reçu sa déposition.

VALÈRE. — Pouvez-vous me croire capable d'une action
si lâche ?

HARPAGON. — Capable ou non capable, je veux ravoir
mon argent.

SCÈNE VI

CLÉANTE, VALÈRE, MARIANE,
ÉLISE, FROSINE, HARPAGON,
ANSELME, MAITRE JACQUES,
LA FLÈCHE, LE COMMISSAIRE,
SON CLERC

CLÉANTE. — Ne vous tourmentez point, mon père, et
n'accusez personne. J'ai découvert des nouvelles de votre
affaire, et je viens ici pour vous dire que, si vous voulez
vous résoudre à me laisser épouser Mariane, votre argent
vous sera rendu.

HARPAGON. — Où est-il ?

CLÉANTE. — Ne vous en mettez point en peine : il est
en lieu dont je réponds, et tout ne dépend que de moi.
C'est à vous de me dire à quoi vous vous déterminez; et
vous pouvez choisir, ou de me donner Mariane, ou de
perdre votre cassette.

HARPAGON. — N'en a-t-on rien ôté ?

CLÉANTE. — Rien du tout. Voyez si c'est votre dessein
de souscrire à ce mariage, et de joindre votre consentement à celui de sa mère, qui lui laisse la liberté de faire
un choix entre nous deux.

MARIANE. — Mais vous ne savez pas que ce n'est pas assez que ce consentement, et que le Ciel, avec un frère que vous voyez, vient de me rendre un père dont vous avez à m'obtenir.

ANSELME. — Le Ciel, mes enfants, ne me redonne point à vous pour être contraire à vos vœux. Seigneur Harpagon, vous jugez bien que le choix d'une jeune personne tombera sur le fils plutôt que sur le père. Allons, ne vous faites point dire ce qu'il n'est pas nécessaire d'entendre, et consentez ainsi que moi à ce double hyménée.

HARPAGON. — Il faut, pour me donner conseil, que je voie ma cassette.

CLÉANTE. — Vous la verrez saine et entière.

HARPAGON. — Je n'ai point d'argent à donner en mariage à mes enfants.

ANSELME. — Hé bien! j'en ai pour eux; que cela ne vous inquiète point.

HARPAGON. — Vous obligerez-vous à faire tous les frais de ces deux mariages?

ANSELME. — Oui, je m'y oblige; êtes-vous satisfait?

HARPAGON. — Oui, pourvu que pour les noces vous me fassiez faire un habit.

ANSELME. — D'accord. Allons jouir de l'allégresse que cet heureux jour nous présente.

LE COMMISSAIRE. — Holà! Messieurs, holà! tout doucement, s'il vous plaît : qui me payera mes écritures?

HARPAGON. — Nous n'avons que faire de vos écritures.

LE COMMISSAIRE. — Oui! mais je ne prétends pas, moi, les avoir faites pour rien.

HARPAGON. — Pour votre paiement, voilà un homme que je vous donne à pendre.

MAITRE JACQUES. — Hélas! comment faut-il donc faire? On me donne des coups de bâton pour dire vrai, et on me veut pendre pour mentir.

ANSELME. — Seigneur Harpagon, il faut lui pardonner cette imposture.

HARPAGON. — Vous paierez donc le Commissaire?

ANSELME. — Soit. Allons vite faire part de notre joie à votre mère.

HARPAGON. — Et moi, voir ma chère cassette.

Au mois de septembre 1669, Louis XIV offrait à sa cour les plaisirs de la chasse, à Chambord. Il voulut y joindre le divertissement de la comédie et Molière fut, une fois de plus, commandé de service. Tardivement, sans doute, comme d'habitude, ce qui l'obligera à faire vite. Ainsi naquit *Monsieur de Pourceaugnac*, comédie-ballet dont les danses furent réglées par Beauchamp et la musique écrite par Lulli. Le Florentin fit même mieux, puisqu'il joua un rôle dans la pièce, muni d'une seringue monumentale et se livra à des extravagances comiques qui divertirent le roi.

Le gazetier Robinet nous dit, et il n'y a pas de raison d'en douter, que Molière, cherchant un grotesque à berner, tomba sur un Limousin qui avait eu, au théâtre, des démêlés avec les comédiens. Le malheureux se reconnut et, furieux, essaya de faire interdire la pièce. Le personnage central trouvé, il fallait une situation comique et une intrigue sommaire pour bâtir une farce. Elle fut fournie à Molière par deux scénarios italiens. A *Policinella pazzo per forza*, il emprunta le thème du provincial, moqué par les enfants du pays, trompé par un aigrefin, soigné de force par deux médecins et un apothicaire. A *Policinella burlato*, il prit son dénouement. Avec ces divers éléments, la farce était faite, il n'y avait plus qu'à l'écrire.

Elle eut beaucoup de succès à Chambord, où elle fut créée le 6 octobre, puis à partir du 15 novembre, au Palais-Royal, devant le public parisien. Le thème du nobliau provincial ridicule, déjà esquissé avec la peinture du couple Sotenville dans *George Dandin*, était fort à la mode et Molière y reviendra dans *la Comtesse d'Escarbagnas*. On pourrait même soutenir que Monsieur de Pourceaugnac préfigure Monsieur Jourdain, car il est, lui aussi, un par-

venu. Il appartient à la noblesse de robe, quoi qu'il en
dise, et, dans sa sottise suffisante, il laisse échapper des
mots qui prouvent bien qu'il a la pratique de la procédure.
A ce titre, il est doublement ridicule aux yeux de la
noblesse de cour.

Le succès remporté par cette comédie-ballet qui, en
vérité, n'est qu'une farce, succès qu'elle retrouve encore
aujourd'hui au théâtre, s'explique par tous les jeux de
scène traditionnels et par le rythme que sait lui imprimer
une bonne troupe comique. Danseurs et chanteurs accusent
ce mouvement endiablé. Nous sommes tout près encore
de la parade tabarinique et c'est la mascarade des por-
teurs de seringues à travers la salle qui déchaîne surtout
les rires.

Il faut bien avouer qu'à la lecture, la farce n'a pas une
grande *vis comica*. L'intrigue est des plus minces : un
prétendant ridicule sera berné et évincé par les ruses d'un
valet au bénéfice des deux jeunes amants complices. Sur ce
canevas rudimentaire, Molière brode une série de sketches
dans la plus pure tradition de la farce : consultation solen-
nelle et creuse des deux médecins — n'oublions pas que
Molière, à cette époque, est toujours malade — quiproquos,
baragouin en patois flamand, languedocien et picard,
dialogues destinés à permettre à Monsieur de Pourceaugnac
d'étaler sa maladresse, sa sottise et sa vanité, apothicaire
bredouillant, tout cela a besoin de comédiens rompus au
jeu rapide et bondissant de la *commedia dell'arte* pour
déchaîner le rire.

Quant à chercher dans cette bouffonnerie je ne sais
quel arrière-plan amer ou sinistre qui lui donnait, aux
yeux de Michelet, un caractère « horrible », cela relève,
pour nous, d'une incompréhension totale du texte.

MONSIEUR DE POURCEAUGNAC

COMÉDIE-BALLET

FAITE A CHAMBORD, POUR LE DIVERTISSEMENT DU ROI,
AU MOIS DE SEPTEMBRE 1669,
ET REPRÉSENTÉE EN PUBLIC
A PARIS, POUR LA PREMIÈRE FOIS,
SUR LE THÉATRE DU PALAIS-ROYAL,
LE 15ᵉ NOVEMBRE DE LA MÊME ANNÉE 1669,

PAR LA
TROUPE DU ROI

PERSONNAGES

M. DE POURCEAUGNAC.
ORONTE.
JULIE, fille d'Oronte.
NÉRINE, femme d'intrigue.
LUCETTE, feinte Gasconne.
ÉRASTE, amant de Julie.
SBRIGANI, Napolitain, homme d'intrigue.
PREMIER MÉDECIN.
SECOND MÉDECIN.
L'APOTHICAIRE.
UN PAYSAN.
UNE PAYSANNE.
PREMIER MUSICIEN.
SECOND MUSICIEN.
PREMIER AVOCAT.
SECOND AVOCAT.
PREMIER SUISSE.
SECOND SUISSE.
UN EXEMPT.
DEUX ARCHERS.
PLUSIEURS MUSICIENS.
JOUEURS D'INSTRUMENTS ET DANSEURS.

La scène est à Paris.

L'Ouverture se fait par Éraste, qui conduit un grand concert, de voix et d'instruments, pour une sérénade, dont les paroles chantées par trois voix en manière de dialogue, sont faites sur le sujet de la comédie, et expriment les sentiments de deux amants, qui, étant bien ensemble, sont traversés par le caprice des parents.

PREMIÈRE VOIX

Répands, charmante nuit, répands sur tous les yeux
De tes pavots la douce violence,
Et ne laisse veiller en ces aimables lieux
Que les cœurs que l'Amour soumet à sa puissance.
Tes ombres et ton silence,
Plus beau que le plus beau jour,
Offrent de doux moments à soupirer d'amour.

DEUXIÈME VOIX

Que soupirer d'amour
Est une douce chose,
Quand rien à nos vœux ne s'oppose!
A d'aimables penchants notre cœur nous dispose,
Mais on a des tyrans à qui l'on doit le jour.
Que soupirer d'amour
Est une douce chose,
Quand rien à nos vœux ne s'oppose!

TROISIÈME VOIX

Tout ce qu'à nos vœux on oppose
Contre un parfait amour ne gagne jamais rien,
Et pour vaincre toute chose,
Il ne faut que s'aimer bien.

LES TROIS VOIX *ensemble.*

Aimons-nous donc d'une ardeur éternelle :
Les rigueurs des parents, la contrainte cruelle,

> *L'absence, les travaux, la fortune rebelle,*
> *Ne font que redoubler une amitié fidèle.*
> *Aimons-nous donc d'une ardeur éternelle :*
> *Quand deux cœurs s'aiment bien,*
> *Tout le reste n'est rien.*

La sérénade est suivie d'une danse de deux Pages, pendant laquelle quatre Curieux de spectacles, ayant pris querelle ensemble, mettent l'épée à la main. Après un assez agréable combat, ils sont séparés par deux Suisses, qui, les ayant mis d'accord, dansent avec eux, au son de tous les instruments.

ACTE PREMIER

SCÈNE I

JULIE, ÉRASTE, NÉRINE

JULIE. — Mon Dieu! Éraste, gardons d'être surpris; je tremble qu'on ne nous voie ensemble, et tout serait perdu, après la défense que l'on m'a faite.

ÉRASTE. — Je regarde de tous côtés, et je n'aperçois rien.

JULIE. — Aie aussi l'œil au guet, Nérine, et prends bien garde qu'il ne vienne personne.

NÉRINE. — Reposez-vous sur moi, et dites hardiment ce que vous avez à vous dire.

JULIE. — Avez-vous imaginé pour notre affaire quelque chose de favorable ? et croyez-vous, Éraste, pouvoir venir à bout de détourner ce fâcheux mariage que mon père s'est mis en tête ?

ÉRASTE. — Au moins y travaillons-nous fortement; et déjà nous avons préparé un bon nombre de batteries pour renverser ce dessein ridicule.

NÉRINE. — Par ma foi! voilà votre père.

JULIE. — Ah! séparons-nous vite.

NÉRINE. — Non, non, non, ne bougez : je m'étais trompée.

JULIE. — Mon Dieu! Nérine, que tu es sotte de nous donner de ces frayeurs !

ÉRASTE. — Oui, belle Julie, nous avons dressé pour cela quantités de machines, et nous ne feignons point de mettre tout en usage, sur la permission que vous m'avez donnée. Ne nous demandez point tous les ressorts que nous ferons jouer : vous en aurez le divertissement; et, comme aux comédies, il est bon de vous laisser le plaisir de la surprise, et de ne vous avertir point de tout ce qu'on vous fera voir. C'est assez de vous dire que nous avons en main divers stratagèmes tous prêts à produire dans l'occasion, et que l'ingénieuse Nérine et l'adroit Sbrigani entreprennent l'affaire.

NÉRINE. — Assurément. Votre père se moque-t-il de vouloir vous anger de son avocat de Limoges, Monsieur de Pourceaugnac, qu'il n'a vu de sa vie, et qui vient par le coche vous enlever à notre barbe ? Faut-il que trois ou quatre mille écus de plus, sur la parole de votre oncle, lui fassent rejeter un amant qui vous agrée ? et une personne comme vous est-elle faite pour un Limousin ? S'il a envie de se marier, que ne prend-il une Limousine et ne laisse-t-il en repos les chrétiens ? Le seul nom de Monsieur de Pourceaugnac m'a mis dans une colère effroyable. J'enrage de Monsieur de Pourceaugnac. Quand il n'y aurait que ce nom-là, Monsieur de Pourceaugnac, j'y brûlerai mes livres, ou je romprai ce mariage, et vous ne serez point Madame de Pourceaugnac. Pourceaugnac! cela se peut-il souffrir ? Non, Pourceaugnac est une chose que je ne saurais supporter; et nous lui jouerons tant de pièces, nous lui ferons tant de niches sur niches, que nous renverrons à Limoges Monsieur de Pourceaugnac.

ÉRASTE. — Voici notre subtil Napolitain, qui nous dira des nouvelles.

SCÈNE II

SBRIGANI, JULIE, ÉRASTE, NÉRINE

SBRIGANI. — Monsieur, votre homme arrive, je l'ai vu à trois lieues d'ici, où a couché le coche; et dans la cuisine où il est descendu pour déjeuner, je l'ai étudié une bonne grosse demi-heure, et je le sais déjà par cœur. Pour sa figure, je ne veux point vous en parler : vous verrez de quel air la nature l'a dessinée, et si l'ajustement qui l'accompagne y répond comme il faut. Mais pour son esprit, je vous avertis par avance qu'il est des plus épais qui se fassent; que nous trouvons en lui une matière tout à fait disposée pour ce que nous voulons, et qu'il est homme enfin à donner dans tous les panneaux qu'on lui présentera.

ÉRASTE. — Nous dis-tu vrai ?

SBRIGANI. — Oui, si je me connais en gens.

NÉRINE. — Madame, voilà un illustre ; votre affaire ne pouvait être mise en de meilleures mains, et c'est le héros de notre siècle pour les exploits dont il s'agit : un homme qui, vingt fois en sa vie, pour servir ses amis, a généreusement affronté les galères, qui, au péril de ses bras, et de ses épaules, sait mettre noblement à fin les aventures les plus difficiles ; et qui, tel que vous le voyez, est exilé de son pays pour je ne sais combien d'actions honorables qu'il a généreusement entreprises.

SBRIGANI. — Je suis confus des louanges dont vous m'honorez, et je pourrais vous en donner, avec plus de justice, sur les merveilles de votre vie ; et principalement sur la gloire que vous acquîtes, lorsque, avec tant d'honnêteté, vous pipâtes au jeu, pour douze mille écus, ce jeune seigneur étranger que l'on mena chez vous ; lorsque vous fîtes galamment ce faux contrat qui ruina toute une famille ; lorsque, avec tant de grandeur d'âme, vous sûtes nier le dépôt qu'on vous avait confié ; et que si généreusement on vous vit prêter votre témoignage à faire pendre ces deux personnages qui ne l'avaient pas mérité.

NÉRINE. — Ce sont petites bagatelles qui ne valent pas qu'on en parle, et vos éloges me font rougir.

SBRIGANI. — Je veux bien épargner votre modestie : laissons cela ; et pour commencer notre affaire, allons vite joindre notre provincial, tandis que, de votre côté, vous nous tiendrez prêts au besoin les autres acteurs de la comédie.

ÉRASTE. — Au moins, Madame, souvenez-vous de votre rôle ; et pour mieux couvrir notre jeu, feignez, comme on vous a dit, d'être la plus contente du monde des résolutions de votre père.

JULIE. — S'il ne tient qu'à cela, les choses iront à merveille.

ÉRASTE. — Mais, belle Julie, si toutes nos machines venaient à ne pas réussir ?

JULIE. — Je déclarerai à mon père mes véritables sentiments.

ÉRASTE. — Et si, contre vos sentiments, il s'obstinait à son dessein ?

JULIE. — Je le menacerais de me jeter dans un couvent.

ÉRASTE. — Mais si, malgré tout cela, il voulait vous forcer à ce mariage ?

JULIE. — Que voulez-vous que je vous dise ?

ÉRASTE. — Ce que je veux que vous me disiez ?

JULIE. — Oui.

ÉRASTE. — Ce qu'on dit quand on aime bien.

JULIE. — Mais quoi ?

ÉRASTE. — Que rien ne pourra vous contraindre, et que, malgré tous les efforts d'un père, vous me promettez d'être à moi.

JULIE. — Mon Dieu! Éraste, contentez-vous de ce que je fais maintenant, et n'allez point tenter sur l'avenir les résolutions de mon cœur; ne fatiguez point mon devoir par des propositions d'une fâcheuse extrémité, dont peut-être n'aurons-nous pas besoin; et s'il y faut venir, souffrez au moins que j'y sois entraînée par la suite des choses.

ÉRASTE. — Eh bien...

SBRIGANI. — Ma foi, voici notre homme, songeons à nous.

NÉRINE. — Ah! comme il est bâti!

SCÈNE III

MONSIEUR DE POURCEAUGNAC
se tourne du côté d'où il vient, comme parlant à des gens qui le suivent,
SBRIGANI

MONSIEUR DE POURCEAUGNAC. — Hé bien, quoi ? qu'est-ce ? qu'y a-t-il ? Au diantre soit la sotte ville, et les sottes gens qui y sont! ne pouvoir faire un pas sans trouver des nigauds qui vous regardent et se mettent à rire! Eh! Messieurs les badauds, faites vos affaires, et laissez passer les personnes sans leur rire au nez. Je me donne au diable, si je ne baille un coup de poing au premier que je verrai rire.

SBRIGANI. — Qu'est-ce que c'est, Messieurs ? que veut dire cela ? à qui en avez-vous ? Faut-il se moquer ainsi des honnêtes étrangers qui arrivent ici ?

MONSIEUR DE POURCEAUGNAC. — Voilà un homme raisonnable, celui-là.

SBRIGANI. — Quel procédé est le vôtre ? et qu'avez-vous à rire ?

MONSIEUR DE POURCEAUGNAC. — Fort bien.

SBRIGANI. — Monsieur a-t-il quelque chose de ridicule en soi ?

MONSIEUR DE POURCEAUGNAC. — Oui.

SBRIGANI. — Est-il autrement que les autres ?

MONSIEUR DE POURCEAUGNAC. — Suis-je tordu, ou bossu ?

SBRIGANI. — Apprenez à connaître les gens.

MONSIEUR DE POURCEAUGNAC. — C'est bien dit.

SBRIGANI. — Monsieur est d'une mine à respecter.

MONSIEUR DE POURCEAUGNAC. — Cela est vrai.

SBRIGANI. — Personne de condition.

MONSIEUR DE POURCEAUGNAC. — Oui, gentilhomme limousin.

SBRIGANI. — Homme d'esprit.

MONSIEUR DE POURCEAUGNAC. — Qui a étudié en droit.

SBRIGANI. — Il vous fait trop d'honneur de venir dans votre ville.

MONSIEUR DE POURCEAUGNAC. — Sans doute.

SBRIGANI. — Monsieur n'est point une personne à faire rire.

MONSIEUR DE POURCEAUGNAC. — Assurément.

SBRIGANI. — Et quiconque rira de lui aura affaire à moi.

MONSIEUR DE POURCEAUGNAC. — Monsieur, je vous suis infiniment obligé.

SBRIGANI. — Je suis fâché, Monsieur, de voir recevoir de la sorte une personne comme vous, et je vous demande pardon pour la ville.

MONSIEUR DE POURCEAUGNAC. — Je suis votre serviteur.

SBRIGANI. — Je vous ai vu ce matin, Monsieur, avec le coche, lorsque vous avez déjeuné; et la grâce avec laquelle vous mangiez votre pain m'a fait naître d'abord de l'amitié pour vous; et comme je sais que vous n'êtes jamais venu en ce pays, et que vous y êtes tout neuf, je suis bien aise de vous avoir trouvé, pour vous offrir mon service à cette arrivée, et vous aider à vous conduire parmi ce peuple, qui n'a pas parfois pour les honnêtes gens toute la considération qu'il faudrait.

MONSIEUR DE POURCEAUGNAC. — C'est trop de grâce que vous me faites.

SBRIGANI. — Je vous l'ai déjà dit : du moment que je vous ai vu, je me suis senti pour vous de l'inclination.

MONSIEUR DE POURCEAUGNAC. — Je vous suis obligé.

SBRIGANI. — Votre physionomie m'a plu.

MONSIEUR DE POURCEAUGNAC. — Ce m'est beaucoup d'honneur.

SBRIGANI. — J'y ai vu quelque chose d'honnête.

MONSIEUR DE POURCEAUGNAC. — Je suis votre serviteur.

SBRIGANI. — Quelque chose d'aimable.

Monsieur de Pourceaugnac. — Ah! ah!

Sbrigani. — De gracieux.

Monsieur de Pourceaugnac. — Ah! ah!

Sbrigani. — De doux.

Monsieur de Pourceaugnac. — Ah! ah!

Sbrigani. — De majestueux.

Monsieur de Pourceaugnac. — Ah! ah!

Sbrigani. — De franc.

Monsieur de Pourceaugnac. — Ah! ah!

Sbrigani. — Et de cordial.

Monsieur de Pourceaugnac. — Ah! ah!

Sbrigani. — Je vous assure que je suis tout à vous.

Monsieur de Pourceaugnac. — Je vous ai beaucoup d'obligation.

Sbrigani. — C'est du fond du cœur que je parle.

Monsieur de Pourceaugnac. — Je le crois.

Sbrigani. — Si j'avais l'honneur d'être connu de vous, vous sauriez que je suis un homme tout à fait sincère.

Monsieur de Pourceaugnac. — Je n'en doute point.

Sbrigani. — Ennemi de la fourberie.

Monsieur de Pourceaugnac. — J'en suis persuadé.

Sbrigani. — Et qui n'est pas capable de déguiser ses sentiments.

Monsieur de Pourceaugnac. — C'est ma pensée.

Sbrigani. — Vous regardez mon habit qui n'est pas fait comme les autres; mais je suis originaire de Naples, à votre service, et j'ai voulu conserver un peu et la manière de s'habiller, et la sincérité de mon pays.

Monsieur de Pourceaugnac. — C'est fort bien fait. Pour moi, j'ai voulu me mettre à la mode de la cour pour la campagne.

Sbrigani. — Ma foi! cela vous va mieux qu'à tous nos courtisans.

Monsieur de Pourceaugnac. — C'est ce que m'a dit mon tailleur : l'habit est propre et riche, et il fera du bruit ici.

Sbrigani. — Sans doute. N'irez-vous pas au Louvre ?

Monsieur de Pourceaugnac. — Il faudra bien aller faire ma cour.

Sbrigani. — Le Roi sera ravi de vous voir.

Monsieur de Pourceaugnac. — Je le crois.

Sbrigani. — Avez-vous arrêté un logis ?

Monsieur de Pourceaugnac. — Non; j'allais en chercher un.

Sbrigani. — Je serai bien aise d'être avec vous pour cela, et je connais tout ce pays-ci.

SCÈNE IV

ÉRASTE, SBRIGANI,
MONSIEUR DE POURCEAUGNAC

ÉRASTE. — Ah! qu'est-ce ci? que vois-je? Quelle heureuse rencontre! Monsieur de Pourceaugnac! Que je suis ravi de vous voir! Comment? il semble que vous ayez peine à me reconnaître!

MONSIEUR DE POURCEAUGNAC. — Monsieur, je suis votre serviteur.

ÉRASTE. — Est-il possible que cinq ou six années m'aient ôté de votre mémoire? et que vous ne reconnaissiez pas le meilleur ami de toute la famille des Pourceaugnac?

MONSIEUR DE POURCEAUGNAC. — Pardonnez-moi. *(A Sbrigani.)* Ma foi! je ne sais qui il est.

ÉRASTE. — Il n'y a pas un Pourceaugnac à Limoges que je ne connaisse depuis le plus grand jusques au plus petit; je ne fréquentais qu'eux dans le temps que j'y étais, et j'avais l'honneur de vous voir presque tous les jours.

MONSIEUR DE POURCEAUGNAC. — C'est moi qui l'ai reçu, Monsieur.

ÉRASTE. — Vous ne vous remettez point mon visage?

MONSIEUR DE POURCEAUGNAC. — Si fait. *(A Sbrigani.)* Je ne le connais point.

ÉRASTE. — Vous ne vous ressouvenez pas que j'ai eu le bonheur de boire avec vous je ne sais combien de fois?

MONSIEUR DE POURCEAUGNAC. — Excusez-moi. *(A Sbrigani.)* Je ne sais ce que c'est.

ÉRASTE. — Comment appelez-vous ce traiteur de Limoges qui fait si bonne chère?

MONSIEUR DE POURCEAUGNAC. — Petit-Jean?

ÉRASTE. — Le voilà. Nous allions le plus souvent ensemble chez lui nous réjouir. Comment est-ce que vous nommez à Limoges ce lieu où l'on se promène?

MONSIEUR DE POURCEAUGNAC. — Le cimetière des Arènes?

ÉRASTE. — Justement: c'est où je passais de si douces heures à jouir de votre agréable conversation. Vous ne vous remettez pas tout cela?

MONSIEUR DE POURCEAUGNAC. — Excusez-moi, je me le remets. *(A Sbrigani.)* Diable emporte si je m'en souviens!

SBRIGANI. — Il y a cent choses comme cela qui passent de la tête.

ÉRASTE. — Embrassez-moi donc, je vous prie, et resserrons les nœuds de notre ancienne amitié.

SBRIGANI. — Voilà un homme qui vous aime fort.

ÉRASTE. — Dites-moi un peu des nouvelles de toute la parenté : comment se porte Monsieur votre... là... qui est si honnête homme ?

MONSIEUR DE POURCEAUGNAC. — Mon frère le consul ?

ÉRASTE. — Oui.

MONSIEUR DE POURCEAUGNAC. — Il se porte le mieux du monde.

ÉRASTE. — Certes j'en suis ravi. Et celui qui est de si bonne humeur ? là... Monsieur votre... ?

MONSIEUR DE POURCEAUGNAC. — Mon cousin l'assesseur ?

ÉRASTE. — Justement.

MONSIEUR DE POURCEAUGNAC. — Toujours gai et gaillard.

ÉRASTE. — Ma foi! j'en ai beaucoup de joie. Et Monsieur votre oncle ? le... ?

MONSIEUR DE POURCEAUGNAC. — Je n'ai point d'oncle.

ÉRASTE. — Vous aviez pourtant en ce temps-là...

MONSIEUR DE POURCEAUGNAC. — Non, rien qu'une tante.

ÉRASTE. — C'est ce que je voulais dire, Madame votre tante : comment se porte-t-elle ?

MONSIEUR DE POURCEAUGNAC. — Elle est morte depuis six mois.

ÉRASTE. — Hélas! la pauvre femme! elle était si bonne personne.

MONSIEUR DE POURCEAUGNAC. — Nous avons aussi mon neveu le chanoine qui a pensé mourir de la petite vérole.

ÉRASTE. — Quel dommage ç'aurait été!

MONSIEUR DE POURCEAUGNAC. — Le connaissez-vous aussi ?

ÉRASTE. — Vraiment si je le connais! Un grand garçon bien fait.

MONSIEUR DE POURCEAUGNAC. — Pas des plus grands.

ÉRASTE. — Non, mais de taille bien prise.

MONSIEUR DE POURCEAUGNAC. — Eh! oui.

ÉRASTE. — Qui est votre neveu...

MONSIEUR DE POURCEAUGNAC. — Oui.

ÉRASTE. — Fils de votre frère et de votre sœur...

MONSIEUR DE POURCEAUGNAC. — Justement.

ÉRASTE. — Chanoine de l'église de... Comment l'appelez-vous ?

MONSIEUR DE POURCEAUGNAC. — De Saint-Étienne.

ÉRASTE. — Le voilà, je ne connais autre.

MONSIEUR DE POURCEAUGNAC. — Il dit toute la parenté.

SBRIGANI. — Il vous connaît plus que vous ne croyez.

MONSIEUR DE POURCEAUGNAC. — A ce que je vois, vous avez demeuré longtemps dans notre ville ?

ÉRASTE. — Deux ans entiers.

MONSIEUR DE POURCEAUGNAC. — Vous étiez donc là quand mon cousin l'élu fit tenir son enfant à Monsieur notre gouverneur ?

ÉRASTE. — Vraiment oui, j'y fus convié des premiers.

MONSIEUR DE POURCEAUGNAC. — Cela fut galant.

ÉRASTE. — Très galant.

MONSIEUR DE POURCEAUGNAC. — C'était un repas bien troussé.

ÉRASTE. — Sans doute.

MONSIEUR DE POURCEAUGNAC. — Vous vîtes donc aussi la querelle que j'eus avec ce gentilhomme périgourdin ?

ÉRASTE. — Oui.

MONSIEUR DE POURCEAUGNAC. — Parbleu! il trouva à qui parler.

ÉRASTE. — Ah! ah!

MONSIEUR DE POURCEAUGNAC. — Il me donna un soufflet, mais je lui dis bien son fait.

ÉRASTE. — Assurément. Au reste, je ne prétends pas que vous preniez d'autre logis que le mien.

MONSIEUR DE POURCEAUGNAC. — Je n'ai garde de...

ÉRASTE. — Vous moquez-vous ? Je ne souffrirai point du tout que mon meilleur ami soit autre part que dans ma maison.

MONSIEUR DE POURCEAUGNAC. — Ce serait vous...

ÉRASTE. — Non : le diable m'emporte! vous logerez chez moi.

SBRIGANI. — Puisqu'il le veut obstinément, je vous conseille d'accepter l'offre.

ÉRASTE. — Où sont vos hardes ?

MONSIEUR DE POURCEAUGNAC. — Je les ai laissées, avec mon valet, où je suis descendu.

ÉRASTE. — Envoyons-les quérir par quelqu'un.

MONSIEUR DE POURCEAUGNAC. — Non : je lui ai défendu de bouger, à moins que j'y fusse moi-même, de peur de quelque fourberie.

SBRIGANI. — C'est prudemment avisé.

MONSIEUR DE POURCEAUGNAC. — Ce pays-ci est un peu sujet à caution.

ÉRASTE. — On voit les gens d'esprit en tout.

SBRIGANI. — Je vais accompagner Monsieur, et le ramènerai où vous voudrez.

ÉRASTE. — Oui, je serai bien aise de donner quelques ordres, et vous n'avez qu'à revenir à cette maison-là.

SBRIGANI. — Nous sommes à vous tout à l'heure.

ÉRASTE. — Je vous attends avec impatience.

MONSIEUR DE POURCEAUGNAC. — Voilà une connaissance où je ne m'attendais point.

SBRIGANI. — Il a la mine d'être honnête homme.

ÉRASTE, *seul*. — Ma foi! Monsieur de Pourceaugnac, nous vous en donnerons de toutes les façons; les choses sont préparées, et je n'ai qu'à frapper.

SCÈNE V

L'APOTHICAIRE, ÉRASTE

ÉRASTE. — Je crois, Monsieur, que vous êtes le médecin à qui l'on est venu parler de ma part.

L'APOTHICAIRE. — Non, Monsieur, ce n'est pas moi qui suis le médecin; à moi n'appartient pas cet honneur, et je ne suis qu'apothicaire, apothicaire indigne, pour vous servir.

ÉRASTE. — Et Monsieur le médecin est-il à la maison?

L'APOTHICAIRE. — Oui, il est là embarrassé à expédier quelques malades, et je vais lui dire que vous êtes ici.

ÉRASTE. — Non, ne bougez : j'attendrai qu'il ait fait; c'est pour lui mettre entre les mains certain parent que nous avons, dont on lui a parlé, et qui se trouve attaqué de quelque folie, que nous serions bien aises qu'il pût guérir avant que de le marier.

L'APOTHICAIRE. — Je sais ce que c'est, je sais ce que c'est, et j'étais avec lui quand on lui a parlé de cette affaire. Ma foi, ma foi! vous ne pouviez pas vous adresser à un médecin plus habile : c'est un homme qui sait la médecine à fond, comme je sais ma croix de par Dieu, et qui, quand on devrait crever, ne démordrait pas d'un *iota* des règles des anciens. Oui, il suit toujours le grand chemin, le grand chemin, et ne va point chercher midi à quatorze heures; et pour tout l'or du monde, il ne voudrait point avoir guéri une personne avec d'autres remèdes que ceux que la Faculté permet.

Éraste. — Il fait fort bien : un malade ne doit point vouloir guérir que la Faculté n'y consente.

L'Apothicaire. — Ce n'est pas parce que nous sommes grands amis, que j'en parle; mais il y a plaisir, il y a plaisir d'être son malade; et j'aimerais mieux mourir de ses remèdes que de guérir de ceux d'un autre; car, quoi qui puisse arriver, on est assuré que les choses sont toujours dans l'ordre; et quand on meurt sous sa conduite, vos héritiers n'ont rien à vous reprocher.

Éraste. — C'est une grande consolation pour un défunt.

L'Apothicaire. — Assurément : on est bien aise au moins d'être mort méthodiquement. Au reste, il n'est pas de ces médecins qui marchandent les maladies : c'est un homme expéditif, qui aime à dépêcher ses malades; et quand on a à mourir, cela se fait avec lui le plus vite du monde.

Éraste. — En effet, il n'est rien tel que de sortir promptement d'affaire.

L'Apothicaire. — Cela est vrai : à quoi bon tant barguigner et tant tourner autour du pot ? Il faut savoir vitement le court ou le long d'une maladie.

Éraste. — Vous avez raison.

L'Apothicaire. — Voilà déjà trois de mes enfants dont il m'a fait l'honneur de conduire la maladie, qui sont morts en moins de quatre jours et qui, entre les mains d'un autre, auraient langui plus de trois mois.

Éraste. — Il est bon d'avoir des amis comme cela.

L'apothicaire. — Sans doute. Il ne me reste plus que deux enfants, dont il prend soin comme des siens; il les traite et gouverne à sa fantaisie, sans que je me mêle de rien; et le plus souvent, quand je reviens de la ville, je suis tout étonné que je les trouve saignés ou purgés par son ordre.

Éraste. — Voilà des soins fort obligeants.

L'apothicaire. — Le voici, le voici, le voici qui vient.

SCÈNE VI

PREMIER MÉDECIN, UN PAYSAN,
UNE PAYSANNE, ÉRASTE,
L'APOTHICAIRE

LE PAYSAN. — Monsieur, il n'en peut plus, et il dit qu'il sent dans la tête les plus grandes douleurs du monde.

PREMIER MÉDECIN. — Le malade est un sot, d'autant plus que, dans la maladie dont il est attaqué, ce n'est pas la tête, selon Galien, mais la rate, qui lui doit faire mal.

LE PAYSAN. — Quoi que c'en soit, Monsieur, il a toujours avec cela son cours de ventre depuis six mois.

PREMIER MÉDECIN. — Bon, c'est signe que le dedans se dégage. Je l'irai visiter dans deux ou trois jours; mais s'il mourait avant ce temps-là, ne manquez pas de m'en donner avis, car il n'est pas de la civilité qu'un médecin visite un mort.

LA PAYSANNE. — Mon père, Monsieur, est toujours malade de plus en plus.

PREMIER MÉDECIN. — Ce n'est pas ma faute : je lui donne des remèdes; que ne guérit-il ? Combien a-t-il été saigné de fois ?

LA PAYSANNE. — Quinze, Monsieur, depuis vingt jours.

PREMIER MÉDECIN. — Quinze fois saigné ?

LA PAYSANNE. — Oui.

PREMIER MÉDECIN. — Et il ne guérit point ?

LA PAYSANNE. — Non, Monsieur.

PREMIER MÉDECIN. — C'est signe que la maladie n'est pas dans le sang. Nous le ferons purger autant de fois, pour voir si elle n'est pas dans les humeurs, et si rien ne nous réussit, nous l'enverrons aux bains.

L'APOTHICAIRE. — Voilà le fin cela, voilà le fin de la médecine.

ÉRASTE. — C'est moi, Monsieur, qui vous ai envoyé parler ces jours passés pour un parent un peu troublé d'esprit, que je veux vous donner chez vous, afin de le guérir avec plus de commodité, et qu'il soit vu de moins de monde.

PREMIER MÉDECIN. — Oui, Monsieur, j'ai déjà disposé tout, et promets d'en avoir tous les soins imaginables.

ÉRASTE. — Le voici.

PREMIER MÉDECIN. — La conjoncture est tout à fait

heureuse, et j'ai ici un ancien de mes amis avec lequel je serai bien aise de consulter sa maladie.

SCÈNE VII

MONSIEUR DE POURCEAUGNAC, ÉRASTE, PREMIER MÉDECIN, L'APOTHICAIRE

ÉRASTE. — Une petite affaire m'est survenue, qui m'oblige à vous quitter : mais voilà une personne entre les mains de qui je vous laisse, qui aura soin pour moi de vous traiter du mieux qu'il lui sera possible.

PREMIER MÉDECIN. — Le devoir de ma profession m'y oblige, et c'est assez que vous me chargiez de ce soin.

MONSIEUR DE POURCEAUGNAC. — C'est son maître d'hôtel, et il faut que ce soit un homme de qualité.

PREMIER MÉDECIN. — Oui, je vous assure que je traiterai Monsieur méthodiquement, et dans toutes les régularités de notre art.

MONSIEUR DE POURCEAUGNAC. — Mon Dieu! il ne me faut point tant de cérémonies; et je ne viens pas ici pour incommoder.

PREMIER MÉDECIN. — Un tel emploi ne me donne que de la joie.

ÉRASTE. — Voilà toujours six pistoles d'avance, en attendant ce que j'ai promis.

MONSIEUR DE POURCEAUGNAC. — Non, s'il vous plaît, je n'entends pas que vous fassiez de dépense, et que vous envoyiez rien acheter pour m

ÉRASTE. — Mon Dieu! laissez faire. Ce n'est pas pour ce que vous pensez.

MONSIEUR DE POURCEAUGNAC. — Je vous demande de ne me traiter qu'en ami.

ÉRASTE. — C'est ce que je veux faire. (*Bas, au médecin.*) Je vous recommande surtout de ne le point laisser sortir de vos mains; car parfois il veut s'échapper.

PREMIER MÉDECIN. — Ne vous mettez pas en peine.

ÉRASTE, *à Monsieur de Pourceaugnac.* — Je vous prie de m'excuser de l'incivilité que je commets.

MONSIEUR DE POURCEAUGNAC. — Vous vous moquez, et c'est trop de grâce que vous me faites.

SCÈNE VIII

PREMIER MÉDECIN, SECOND MÉDECIN, MONSIEUR DE POURCEAUGNAC, L'APOTHICAIRE

Premier Médecin. — Ce m'est beaucoup d'honneur, Monsieur, d'être choisi pour vous rendre service.

Monsieur de Pourceaugnac. — Je suis votre serviteur.

Premier Médecin. — Voici un habile homme, mon confrère, avec lequel je vais consulter la manière dont nous vous traiterons.

Monsieur de Pourceaugnac. — Il ne faut point tant de façons, vous dis-je, et je suis homme à me contenter de l'ordinaire.

Premier Médecin. — Allons, des sièges.

Monsieur de Pourceaugnac. — Voilà, pour un jeune homme, des domestiques bien lugubres.

Premier Médecin. — Allons, Monsieur : prenez votre place, Monsieur.

Lorsqu'ils sont assis, les deux Médecins lui prennent chacun une main pour lui tâter le pouls.

Monsieur de Pourceaugnac, *présentant ses mains.* — Votre très humble valet. (*Voyant qu'ils lui tâtent le pouls.*) Que veut dire cela ?

Premier Médecin. — Mangez-vous bien, Monsieur ?

Monsieur de Pourceaugnac. — Oui, et bois encore mieux.

Premier Médecin. — Tant pis : cette grande appétition du froid et de l'humide est une indication de la chaleur et sécheresse qui est au dedans. Dormez-vous fort ?

Monsieur de Pourceaugnac. — Oui, quand j'ai bien soupé.

Premier Médecin. — Faites-vous des songes ?

Monsieur de Pourceaugnac. — Quelquefois.

Premier Médecin. — De quelle nature sont-ils ?

Monsieur de Pourceaugnac. — De la nature des songes. Quelle diable de conversation est-ce là ?

Premier Médecin. — Vos déjections, comment sont-elles ?

Monsieur de Pourceaugnac. — Ma foi! je ne comprends rien à toutes ces questions, et je veux plutôt boire un coup.

PREMIER MÉDECIN. — Un peu de patience, nous allons raisonner sur votre affaire devant vous et nous le ferons en français, pour être plus intelligibles.

MONSIEUR DE POURCEAUGNAC. — Quel grand raisonnement faut-il pour manger un morceau ?

PREMIER MÉDECIN. — Comme ainsi soit qu'on ne puisse guérir une maladie qu'on ne la connaisse parfaitement, et qu'on ne la puisse parfaitement connaître sans en bien établir l'idée particulière, et la véritable espèce, par ses signes diagnostiques et prognostiques, vous me permettrez, Monsieur notre ancien, d'entrer en considération de la maladie dont il s'agit, avant que de toucher à la thérapeutique, et aux remèdes qu'il nous conviendra faire pour la parfaite curation d'icelle. Je dis donc, Monsieur, avec votre permission, que notre malade ici présent est malheureusement attaqué, affecté, possédé, travaillé de cette sorte de folie que nous nommons fort bien mélancolie hypocondriaque, espèce de folie très fâcheuse, et qui ne demande pas moins qu'un Esculape comme vous, consommé dans notre art, vous, dis-je, qui avez blanchi, comme on dit, sous le harnois, et auquel il en a tant passé par les mains de toutes les façons. Je l'appelle mélancolie hypocondriaque, pour la distinguer des deux autres; car le célèbre Galien établit doctement à son ordinaire trois espèces de cette maladie que nous nommons mélancolie, ainsi appelée non seulement par les Latins, mais encore par les Grecs, ce qui est bien à remarquer pour notre affaire : la première, qui vient du propre vice du cerveau; la seconde, qui vient de tout le sang, fait et rendu atrabilaire; la troisième, appelée hypocondriaque, qui est la nôtre, laquelle procède du vice de quelque partie du bas-ventre et de la région inférieure, mais particulièrement de la rate, dont la chaleur et l'inflammation porte au cerveau de notre malade beaucoup de fuligines épaisses et crasses, dont la vapeur noire et maligne cause dépravation aux fonctions de la faculté princesse, et fait la maladie dont, par notre raisonnement, il est manifestement atteint et convaincu. Qu'ainsi ne soit, pour diagnostic incontestable de ce que je dis, vous n'avez qu'à considérer ce grand sérieux que vous voyez; cette tristesse accompagnée de crainte et de défiance, signes pathognomoniques et individuels de cette maladie, si bien marquée chez le divin vieillard Hippocrate; cette physionomie, ces yeux rouges et hagards, cette grande barbe, cette habitude du corps, menue, grêle, noire et velue, lesquels signes le dénotent très affecté de cette maladie,

procédante du vice des hypocondres : laquelle maladie,
par laps de temps naturalisée, envieillie, habituée, et ayant
pris droit de bourgeoisie chez lui, pourrait bien dégénérer
ou en manie, ou en phtisie, ou en apoplexie, ou même
en fine frénésie et fureur. Tout ceci supposé, puisqu'une
maladie bien connue est à demi guérie, car *ignoti nulla
est curatio morbi*, il ne vous sera pas difficile de convenir
des remèdes que nous devons faire à Monsieur. Premièrement, pour remédier à cette pléthore obturante, et à cette
cacochymie luxuriante par tout le corps, je suis d'avis
qu'il soit phlébotomisé libéralement, c'est-à-dire que les
saignées soient fréquentes et plantureuses : en premier
lieu de la basilique, puis de la céphalique; et même, si
le mal est opiniâtre, de lui ouvrir la veine du front, et que
l'ouverture soit large, afin que le gros sang puisse sortir;
et en même temps, de le purger, désopiler, et évacuer par
purgatifs propres et convenables, c'est-à-dire par chola-
gogues, mélanogogues, *et cœtera;* et comme la véritable
source de tout le mal est ou une humeur crasse et féculente,
ou une vapeur noire et grossière qui obscurcit, infecte et
et salit les esprits animaux, il est à propos ensuite qu'il
prenne un bain d'eau pure et nette, avec force petit-lait
clair, pour purifier par l'eau la féculence de l'humeur crasse,
et éclaircir par le lait clair la noirceur de cette vapeur;
mais, avant toute chose, je trouve qu'il est bon de le
réjouir par agréables conversations, chants et instruments
de musique, à quoi il n'y a pas d'inconvénient de joindre
des danseurs, afin que leurs mouvements, disposition et
agilité puissent exciter et réveiller la paresse de ses esprits
engourdis, qui occasionne l'épaisseur de son sang, d'où
procède la maladie. Voilà les remèdes que j'imagine, auxquels pourront être ajoutés beaucoup d'autres meilleurs
par Monsieur notre maître et ancien, suivant l'expérience,
jugement, lumière et suffisance qu'il s'est acquise dans
notre art. *Dixi.*

SECOND MÉDECIN. — A Dieu ne plaise, Monsieur, qu'il
me tombe en pensée d'ajouter rien à ce que vous venez
de dire! Vous avez si bien discouru sur tous les signes,
les symptômes et les causes de la maladie de Monsieur;
le raisonnement que vous en avez fait est si docte et si
beau qu'il est impossible qu'il ne soit pas fou, et mélancolique hypocondriaque; et quand il ne le serait pas, il
faudrait qu'il le devînt, pour la beauté des choses que
vous avez dites, et la justesse du raisonnement que vous
avez fait. Oui, Monsieur, vous avez dépeint fort graphi-

quement, *graphice depinxisti*, tout ce qui appartient à cette maladie : il ne peut rien de plus doctement, sagement, ingénieusement conçu, pensé, imaginé, que ce que vous avez prononcé au sujet de ce mal, soit pour la diagnose, ou la prognose, ou la thérapie; et il ne me reste rien ici, que de féliciter Monsieur d'être tombé entre vos mains, et de lui dire qu'il est trop heureux d'être fou, pour éprouver l'efficace et la douceur des remèdes que vous avez si judicieusement proposés. Je les approuve tous, *manibus et pedibus descendo in tuam sententiam.* Tout ce que j'y voudrais, c'est de faire les saignées et les purgations en nombre impair : *numero deus impari gaudet;* de prendre le lait clair avant le bain; de lui composer un fronteau où il entre du sel : le sel est symbole de la sagesse; de faire blanchir les murailles de sa chambre, pour dissiper les ténèbres de ses esprits : *album est disgregativum visus;* et de lui donner tout à l'heure un petit lavement, pour servir de prélude et d'introduction à ces judicieux remèdes, dont, s'il a à guérir, il doit recevoir du soulagement. Fasse le Ciel que ces remèdes, Monsieur, qui sont les vôtres, réussissent au malade selon notre intention!

MONSIEUR DE POURCEAUGNAC. — Messieurs, il y a une heure que je vous écoute. Est-ce que nous jouons une comédie ?

PREMIER MÉDECIN. — Non, Monsieur, nous ne jouons point.

MONSIEUR DE POURCEAUGNAC. — Qu'est-ce que tout ceci ? et que voulez-vous dire avec votre galimatias et vos sottises ?

PREMIER MÉDECIN. — Bon, dire des injures. Voilà un diagnostic qui nous manquait pour la confirmation de son mal, et ceci pourrait bien tourner en manie.

MONSIEUR DE POURCEAUGNAC. — Avec qui m'a-t-on mis ici ?

Il crache deux ou trois fois.

PREMIER MÉDECIN. — Autre diagnostic : la sputation fréquente.

MONSIEUR DE POURCEAUGNAC. — Laissons cela, et sortons d'ici.

PREMIER MÉDECIN. — Autre encore : l'inquiétude de changer de place.

MONSIEUR DE POURCEAUGNAC. — Qu'est-ce donc que toute cette affaire ? et que me voulez-vous ?

PREMIER MÉDECIN. — Vous guérir selon l'ordre qui nous a été donné.

MONSIEUR DE POURCEAUGNAC. — Me guérir ?

PREMIER MÉDECIN. — Oui.

MONSIEUR DE POURCEAUGNAC. — Parbleu! je ne suis pas malade.

PREMIER MÉDECIN. — Mauvais signe, lorsqu'un malade ne sent pas son mal.

MONSIEUR DE POURCEAUGNAC. — Je vous dis que je me porte bien.

PREMIER MÉDECIN. — Nous savons mieux que vous comment vous vous portez, et nous sommes médecins, qui voyons clair dans votre constitution.

MONSIEUR DE POURCEAUGNAC. — Si vous êtes médecins, je n'ai que faire de vous; et je me moque de la médecine.

PREMIER MÉDECIN. — Hon, hon : voici un homme plus fou que nous ne pensons.

MONSIEUR DE POURCEAUGNAC. — Mon père et ma mère n'ont jamais voulu de remèdes, et ils sont morts tous deux sans l'assistance des médecins.

PREMIER MÉDECIN. — Je ne m'étonne pas s'ils ont engendré un fils qui est insensé. Allons, procédons à la curation, et par la douceur exhilarante de l'harmonie, adoucissons, lénifions, et accoisons l'aigreur de ses esprits, que je vois prêts à s'enflammer.

SCÈNE IX

MONSIEUR DE POURCEAUGNAC

Que diable est-ce là ? Les gens de ce pays-ci sont-ils insensés ? Je n'ai jamais rien vu de tel, et je n'y comprends rien du tout.

SCÈNE X

DEUX MUSICIENS *italiens en médecins grotesques suivis de* HUIT MATASSINS, *chantent ces paroles soutenues de la symphonie d'un mélange d'instruments.*

LES DEUX MUSICIENS

Bon dî, bon dî, bon dî :
Non vi lasciate uccidere
Dal dolor malinconico.
Noi vi faremo ridere

Col nostro canto harmonico,
Sol' per guarirvi
Siamo venuti qui.
Bon dî, bon dî, bon dî.

PREMIER MUSICIEN

Altro non è la pazzia
Che malinconia.
Il malato
Non è disperato,
Se vol pigliar un poco d'allegria :
Altro non è la pazzia
Che malinconia.

SECOND MUSICIEN

Sù, cantate, ballate, ridete;
E se far meglio volete,
Quando sentite il deliro vicino,
Pigliate del vino,
E qualche volta un po' po' di tabac.
Alegramente, Monsu Pourceaugnac!

SCÈNE XI

L'APOTHICAIRE,
MONSIEUR DE POURCEAUGNAC

L'APOTHICAIRE. — Monsieur, voici un petit remède, un petit remède, qu'il vous faut prendre, s'il vous plaît, s'il vous plaît.

MONSIEUR DE POURCEAUGNAC. — Comment ? Je n'ai que faire de cela.

L'APOTHICAIRE. — Il a été ordonné, Monsieur, il a été ordonné.

MONSIEUR DE POURCEAUGNAC. — Ah! que de bruit!

L'APOTHICAIRE. — Prenez-le, Monsieur, prenez-le; il ne vous fera point de mal, il ne vous fera point de mal.

MONSIEUR DE POURCEAUGNAC. — Ah!

L'APOTHICAIRE. — C'est un petit clystère, un petit clystère, benin, benin; il est benin, benin, là, prenez, prenez, prenez, Monsieur : c'est pour déterger, pour déterger, déterger...

Les deux Musiciens, accompagnés des Matas-
sins et des instruments, dansent à l'entour de
M. de Pourceaugnac, et, s'arrêtant devant lui,
chantent :

Piglia-lo sù,
Signor Monsu,
Piglia-lo, piglia-lo, piglia-lo sù,
Che non ti farà male,
Piglia-lo sù questo servitiale;
Piglia-lo sù,
Signor Monsu,
Piglia-lo, piglia-lo, piglia-lo sù.

Monsieur de Pourceaugnac. — Allez-vous-en au
diable.

L'Apothicaire, les deux Musiciens et les
Matassins le suivent tous une seringue à la main.

ACTE II

SCÈNE I

SBRIGANI, PREMIER MÉDECIN

Premier Médecin. — Il a forcé tous les obstacles que
j'avais mis, et s'est dérobé aux remèdes que je com-
mençais de lui faire.

Sbrigani. — C'est être bien ennemi de soi-même que
de fuir des remèdes aussi salutaires que les vôtres.

Premier Médecin. — Marque d'un cerveau démonté,
et d'une raison dépravée, que de ne vouloir pas guérir.

Sbrigani. — Vous l'auriez guéri haut la main.

Premier Médecin. — Sans doute, quand il y aurait eu
complication de douze maladies.

Sbrigani. — Cependant voilà cinquante pistoles bien
acquises qu'il vous fait perdre.

Premier Médecin. — Moi ? je n'entends point les
perdre, et prétends le guérir en dépit qu'il en ait. Il est
lié et engagé à mes remèdes, et je veux le faire saisir où je
le trouverai, comme déserteur de la médecine, et infracteur
de mes ordonnances.

SBRIGANI. — Vous avez raison : vos remèdes étaient un coup sûr, et c'est de l'argent qu'il vous vole.

PREMIER MÉDECIN. — Où puis-je en avoir des nouvelles ?

SBRIGANI. — Chez le bonhomme Oronte assurément, dont il vient épouser la fille, et qui, ne sachant rien de l'infirmité de son gendre futur, voudra peut-être se hâter de conclure le mariage.

PREMIER MÉDECIN. — Je vais lui parler tout à l'heure.

SBRIGANI. — Vous ne ferez point mal.

PREMIER MÉDECIN. — Il est hypothéqué à mes consultations, et un malade ne se moquera pas d'un médecin.

SBRIGANI. — C'est fort bien dit à vous ; et, si vous m'en croyez, vous ne souffrirez point qu'il se marie, que vous ne l'ayez pansé tout votre soûl.

PREMIER MÉDECIN. — Laissez-moi faire.

SBRIGANI. — Je vais, de mon côté, dresser une autre batterie, et le beau-père est aussi dupe que le gendre.

SCÈNE II

ORONTE, PREMIER MÉDECIN

PREMIER MÉDECIN. — Vous avez, Monsieur, un certain Monsieur de Pourceaugnac qui doit épouser votre fille.

ORONTE. — Oui, je l'attends de Limoges, et il devrait être arrivé.

PREMIER MÉDECIN. — Aussi l'est-il, et il s'en est fui de chez moi, après y avoir été mis ; mais je vous défends, de la part de la médecine, de procéder au mariage que vous avez conclu que je ne l'aie dûment préparé pour cela, et mis en état de procréer des enfants bien conditionnés et de corps et d'esprit.

ORONTE. — Comment donc ?

PREMIER MÉDECIN. — Votre prétendu gendre a été constitué mon malade : sa maladie qu'on m'a donné à guérir est un meuble qui m'appartient, et que je compte entre mes effets ; et je vous déclare que je ne prétends point qu'il se marie qu'au préalable il n'ait satisfait à la médecine, et subi les remèdes que je lui ai ordonnés.

ORONTE. — Il a quelque mal ?

PREMIER MÉDECIN. — Oui.

ORONTE. — Et quel mal, s'il vous plaît ?

PREMIER MÉDECIN. — Ne vous en mettez pas en peine.

ORONTE. — Est-ce quelque mal... ?

PREMIER MÉDECIN. — Les médecins sont obligés au secret : il suffit que je vous ordonne, à vous et à votre fille, de ne point célébrer, sans mon consentement, vos noces avec lui, sur peine d'encourir la disgrâce de la Faculté, et d'être accablés de toutes les maladies qu'il nous plaira.

ORONTE. — Je n'ai garde, si cela est, de faire le mariage.

PREMIER MÉDECIN. — On me l'a mis entre les mains, et il est obligé d'être mon malade.

ORONTE. — A la bonne heure.

PREMIER MÉDECIN. — Il a beau fuir, je le ferai condamner par arrêt à se faire guérir par moi.

ORONTE. — J'y consens.

PREMIER MÉDECIN. — Oui, il faut qu'il crève, ou que je le guérisse.

ORONTE. — Je le veux bien.

PREMIER MÉDECIN. — Et si je ne le trouve, je m'en prendrai à vous, et je vous guérirai au lieu de lui.

ORONTE. — Je me porte bien.

PREMIER MÉDECIN. — Il n'importe, il me faut un malade, et je prendrai qui je pourrai.

ORONTE. — Prenez qui vous voudrez; mais ce ne sera pas moi. Voyez un peu la belle raison.

SCÈNE III

SBRIGANI, *en marchand flamand*, ORONTE

SBRIGANI. — Montsir, avec le vostre permissione, je suisse un trancher marchand flamane, qui voudroit bienne vous temantair un petit nouvel.

ORONTE. — Quoi, Monsieur ?

SBRIGANI. — Mettez le vostre chapeau sur le teste, Montsir, si ve plaist.

ORONTE. — Dites-moi, Monsieur, ce que vous voulez.

SBRIGANI. — Moi le dire rien, Montsir, si vous le mettre pas le chapeau sur le teste.

ORONTE. — Soit. Qu'y a-t-il, Monsieur ?

SBRIGANI. — Fous connoistre point en sti file un certe Montsir Oronte ?

ORONTE. — Oui, je le connais.

SBRIGANI. — Et quel homme est-ile, Montsir, si ve plaist ?

ORONTE. — C'est un homme comme les autres.

SBRIGANI. — Je vous temande, Montsir, s'il est un homme riche qui a du bienne ?

ORONTE. — Oui.

SBRIGANI. — Mais riche beaucoup grandement, Montsir ?

ORONTE. — Oui.

SBRIGANI. — J'en suis aise beaucoup, Montsir.

ORONTE. — Mais pourquoi cela ?

SBRIGANI. — L'est, Montsir, pour un petit raisonne de conséquence pour nous.

ORONTE. — Mais encore, pourquoi ?

SBRIGANI. — L'est, Montsir, que sti Montsir Oronte donne son fille en mariage à un certe Montsir de Pourcegnac.

ORONTE. — Hé bien ?

SBRIGANI. — Et sti Montsir de Pourcegnac, Montsir, l'est un homme que doivre beaucoup grandement à dix ou douze marchanne flamane qui estre venu ici.

ORONTE. — Ce Monsieur de Pourceaugnac doit beaucoup à dix ou douze marchands ?

SBRIGANI. — Oui, Montsir ; et depuis huite mois, nous avoir obtenir un petit sentence contre lui, et lui à remettre à payer tou ce créanciers de sti mariage que sti Montsir Oronte donne pour son fille.

ORONTE. — Hon, hon, il a remis là à payer ses créanciers ?

SBRIGANI. — Oui, Montsir, et avec un grand dévotion nous tous attendre sti mariage.

ORONTE. — L'avis n'est pas mauvais. Je vous donne le bonjour.

SBRIGANI. — Je remercie, Montsir, de la faveur grande.

ORONTE. — Votre très humble valet.

SBRIGANI. — Je le suis, Montsir, obliger plus que beaucoup du bon nouvel que Montsir m'avoir donné.

Cela ne va pas mal. Quittons notre ajustement de Flamand, pour songer à d'autres machines ; et tâchons de semer tant de soupçons et de division entre le beau-père et le gendre que cela rompe le mariage prétendu. Tous deux également sont propres à gober les hameçons qu'on leur veut tendre ; et, entre nous autres fourbes de la première classe, nous ne faisons que nous jouer, lorsque nous trouvons un gibier aussi facile que celui-là.

SCÈNE IV

MONSIEUR DE POURCEAUGNAC,
SBRIGANI

MONSIEUR DE POURCEAUGNAC. — *Piglia-lo sù, piglia-lo sù, Signor Monsu :* que diable est-ce là ? Ah!

SBRIGANI. — Qu'est-ce, Monsieur, qu'avez-vous ?

MONSIEUR DE POURCEAUGNAC. — Tout ce que je vois me semble lavement.

SBRIGANI. — Comment ?

MONSIEUR DE POURCEAUGNAC. — Vous ne savez pas ce qui m'est arrivé dans ce logis à la porte duquel vous m'avez conduit ?

SBRIGANI. — Non vraiment : qu'est-ce que c'est ?

MONSIEUR DE POURCEAUGNAC. — Je pensais y être régalé comme il faut.

SBRIGANI. — Hé bien ?

MONSIEUR DE POURCEAUGNAC. — Je vous laisse entre les mains de Monsieur. Des médecins habillés de noir. Dans une chaise. Tâter le pouls. Comme ainsi soit. Il est fou. Deux gros joufflus. Grands chapeaux. *Bon dî, bon dî.* Six pantalons. Ta, ra, ta, ta; ta, ra, ta, ta. *Alegramente, Monsu Pourceaugnac.* Apothicaire. Lavement. Prenez, Monsieur, prenez, prenez. Il est benin, benin, benin, C'est pour déterger, pour déterger, déterger. *Piglia-lo sù, Signor Monsu, piglia-lo, piglia-lo, piglia-lo sù.* Jamais je n'ai été si soûl de sottises.

SBRIGANI. — Qu'est-ce que tout cela veut dire ?

MONSIEUR DE POURCEAUGNAC. — Cela veut dire que cet homme-là, avec ses grandes embrassades, est un fourbe qui m'a mis dans une maison pour se moquer de moi, et me faire une pièce.

SBRIGANI. — Cela est-il possible ?

MONSIEUR DE POURCEAUGNAC. — Sans doute. Ils étaient une douzaine de possédés après mes chausses; et j'ai eu toutes les peines du monde à m'échapper de leurs pattes.

SBRIGANI. — Voyez un peu, les mines sont bien trompeuses! je l'aurais cru le plus affectionné de vos amis. Voilà un de mes étonnements, comme il est possible qu'il y ait des fourbes comme cela dans le monde.

MONSIEUR DE POURCEAUGNAC. — Ne sens-je point le lavement ? Voyez, je vous prie.

SBRIGANI. — Eh! il y a quelque petite chose qui approche de cela.

MONSIEUR DE POURCEAUGNAC. — J'ai l'odorat et l'imagination tout remplis de cela, et il me semble toujours que je vois une douzaine de lavements qui me couchent en joue.

SBRIGANI. — Voilà une méchanceté bien grande! et les hommes sont bien traîtres et scélérats!

MONSIEUR DE POURCEAUGNAC. — Enseignez-moi, de grâce, le logis de Monsieur Oronte : je suis bien aise d'y aller tout à l'heure.

SBRIGANI. — Ah! ah! vous êtes donc de complexion amoureuse, et vous avez ouï parler que ce Monsieur Oronte a une fille... ?

MONSIEUR DE POURCEAUGNAC. — Oui, je viens l'épouser.

SBRIGANI. — L'é... l'épouser ?

MONSIEUR DE POURCEAUGNAC. — Oui.

SBRIGANI. — En mariage ?

MONSIEUR DE POURCEAUGNAC. — De quelle façon donc ?

SBRIGANI. — Ah! c'est une autre chose, et je vous demande pardon.

MONSIEUR DE POURCEAUGNAC. — Qu'est-ce que cela veut dire ?

SBRIGANI. — Rien.

MONSIEUR DE POURCEAUGNAC. — Mais encore ?

SBRIGANI. — Rien, vous dis-je : j'ai un peu parlé trop vite.

MONSIEUR DE POURCEAUGNAC. — Je vous prie de me dire ce qu'il y a là-dessous.

SBRIGANI. — Non, cela n'est pas nécessaire.

MONSIEUR DE POURCEAUGNAC. — De grâce.

SBRIGANI. — Point : je vous prie de m'en dispenser.

MONSIEUR DE POURCEAUGNAC. — Est-ce que vous n'êtes pas de mes amis ?

SBRIGANI. — Si fait; on ne peut pas l'être davantage.

MONSIEUR DE POURCEAUGNAC. — Vous devez donc ne me rien cacher.

SBRIGANI. — C'est une chose où il y va de l'intérêt du prochain.

MONSIEUR DE POURCEAUGNAC. — Afin de vous obliger à m'ouvrir votre cœur, voilà une petite bague que je vous prie de garder pour l'amour de moi.

SBRIGANI. — Laissez-moi consulter un peu si je le puis faire en conscience. C'est un homme qui cherche son bien, qui tâche de pourvoir sa fille le plus avantageusement

qu'il est possible, et il ne faut nuire à personne. Ce sont
des choses qui sont connues à la vérité, mais j'irai les découvrir à un homme qui les ignore, et il est défendu de scandaliser son prochain. Cela est vrai. Mais, d'autre part,
voilà un étranger qu'on veut surprendre, et qui, de bonne
foi, vient se marier avec une fille qu'il ne connaît pas et
qu'il n'a jamais vue; un gentilhomme plein de franchise,
pour qui je me sens de l'inclination, qui me fait l'honneur
de me tenir pour son ami, prend confiance en moi, et me
donne une bague à garder pour l'amour de lui. Oui, je
trouve que je puis vous dire les choses sans blesser ma
conscience; mais tâchons de vous les dire le plus doucement qu'il nous sera possible, et d'épargner les gens le
plus que nous pourrons. De vous dire que cette fille-là
mène une vie déshonnête, cela serait un peu trop fort;
cherchons, pour nous expliquer, quelques termes plus doux.
Le mot de galante aussi n'est pas assez; celui de coquette
achevée me semble propre à ce que nous voulons, et je
m'en puis servir pour vous dire honnêtement ce qu'elle est.

MONSIEUR DE POURCEAUGNAC. — L'on me veut donc
prendre pour dupe ?

SBRIGANI. — Peut-être dans le fond n'y a-t-il pas tant
de mal que tout le monde croit. Et puis il y a des gens,
après tout, qui se mettent au-dessus de ces sortes de choses,
et qui ne croient pas que leur honneur dépende...

MONSIEUR DE POURCEAUGNAC. — Je suis votre serviteur,
je ne me veux point mettre sur la tête un chapeau comme
celui-là, et l'on aime à aller le front levé dans la famille
des Pourceaugnac.

SBRIGANI. — Voilà le père.

MONSIEUR DE POURCEAUGNAC. — Ce vieillard-là ?

SBRIGANI. — Oui : je me retire.

SCÈNE V

ORONTE,
MONSIEUR DE POURCEAUGNAC

MONSIEUR DE POURCEAUGNAC. — Bonjour, Monsieur,
bonjour.

ORONTE. — Serviteur, Monsieur, serviteur.

MONSIEUR DE POURCEAUGNAC. — Vous êtes Monsieur Oronte, n'est-ce pas ?

ORONTE. — Oui.

MONSIEUR DE POURCEAUGNAC. — Et moi, Monsieur de Pourceaugnac.

ORONTE. — A la bonne heure.

MONSIEUR DE POURCEAUGNAC. — Croyez-vous, Monsieur Oronte, que les Limousins soient des sots ?

ORONTE. — Croyez-vous, Monsieur de Pourceaugnac, que les Parisiens soient des bêtes ?

MONSIEUR DE POURCEAUGNAC. — Vous imaginez-vous, Monsieur Oronte, qu'un homme comme moi soit si affamé de femme ?

ORONTE. — Vous imaginez-vous, Monsieur de Pourceaugnac, qu'une fille comme la mienne soit si affamée de mari ?

SCÈNE VI

JULIE, ORONTE,
MONSIEUR DE POURCEAUGNAC

JULIE. — On vient de me dire, mon père, que Monsieur de Pourceaugnac est arrivé. Ah! le voilà sans doute, et mon cœur me le dit. Qu'il est bien fait! qu'il a bon air! et que je suis contente d'avoir un tel époux! Souffrez que je l'embrasse, et que je lui témoigne...

ORONTE. — Doucement, ma fille, doucement.

MONSIEUR DE POURCEAUGNAC. — Tudieu, quelle galante! Comme elle prend feu d'abord!

ORONTE. — Je voudrais bien savoir, Monsieur de Pourceaugnac, par quelle raison vous venez...

JULIE. — Que je suis aise de vous voir! et que je brûle d'impatience...

ORONTE. — Ah! ma fille! Otez-vous de là, vous dis-je.

MONSIEUR DE POURCEAUGNAC. (*Julie s'approche de M. de Pourceaugnac, le regarde d'un air languissant, et lui veut prendre la main*). — Ho, ho, quelle égrillarde!

• ORONTE. — Je voudrais bien, dis-je, savoir par quelle raison, s'il vous plaît, vous avez la hardiesse de...

MONSIEUR DE POURCEAUGNAC. — Vertu de ma vie!

ORONTE. — Encore ? Qu'est-ce à dire cela ?

JULIE. — Ne voulez-vous pas que je caresse l'époux que vous m'avez choisi ?

ORONTE. — Non : rentrez là dedans.

JULIE. — Laissez-moi le regarder.

ORONTE. — Rentrez, vous dis-je.

JULIE. — Je veux demeurer là, s'il vous plaît.

ORONTE. — Je ne veux pas, moi; et si tu ne rentres tout à l'heure, je...

JULIE. — Hé bien! je rentre.

ORONTE. — Ma fille est une sotte qui ne sait pas les choses.

MONSIEUR DE POURCEAUGNAC. — Comme nous lui plaisons!

ORONTE. — Tu ne veux pas te retirer?

JULIE. — Quand est-ce donc que vous me marierez avec Monsieur?

ORONTE. — Jamais; et tu n'es pas pour lui.

JULIE. — Je le veux avoir, moi, puisque vous me l'avez promis.

ORONTE. — Si je te l'ai promis, je te le dépromets.

MONSIEUR DE POURCEAUGNAC. — Elle voudrait bien me tenir.

JULIE. — Vous avez beau faire, nous serons mariés ensemble en dépit de tout le monde.

ORONTE. — Je vous en empêcherai bien tous deux, je vous assure. Voyez un peu quel vertigo lui prend.

MONSIEUR DE POURCEAUGNAC. — Mon Dieu, notre beau-père prétendu, ne vous fatiguez point tant : on n'a pas envie de vous enlever votre fille, et vos grimaces n'attraperont rien.

ORONTE. — Toutes les vôtres n'auront pas grand effet.

MONSIEUR DE POURCEAUGNAC. — Vous êtes-vous mis dans la tête que Léonard de Pourceaugnac soit un homme à acheter chat en poche? et qu'il n'ait pas là-dedans quelque morceau de judiciaire pour se conduire, pour se faire informer de l'histoire du monde, et voir, en se mariant, si son honneur a bien toutes ses sûretés?

ORONTE. — Je ne sais pas ce que cela veut dire; mais vous êtes-vous mis dans la tête qu'un homme de soixante et trois ans ait si peu de cervelle, et considère si peu sa fille, que de la marier avec un homme qui a ce que vous savez, et qui a été mis chez un médecin pour être pansé?

MONSIEUR DE POURCEAUGNAC. — C'est une pièce que l'on m'a faite, et je n'ai aucun mal.

ORONTE. — Le médecin me l'a dit lui-même.

MONSIEUR DE POURCEAUGNAC. — Le médecin en a menti : je suis gentilhomme, et je le veux voir l'épée à la main.

ORONTE. — Je sais ce que j'en dois croire, et vous ne

m'abuserez pas là-dessus, non plus que sur les dettes que vous avez assignées sur le mariage de ma fille.

MONSIEUR DE POURCEAUGNAC. — Quelles dettes ?

ORONTE. — La feinte ici est inutile, et j'ai vu le marchand flamand qui, avec les autres créanciers, a obtenu, depuis huit mois, sentence contre vous.

MONSIEUR DE POURCEAUGNAC. — Quel marchand flamand ? quels créanciers ? quelle sentence obtenue contre moi ?

ORONTE. — Vous savez bien ce que je veux dire.

SCÈNE VII

LUCETTE, ORONTE,
MONSIEUR DE POURCEAUGNAC

LUCETTE. — Ah! tu es assy, et à la fy yeu te trobi aprés abé fait tant de passés. Podes-tu, scélérat, podes-tu sousteni ma bisto ?

MONSIEUR DE POURCEAUGNAC. — Qu'est-ce que veut cette femme-là ?

LUCETTE. — Que te boli, infame! tu fas semblan de nou me pas counouysse, et nou rougisses pas, impudent que tu sios, tu ne rougisses pas de me beyre ? Nou sabi pas, Moussur, saquos bous dont m'an dit que bouillo espousa la fillo; may yeu bous declari que yeu soun sa fenno, et que y a set ans, Moussur, qu'en passan à Pezenas el auguet l'adresse dambé sas mignardisos, commo sap tapla fayre, de me gaigna lou cor, et m'oubligel pra quel mouyen à ly douna la ma per l'espousa.

ORONTE. — Oh! oh!

MONSIEUR DE POURCEAUGNAC. — Que diable est-ce ci ?

LUCETTE. — Lou trayté me quitel trés ans aprés, sul preteste de qualques affayrés que l'apelabon dins soun païs, et despey noun ly resçau put quaso de noubelo; may dins lou tens qui soungeabi lou mens, m'an dounat abist, que begnio dins aquesto bilo, per se remarida danbé un autro jouena fillo, que sous parens ly an proucurado, sensse saupré res de sou prumié mariatge. Yeu ay tout quitat en diligensso, et me souy rendudo dins aqueste loc lou pu leu qu'ay pouscut, per m'oupousa en aquel criminel mariatge, et confondre as ely de tout le mounde lou plus méchant des hommes.

MONSIEUR DE POURCEAUGNAC. — Voilà une étrange effrontée!

LUCETTE. — Impudent, n'as pas honte de m'injuria, alloc d'estre confus day reproches secrets que ta conssiensso te deu fayre?

MONSIEUR DE POURCEAUGNAC. — Moi, je suis votre mari?

LUCETTE. — Infame, gausos-tu dire lou contrari? He tu sabes be, per ma penno, que n'es que trop bertat; et pla-guesso al Cel qu'aco nou fougesso pas, et que m'au-quessos layssado dins l'estat d'innoussenço et dins la tran-quillitat oun moun amo bibio daban que tous charmes et tas trounpariés nou m'en benguesson malhurousomen fayre sourty! yeu nou serio pas reduito à fayré lou tristé pers-sounatgé qu'yeu fave presentomen, à beyre un marit cruel mespresa touto l'ardou que yeu ay per el, et me laissa sensse cap de pietat abandounado à las mourtéles doulous que yeu ressenty de sas perfidos acciûs.

ORONTE. — Je ne saurais m'empêcher de pleurer. Allez, vous êtes un méchant homme.

MONSIEUR DE POURCEAUGNAC. — Je ne connais rien à tout ceci.

SCÈNE VIII

NÉRINE, en Picarde, LUCETTE, ORONTE, MONSIEUR DE POURCEAUGNAC

NÉRINE. — Ah! je n'en pis plus, je sis tout essoflée! Ah! finfaron, tu m'as bien fait courir, tu ne m'écaperas mie. Justice, justice! je boute empêchement au mariage. Chés mon mery, Monsieur, et je veux faire pindre che bon pindard-là.

MONSIEUR DE POURCEAUGNAC. — Encore!

ORONTE. — Quel diable d'homme est-ce ci?

LUCETTE. — Et que boulés-bous dire, ambe bostre empachomen, et bostro pendarié? Quaquel homo es bostre marit?

NÉRINE. — Oui, Medeme, et je sis sa femme.

LUCETTE. — Aquo es faus, aquos yeu que soun sa fenno; et se deû estre pendut, aquo sera yeu que lou faray penda.

NÉRINE. — Je n'entains mie che baragouin-là.

LUCETTE. — Yeu bous disy que yeu soun sa fenno.

NÉRINE. — Sa femme?

LUCETTE. — Oy.

NÉRINE. — Je vous dis que ch'est my, encore in coup, qui le sis.

LUCETTE. — Et yeus bous sousteni yeu, qu'aquos yeu.

NÉRINE. — Il y a quetre ans qu'il m'a éposée.

LUCETTE. — Et yeu set ans y a que m'a preso per fenno.

NÉRINE. — J'ay des gairents de tout ce que je dy.

LUCETTE. — Tout mon païs lo sap.

NÉRINE. — No ville en est témoin.

LUCETTE. — Tout Pezenas a bist notre mariatge.

NÉRINE. — Tout Chin-Quentin a assisté à no noce.

LUCETTE. — Nou y a res de tan beritable.

NÉRINE. — Il gn'y a rien de plus chertain.

LUCETTE. — Gausos-tu dire lou contrari, valisquos?

NÉRINE. — Est-che que tu me demaintiras, méchaint homme?

MONSIEUR DE POURCEAUGNAC. — Il est aussi vrai l'un que l'autre.

LUCETTE. — Quaign' impudensso! Et coussy, miserable, nou te soubenes plus de la pauro Françon, et del paure Jeanet, que soun lous fruits de notre mariatge?

NÉRINE. — Bayez un peu l'insolence. Quoy? tu ne te souviens mie de chette pauvre ainfain, no petite Madelaine, que tu m'as laichée pour gaige de ta foy?

MONSIEUR DE POURCEAUGNAC. — Voilà deux impudentes carognes!

LUCETTE. — Beny, Françon, beny, Jeanet, beny, toustou, beny, toustoune, beny fayre beyre à un payre dénaturat la duretat qu'el a per nautres.

NÉRINE. — Venez, Madelaine, me n'ainfain, venez-ves-en ichy faire honte à vo père de l'impudainche qu'il a.

JEANET, FANCHON, MADELAINE. — Ah! mon papa, mon papa, mon papa!

MONSIEUR DE POURCEAUGNAC. — Diantre soit des petits fils de putains!

LUCETTE. — Coussy, trayte, tu nou sios pas dins la darnière confusiu, de ressaupre à tal tous enfants, et de ferma l'aureillo à la tendresso paternello? Tu nou m'escaperas pas, infame; yeu te boli seguy per tout, et te reproucha ton crime jusquos à tant que me sio beniado, et que t'ayo fayt penia : couqui, te boli fayré penia.

NÉRINE. — Ne rougis-tu mie de dire ches mots-là, et d'estre insainsible aux cairesses de chette pauvre ainfain? Tu ne te sauveras mie de mes pattes; et en dépit de tes dains, je feray bien voir que je sis ta femme, et je te feray pindre.

LES ENFANTS, *tous ensemble*. — Mon papa, mon papa, mon papa!

MONSIEUR DE POURCEAUGNAC. — Au secours! au secours! Où fuirai-je? Je n'en puis plus.

ORONTE. — Allez, vous ferez bien de le faire punir, et il mérite d'être pendu.

SCÈNE IX

SBRIGANI

Je conduis de l'œil toutes choses, et tout ceci ne va pas mal. Nous fatiguerons tant notre provincial qu'il faudra, ma foi! qu'il déguerpisse.

SCÈNE X

MONSIEUR DE POURCEAUGNAC,
SBRIGANI

MONSIEUR DE POURCEAUGNAC. — Ah! je suis assommé. Quelle peine! Quelle maudite ville! Assassiné de tous côtés!

SBRIGANI. — Qu'est-ce, Monsieur? Est-il encore arrivé quelque chose?

MONSIEUR DE POURCEAUGNAC. — Oui. Il pleut en ce pays des femmes et des lavements.

SBRIGANI. — Comment donc?

MONSIEUR DE POURCEAUGNAC. — Deux carognes de baragouineuses me sont venues accuser de les avoir épousées toutes deux, et me menacent de la justice.

SBRIGANI. — Voilà une méchante affaire, et la justice en ce pays-ci est rigoureuse en diable contre cette sorte de crime.

MONSIEUR DE POURCEAUGNAC. — Oui; mais quand il y aurait information, ajournement, décret, et jugement obtenu par surprise, défaut et contumace, j'ai la voie de conflit de juridiction, pour temporiser, et venir aux moyens de nullité qui seront dans les procédures.

426 MONSIEUR DE POURCEAUGNAC

SBRIGANI. — Voilà en parler dans tous les termes, et l'on voit bien, Monsieur, que vous êtes du métier.

MONSIEUR DE POURCEAUGNAC. — Moi, point du tout : je suis gentilhomme.

SBRIGANI. — Il faut bien, pour parler ainsi, que vous ayez étudié la pratique.

MONSIEUR DE POURCEAUGNAC. — Point : ce n'est que le sens commun qui me fait juger que je serai toujours reçu à mes faits justificatifs, et qu'on ne me saurait condamner sur une simple accusation, sans un récolement et confrontation avec mes parties.

SBRIGANI. — En voilà du plus fin encore.

MONSIEUR DE POURCEAUGNAC. — Ces mots-là me viennent sans que je les sache.

SBRIGANI. — Il me semble que le sens commun d'un gentilhomme peut bien aller à concevoir ce qui est du droit et de l'ordre de la justice, mais non pas à savoir les vrais termes de la chicane.

MONSIEUR DE POURCEAUGNAC. — Ce sont quelques mots que j'ai retenus en lisant les romans.

SBRIGANI. — Ah! fort bien.

MONSIEUR DE POURCEAUGNAC. — Pour vous montrer que je n'entends rien du tout à la chicane, je vous prie de me mener chez quelque avocat pour consulter mon affaire.

SBRIGANI. — Je le veux, et vais vous conduire chez deux hommes fort habiles; mais j'ai auparavant à vous avertir de n'être point surpris de leur manière de parler : ils ont contracté du barreau certaine habitude de déclamation qui fait que l'on dirait qu'ils chantent; et vous prendrez pour musique tout ce qu'ils vous diront.

MONSIEUR DE POURCEAUGNAC. — Qu'importe comme ils parlent, pourvu qu'ils me disent ce que je veux savoir!

SCÈNE XI

SBRIGANI,
MONSIEUR DE POURCEAUGNAC

DEUX AVOCATS *musiciens, dont l'un parle fort lentement, et l'autre fort vite accompagnés de* DEUX PROCUREURS *et de* DEUX SERGENTS.

L'AVOCAT *traînant ses paroles.*

La polygamie est un cas,
Est un cas pendable.

L'AVOCAT *bredouilleur*.

Votre fait
Est clair et net ;
Et tout le droit
Sur cet endroit
Conclut tout droit.

Si vous consultez nos auteurs,
Législateurs et glossateurs,
Justinian, Papinian,
Ulpian et Tribonian,
Fernand, Rebuffe, Jean Imole,
Paul, Castre, Julian, Barthole,
Jason, Alcial, et Cujas,
  Ce grand homme si capable,
La polygamie est un cas,
    Est un cas pendable.

Tous les peuples policés
    Et bien sensés :
Les Français, Anglais, Hollandais,
Danois, Suédois, Polonais,
Portugais, Espagnols, Flamands,
  Italiens, Allemands,
Sur ce fait tiennent loi semblable,
Et l'affaire est sans embarras :
La polygamie est un cas,
    Est un cas pendable.

> *Monsieur de Pourceaugnac les bat. Deux*
> *procureurs et deux Sergents dansent une entrée,*
> *qui finit l'acte.*

ACTE III

SCÈNE I

ÉRASTE, SBRIGANI

SBRIGANI. — Oui, les choses s'acheminent où nous voulons ; et comme ses lumières sont fort petites, et son sens le plus borné du monde, je lui ai fait prendre une

frayeur si grande de la sévérité de la justice de ce pays,
et des apprêts qu'on faisait déjà pour sa mort, qu'il veut
prendre la fuite; et pour se dérober avec plus de facilité
aux gens que je lui ai dit qu'on avait mis pour l'arrêter
aux portes de la ville, il s'est résolu à se déguiser, et le
déguisement qu'il a pris est l'habit d'une femme.

ÉRASTE. — Je voudrais bien le voir en cet équipage.

SBRIGANI. — Songez de votre part à achever la comédie;
et tandis que je jouerai mes scènes avec lui, allez-vous-en...
Vous entendez bien ?

ÉRASTE. — Oui.

SBRIGANI. — Et lorsque je l'aurai mis où je veux...

ÉRASTE. — Fort bien.

SBRIGANI. — Et quand le père aura été averti par moi...

ÉRASTE. — Cela va le mieux du monde.

SBRIGANI. — Voici notre demoiselle : allez vite, qu'il
ne nous voie ensemble.

SCÈNE II

MONSIEUR DE POURCEAUGNAC, *en femme*,
SBRIGANI

SBRIGANI. — Pour moi, je ne crois pas qu'en cet état
on puisse jamais vous connaître, et vous avez la mine,
comme cela, d'une femme de condition.

MONSIEUR DE POURCEAUGNAC. — Voilà qui m'étonne,
qu'en ce pays-ci les formes de la justice ne soient point
observées.

SBRIGANI. — Oui, je vous l'ai déjà dit, ils commencent
ici par faire pendre un homme, et puis ils lui font son
procès.

MONSIEUR DE POURCEAUGNAC. — Voilà une justice bien
injuste.

SBRIGANI. — Elle est sévère comme tous les diables,
particulièrement sur ces sortes de crimes.

MONSIEUR DE POURCEAUGNAC. — Mais quand on est
innocent ?

SBRIGANI. — N'Importe, ils ne s'enquêtent point de
cela; et puis ils ont en cette ville une haine effroyable pour
les gens de votre pays, et ils ne sont point plus ravis que
de voir pendre un Limousin.

MONSIEUR DE POURCEAUGNAC. — Qu'est-ce que les
Limousins leur ont fait ?

SBRIGANI. — Ce sont des brutaux, ennemis de la gen-
tillesse et du mérite des autres villes. Pour moi, je vous
avoue que je suis pour vous dans une peur épouvantable ;
et je ne me consolerais de ma vie si vous veniez à être
pendu.

MONSIEUR DE POURCEAUGNAC. — Ce n'est pas tant la
peur de la mort qui me fait fuir que de ce qu'il est fâcheux
à un gentilhomme d'être pendu, et qu'une preuve comme
celle-là ferait tort à nos titres de noblesse.

SBRIGANI. — Vous avez raison, on vous contesterait
après cela le titre d'écuyer. Au reste, étudiez-vous, quand
je vous mènerai par la main, à bien marcher comme une
femme, et prendre le langage et toutes les manières d'une
personne de qualité.

MONSIEUR DE POURCEAUGNAC. — Laissez-moi faire, j'ai
vu les personnes du bel air ; tout ce qu'il y a, c'est que
j'ai un peu de barbe.

SBRIGANI. — Votre barbe n'est rien, et il y a des femmes
qui en ont autant que vous. Çà, voyons un peu comme vous
ferez. Bon.

MONSIEUR DE POURCEAUGNAC. — Allons donc, mon
carrosse : où est-ce qu'est mon carrosse ? Mon Dieu !
qu'on est misérable d'avoir des gens comme cela ! Est-ce
qu'on me fera attendre toute la journée sur le pavé, et
qu'on ne me fera point venir mon carrosse ?

SBRIGANI. — Fort bien.

MONSIEUR DE POURCEAUGNAC. — Holà ! ho ! cocher,
petit laquais ! Ah ! petit fripon, que de coups de fouet je
vous ferai donner tantôt ! Petit laquais, petit laquais ! Où
est-ce donc qu'est ce petit laquais ? Ce petit laquais ne
se trouvera-t-il point ? Ne me fera-t-on point venir ce
petit laquais ? Est-ce que je n'ai point un petit laquais dans
le monde ?

SBRIGANI. — Voilà qui va à merveille ; mais je
remarque une chose, cette coiffe est un peu trop déliée ; j'en
vais quérir une un peu plus épaisse, pour vous mieux
cacher le visage, en cas de quelque rencontre.

MONSIEUR DE POURCEAUGNAC. — Que deviendrai-je
cependant ?

SBRIGANI. — Attendez-moi là. Je suis à vous dans un
moment ; vous n'avez qu'à vous promener.

SCÈNE III

DEUX SUISSES,
MONSIEUR DE POURCEAUGNAC

PREMIER SUISSE. — Allons, dépêchons, camerade, li faut allair tous deux nous à la Crève pour regarter un peu choustcier sti Monsiu de Porcegnac, qui l'a esté contané par ortonnance à l'estre pendu par son cou.

SECOND SUISSE. — Li faut nous loer un fenêtre pour foir sti choustice.

PREMIER SUISSE. — Li disent que l'on fait tesjà planter un grand potence tout neuve pour li accrocher sti Porcegnac.

SECOND SUISSE. — Li sira, ma foi! un grand plaisir, d'y regarter pendri sti Limosin.

PREMIER SUISSE. — Oui, de li foir gambiller les pieds en haut tevant tout le monde.

SECOND SUISSE. — Li est un plaisant drole, oui; li disent que s'être marié trois foyes.

PREMIER SUISSE. — Sti diable li fouloir trois femmes à li tout seul : li est bien assez t'une.

SECOND SUISSE. — Ah! ponchour, Mameselle.

PREMIER SUISSE. — Que faire fous là tout seul?

MONSIEUR DE POURCEAUGNAC. — J'attends mes gens, Messieurs.

SECOND SUISSE. — Li est belle, par mon foi!

MONSIEUR DE POURCEAUGNAC. — Doucement, Messieurs.

PREMIER SUISSE. — Fous, Mameselle, fouloir finir réchouir fous à la Crève? Nous faire foir à fous un petit pendement pien choli.

MONSIEUR DE POURCEAUGNAC. — Je vous rends grâce.

SECOND SUISSE. — L'est un gentilhomme limosin, qui sera pendu chantiment à un grand potence.

MONSIEUR DE POURCEAUGNAC. — Je n'ai pas de curiosité.

PREMIER SUISSE. — Li est là un petit teton qui l'est drole.

MONSIEUR DE POURCEAUGNAC. — Tout beau.

PREMIER SUISSE. — Mon foi! moy couchair pien avec fous.

MONSIEUR DE POURCEAUGNAC. — Ah! c'en est trop, et ces sortes d'ordures-là ne se disent point à une femme de ma condition.

SECOND SUISSE. — Laisse, toi; l'est moi qui le veut couchair avec elle.

PREMIER SUISSE. — Moi ne vouloir pas laisser.

SECOND SUISSE. — Moi li vouloir, moi.

Ils le tirent avec violence.

PREMIER SUISSE. — Moi ne faire rien.

SECOND SUISSE. — Toi l'afoir menti.

PREMIER SUISSE. — Toi l'afoir menti toi-même.

MONSIEUR DE POURCEAUGNAC. — Au secours! A la force!

SCÈNE IV

UN EXEMPT, DEUX ARCHERS, PREMIER ET SECOND SUISSES, MONSIEUR DE POURCEAUGNAC

L'EXEMPT. — Qu'est-ce? quelle violence est-ce là? et que voulez-vous faire à Madame? Allons, que l'on sorte de là, si vous ne voulez que je vous mette en prison.

PREMIER SUISSE. — Parti, pon, toi ne l'avoir point.

SECOND SUISSE. — Parti, pon aussi, toi ne l'avoir point encore.

MONSIEUR DE POURCEAUGNAC. — Je vous suis bien obligée, Monsieur, de m'avoir délivrée de ces insolents.

L'EXEMPT. — Ouais! voilà un visage qui ressemble bien à celui que l'on m'a dépeint.

MONSIEUR DE POURCEAUGNAC. — Ce n'est pas moi, je vous assure.

L'EXEMPT. — Ah! ah! qu'est-ce que je veux dire?

MONSIEUR DE POURCEAUGNAC. — Je ne sais pas.

L'EXEMPT. — Pourquoi donc dites-vous cela?

MONSIEUR DE POURCEAUGNAC. — Pour rien.

L'EXEMPT. — Voilà un discours qui marque quelque chose, et je vous arrête prisonnier.

MONSIEUR DE POURCEAUGNAC. — Eh! Monsieur, de grâce!

L'EXEMPT. — Non, non : à votre mine, et à vos discours, il faut que vous soyez ce Monsieur de Pourceaugnac, que nous cherchons, qui se soit déguisé de la sorte; et vous viendrez en prison tout à l'heure.

MONSIEUR DE POURCEAUGNAC. — Hélas!

SCÈNE V

L'EXEMPT, ARCHERS, SBRIGANI,
MONSIEUR DE POURCEAUGNAC

SBRIGANI. — Ah! Ciel! que veut dire cela ?

MONSIEUR DE POURCEAUGNAC. — Ils m'ont reconnu.

L'EXEMPT. — Oui, oui, c'est de quoi je suis ravi.

SBRIGANI. — Eh! Monsieur, pour l'amour de moi : vous savez que nous sommes amis il y a longtemps; je vous conjure de ne le point mener en prison.

L'EXEMPT. — Non; il m'est impossible.

SBRIGANI. — Vous êtes homme d'accommodement : n'y a-t-il pas moyen d'ajuster cela avec quelques pistoles ?

L'EXEMPT, à ses archers. — Retirez-vous un peu.

SBRIGANI. — Il faut lui donner de l'argent pour vous laisser aller. Faites vite.

MONSIEUR DE POURCEAUGNAC. — Ah! maudite ville!

SBRIGANI. — Tenez, Monsieur.

L'EXEMPT. — Combien y a-t-il ?

SBRIGANI. — Un, deux, trois, quatre, cinq, six, sept, huit, neuf, dix.

L'EXEMPT. — Non, mon ordre est trop exprès.

SBRIGANI. — Mon Dieu! attendez. Dépêchez, donnez-lui-en encore autant.

MONSIEUR DE POURCEAUGNAC. — Mais...

SBRIGANI. — Dépêchez-vous, vous dis-je, et ne perdez point de temps : vous auriez un grand plaisir, quand vous seriez pendu.

MONSIEUR DE POURCEAUGNAC. — Ah!

SBRIGANI. — Tenez, Monsieur.

L'EXEMPT. — Il faut donc que je m'enfuie avec lui, car il n'y aurait point ici de sûreté pour moi. Laissez-le-moi conduire, et ne bougez d'ici.

SBRIGANI. — Je vous prie donc d'en avoir un grand soin.

L'EXEMPT. — Je vous promets de ne le point quitter, que je ne l'aie mis en lieu de sûreté.

MONSIEUR DE POURCEAUGNAC. — Adieu. Voilà le seul honnête homme que j'ai trouvé en cette ville.

SBRIGANI. — Ne perdez point de temps; je vous aime tant que je voudrais que vous fussiez déjà bien loin. Que le Ciel te conduise! Par ma foi! voilà une grande dupe. Mais voici...

SCÈNE VI

ORONTE, SBRIGANI

SBRIGANI. — Ah! quelle étrange aventure! Quelle fâcheuse nouvelle pour un père! Pauvre Oronte, que je te plains! Que diras-tu? et de quelle façon pourras-tu supporter cette douleur mortelle?

ORONTE. — Qu'est-ce? Quel malheur me présages-tu?

SBRIGANI. — Ah! Monsieur, ce perfide de Limousin, ce traître de Monsieur de Pourceaugnac, vous enlève votre fille.

ORONTE. — Il m'enlève ma fille!

SBRIGANI. — Oui : elle en est devenue si folle qu'elle vous quitte pour le suivre; et l'on dit qu'il a un caractère pour se faire aimer de toutes les femmes.

ORONTE. — Allons vite à la justice. Des archers après eux!

SCÈNE VII

ÉRASTE, JULIE, SBRIGANI, ORONTE

ÉRASTE. — Allons, vous viendrez malgré vous, et je veux vous remettre entre les mains de votre père. Tenez, Monsieur, voilà votre fille que j'ai tirée de force d'entre les mains de l'homme avec qui elle s'enfuyait; non pas pour l'amour d'elle, mais pour votre seule considération; car, après l'action qu'elle a faite, je dois la mépriser, et me guérir absolument de l'amour que j'avais pour elle.

ORONTE. — Ah! infâme que tu es!

ÉRASTE. — Comment? me traiter de la sorte, après toutes les marques d'amitié que je vous ai données! Je ne vous blâme point de vous être soumise aux volontés de Monsieur votre père; il est sage et judicieux dans les choses qu'il fait et je ne me plains point de lui de m'avoir rejeté pour un autre. S'il a manqué à la parole qu'il m'avait donnée, il a ses raisons pour cela. On lui a fait croire que cet autre est plus riche que moi de quatre ou cinq mille écus; et quatre ou cinq mille écus est un denier considérable, et qui vaut bien la peine qu'un homme manque à sa parole; mais oublier en un moment toute l'ardeur que je vous ai montrée, vous laisser d'abord enflammer d'amour pour un nouveau venu, et le suivre

honteusement sans le consentement de Monsieur votre
père, après les crimes qu'on lui impute, c'est une chose
condamnée de tout le monde, et dont mon cœur ne peut
vous faire d'assez sanglants reproches.

JULIE. — Hé bien! oui, j'ai conçu de l'amour pour lui,
et je l'ai voulu suivre, puisque mon père me l'avait choisi
pour époux. Quoi que vous me disiez, c'est un fort honnête
homme, et tous les crimes dont on l'accuse sont faussetés
épouvantables.

ORONTE. — Taisez-vous! vous êtes une impertinente,
et je sais mieux que vous ce qui en est.

JULIE. — Ce sont sans doute des pièces qu'on lui fait,
et c'est peut-être lui qui a trouvé cet artifice pour vous en
dégoûter.

ÉRASTE. — Moi, je serais capable de cela ?

JULIE. — Oui, vous.

ORONTE. — Taisez-vous ! vous dis-je. Vous êtes une
sotte.

ÉRASTE. — Non, non, ne vous imaginez pas que j'aie
aucune envie de détourner ce mariage, et que ce soit ma
passion qui m'ait forcé à courir après vous. Je vous l'ai
déjà dit, ce n'est que la seule considération que j'ai pour
Monsieur votre père, et je n'ai pu souffrir qu'un honnête
homme comme lui fût exposé à la honte de tous les bruits
qui pourraient suivre une action comme la vôtre.

ORONTE. — Je vous suis, seigneur Éraste, infiniment
obligé.

ÉRASTE. — Adieu, Monsieur. J'avais toutes les ardeurs
du monde d'entrer dans votre alliance; j'ai fait tout ce
que j'ai pu pour obtenir un tel honneur; mais j'ai été
malheureux, et vous ne m'avez pas jugé digne de cette
grâce. Cela n'empêchera pas que je ne conserve pour vous
les sentiments d'estime et de vénération où votre personne
m'oblige; et si je n'ai pu être votre gendre, au moins
serai-je éternellement votre serviteur.

ORONTE. — Arrêtez, seigneur Éraste. Votre procédé me
touche l'âme, et je vous donne ma fille en mariage.

JULIE. — Je ne veux point d'autre mari que Monsieur de
Pourceaugnac.

ORONTE. — Et je veux, moi, tout à l'heure, que tu
prennes le seigneur Éraste. Çà, la main.

JULIE. — Non, je n'en ferai rien.

ORONTE. — Je te donnerai sur les oreilles.

ÉRASTE. — Non, non, Monsieur; ne lui faites point de
violence, je vous en prie.

ORONTE. — C'est à elle à m'obéir, et je sais me montrer le maître.

ÉRASTE. — Ne voyez-vous pas l'amour qu'elle a pour cet homme-là ? et voulez-vous que je possède un corps dont un autre possédera le cœur ?

ORONTE. — C'est un sortilège qu'il lui a donné, et vous verrez qu'elle changera de sentiment avant qu'il soit peu. Donnez-moi votre main. Allons.

JULIE. — Je ne...

ORONTE. — Ah! que de bruit! Çà, votre main, vous dis-je. Ah, ah, ah!

ÉRASTE. — Ne croyez pas que ce soit pour l'amour de vous que je vous donne la main : ce n'est que Monsieur votre père dont je suis amoureux, et c'est lui que j'épouse.

ORONTE. — Je vous suis beaucoup obligé, et j'augmente de dix mille écus le mariage de ma fille. Allons, qu'on fasse venir le Notaire pour dresser le contrat.

ÉRASTE. — En attendant qu'il vienne, nous pouvons jouir du divertissement de la saison, et faire entrer les masques que le bruit des noces de Monsieur de Pourceaugnac a attirés ici de tous les endroits de la ville.

SCÈNE VIII

PLUSIEURS MASQUES

de toutes les manières, dont les uns occupent plusieurs balcons, et les autres sont dans la place, qui, par plusieurs chansons et diverses danses et jeux, cherchent à se donner des plaisirs innocents.

UNE ÉGYPTIENNE

Sortez, sortez de ces lieux,
Soucis, Chagrins et Tristesse;
Venez, venez, Ris et Jeux,
Plaisirs, Amour, et Tendresse.
Ne songeons qu'à nous réjouir;
La grande affaire est le plaisir.

CHŒUR DES MUSICIENS

Ne songeons qu'à nous réjouir;
La grande affaire est le plaisir.

L'ÉGYPTIENNE

A me suivre tous ici
Votre ardeur est non commune,

Et vous êtes en souci
De votre bonne fortune.
Soyez toujours amoureux :
C'est le moyen d'être heureux.

UN ÉGYPTIEN

Aimons jusques au trépas,
La raison nous y convie :
Hélas ! si l'on n'aimait pas
Que serait-ce de la vie ?
Ah! perdons plutôt le jour
Que de perdre notre amour.

Tous deux, en dialogue.

L'ÉGYPTIEN

Les biens,

L'ÉGYPTIENNE

La gloire,

L'ÉGYPTIEN

Les grandeurs,

L'ÉGYPTIENNE

Les sceptres qui font tant d'envie,

L'ÉGYPTIEN

Tout n'est rien, si l'amour n'y mêle ses ardeurs.

L'ÉGYPTIENNE

Il n'est point, sans l'amour, de plaisir dans la vie.

TOUS DEUX, *ensemble.*

Soyons toujours amoureux :
C'est le moyen d'être heureux.

LE PETIT CHŒUR *chante après ces deux derniers vers :*
Sus, sus, chantons tous ensemble,
Dansons, sautons, jouons-nous.

UN MUSICIEN *seul.*

Lorsque pour rire on s'assemble,
Les plus sages, ce me semble,
Sont ceux qui sont les plus fous.

TOUS *ensemble.*

Ne songeons qu'à nous réjouir :
La grande affaire est le plaisir.

TABLE DES MATIÈRES

PUBLICATIONS NOUVELLES

Vous trouverez chez votre libraire le catalogue complet des livres de poche GF-Flammarion et Champs-Flammarion.

GF — TEXTE INTÉGRAL — GF

92/04/M0570-VI-1992 — Impr MAURY Eurolivres SA, 45300 Manchecourt.
Nº d'édition 13783. — 2ᵉ trimestre 1965. — Printed in France.